国家文化产业资金支持媒体融合重大项目

会计专业岗位实操系列规划教材

Management

管理会计实务

高慧云 / 主编
徐洁 陈军 方敏 / 副主编

东北财经大学出版社
Dongbei University of Finance & Economics Press
大连

图书在版编目（CIP）数据

管理会计实务 / 高慧云主编. —大连：东北财经大学出版社，2022.2（2023.8重印）
（会计专业岗位实操系列规划教材）
ISBN 978-7-5654-4419-7

Ⅰ. 管… Ⅱ. 高… Ⅲ. 管理会计-岗位培训-教材 Ⅳ. F234.3

中国版本图书馆CIP数据核字（2021）第268953号

东北财经大学出版社出版
（大连市黑石礁尖山街217号 邮政编码 116025）
网 址：http：//www.dufep.cn
读者信箱：dufep@dufe.edu.cn
大连图腾彩色印刷有限公司印刷 东北财经大学出版社发行

幅面尺寸：185mm×260mm 字数：414千字 印张：17.75 插页：1
2022年2月第1版 2023年8月第2次印刷

责任编辑：包利华 责任校对：刘贤恩
封面设计：冀贵收 版式设计：原 皓

定价：49.00元

教学支持 售后服务 联系电话：（0411）84710309

如有印装质量问题，请联系营销部：（0411）84710711

前言

财政部在2014年发布了《关于全面推进管理会计体系建设的指导意见》，之后又相继制定并发布了《管理会计基本指引》和34项管理会计应用指引，构建了我国管理会计的基本概念框架，明确了包括战略管理、预算管理、成本管理、营运管理、投融资管理、绩效管理、风险管理、企业管理会计报告和管理会计信息系统、行政事业单位等领域所应用的各种工具方法，大大推进了中国特色管理会计体系的建设和管理会计的实践运用，为会计教育和会计职业发展提供了重要的学习方向和丰富的学习内容。为适应形势的发展，反映管理会计理论研究成果和管理会计工作的最新动态，满足管理会计教学的需要，满足会计人员财务转型和业务能力提升的需求，山西省财政税务专科学校高慧云副教授组织相关教师和管理会计实务界专家编写了这本《管理会计实务》。

本书具有如下特色：

（1）全面贯彻二十大精神，落实立德树人根本任务，培养德智体美劳全面发展的社会主义建设者和接班人。

育人的根本在于立德，所以，本书将社会责任、工匠精神、团队合作精神、创新创业、知行合一、会计职业道德等育人的根本任务包含在案例及其他的教材内容中，潜移默化地实现知识传授与价值引领相统一，致力于培养德才兼备的会计人才，为党育人、为国育才。

（2）深化“产学研融合”，校企“双元”合作开发教材，实现培养高素质技能人才、能工巧匠、大国工匠的教育目标。

本书由高校管理会计教师和实务界管理会计专家合作完成。编者深入企业进行广泛调研，获得了大量实务案例，加工之后形成了教材案例，所以，案例选题新颖、紧扣前沿、实战性强；教材内容贴近实际，突显企业需要和完成管理会计岗位实际工作任务所需要的知识、能力、素质的职业岗位要求，将价值引领、知识教育、能力培养有机统一。

（3）有机融入职业技能竞赛、职业技能等级证书的有关内容。

本书为适应“1+X证书”制度改革的需要和满足院校技能竞赛需要，将职业技能竞赛、职业技能等级证书的有关内容融入教材中，推进课赛融通、书证融通、课证融通，为考取职业技能证书奠定基础。

（4）体系完整，结构合理，逻辑严密，兼具趣味性。

本书依托《管理会计基本指引》和34项管理会计应用指引设计内容框架，结构明晰、内容完整、环环相扣，符合学生的认知特点和认知规律。每章的思政案例导入引发思考，激发思路，提升学生的学习兴趣。

本书既适合高等职业院校“管理会计实务”课程的教学使用，也可供在职的管理会计人员参考使用。

本书由山西省“双师型”优秀教师、太原理工大学硕士生导师、山西省财政税务专科学校高慧云教授拟定提纲，并担任主编，由山西省财政税务专科学校徐洁，宁波德昇会计师事务所合伙人、注册会计师陈军和山西省财政税务专科学校方敏副教授担任副主编。山西三建集团有限公司总会计师、高级会计师赵志刚和高级会计师兼投资运营公司副经理张小慧提供了部分实务案例。本书共有九章，具体编写分工如下：第一章、第三章第一节至第五节由高慧云负责编写；第二章、第四章第二节至第五节、第五章、第六章由徐洁负责编写；第三章第六节由山西交通科学研究院集团有限公司总会计师、高级会计师刘悦负责编写；第四章第一节由山西省财政税务专科学校赵金兰副教授负责编写；第七章、第八章由陈军负责编写；第九章由方敏负责编写。全书由高慧云总纂定稿。

由于作者水平有限，书中难免存在不足之处，敬请广大师生及实务界的朋友不吝指正。

编　者

2023年8月

目录

第四章 成本管理 / 95

第五章 营运管理 / 149

第六章 投融资管理 / 175

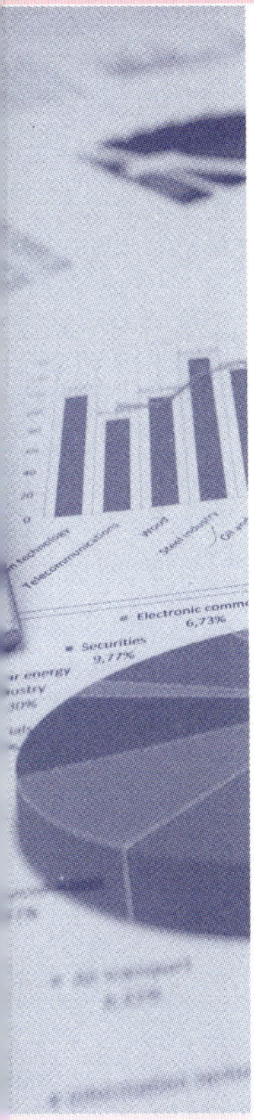

第一章
认知管理会计

知识、能力目标

1. 了解管理会计的演进过程；
2. 熟悉我国管理会计指引体系的主要内容；
3. 重点掌握我国管理会计的定义、目标、原则及要素；
4. 熟悉管理会计和财务会计的区别；
5. 领会管理会计人才能力框架。

专业素养目标

1. 通过管理会计演进的学习，树立科学发展观，增进社会使命感，激发自强不息的精神和爱国强国意志；
2. 通过管理会计目标的学习，树立服务意识、奉献精神和系统思维；
3. 通过管理会计原则的学习，树立可持续发展意识、创新意识和经济意识；
4. 通过管理会计信息特征的学习，认识诚信做事、爱岗敬业的重要性；
5. 通过管理会计环境以及工具方法的学习，培养创新能力，弘扬创新精神；
6. 通过学习我国管理会计人才能力框架，增强制度自信、文化自信和爱国热情，增进报效祖国和社会的责任感；
7. 通过职业道德与行为规范的学习，全面贯彻党的教育方针，树立正确的职业道德观，培养造就大批德才兼备的高素质人才。

知识结构图

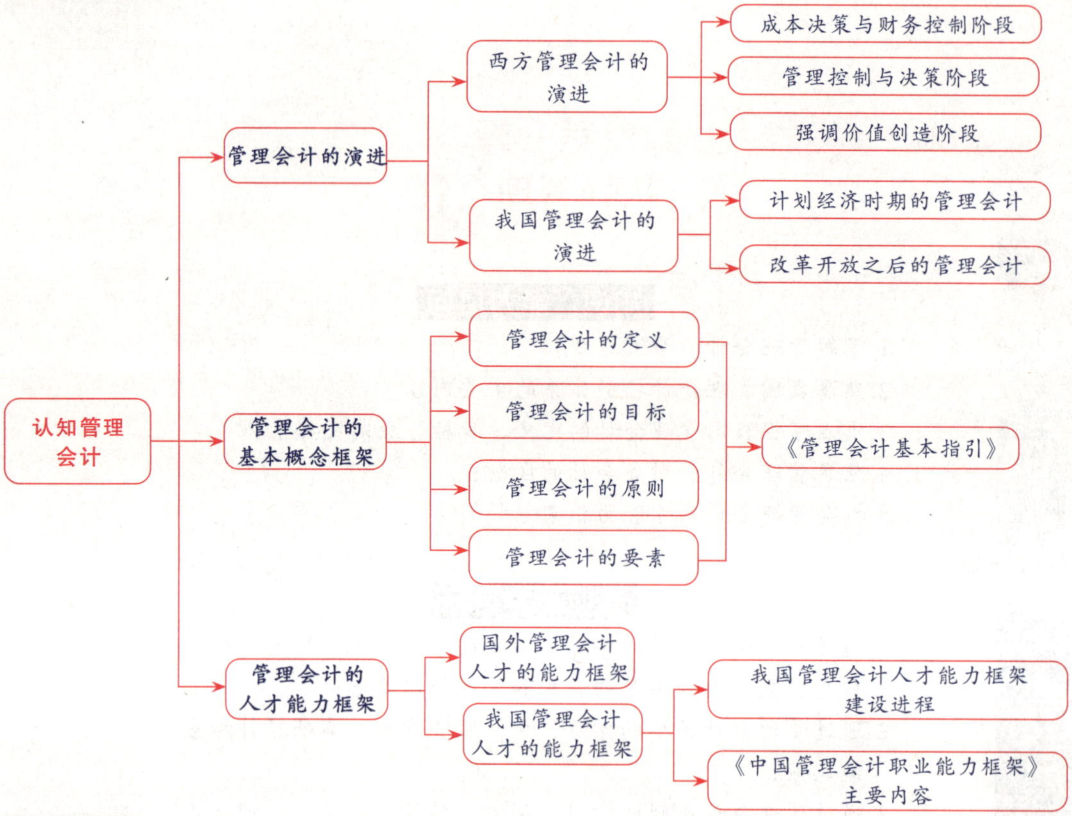

德能兼备

社会主义市场经济环境下
中国式管理会计之路的创新与发展

2014年，我国发布了《关于全面推进管理会计体系建设的指导意见》(简称《指导意见》)；“十三五”期间，我国又发布了实施管理会计体系建设的配套部署，成为该期间会计改革与发展的一大亮点，开创了会计改革的新局面。

与以往相比，该期间推进管理会计工作的举措最为全面、系统，实施力度最大，且创造了很多中国历史上的“首次”，具体表现在以下四方面：

一是指导思想清晰。《指导意见》提出了“根据经济社会发展要求，突出实务导向，全面推进管理会计体系建设，科学谋划管理会计发展战略，合理构建政府、社会、单位协同机制，以管理会计人才建设为依托，统筹推进管理会计各项建设，为经济社会健康发展提供有力支持”的指导思想，这在此前的有关文件中从未出现过。

二是目标明确。《指导意见》确定了“争取3—5年内，在全国培养出一批管理会计人才；力争通过5—10年的努力，中国特色的管理会计理论体系基本形成，管理会计指引体系基本建成，管理会计人才队伍显著加强，管理会计信息化水平显著提高，管理会计咨询服务市场显著繁荣，使我国管理会计接近或达到世界先进水平”的目标，在我国的管理会计发展史上第一次明确了中国管理会计未来发展的前景，为推进管理会计工作设立了努力方向和考核标准。

三是管理会计指引体系初步建立。“十三五”期间出台的管理会计标准体系，是我国迄今为止发布的第一套管理会计标准建设文件。该指引体系带有两个明显的特点：其一，内容丰富。指引体系包括管理会计基本指引、应用指引、案例示范三部分，其中，基本指引为统领、应用指引为具体指导、案例示范为补充，为各单位推行管理会计工作提供了具有实用价值、较全面的技术参考。其二，指引体系由财政部制定并发布，具有很高的权威性，便于在全国各单位推广。

四是措施周密。该期间提出的以管理会计理论建设为基础，以管理会计标准建设为保障，以管理会计人才建设为关键，以管理会计信息化建设为支撑，以管理会计咨询服务为外部支持的全面推进管理会计工作的设想和措施，是我国管理会计发展史上最为周密细致、推行力度最大的“组合拳”，为管理会计工作的顺利推进做出了全方位部署。

《指导意见》和指引体系出台后，管理会计一时成为社会关注的热点，全国范围内展开了多种多样的宣讲、研究、推广管理会计的活动，初步创造了发展管理会计的良好环境和氛围。

2020年初爆发新冠肺炎疫情以来，世界各国的经济受到了严重影响，全球经济衰退迹象明显，也扰乱了我国的经济发展计划。国家及时对企业精准施策和重点扶持，同时，企业等各市场主体应用管理会计工具对企业的经营发展做出了适时调整，取得了较好的效果，为实现国家重大发展战略部署提供了源动力。为了检查各企业运用管理会计工具应对疫情的效果、分析不同行业企业管理会计应用效果、推广典型企业管理会计应用经验，助力更多的企业提质增效，2020年上半年财政部会计司组织10个专家组对全国部分行业企业进行了调研。徐工集团等10家典型企业管理会计应用情况见下表。

序号	企业名称	应用领域	管理会计工具	特点或创新举措
1	徐工集团	经营管理 融资管理	正向管理 质量管理	以PDCA质量管理闭环模拟各经营环节的正向管理；应收账款的资产证券化，将企业与对方企业的债权关系转换成银行与对方企业的债权关系，有效回笼资金，大幅降低了流动性风险
2	中国船舶	成本管理	成本工程	以大数据为基准制定2020年度边际贡献率；从人工成本、采购成本和外包成本三个主要方面实行精准管控
3	上海铁路局	成本管理 预算管理	成本管控 现金流管理	强化对客运货运供应链的成本管控降低营运成本；加强现金流管理，降低集中式免费退票造成的现金需求
4	首钢集团	预算管理 成本管理 融资管理 绩效管理	本量利分析 敏感性分析 边际分析 标杆管理 目标成本	实际分层面的全面预算管理体系；综合运用多种成熟的管理会计工具进行成本管控；采用关键指标法实行绩效管理，对不同的管理对象实行不同的绩效指标；运用资金贴现法和投资成本分析法测算投资回收期，强化投资管理；利用信息化平台进行电子商务营销
5	长安汽车	预算管理 成本管理	GPM目标成本	以目标利润倒挤各环节成本并进行控制
6	大生集团	预算管理 成本管理	责任成本大数据 责任中心	推行全链条的智能制造，以物联网为基础的信息技术的应用为成本分摊和流程再造提供了决定性的促进作用；综合运用责任成本、作业成本和大数据构建业财一体化平台，不断更新目标成本，实现不限规模的订单式生产，使成本效益达到最优
7	上海建工	全面预算	全链条信息化应用	在预算管理的基础上，将项目、财务、供应链实行有效整合，利用数字技术动态分析企业各项经营指标和财务指标，实现快速、精准预测和分析
8	某保险公司	战略管理 风险管理 预算管理	战略地图 数字化	以战略地图优化经营目标，在财务分析指标上强化KPI指标的分解落实；中期和长期预算相结合，动态维护预算实施；实行线上业务发展，在风险管控的基础上，全面实施业务数字化转型发展

续表

序号	企业名称	应用领域	管理会计工具	特点或创新举措
9	某银行	成本管理 经营管理	成本分摊 多维度盈利性分析 资金转移定价 数字化转型	综合运用成本分摊、多维度盈利性分析等管理会计工具对各地区、各领域和各分行的业务规模运用大数据进行精准分析、研判，降低成本，扩大业务规模；开发应用手机端APP对管理决策和经营业务进行日常监督
10	国网上海电力公司	成本管理 资金管理 战略管理	资金监控一体化 综合成本核算体系 3C管理体系	高度重视现金流，对各业务部门资金实时监控、调拨和使用；打造数字化综合成本核算体系，加强成本管控；实施3C共赢管理体系，将企业、社会、客户纳入统一生态价值链，实现企业服务于社会、客户的战略发展

从中可以总结出管理会计的应用现状：❶管理会计工具运用总体效果较好；❷企业数字化和信息化得到了较好发展；❸不同行业运用管理会计工具有明确差异；❹管理会计工具运用具有非典型性；❺重管理会计工具运用、轻应用体系保障等。针对这些现状可以得出，管理会计应用的发展推进要适合中国国情、要以制度建设为保障、要发挥“管理人”的决定性作用、应注重数字化和信息化的发展运用、核心内涵是深入理解和推进“业财融合”、管理会计工具选取要适合自身业务发展需要。

我国管理会计应用时间较短，取得较好效果的同时也存在明显的推进动力不足等问题。这就需要国家、社会团体和企业以国家宏观经济发展目标为指导，坚持实践中完善、创新中发展的思路，以新一代“大智移云物AI”技术为转型发展的突破口，将挑战转化为机遇，创新管理会计工具、完善管理会计应用制度、优化业财融合流程，助力企业战略目标的实现和国家经济新发展格局战略的顺利推进。

【启发与思考】

改革开放以来，我国经济发展取得了辉煌成就，促进了国家的会计改革与发展战略规划，出台了一系列既适合中国国情又兼顾与国际接轨的法规、制度和指引，对财务会计产生了重大影响，更是直接推进了管理会计的发展与广泛应用。中国特色的管理会计体系是一个由理论、指引、人才信息化加咨询服务构成的管理会计有机体系。同学们在学习管理会计时，要读会计历史，同时更要结合具体理论内容，研读国家最新管理会计制度与相关文件，搜集管理会计理论与应用方面的文献资料并进行研读、讨论、交流，熟悉业务、行业与宏观政策，利用财务的工具和思维参与企业管理。提高专业能力的同时培养创新精神，守正创新，踔厉奋发，提升责任意识和家国情怀，树立与时俱进的社会责任感与职业自豪感，树立为企业和社会创造价值的理想信念，立志于新时代国家全面推进管理会计建设，实现个人价值与社会发展需求相一致。

第一节 管理会计的演进

管理会计是为企业改善经营管理、提高经济效益、提高会计服务能力和质量而逐渐从传统成本会计中派生出来的分支学科，与财务会计并列形成了会计的两大分支。财务会计主要为企业外界相关利益集团提供财务报告，以便其了解企业的财务状况、盈利能力和现金流量；管理会计主要为企业内部各级管理人员提供有效经营和最优化决策的信息，侧重于为企业内部的经营管理服务，为企业带来高层次化的管理和经营方式，从而增加经济效益。两大会计系统既有区别又有联系，共同构成反映过去、控制现在、规划未来的内外兼顾的完整的现代会计体系。管理会计的产生、演进过程与会计的发展、管理科学的发展以及科学技术的进步密不可分，其种类、功能和结构由低级到高级、由简单向复杂转变，从产生之初起就一直处于动态演化的状态之中。西方国家研究和应用管理会计已有近百年的历史，我国起步比较晚，但在财政部积极主导和推动下，基本形成了一套比较完整的理论体系，实际应用也在逐步推广和加深。

一、西方管理会计的演进

西方管理会计萌芽于20世纪初，随着经济社会环境、企业生产经营模式以及管理科学和科技水平的不断发展而逐步发展起来。其演进过程大致可划分为三个阶段，即成本决策与财务控制阶段、管理控制与决策阶段和强调价值创造阶段。

（一）成本决策与财务控制阶段（20世纪初—20世纪50年代）

20世纪初，西方资本主义国家完成了工业革命，机械化的大生产取代了传统手工作坊式的生产，生产的专业化、社会化程度得到提高，竞争日益激烈，企业的生存和发展不仅取决于产量的增加，更重要的是取决于成本降低和管理效率提高。因此，企业强烈地意识到，必须加强内部管理，提高生产效率，以降低成本、费用，从而获取最大限度的利润。适应该阶段社会经济发展的客观要求，1911年，西方管理理论中古典学派的代表人物——弗雷德里克·温斯洛·泰罗的《科学管理原理》一书出版，标志着科学管理理论的诞生。该理论的核心，是通过对时间和动作的研究，制定在一定客观条件下可以实现但同时又最有效率的标准，以提高生产和工作效率。即以“提高劳动生产率、标准化生产和专业化管理”为核心，通过成本管理和控制，在一定的生产设备条件下，促进企业用较少的材料、较少的工时生产较多的产品，其综合表现就是生产成本降低和生产经济效益提高。在美国的第二大钢铁公司——伯利恒钢铁公司，泰罗将其理论与会计方法结合，实行了卓有成效的成本管理，随之该方法在美国的许多企业受到重视，并迅速向全世界传播，带来了管理史上的一次重大革命。会计对管理和控制生产成本、提高生产效率是有效的，泰罗的科学管理理论对管理会计的产生起到了决定性作用。1921年6月，美国国会颁布了《预算与会计法》，对当时的私营企业推行预算控制产生了极大的影响。1922年，奎因坦斯出版了《管理会计：财务管理入门》一书，第一次提出了“管理会计”这个名称。伴随着泰罗的科学管理理论在实践中的广泛应用，“标准成本控制”、“预算控制”和“差异分析”等旨在提高企业生产效率和经济效益的管理方法被引入企业内部会计实务中。至此，管理会计雏形已经形成。

但是，泰罗的科学管理学说重局部、轻整体，静态、孤立地看待企业的管理控制问题。而在激烈的市场竞争下，即使企业内部标准成本体系极大地发挥了作用，也不能够保证企业的经济效益，企业经济效益的高低更多地取决于决策的正确与否。市场竞争在此时改变了企业的管理理念，第二次世界大战后期，现代管理科学逐步取代了泰罗的科学管理学说，形成了主要致力于加强企业内部生产经营与管理，尤其是对企业未来进行科学预测与决策、对生产经营活动进行事前、事中规划的相对独立的理论与方法体系。受此影响，以杜邦公司为代表的大型企业以提高公司资产经营效率为出发点，倡导并发展了以投资净利率指标为核心的杜邦财务指标体系，并用于衡量各个部门的效率和整个企业的业绩，同时也促成了责任中心的划分。至此，管理会计形成了以预算体系和成本会计系统为基础的成本决策和财务控制体系。1952年，国际会计师联合会年会正式采用“管理会计”统称企业内部会计体系，标志着管理会计正式形成。自此现代会计分为财务会计和管理会计两大分支。此阶段典型的管理会计工具为预算控制（成本控制）、标准成本法、基于财务指标的业绩评价方法、杜邦分析等。

（二）管理控制与决策阶段（20世纪50年代—20世纪80年代）

管理会计体系正式形成以后，通过不断吸收现代管理科学，特别是系统论、控制论、信息论、行为科学、信息经济学等方面的研究成果，同时引进了现代数学方法和电子计算技术，使管理会计内容越来越丰富和充实，也极大地推动了管理会计在企业中的有效应用，管理会计职能已经从成本决策和财务控制转向为内部管理人员提供企业计划和控制信息。

随着高新技术的蓬勃发展，生产管理发生许多革命性的变革，适时生产系统、全面质量管理等新观念、新理论和新方法相继形成并应用到经济领域。但此时的管理会计对高新技术发展重视不足，且依旧局限于传统责任范围，管理会计理论与实践需要脱节的呼声越来越高。为改变这一状况，管理会计学者对新的企业经营环境下管理会计发展进行了探索，各种创新的管理会计方法层出不穷，管理会计完成了从“为产品定价提供信息”到“为企业经营管理决策提供信息”的转变，由成本计算、标准成本制度、预算控制发展到管理控制与决策阶段。此阶段典型的管理会计工具为本量利分析、责任会计、预算控制（决策控制）、基于预算和基于非财务指标的业绩评价方法、作业成本法、全面质量管理、产品生命周期成本法、价值链分析、标杆管理等。

（三）强调价值创造阶段（20世纪90年代至今）

随着经济全球化和知识经济的发展，世界各国的经济联系和依赖程度日益增强，企业之间的分工合作日趋频繁，准确把握市场定位、客户需求等尤为重要。在此背景下，管理会计越来越容易受到外部信息以及非财务信息对决策相关性的冲击，企业内部组织结构的变化也迫使管理会计在管理控制方面要有新的突破，需要从战略、经营决策、商业运营等各个层面掌握并有效利用所需的管理信息，为此，管理会计以强调价值创造为核心，开发了一系列新的决策工具和管理工具，包括战略管理会计、作业管理系统、平衡计分卡、经济增加值等。这一阶段管理会计的主要功能是服务战略落地，通过合理配置企业内部资源、识别企业的价值创造模式和路径，最终为企业价值创造和培育核心竞争力服务。

同时，信息技术的快速发展也推动着管理会计变革。互联网、物联网、云计算、大数据、人工智能、量子计算等新一代信息技术迅猛发展，企业管理面临海量数据、极速处理、实时报告的需求。同时各种复杂管理会计工具方法的应用及融合应用成为可能，且更加便捷、高效。比如大数据技术使滚动预算的情景模拟更加符合实际；利用设备传感技术产生的物联网数据为作业成本法的推进和应用奠定基础；实时订单成本核算满足了个性化定制的报价与成本预估需求。在新一代信息技术的快速发展下，企业管理的决策流程、方法和模式等必将发生变革，管理会计的理论、工具方法、实践应用也会随之发生巨大改变。

二、我国管理会计的演进

在我国，虽然管理会计相关理论引入较晚，但其实践与思想早已存在。我国管理会计的演进过程可以划分为两大阶段，即计划经济时期的管理会计和改革开放之后的管理会计。

（一）计划经济时期的管理会计

在计划经济时期，“管理会计”这个名词在我国虽然尚未出现，但管理会计的实践与思想已客观存在，中华人民共和国成立初期就有了责任会计。

计划经济意味着所有的资源配置由政府掌控安排，政府引导和调节经济运行方向。国营企业占据国民经济的主体地位，但国营企业并不具有自主经营权。国家统一下达国营企业的生产计划，生产、资源分配及产品消费由国家事先进行计划。基于管理会计视角，“人为利润中心”的“成本中心”是国营企业的实质属性，产品成本计划及完成情况成为考核国营企业的主要手段。同时，市场中产品的价格由国家以成本为基础确定，国家非常重视企业成本管理制度建设，颁布了各种成本管理制度，体现了国家对以成本为核心的内部责任会计的重视。此时，企业实施的内部经济核算制度源自苏联的经济管理经验，车间核算开始应用班组核算，促进了我国责任会计的萌芽。20世纪50年代，“经济活动分析”开始在我国推广，对企业经营活动采用多元化指标进行评价，突破了单纯采用财务指标评价的局限性。20世纪60年代，引进资金成本指标归口管理方式，深化了内部经济核算制度。实践中的“班组核算、经济活动分析、资金成本归口管理”等以成本为核心的内部责任会计，在降低成本、提高资源使用效率方面发挥了重要作用。内部责任会计实际上属于管理会计范畴，是具有本土特色的管理会计方法。

1951年，《大众会计》创刊号发表了汪慕恒先生的一篇详细介绍成本性态及其与利润关系的文章——《固定支出与变动支出》，遗憾的是，该文当时并没有得到应有的重视，可见，我国学术界对成本性态及其与利润的研究并不晚。20世纪60年代初期，我国大冶钢厂推行的“五好”小指标竞赛体现了“平衡计分卡”的精髓；在成本管理过程中，强调“比、学、赶、帮、超”“与同行业先进水平比”，其基本思想就是“标杆管理”。由于这一时期西方的管理会计思想和方法被认为是资本主义的产物，因而受到抵制和反对，有关管理会计理论与方法的研究也较为局限。

（二）改革开放之后的管理会计

1.第一发展阶段（1978—1990年）

1978年之后，我国进入改革开放时期，企业在建立、完善和深化各种形式经济责任制的同时，将厂内经济核算制纳入经济责任制，形成了以企业内部经济责任制为基础的具有中国特色的责任会计体系。

1980年，中国会计学会成立大会首次正式提出“管理会计”概念，强调其控制和监督职能；同年，《全面经济核算暂行条例》颁布，逐渐形成了管理会计概念；1984年，《国营企业成本管理条例》颁布，要求企业采用现代科学管理方法，详细规定成本管理责任、成本开支范围、成本核算以及监督等方面问题；20世纪80年代末，部分国营企业开始实行内部承包责任制，财政部发布的《国营工业企业成本核算办法》就成本核算对象、项目、费用汇集与分配等内容进行详细规定，责任会计应用达到高潮。不过，与我国经济体制改革相适应，20世纪90年代以前的管理会计应用侧重于企业内部，没有明显的市场特征。

2.第二发展阶段（1990—2000年）

进入20世纪90年代后，市场经济体制的确立成为管理会计发展的重要分水岭。1993年，企业会计准则与《企业财务通则》在我国开始实施，明确期间费用的概念，详细规定企业成本开支范围，企业管理会计制度的构建开始以市场为导向，成本报表转变为企业内部报表；2000年9月，《国有大中型企业建立现代企业制度和加强管理的基本规范（试行）》颁布，预算管理取代了成本管理，成为我国监管层对企业管理会计制度建设的重点，企业开始大范围实施“全面预算管理”，在国营企业中探索应用年薪制、股权制、期权制等新兴激励机制。

与此同时，企业必须依靠质量、成本以及管理方面的优势在市场中竞争，西方管理会计理论和方法在我国会计界引起广泛讨论，成本性态分析、盈亏临界点与本量利的依存关系、经营决策经济效益的分析评价等管理会计理念和方法，在我国很多企业被应用并取得了一定效果。河北邯郸钢铁公司实行的“模拟市场，成本否决”可谓管理会计在我国企业中应用的典范；宝钢集团于1993年起推行标准成本制度，历经多年探索，不断完善，在增强员工成本意识、控制成本、支持决策等方面发挥了重要作用。一些管理先进的企业专门设置了管理会计机构或岗位，积极开展管理会计工作，取得了较好成效，如国家开发银行、中国电信、北汽福田、三一重工等。

3.第三发展阶段（21世纪以来）

21世纪以来，随着我国加入WTO，在经济全球化以及互联网技术快速发展的背景下，向管理要效益、着力挖掘财务信息中价值创造的潜力成为我国企业的迫切任务，逐步形成以价值管理为核心的管理会计理念。

财政部于2001—2002年相继下发《企业国有资本与财务管理暂行办法》《关于企业实行财务预算管理的指导意见》，对企业应当试行包含财务预算在内的全面预算管理制度予以进一步明确，强化了对企业的实务指导意义；2007年，新《企业财务通则》规范了成本费用控制；2008年，财务预算体系在大部分央企开始实施，全面预算管理取得了阶段性成效，在成本控制和绩效提高方面的价值明显。

进入21世纪第二个10年，管理会计在我国得到全面推进，相关理论研究与推广进入黄金期。2010年1月，国资委颁布《中央企业负责人经营业绩考核暂行办法》，标志着央属企业业绩考核进入经济增加值时代。2013年，财政部印发《企业产品成本核算制度（试行）》，拉开了管理会计体系建设的序幕。2014年，财政部公布《关于全面推进管理会计体系建设的指导意见》（简称《指导意见》），提出建立中国特色管理会计机制的远大目标，从不同角度对中国管理会计的发展做出规划与指导，积极主导全面推进管理会计建设，明确提出全面推进管理会计体系建设的指导思想、基本原则、主要目标、主要任务和措施及工作要求，为我国管理会计发展规划了蓝图、指明了方向。2016年6月，财政部颁布的《管理会计基本指引》，既是对管理会计实践的理论概括，也是指导、规范和促进中国管理会计实务的纲领性文件。2016年10月8日，《会计改革与发展“十三五”规划纲要》发布，提出“2018年前基本形成以管理会计基本指引为统领、以管理会计应用指引为技术支持、以管理会计案例示范为补充的管理会计指引体系”，明确了我国管理会计指引体系建设的时间表。2017年10月发布《管理会计应用指引第100号——战略管理》等22项、2018年8月17日发布《管理会计应用指引第202号——零基预算》等7项、2018年12月27日发布《管理会计应用指引第204号——作业预算》等5项共34项管理会计应用指引；2019年完成了54个案例示范的遴选和编辑。至此，我国已形成了具有中国特色的管理会计指引体系。《指导意见》发布以来，特别是《管理会计基本指引》发布后，在财政部的大力推动下，我国各团体、高校、企业都在不同程度地开展管理会计的研究和应用，管理会计发展进入新阶段。各专业协会、主流媒体、咨询公司和培训机构等组织了形式多样的管理会计研讨会及论坛，推动管理会计理论探讨和实践交流；各大央企、国企和民营企业根据《指导意见》和《管理会计基本指引》，结合自身实际，已经开展或准备启动管理会计体系建设，比较领先的企业已经建立了基于自身特色的管理会计应用体系。而且，企业应用的管理会计工具方法从单一工具方法模仿导入向个性化、体系化运用转变，企业对多个工具方法的整合应用趋势明显，部分企业通过分析本企业业务模式、行业特点、发展阶段，对多个工具方法进行梳理选择，建立了个性化、体系化的工具方法体系。

管理会计在我国行政事业单位财务管理实践之中也有应用，在行政事业单位预算编制、执行、决算分析和评价等工作中，管理会计得到了一定的应用。一些行政事业单位建立了适应单位内部财务和业务部门畅通联系的信息平台，及时掌控预算执行和项目进度，深入开展决算分析与评价，及时发现预算执行中存在的问题并提出改进意见和建议，财政财务管理水平和资金使用效益不断提高。2018年12月27日，为了促进行政事业单位加强管理会计工作，提升单位内部管理，提高管理绩效和公共管理服务水平，财政部发布《管理会计应用指引第803号——行政事业单位》，对行政事业单位的管理会计首次做了指引和规范。行政事业单位应按照《管理会计基本指引》的一般规定应用管理会计，并兼顾公平和效率、公益性和经济性，实现长期性和短期性、相关性和重要性的有机结合。在行政事业单位积极推进管理会计体系建设，可以激发单位管理活力，提高单位科学规划、民主决策、防范风险等内部治理能力，可以根据内部管理的实际需要进行计算和分析，随时向管理者提供信息，从而助推行政事业单位改革，提高政府管理效能。

知识测试

一、不定项选择题

1.（　　）共同构成了现代会计系统。

A.预算会计与责任会计　　B.管理会计与财务会计

C.管理会计与成本会计　　D.财务会计与决策会计

2.管理会计的服务侧重于（　　）。

A.债权人　　B.股东　　C.外部集团　　D.管理当局

3.（　　）年，“管理会计”这个名词被会计界认可。

A.1911　　B. 1949　　C.1952　　D.1978

4.在西方，管理会计随着经济社会环境、企业生产经营模式以及管理科学和科技水平的不断发展而逐步演进，大致经历了（　　）。

A.成本决策与财务控制阶段　　B.管理控制与决策阶段

C.强调价值创造阶段　　D.改革创新阶段

5.为了在现代企业管理中更好地发挥积极作用，以下说法中正确的是（　　）。

A.只能用会计的方法　　B.只能用统计的方法

C.只能用运筹学的方法　　D.可以应用多种数学方法

6.管理会计在西方的起源是（　　）。

A.资金管理　　B.成本管理　　C.预算管理　　D.绩效管理

7.管理会计指引体系包括（　　）。

A.基本指引　　B.应用指引　　C.制度解释　　D.案例库

不定项选择题

二、判断题

1. 标准成本控制、预算控制和差异分析的应用是管理会计的雏形。（ ）

2. 管理会计只适合在企业单位应用，在事业单位没有必要推行管理会计。（ ）

3. 在我国计划经济时期，实践中出现的班组核算、经济活动分析和资金成本归口管理是责任会计的具体体现。（ ）

4. 社会生产力的进步、市场经济的繁荣及其对经营管理的客观要求，是导致管理会计形成与发展的内在原因。（ ）

5. 管理会计以强化企业内部管理和增加产销量为最终目的。（ ）

判断题

三、思考题

我国管理会计理论研究迟滞于西方国家的原因是什么？

第二节 管理会计的基本概念框架

管理会计概念框架是指对解释、解决、分析管理会计问题而对构建的相关概念、定义及其相互关系进行描述，并通过理论逻辑将这些基本概念联系起来的结构体系。国外关于会计概念框架的研究，比较公认的、权威的成果是财务报告导向的财务会计概念框架，管理会计概念框架的研究成果相对较少，而且主要以指导管理会计实务为目标，成果集中体现为各个管理会计专业机构发布的管理会计公告、指引或指南等。其中，美国管理会计师协会（IMA）是推动概念框架研究的主要机构，从1980年起颁布一系列管理会计公告，内容包括管理会计的定义、目标、共同知识体系、术语、职业道德准则以及具体管理会计内容。2005年初，为了适应不断创新的管理会计实务，IMA对已颁布的管理会计公告进行大规模修订，重新定义管理会计及其功能，提出了包括管理会计定义、管理会计师职业道德、管理会计应用领域、管理会计工具和方法、管理会计报告在内的管理会计体系。这一系列公告组织在一起，可理解为管理会计的概念框架。英国特许管理会计师公会（CIMA）是英国专门从事管理会计研究与实践指导的专业团体，该组织与美国注册会计师协会（AICPA）于2014年发布《全球管理会计原则》，该原则是一个完整的、具有代表意义的管理会计概念框架，包括管理会计的定义、原则、目的、管理会计师的职业能力框架、应用活动、职能要素、数据、工具、信息、对外报告及术语表等。

2016年6月22日，我国财政部发布的《管理会计基本指引》，是在管理会计应用实践基础上总结、提炼形成普遍适用的指导性标准，明确管理会计的目标、原则和要素，为单位全面准确理解管理会计、科学系统应用管理会计提供了基本框架和方向。《管理会计基本指引》构建了我国管理会计的基本概念框架，是管理会计实践的理论概括，指导、规范和促进我国管理会计实务的发展。本书主要介绍我国《管理会计基本指引》界定的管理会计基本概念框架。

一、管理会计的定义

随着企业经营管理活动日趋复杂，管理会计的外延不断拓展，内涵不断丰富，与相关学科相互渗透日益密切，管理学、运筹学、数学、统计学、计算机技术等在管理会计中得到广泛应用，因此，关于什么是管理会计，国内外学者有众多不同的说法，至今仍无统一的定义。

美国管理会计师协会（IMA）对管理会计的定义是：管理会计是一种深度参与管理决策、制订计划与绩效管理系统、提供财务报告与控制方面的专业知识以及帮助管理者制定并实施组织战略的职业。英国特许管理会计师公会（CIMA）对管理会计的定义是：管理会计是为组织创造价值和保值而收集、分析、传递和使用与决策相关的财务与非财务信息。国际会计师联合会（IFAC）对管理会计的定义是：管理会计是指在组织内部，对管理当局用于规划、评价和控制的财务和运营信息进行确认、计量、积累、分析、处理、解释和传输的过程，以确保其资源利用并对它们承担经营责任。管理会计是管理活动的组成部分，关注在动态竞争环境中运用各种技术有效地利用资源，增加组织价值。加拿大管理会计师协会（CMAC）对管理会计的定义是：管理会计是会计专业的一个分支，是提供企业管理计划、指挥、决策所需要的信息，以及企业各个管理层级如何有效利用信息进行最有效决策的过程。

《指导意见》对管理会计的定义是：管理会计是会计的重要分支，主要服务于单位（包括企业和行政事业单位，下同）内部管理需要，是通过利用相关信息，有机融合财务与业务活动，在单位规划、决策、控制和评价等方面发挥重要作用的管理活动。从中可以看出，管理会计的服务对象是单位内部管理者；管理会计的服务功能是帮助单位实现“向管理要效益”；管理会计的服务方式是提供信息和利用信息参与管理活动；管理会计的服务载体是管理过程，即预测经营前景、参与经营决策、规划经营目标、控制经营过程和评价经营业绩。

动脑筋

同学们，在实际生活或工作中，管理会计概念里的规划、决策、控制和评价是如何体现的？

二、管理会计的目标

管理会计的目标是管理会计系统运行所要达到的境地，是构建管理会计基础理论体系的前提和基础，是管理会计实践的起点和归属。2016年6月，财政部印发的《管理会计基本指引》总结提炼了管理会计的目标，即通过运用管理会计工具方法，参与单位规划、决策、控制、评价活动并为之提供有用信息，推动单位实现战略规划，可以概括为：参与经营管理、提供有用信息、助力战略实现。

三、管理会计的原则

管理会计的原则是指导管理会计工作的规范，是对管理会计工作提出的要求，应具有广泛的适用性及指导作用。《管理会计基本指引》第四条规定，单位应用管理会计，应遵循下列四项原则：

（一）战略导向原则

管理会计应用应以战略规划为导向，以持续创造价值为核心，促进单位可持续发展。因此，单位各责任主体的一切工作思路和方法应紧密结合单位总体战略目标，不得与单位总体战略目标相抵触或大相径庭。战略导向原则在管理会计中的呈现是全方位、全过程的。从成本管理角度看，就是克服“低成本制胜”的观念，拥有权变意识，用战略的眼光观察企业的经营与投资活动。即实践中往往并非“成本越低越好”。从预算管理的角度看，嵌入战略导向的预算编制就是要在预算管理中留有余地，企业资金、人员等的计划安排要与战略规划相一致，还要符合可持续发展的价值创造内涵与外延，并以实现企业的价值增值为基本目标。

（二）融合性原则

管理会计应嵌入单位相关领域、层次、环节，以业务流程为基础，利用管理会计工具方法，将财务和业务有机融合。因此，财务人员应深入单位的各个环节，了解业务实践，与业务人员一起制定制度、规划流程、预测决策、分析评价，打破财务和业务的壁垒，为科学管理打下良好基础。

比如，从预算管理角度看，预算是企业业务活动通过财务数据展示的结果。企业的预算编制必须将财务数据关联到实际经营业务，只有财务数据与实际业务相结合，出具的预算才是可落地、可执行、可评价的，在实际工作中，才更具有指导意义。所以，预算数据背后要有业务做支撑才能真正起到管理作用。从成本管理角度看，成本管理离不开业财融合，如成本核算时的成本费用归集方法与原则确定；成本分析时，财务指标数据结果与业务关联；成本决策及成本控制时，对成本动因及相关信息的识别、具体措施的落地等，均要求财务人员深入业务、理解业务，了解生产流程、成本费用的发生与变动的影响因素，脱离业财融合的成本管理，可能无法落地执行，甚至可能误导管理者。从绩效管理角度看，管理会计的一项重要工作就是评估企业的业绩达成，透过数据看管理，从数据指标结果的展示挖掘数据背后的管理问题，但数据如果不与业务活动深度关联，则可能因找不到问题根源而无法合理评价。

（三）适应性原则

管理会计应用应与单位应用环境和自身特征相适应。单位自身特征包括单位性质、规模、发展阶段、管理模式、治理水平等。由于不同单位具有不同特征，所以，管理会计在单位实践中的适应能力是有差异的。只有结合企业自身条件，因地制宜地选择管理会计工具方法，合理地推广应用，才能获得最佳效率与效益。

（四）成本效益原则

管理会计应用应权衡实施成本和预期效益，合理、有效地推进管理会计应用。在推进管理会计过程中，不论是业务流程再造、管理信息系统开发还是财务共享中心建设等都需要付出大量的人财物成本，必须在控制成本的同时实现效益增长，同时积极防范和化解单位面临的各种风险，以确保获得高质量收益。

上述四项管理会计原则是管理会计从业人员内心必须坚守的工作标杆，是贯穿管理会计所有工作的思维灵魂和行动指针，也是检验管理工作成效的最高原则。单位贯彻管理会计原则，应以战略规划为导向，以持续发展为核心，根据单位自身特点及其面临的环境要求，权衡实施成本及其带来的收益，合理、有效地推进管理会计在企业价值创造中的应用，更好地实现业财融合。

四、管理会计的要素

《管理会计基本指引》明确规定，单位应用管理会计，应包括应用环境、管理会计活动、工具方法、信息与报告等四要素。

（一）应用环境

应用环境是指单位管理会计工具和方法应用必须具备的内、外部环境，是单位应用管理会计的基础。没有一成不变、放之四海皆准的管理会计方法与工具，“灵活多样、量体裁衣”才是管理会计的特色与根本。单位应用管理会计，应充分了解和分析其应用环境，只有这样，才能因地制宜，才能保证管理会计工作顺利开展。内部环境主要包括与管理会计建设和实施相关的价值创造模式、组织架构、管理模式、资源保障、信息系统等因素。外部环境主要包括国内外经济、市场、法律、行业等因素。

❶价值创造模式。单位应准确分析和把握价值创造模式，推动财务与业务等有机融合。

❷组织架构。单位应根据组织架构特点，建立健全能够满足管理会计活动所需的由财务、业务等相关人员组成的管理会计组织体系。有条件的单位可以设置管理会计机构，组织开展管理会计工作。

❸管理模式。单位应根据管理模式确定责任主体，明确各层级以及各层级内的部门、岗位之间的管理会计责任权限，制订管理会计实施方案，以落实管理会计责任。

❹资源保障。单位应从人力、财力、物力等方面做好资源保障工作，加强资源整合，提高资源利用效率效果，确保管理会计工作顺利开展。单位应注重管理会计理念、知识培训，加强管理会计人才培养，培养“懂经济、通业务、精财务、善管理、国际化”的管理会计人才。

❺信息系统。单位应将管理会计信息化需求纳入信息系统规划，通过信息系统整合、改造或新建等途径，及时、高效地提供和管理相关信息，推进管理会计实施。

全面、充分地考察管理会计的应用环境，根据环境采取相应的管理会计组织、方法工具，是管理会计应用的起点与基础。不存在脱离单位内外部环境的理想化的、纯粹的管理会计工具方法。脱离了现实环境的管理会计活动注定是要失败的。

（二）管理会计活动

管理会计活动是单位管理会计工作的具体开展，是单位利用管理会计信息，运用管理会计工具方法，在规划、决策、控制、评价等方面服务于单位管理需要的相关活动。管理会计活动贯穿单位管理的事前、事中和事后全过程，单位在了解和分析其应用环境的基础上，应将管理会计活动嵌入规划、决策、控制、评价等环节，形成完整的管理会计闭环。

❶在规划环节，单位应用管理会计时，应做好相关信息支持，参与战略规划拟定，从支持其定位、目标设定、实施方案选择等方面，为单位合理制订战略规划提供支撑。据此，管理会计在战略规划环节应进行信息收集、管理、加工，通过建立财务数据模型等方法分析企业未来的盈利模式，为企业制订科学合理的战略规划奠定基础。

❷在决策环节，单位应用管理会计时，应融合财务和业务等活动，及时充分提供和利用相关信息，支持单位各层级根据战略规划做出决策。单位各环节业务决策的科学性是其战略规划顺利实现的保障。

❸在控制环节，单位应用管理会计时，应设定定量定性标准，强化分析、沟通、协调、反馈等控制机制，支持和引导单位持续高质高效地实施单位战略规划。据此，单位各层级在落实决策时，必须制定科学的标准，采用合适的方法和工具，对单位生产经营过程进行实时控制，通过比较、分析实施情况与规划、预算和相关标准的差异，及时发现运营过程出现的问题，找出发生偏差的原因，及时采取措施进行纠正调整，推动单位业务活动的顺利进行，保障战略目标和决策的实现。

❹在评价环节，单位应用管理会计时，应合理设计评价体系，基于管理会计信息等，评价单位战略规划实施情况，并以此为基础进行考核，完善激励机制；同时，对管理会计活动进行评估和完善，以持续改进管理会计应用。这样，在评价环节，通过管理会计贯彻科学的现代管理机制，建立科学、合理的奖惩制度，将激励与约束相结合，有助于单位战略目标的实现。

（三）工具方法

管理会计工具方法是实现管理会计目标的具体手段，是单位应用管理会计时所采用的战略地图、滚动预算管理、作业成本管理、本量利分析、平衡计分卡等模型、技术、流程的统称。管理会计工具方法异彩纷呈，单位管理领域不同，适用的管理会计工具方法亦不尽相同。我国《管理会计基本指引》第二十条明确规定，管理会计工具方法主要应用于战略管理、预算管理、成本管理、营运管理、投融资管理、绩效管理、风险管理等领域。每一领域在实践中形成了各自适用的管理会计工具方法。

❶战略管理领域应用的管理会计工具方法包括但不限于战略地图、价值链管理等；

❷预算管理领域应用的管理会计工具方法包括但不限于全面预算管理、滚动预算管理、作业预算管理、零基预算管理、弹性预算管理等；

❸成本管理领域应用的管理会计工具方法包括但不限于目标成本管理、标准成本管理、变动成本管理、作业成本管理、生命周期成本管理等；

❹营运管理领域应用的管理会计工具方法包括但不限于本量利分析、敏感性分析、边际分析、标杆管理等；

❺投融资管理领域应用的管理会计工具方法包括但不限于贴现现金流法、项目管理、资本成本分析等；

❻绩效管理领域应用的管理会计工具方法包括但不限于关键指标法、经济增加值、平衡计分卡、绩效棱柱模型等；

❼风险管理领域应用的管理会计工具方法包括但不限于单位风险管理框架、风险矩阵模型、风险清单等。

到目前为止，我国财政部颁布的34项管理会计应用指引，对20多个工具方法进行了解释，各单位在开展管理会计工作中参照执行，具体情况见表1-1。

管理会计工具方法具有开放性，表现在三个方面：一是管理会计的应用领域具有开放性，不仅限于上述七大领域，随着管理会计实践的发展，其应用领域也将不断拓展；二是每一领域下的管理会计工具方法不是一成不变的，而是将随实践发展不断丰富、完善；三是每项管理会计工具方法的应用领域也具有一定的开放性，即某一领域下的某项工具方法也可应用于其他领域，如绩效管理领域的平衡计分卡，也常常用于战略管理领域。单位应用管理会计，应结合自身实际情况，充分考虑企业目前所处的内外部环境和管理会计工

表 1-1 管理会计工具方法表

一级内容	二级内容
100-战略管理	101-战略地图
200-预算管理	201-滚动预算、202-零基预算、203-弹性预算、204-作业预算
300-成本管理	301-目标成本法、302-标准成本法、303-变动成本法、304-作业成本法
400-营运管理	401-本量利分析、402-敏感性分析、403-边际分析、404-内部转移定价、405-多维度盈利能力分析
500-投融资管理	501-贴现现金流法、502-项目管理、503-情景分析、504-约束资源优化
600-绩效管理	601-关键绩效指标法、602-经济增加值法、603-平衡计分卡、604-绩效棱柱模型
700-风险管理	701-风险矩阵、702-风险清单
其他领域	801-企业管理会计报告、802-管理会计信息系统、803-行政事业单位

具方法的适用性及实施利弊，以及目前需要解决的问题等，根据管理特点和实践需要选择适用的管理会计工具方法，并加强管理会计工具方法的系统化、集成化应用。

（四）管理会计信息与报告

1.管理会计信息

管理会计信息包括管理会计应用过程中所使用和生成的财务信息和非财务信息，是管理会计报告的基本元素。单位应充分利用内外部各种渠道，通过采集、转换等多种方式，获得相关、可靠的管理会计基础信息，并有效利用现代信息技术，对管理会计基础信息进行加工、整理、分析和传递，以满足管理会计应用需要。管理会计系统提供的信息主要有：股东和其他利益相关者的收益保障信息；CEO 业绩责任的制定依据；企业经营业务的质量判断；董事会的业绩考核标准；企业组织结构与业务流程的优化状况；企业的价值观和文化建设情况；各个管理层次的业绩评价和激励补偿系统设计（包括针对高层管理人员的奖励与补偿合同的制定）等。

单位生成的管理会计信息应相关、可靠、及时、可理解，这四个方面构成了管理会计信息的质量要求。

2.管理会计报告

管理会计报告是管理会计活动成果的重要表现形式，是管理会计提供信息的重要载体，旨在为报告使用者提供满足管理需要的信息，是管理会计活动开展情况和效果的具体呈现。

管理会计报告可以按照不同的标志进行分类。按照期间分类可以分为定期报告和不定期报告；按照内容分类可以分为综合性报告和专项报告。单位可以根据管理需要和管理会计活动性质设定报告期间，一般应以公历期间作为报告期间，也可以根据特定需要设定报告期间。另外，管理会计报告也可按照其使用者所处的管理层级进行划分，分为战略层管理会计报告、经营层管理会计报告和业务层管理会计报告。其中，战略层管理会计报告主要有战略管理报告、综合绩效报告、价值创造报告、经营分析报告、风险分析报告、重大事项报告、例外事项报告等；经营层管理会计报告主要有全面预算管理报告、投资分析报告、项目可行性报告、融资分析报告、盈利分析报告（如生产线利润表)、资金管理报告、成本管理报告（如精益成本表)、绩效评价报告（如转移定价表）等；业务层管理会计报告主要有研究开发报告、采购业务报告、生产业务报告、配送业务报告、销售业务报告、售后服务业务报告、人力资源报告等。上述三个层面的报告，需要在各自的管理重点与信息支持需求基础上揭示每个层面的核心内容与关键信息，同时，还要注重每个层面相互之间的联系与内在特征，以有效满足企业管理当局的信息需求，实现企业价值创造和价值增值的目的。

管理会计四项要素构成了管理会计应用的有机体系，单位应在分析其所面临的内外部环境的基础上，合理运用管理会计工具方法，全面开展管理会计活动，并提供有用信息，生成管理会计报告，支持单位决策，推动单位实现战略规划。

五、管理会计与财务会计

管理会计与财务会计是会计的两大分支，无论从逻辑层次还是从内容来看，二者都是会计管理系统的重要组成部分。管理会计与财务会计表现出分化与融合的辩证统一关系。从本质上说，财务会计与管理会计自始至终“你中有我、我中有你、相辅相成”，表现在管理目标相同、起源相同、基本信息同源、服务对象交叉、相关概念相同以及指标相互渗透等方面。但二者也存在较为明显的区别。

1.服务对象不同

财务会计主要侧重于对外部相关单位和人员提供财务信息，如股东、潜在的投资者、银行及其他债权人、税务机关、证券监管机关等，属于“对外报告会计”，以企业整体为主体，提供企业过去一段时间经营业绩方面的信息；而管理会计主要为强化单位内部经营管理、提高经济效益服务，属于“对内报告会计”，工作主体可以是多个层次，既可以是整个企业，也可以是企业中的某个部门，甚至是某个岗位，主要目的是提供企业盈利的思路和方法。

2.职能定位不同

财务会计的职能主要是核算和监督，侧重于“记录价值”，通过确认、计量、记录和报告等程序提供并解释历史信息，是“报账型会计”。管理会计的职能是解析过去、控制现在与筹划未来的有机结合，侧重于“创造价值”，属于“经营型会计”。解析过去主要是对财务会计所提供的资料进行进一步加工、改制和延伸，使之更好地适应筹划未来和控制现在的需要；控制现在是通过一系列指标体系，及时修正在执行过程中出现的偏差，使经济活动严格按照决策预定的轨道卓有成效地进行；筹划未来是充分利用所掌握的丰富资料，严密地进行定量分析，帮助管理部门客观地掌握情况，从而提高预测与决策的科学性。管理会计解析过去、控制现在、筹划未来三方面的职能紧密结合在一起，综合地发挥作用，形成一种综合性的职能。

3.程序方法不同

财务会计有设置账户、复式记账、填制和审核凭证、登记账簿、成本计算、财产清查及编制报表等七种较固定的、标准的程序与方法，必须接受会计准则、会计制度及其他法规的制约，其处理方法只能在允许的范围内选用，灵活性较小；而管理会计的程序与方法不受会计准则、会计制度的制约，《管理会计基本指引》和管理会计应用指引对单位应用管理会计只起指导作用，不做出限制性规定，不制约单位的灵活运用，各单位可以根据自己的管理意图进行选择，而且要根据环境变化适时进行调整、变化。

4.会计主体不同

财务会计的会计主体是财务会计核算的前提条件，必须严格遵循会计准则的规定，以单位整体为会计主体提供反映整个单位财务状况、经营成果和现金流量变动情况的资料，通常不以单位内部各部门为会计主体提供相关资料。管理会计主体不同于财务会计，管理会计的应用主体视管理决策主体确定，单位可以根据决策、绩效考核以及成本控制等多种需求，自由确定符合单位实际的应用主体。这样，管理会计的应用主体可以是单位整体，也可以是单位内部各个层次的所有责任单位（责任中心），即管理会计的会计主体是多层次的。

5.信息特征不同

财务会计必须按照国家统一规定的时间，定期向社会公开披露主体总体的全部财务会计信息，以货币为主要计量单位，信息特征有8个，首先必须满足的是客观性要求，力求精确，数字必须平衡。而管理会计所提供的信息是根据内部管理要求选择的，往往是某一方面的部分信息，并且是不定期提供的。既有定量资料，也有定性信息。计量单位既有货币单位，也有实物单位、时间单位、相对数单位等。管理会计涉及未来的信息不要求精确，其信息特征有4个，首要满足的是相关性和及时性，以不影响规划、决策、控制、评价等活动的正确性为标准，同时考虑成本效益原则。管理会计信息不向社会公开发表，只对单位内部管理具有参考价值，不具社会法律效力。

6.信息载体不同

财务会计的信息载体是国家统一规定的财务会计报告，应按规定的会计期间（如月度、季度、半年度、年度）编制和报送会计报告，具有法律责任。管理会计信息载体主要是内部报告，没有统一的报告内容和格式，报告期间不受固定会计期间的限制，根据管理需要，可以按小时、天、月、年甚至是若干年编制报告，不具有法律责任。

7.参与人员范围及行为影响不同

财务会计的参与人员一般仅限于单位的会计人员，由会计人员按照会计标准和程序，计量和传输财务信息，一般不重视核算结果对单位员工的心理和行为的影响。而管理会计是财务和业务的高度融合，会计、生产、营销、采购、仓储、管理、后勤等部门都要积极参与，单位的每一个员工都是财富和效益的创造者，实施管理会计需要单位全员参与，因此，必须十分注重管理过程及其结果对单位内部各方面人员的心理和行为的影响，应采取科学的方法，千方百计调动全体员工的积极性，使每一位员工都能了解管理会计的目的和方法对自己的影响和作用，使全体员工能够全身心投入到管理会计系统中来，积极参与到管理中来。

动脑筋

结合学过的财务会计知识，仔细领会财务会计信息特征与管理会计信息特征的区别。

知识测试

一、不定项选择题

1.以下属于管理会计应用基础的有（　　）。

A.管理会计应用环境　　B.管理会计活动

C.管理会计工具方法　　D.管理会计信息与报告

2.明确我国管理会计概念框架的法规是（　　）。

A.《企业会计准则——基本准则》　　B.《企业内部控制基本规范》

C.管理会计应用指引　　D.《管理会计基本指引》

3.管理会计信息最基本的要求是（　　）。

A.客观性和明晰性　　B.相关性和客观性

C.相关性和明晰性　　D.客观性和及时性

不定项选择题

4.我国《管理会计基本指引》规定的管理会计原则有（　　）。

A.战略导向原则　　B.适应性原则

C.融合性原则　　D.成本效益原则

5.下列各项中，（　　）属于我国《管理会计基本指引》明确的管理会计领域。

A.战略管理　　B.预算管理　　C.风险管理　　D.供产销管理

6.管理会计的主体可以是（　　）。

A.整个企业　　B.采购部门　　C.生产部门　　D.后勤部门

7.下列各项中，（　　）属于风险管理的工具方法。

A.风险评估　　B.风险矩阵　　C.风险清单　　D.风险识别

8.下列各项中，属于管理会计与财务会计区别的有（　　）。

A.管理目标不同　　B.服务对象不同　　C.方法步骤不同　　D.会计主体不同

二、判断题

1.管理会计和财务会计都必须遵守企业会计准则。（　　）

2.管理会计只利用财务会计提供的相关信息，进行事前的分析和预测，事中的控制以及事后的评价。（　　）

3.管理会计工具方法具有开放性，随着实践发展不断丰富、完善。（　　）

4.管理会计的目标就是向管理要效益。（　　）

5.管理会计只适用于应用环境良好的企事业单位。（　　）

判断题

三、思考题

1.如何在实践中贯彻管理会计的目标？

2.战略导向原则在各个管理领域是如何体现的？

3.管理会计和财务会计的区别有哪些？

第三节　管理会计人才的能力框架

一、国外管理会计人才的能力框架

在英美等发达国家，很早就开始重视并进行管理会计职业建设，经过不断发展，已经形成比较完善的职业知识体系及行为规范。下面通过三个组织说明国外对管理会计人才能力框架的研究和建设情况。

（一）特许公认会计师公会

2013年，特许公认会计师公会（ACCA）提出“财会全才”概念框架。ACCA在对全球500位首席财务官（CFO）进行问卷调查和访谈的基础上，将会计人员执业能力进一步拓展，进而提出了会计职业业务能力框架，具体包括：可持续的管理会计；领导力与管理；战略与创新；财务管理；治理、风险和控制；利益相关方关系管理；专业素质与操守；企业报告；法律与税务；审计与鉴证。在此基础上，ACCA于2013年提出“财会全才”概念，即着力从知识和技能兼备、通晓财会和企业经营等方面考核和培养专业会计人才。在这一框架下，ACCA提出了可持续的管理会计理念，把管理会计描述为评测、估算和执行管理会计及绩效管理系统，开展企业绩效规划、衡量、控制和监督，以确保价值链的可持续发展。

（二）英国特许管理会计师公会

总部位于英国的特许管理会计师公会（CIMA）作为专门的管理会计职业组织，2014年与美国注册会计师协会（AICPA）联合颁布《全球管理会计原则》，并在此基础上于2016年提出《CGMA管理会计能力框架》（CGMA即全球特许管理会计师证书）。该框架以道德、诚信和专业精神为基础，由技术技能、商业技能、人际技能和领导技能四大要素构成，每个要素又分为基础、中级、高级和专家级4个能力等级。CIMA还以该框架为依据重新构建了其职业资格框架和考试体系与大纲。

（三）美国管理会计师协会

成立于1919年的美国管理会计师协会（IMA）是目前全球最领先的国际管理会计师组织，一直致力于支持企业内部的财会专业人士推动企业的整体绩效和表现。

IMA先后发布《管理会计公告》，涵盖了领导力、战略和道德规范、科技支持、战略成本管理、公司绩效管理、财务治理、风险与合规、管理会计实务等不同领域的内容，足以支撑企业财务及相关人员在企业各主干流程中所承担的工作职责。

1983年发布的《管理会计与财务管理人员的道德行为准则》，从能力、保密、正直、客观性等方面对管理会计师职业道德行为进行了规范，对管理会计师道德建设具有重要意义。

IMA于2016年提出全新的《管理会计能力素质框架》。为了更好地适应飞速变化的商业环境与科技发展，2019年，IMA针对管理会计方面全新的能力诉求，对2016年发布的《管理会计能力素质框架》进行了更新。新版《管理会计能力素质框架》确定了财会专业人士在数字化时代保持相关性并有效履行其当前和未来职责所需必备的六大核心知识、素质和能力模块。第一个模块是“战略、规划和绩效”，包括8项能力，为财会专业人士制订领先的战略规划及评估业务发展状况指明方向；第二个模块是“报告和控制”，包括7项能力，为财会专业人士提供以合规的方式衡量和报告组织业绩的工具；第三个模块是“技术与分析”，包括4项能力，展示如何利用数据提升企业分析能力，以及如何利用技术推动组织前行；第四个模块是“商业敏锐度和运营”，包括4项能力，展示财会专业人士如何进行跨职能协作，以推动整个组织实现运营转型；第五个模块是“领导力”，包括7项能力，帮助财会专业人士成长为领导者去建设并指导其所负责的团队实现个人和组织目标；第六个模块是“职业道德和价值观”，包括3项能力，要求财会专业人士树立正确的职业价值观，遵守道德准则和法律法规，确保个人职业和企业发展符合道德、历久弥新。

二、我国管理会计人才的能力框架

（一）我国管理会计人才能力框架建设进程

我国对管理会计人才能力框架的研究比较晚。2014年，《关于全面推进管理会计体系建设的指导意见》提出了理论、指引、人才、信息化加咨询服务的“4+1”管理会计有机发展模式。其中，人才建设是关键，是其他各项建设的依托，争取在3—5年内，在全国培养出一批管理会计人才，积极推进管理会计人才队伍建设。根据《财政部关于全面推进管理会计体系建设的指导意见》系列解读的精神，系统地建立既适合中国国情、又具有国际化特征的管理会计人才能力框架是解决管理会计人才建设难题的关键。2016年9月，财政部将我国管理会计人才能力框架和人才评价体系建设列入工作日程，并以公开招标课题的方式推进中国管理会计人才能力建设与职业化进程。

2019年3月25日，中国总会计师协会制定并发布了第一部具有中国特色的管理会计能力评价标准体系——《中国管理会计职业能力框架》，并作为团体标准发布。《中国管理会计职业能力框架》提出了中国标准，发出了中国声音，对国家治理能力和治理体系现代化建设，对参与全球经济治理，特别是服务“一带一路”建设，对推进管理会计体系建设有积极和现实意义；对中国管理会计人才知识结构和能力培养具有积极引领作用；为单位培养、衡量管理人才提供了一套符合我国国情、具有中国特色的人才标准。

（二）《中国管理会计职业能力框架》主要内容

《中国管理会计职业能力框架》团体标准由专业能力、综合能力和职业道德与行为规范三大部分组成，其中，管理会计职业能力包括专业能力、综合能力两大类，并根据其达到的程度分为初级、中级、高级、特级四个等级。管理会计职业能力框架见表1-2。

表1-2 管理会计职业能力框架表

<table>
<tr><td rowspan="9">专业能力</td><td colspan="2">财务会计能力</td></tr>
<tr><td rowspan="8">管理筹划能力</td><td>战略管理能力</td></tr>
<tr><td>预算管理能力</td></tr>
<tr><td>成本管理能力</td></tr>
<tr><td>营运管理能力</td></tr>
<tr><td>绩效管理能力</td></tr>
<tr><td>投融资管理能力</td></tr>
<tr><td>风险管理能力</td></tr>
<tr><td>管理会计报告能力</td></tr>
<tr><td rowspan="6">综合能力</td><td rowspan="3">创新能力</td><td>思维创新能力</td></tr>
<tr><td>信息技术应用能力</td></tr>
<tr><td>管理会计工具方法创新能力</td></tr>
<tr><td rowspan="3">领导力</td><td>沟通协调能力</td></tr>
<tr><td>团队建设能力</td></tr>
<tr><td>组织能力</td></tr>
<tr><td>职业道德与行为规范</td><td colspan="2"></td></tr>
</table>

1. 专业能力

专业能力包括财务会计能力和管理筹划能力。财务会计能力是管理会计的基础职业能力，管理会计开展工作所依托相关信息的基础来自财务会计；管理筹划能力是管理会计的根本能力，是管理会计职业能力最重要的部分。有关财务会计能力这里不再赘述，管理筹划能力具体分为战略管理能力、预算管理能力、成本管理能力、营运管理能力、绩效管理能力、投融资管理能力、风险管理能力、管理会计报告能力8个方面，并对初级、中级、高级的每一种能力都做了具体要求，见表1-3。

表1-3　管理会计管理筹划能力表

管理筹划领域	管理筹划能力		
	初级	中级	高级
战略管理	熟悉单位战略的概念和内容，了解单位战略管理流程，掌握战略领域管理会计工具方法的相关知识	了解单位全局的、长远的发展方向、目标及实现目标的具体政策和任务；了解单位资源配置决策和管理的过程，明确实施单位战略管理的应用环境；能够参与单位战略地图的设计、绘制或实施工作	参与制定单位发展战略；能够将战略目标分解、落实到各个执行部门并组织实施；能够监督战略规划实施；评价战略规划执行效果，并能根据实际情况及时调整
预算管理	熟悉预算管理流程及不同的编制预算方法，并能够参与单位预算的具体编制工作	熟练掌握、应用滚动预算、零基预算、弹性预算、作业预算等预算编制方法；能够参与单位预算流程各个环节的工作；参与预算执行情况分析，能够在预算执行的过程中发现问题并提出建议	能够制定单位预算编制流程；参与审定及批准预算方案；注重预算执行，通过对预算执行中来自各个部门的信息进行分析，及时发现异常，并提出解决意见；如确有必要，能够提出调整预算的方案；能够对单位预算完成情况做出全面评价
成本管理	熟悉成本核算的概念，了解并掌握不同的成本管理工具方法；能够从事一般的产品成本核算和分析工作	能参加单位成本管理；熟练运用标准成本法、目标成本法、作业成本法和变动成本法等各种成本核算方法；能够编写成本分析报告，为决策提供信息	能够制定单位成本管理战略；能够组织运用适合本单位情况的成本核算方法；组织实施成本管理战略；能根据内部、外部条件的变化及时对成本管理战略做出调整，优化成本管理
营运管理	了解营运管理的一般工作内容；能够掌握本量利分析、敏感性分析、边际分析等营运管理的常用工具方法；了解现行税收制度	能参与单位营运管理；能够参与设计营运指标；熟练运用本量利分析、敏感性分析、边际分析等方法进行经营分析；能够依法、依规有效进行税务筹划；监控并考核各项营运指标	能够组织制定单位营运管理目标；明确营运管理各环节的工作目标、职责分工、工作程序、工具方法、信息报告等内容并组织具体部门实施；对税收筹划做出决策；规范营运管理信息的收集、整理、传递和使用，确保及时性和准确性，以有效支持管理者决策；能够利用本量利分析等营运管理相关工具方法为经营决策层提出预测方案，并不断提高预测精准度

续表

管理筹划领域	管理筹划能力		
	初级	中级	高级
绩效管理	了解绩效管理的基本流程，熟悉绩效管理领域关键绩效指标法、经济增加值法等工具方法的原理和计算过程	能参与设计单位绩效考核指标及各指标权重，并能熟练运用预算绩效指标法等绩效管理相关工具方法；能够进行绩效评价并做出综合的差异分析，调查和解析业绩差异背后的含义、成因，提出解决方案，确保绩效目标的实现	能够组织制定单位绩效管理目标、流程，并就实现绩效目标制定切实措施；在单位营运过程中及时发现问题，确定原因，做出调整决策，以便有利于绩效目标实现；组织进行绩效考核
投融资管理	了解投融资的基本工作内容，了解基本的投融资决策技术及其在决策支持中的应用	能参与投融资分析工作，能够准确测算单位资金需求；能熟练运用贴现现金流法等工具方法；能够分析不同投融资方案的利弊，从财务可行性角度提出投融资建议	掌握不同投融资方式的特点，能对不同的投资和融资方案进行分析和比较，并根据单位实际需求提出最优化的资金配置方案，规避投融资风险；组织、指导资本运作全过程
风险管理	了解风险管理的基本流程，了解风险管理领域的主要工具方法	参与单位风险防控管理；参与建立单位风险防控体系的具体工作；并制定和实施适用的财务控制措施；能在风险防控体系运行过程中及时发现单位面临的风险；建立监控 财务运行的流程，确保财务运行合规性和有效性	参与建立单位风险防控管理体系，组织风险防控体系的运行；对于风险防控体系运行中反映出单位面临的风险能够及时提出处理方案，有效规避风险；能够监督风险防控管理体系运行，对运行情况进行梳理，不断优化内控流程
管理会计报告	了解管理会计报告的内容和范围，熟悉财务和非财务信息的收集渠道，能够参与撰写管理会计报告的具体工作	能够参与单位管理会计报告的设计及撰写，利用管理会计报告信息为经营决策层提供专业化建议	精通管理会计报告理论，能够根据单位实际需求建立本单位管理会计报告体系；掌握单位管理会计报告信息化需求，能够与信息化部门对接，组织开发单位管理会计报告信息系统

2.综合能力

与财务会计相比，管理会计是开放型的，其所涉及的领域也大大超出财务会计，因此，做好管理会计工作，仅有专业技术能力是远远不够的，还要具有综合能力。综合能力包括创新能力和领导力。创新能力包括思维创新能力、信息技术应用能力、管理会计工具方法创新能力；领导力包括沟通协调能力、团体建设能力、组织能力。分级综合能力的具体内容见表1-4。

表1-4　**管理会计综合能力表**

综合能力		初级	中级	高级
创新能力	思维创新能力	知悉管理会计是随着实践过程不断发展、完善的	具备创新意识，能根据单位发展的需求，引入适于单位发展的管理工具方法，并能够根据情况变化适时进行调整	能够站在全局发展高度，创新观念、创新管理方法，拓展工作思路，不断提升整体财务团队业务和管理水平；具有互联网大信息思维，能根据实际情况改革不适应的管理模式
	信息技术应用能力	了解互联网、大数据等新一代信息技术应用的现状，能够熟练使用管理和财务软件	能够熟练运用财务和非财务管理软件处理信息并进行分析，提高会计信息的准确性和时效性，为领导决策及时提供准确的依据；参与本单位管理会计信息系统方面的建设	具备数据治理能力；能借助大数据、云计算、人工智能系统技术手段，以财务和业务数据为基础，进行业财融合系统分析，在信息源融会贯通、一体化体系中探究数据之间的关联性；能依据可靠的信息数据对单位有效开展经营活动做出决策，发挥管理的最大效能
	管理会计工具方法创新能力	具有管理会计适用领域尚有扩大的可能性、工具和方法是可以不断完善发展的意识	熟练使用管理会计工具方法；能够对现有的管理会计工具方法按照适用性原则，根据本单位内、外部环境，进行适应性改良、创新	能够根据单位实际情况综合使用管理会计工具方法；能够提出完善、改进管理会计工具方法的建设性意见；能根据单位实际情况扩大管理会计理念、工具方法的应用范围；能够推动管理会计工具方法在本单位的应用创新
领导力	沟通协调能力	能够处理好与各相关方面的关系；能够有逻辑地表述思想、传达信息	能与各级相关部门保持良好的工作关系；善于与各职能部门的沟通与协调，能够妥善解决部门之间因日常工作产生的矛盾	善于与各级领导和不同层级同事保持良好的工作关系；善于沟通协调以使单位重大管理决策最大限度达成共识；能够引导他人进行有效沟通与交流；擅长运用社会媒体工具来增强单位影响力
	团队建设能力	能够倾听、思考不同的意见和建议，注意形成合力	能够参与设定团队工作目标；了解团队的优势和劣势，努力做到扬长避短；在团队中形成相互信任、开诚布公、尊重他人、维护团队团结的氛围	注重团队建设；善于发现并妥善处理影响团队内部有效合作的因素，建立和谐的工作关系；能够形成适应单位工作环境，培养并建设具有特色的团队文化；善于凝聚团队集体力量，形成团队内部和谐关系
	组织能力	能够在与其他同事有效互动过程中起到组织、牵头作用	能根据团队成员的特点，发挥各个成员的主动性；能够听取团队中的不同意见；带领团队共同为实现工作目标努力工作	能够以多样性进行人员管理，调动团队各成员工作积极性；善于管理，能够鼓励先进、鞭策后进；带领团队及时、优质完成工作任务

领导力中包含的政治地位、组织地位、专业地位在综合能力里居重要地位。这三个地位是特级管理会计师（包括总会计师）高效履职的重要前提条件。

3.职业道德与行为规范

职业道德与行为规范是管理会计职业能力框架的基础，德才兼备，以德为先。各级管理会计都应遵循以下职业道德与行为规范：

❶践行社会主义核心价值观，树立新发展理念；

❷爱岗敬业，坚守诚信原则，提供真实、准确的管理和会计信息，如实反映、报告单位财务状况与经营业绩；

❸维护单位的合法权益，保守工作秘密，积极促进所在单位承担必需的社会责任；

❹在与道德规范冲突的情况下，不以牺牲道德规范为代价达到个人或单位的目的；

❺廉洁自律，不参与舞弊或行贿、受贿等。

动脑筋

二十大报告中指出："教育是国之大计、党之大计。培养什么人、怎样培养人、为谁培养人是教育的根本问题。"结合本章内容，想想如何践行？

知识测试

一、不定项选择题

1.下列各项中，(　　)属于美国管理会计师协会（IMA）新版《管理会计能力素质框架》中确定的核心知识、素质和能力模块。

A.战略、规划和绩效　　B.报告和控制

C.技术与分析、商业敏锐度和运营　　D.领导力、职业道德和价值观

2.英国的特许管理会计师公会（CIMA）提出的《CGMA管理会计能力框架》，由(　　)要素构成。

A.技术技能　　B.商业技能　　C.人际技能　　D.领导技能

3.《中国管理会计职业能力框架》是由(　　)制定并发布的。

A.财政部　　B.中国总会计师协会

C.国资委　　D.国家经贸委

4.《中国管理会计职业能力框架》将管理会计职业能力的等级分为(　　)。

A.初级　　B.中级

C.副高级　　D.高级、特级

不定项选择题

5.《中国管理会计职业能力框架》中描述的综合能力包括(　　)。

A.创新能力　　B.领导力　　C.管理筹划能力　　D.财务会计能力

6.以下属于管理会计职业道德的有(　　)。

A.爱岗敬业　　B.坚守诚信　　C.保守秘密　　D.廉洁自律

二、判断题

1.《中国管理会计职业能力框架》是我国第一部管理会计能力评价标准体系。(　　)

2.不同等级的管理会计遵循的职业道德与行为规范是不同的。(　　)

3.《中国管理会计职业能力框架》中的专业能力不包括财务会计能力。(　　)

4.《中国管理会计职业能力框架》对不同等级管理会计职业能力水平均做了具体的描述。(　　)

5.在企业利益与道德规范冲突的情况下，管理会计可以牺牲道德规范以满足企业的利益。(　　)

判断题

三、思考题

1.如何理解一个合格的管理会计人员应具备的能力？

2.如何将职业道德与行为规范贯穿于管理会计的实践之中？

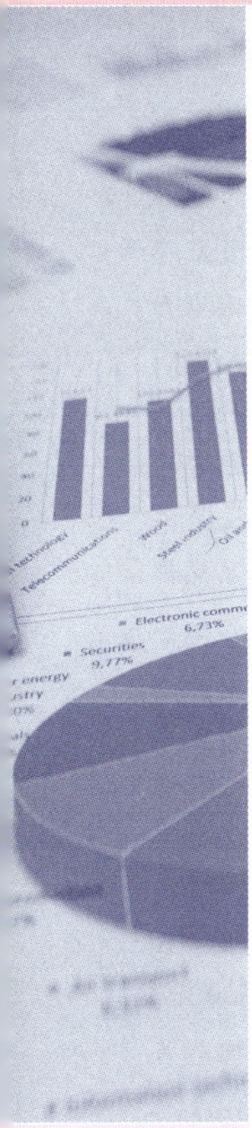

第二章
战略管理

知识、能力目标

1. 了解战略体系的构成；
2. 掌握战略分析的基本方法；
3. 掌握战略管理的过程；
4. 会进行战略分析；
5. 会结合战略分析进行战略地图的绘制。

专业素养目标

1. 树立大局意识，开阔战略思维；
2. 激发爱国主义情怀和民族自豪感；
3. 培养团队协作精神和集体荣誉感。

知识结构图

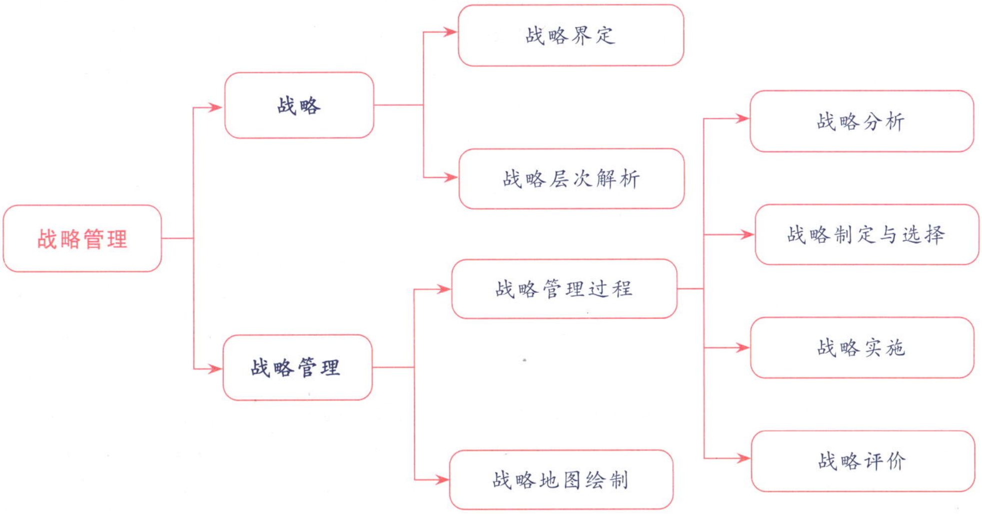

名企视野

专注创新谋发展，勇担责任谱新篇①

——万达，不只做“广场”

大连万达集团创建于1988年，秉承“共创财富，公益社会”的企业使命，先后走过了“城改政策优势期、跨区经营腾飞期、万达广场建设期、产业生态发展期”四个战略发展阶段。目前，企业已发展成为以现代服务业为主的大型企业集团，旗下包括商管集团、文化集团、投资集团，其中商业中心、影视、体育、儿童产业等，均处于世界行业领先地位。

1988—1993年（旧城改造换新颜）：企业成立之初，万达启动了大连市西岗区北京街旧城改造项目。20世纪90年代初期，万达年房屋销售量占大连市房地产销售总量的两成以上，在大连房地产企业中脱颖而出。

1993—2000年（跨区经营促腾飞）：1993年5月，万达赴广州番禺开发侨宫苑小区，成为全国首家跨区域发展的房地产企业，获得了跨区域开发的宝贵经验；1998年3月，万达在成都、长春等多个城市开发房地产，迈出大规模跨区域发展的步伐。

2000—2010年（广场建设重升级）：2000年5月，万达召开企业发展史上的“遵义会议”，统一了思想，决定企业战略转型，住宅地产和商业地产两条腿走路，并将全国各地公司合并调整为商业、住宅两大建设公司；2000年7月，万达开发建设企业的第一个商业地产项目——长春重庆路万达广场，这是第一代万达广场；2004年8月，万达开发建设首个第三代万达广场——宁波鄞州万达广场，全国首家提出“城市综合体”开发模式；2008年9月，万达集团总部由大连迁往北京CBD万达广场，标志着万达事业迈上新台阶。

2010年至今（产业生态国际化）：2010年7月，万达集团进行了大规模机构调整：一是集团和商业地产总部机构彻底分设。二是商管和院线机构调整，变成总部、区域公司和单店三级管理模式，真正实现连锁经营。三是项目管理分成南、北区，这次调整为万达实现实业、资本两条腿走路，为企业长远发展打下坚实的组织基础。2012年12月，万达集团成立万达文化产业集团，注册资金50亿元，资产310亿元，2012年收入208亿元，已进入电影院线、主题公园、文化旅游区等10个行业。2014年10月，万达集团迎来了第100座万达广场——昆明西山万达广场，标志万达广场成为具有世界影响的品牌；万达集团于2013年9月7日推出支持大学生创业十年计划，即从2013年到2022年，累计投入不超过5亿元，提供约500个万达广场店铺，支持1 000名大学生创业，2015年度支持大学生创业计划于北京大学正式启动。2014年12月，与国务院扶贫办（现称国家乡村振兴局，下同）、贵州省扶贫办与贵州省丹寨县签订扶贫协议，创新了一种可复制、可推广的企业扶贫新模式，确保直接普惠农民，国务院扶贫办主任刘永富称之为中国扶贫模式的创新之举。2017年8月，万达酒店发展（00169.HK）开始重大资产重组，万达集团计划将两大轻资产公司（万达酒店管理公司和万达文旅集团）注入，万达酒店发展成为万达文旅上市旗舰。2018年9月，万达集团丹寨包县扶贫获第十届中华慈善奖“慈善项目奖”。中华慈善奖是中国公益慈善领域的最高政府奖，迄今举办10届，万达集团9次获奖，是获得中华慈善奖次数最多的企业。2018年12月，万达宝贝王早教第100家门店在山西运城万达广场开业。2019年2月，万达电影重大资产重组事宜获中国证监会通过，标志着万达电影构筑的电影生活生态圈全面建成。2019年10月，万达丹寨扶贫第二次获得全国脱贫攻坚奖。2019年12月，第600家万达影城在广州开业，万达电影各项经营指标连续多年稳居全国第一。2020年1月，万达集团向武汉市慈善总会捐赠人民币1 000万元，帮助武汉抗击新冠肺炎疫情。2020年9月，世界旅游联盟、世界银行、中国国际扶贫中心联合发布《世界旅游联盟旅游减贫案例》，万达集团在丹寨的包县扶贫项目成功入选。2020年12月，万达集团推出绿建节能第三个“五年规划”，全国万达广场累计节约用电1.5亿度，相当于减少二氧化碳排放15万吨；截至2020年，万达累计获得绿建认证862项，在全国企业中遥遥领先；2020年12月，全国工商联授予万达集团“抗击新冠肺炎疫情先进民营企业”称号，称赞万达等企业充分发挥自身优势，积极履行社会责任，不仅为疫情防控提供了有力的物质

① 本案例内容来自大连万达集团官方网站。

支撑，也为扎实做好“六稳”工作、落实“六保”任务做出了巨大贡献。

【大家谈】

党的二十大报告指出，我们必须坚持解放思想、实事求是、与时俱进、求真务实，一切从实际出发。万达集团依托精准的战略部署，经受住了集团化管理的重重考验并积极转型发展，曾经盛极一时的地产板块在大连万达集团主营业务的占比已经开始有所下降，战略部署向文旅产业发展，期间通过积极履行企业社会责任，以创新扶贫模式为基础，维护良好的政、企、民关系，是万达稳中求进的新举措。

第一节　战略管理概述

一、战略

（一）战略的界定

1.战略的定义

“战略”一词主要源于军事，指军事家们对战争全局的规划和指挥，或指导重大军事活动的方针、政策与方法。后随着生产力水平的不断提高和社会实践的不断丰富，“战略”一词逐渐被人们广泛地运用于军事以外的政治、外交等领域。1962年，美国学者钱德勒（Chandler A D）在其《战略与结构》一书中，将战略定义为“确定企业基本长期目标、选择行动途径和为实现这些目标进行资源分配”。这标志着“战略”一词被正式引入企业经营管理领域，由此形成了企业战略的概念。我国《管理会计应用指引第100号——战略管理》也着重强调了战略管理在推动企业实现可持续发展方面的重要作用，因此本教材所讲的战略管理的应用环境主要界定在企业管理范畴。

公司战略的概念主要经历了两个发展阶段：一是以美国哈佛大学波特教授（Porter M）为代表的传统定义。他认为，“战略是公司为之奋斗的终点与公司为达到它们而寻求的途径的结合物”。该定义概括了20世纪60年代和20世纪70年代对公司战略的普遍认识，它强调公司战略的重要属性为计划性、全局性和长期性。二是20世纪80年代以来，随着企业外部环境变化速度加快，以计划为基点将企业战略视为理性计划的产物受到质疑，以加拿大学者明茨伯格（Mintzberg H）为代表的现代定义在1989年被提出，认为许多成功的企业战略是在事先无计划的情况下产生的，他将战略定义为“一系列或整套的决策或行动方式”，更加强调战略另一方面的属性，即应变性、竞争性和风险性。事实上，大部分公司的战略是事先的计划和突发应变的组合。美国学者汤姆森（Tomson S）在1998年指出，“战略既是预先性的（预谋战略）；又是反应性的（适应性战略）”。也就是说，“战略制定的任务包括制订一个策略计划，即预谋战略，然后随着事情的进展不断对它进行调整。一个实际的战略是管理者在公司内外部各种情况不断暴露的过程中不断规划和再规划的结果”。

基于此，本教材采用我国管理会计应用指引中对战略的定义，战略是指企业从全局考虑做出的长远性的谋划。这里所指的谋划，是一个谋定而后动的过程，既包含战略的制定，也包含战略的调整。

2.公司的使命与目标

在公司的实际运营过程中，对战略的描述通常会有自己的特色，也会用不同的词语进行层次的划分，在这里，我们主要就“使命”和“目标”进行甄别。

（1）公司的使命。公司的使命首先要阐明企业组织的根本性质与存在理由，一般包括公司目的、公司宗旨、经营哲学三个方面。

公司目的是企业组织根本性质和存在理由的直接体现。组织按照其存在理由可以分为营利组织和非营利组织。由于其性质不同，所以目的也就不一样。以营利为目的的组织首先考虑为其所有者带来经济价值，企业作为典型代表，就是要通过降本增效、扩大市场份额等方式提高企业的价值，其次才是履行企业的社会责任。而非营利组织的首要目的是提高社会福利、促进政治和社会变革，而非营利，就像中国红十字会、经民政部门认证的各类慈善基金会等。

如果公司目的是营利，那么公司宗旨就是要通过什么样的业务来营利，阐述的是公司长期的战略意向，并非具体的战略规划，其具体内容主要是说明公司目前和未来所从事的经营业务范围，主要包括企业的产品（或服务）、顾客对象、市场和技术等几个方面。公司宗旨反映企业的定位。定位是指企业采取措施适应所处的环境，它包括相对于其他企业的市场定位，如生产或销售什么类型的产品或服务给特定的部门或以什么样的方式满足客户和市场的需求，如何进行资源配置维持企业的核心竞争力等。

经营哲学则是公司为其经营活动方式确立的价值观、基本信念和行为准则，是企业文化的高度概括。经营哲学主要是通过公司对利益相关者的态度、公司提倡的共同价值观、政策以及管理风格等方面体现出来，也影响着公司的经营范围和经营效果。

案例思考

从摩拜单车到美团单车

摩拜单车，秉承“让单车回归城市，让生活更加美好”的公司使命，践行着“骑行，并不只是一个动作，而是一种文化，让骑行的力量去点燃善意的火花”，这种倡导用骑行感受专注思考状态的公司宗旨最终敌不过美团1.5元/30分钟的营利运作。2020年12月，摩拜单车已全面接入美团，并更名为美团单车，会员权益同时对接美团APP运营。请大家查阅有关资料，思考摩拜单车在公司使命的定位中存在什么样的问题？你认为摩拜单车被并购的原因是什么？

（2）公司的目标。公司目标是公司使命的具体化，它不是一种抽象的概念，而是行动的承诺，借以实现企业的使命。公司目标是一个体系，建立目标体系就是将公司的使命转化成明确、具体的业绩标准，从而使公司的进展有一个可测度的目标。就整个公司来讲，需要建立两种类型的业绩标准：一种是和财务业绩有关的标准，主要评价企业在市场占有率、收益增长率、投资回报率等指标上的优劣势；另一种则是和战略业绩有关的标准，用来评价企业是否在产品质量、客户服务或产品革新等方面压倒竞争对手并持续改善公司长远的业务前景。

财务目标体系和战略目标体系都应该从短期目标和长期目标两个维度来体现。短期目标体系主要是集中精力提高公司的短期经营业绩；长期目标体系则主要是促使公司的管理者考虑现在应该采取什么行动，才能使公司进入一种可以在相当长的一段时间内经营得好的状态。

目标体系的建立需要所有管理者的参与。公司中的每一个单元都必须有一个具体的、可测度的业绩目标，其中，各个单元的目标必须与整个公司的目标相匹配，如果整个公司的目标体系被分解成各个组织单元和低层管理者的明确、具体的分目标，那么，在整个公司中就会形成一种以结果为导向的氛围。最理想的情形是建立团队工作精神。组织中的每一个单元都奋力完成其职责范围内的任务，从而为公司业绩目标的完成和公司使命的实现做出应有的贡献。

案例思考

吉利汽车集团的使命与战略目标

吉利汽车集团自1997年进入汽车领域以来，大致经历了三个主要发展阶段。在每个阶段中吉利汽车集团的使命与战略目标都有所不同。

第一阶段（1998—2002年）——吉利汽车在浙江台州成立：简单造车，价格取胜阶段。

使命：造老百姓买得起的轿车。

战略目标：用最低价位实现中国轿车进家庭。

第二阶段（2003—2007年）——获得生产资质，成为中国首家民营汽车企业：全面创新，技术提升阶段。

使命：造老百姓买得起的好车。

战略目标：汽车以质取胜；企业要拥有自主研发能力，拥有自有技术和自主品牌。

第三阶段（2008年至今）——发表“宁波宣言”：全面转型，全球战略阶段。

使命：造全世界最环保、最节能、最安全的好车。让吉利汽车跑遍全世界。

战略目标：争取用3—5年时间完成从单纯的低成本战略向高技术、高质量、高效率国际化的战略转型。

2021年2月24日，吉利汽车发布公告称，沃尔沃汽车和吉利汽车达成合并方案，双方在保持现有独立公司架构的基础上，将在“新四化”领域进行更进一步的合作探索。

请结合吉利汽车的发展史及不同阶段使命和战略目标的定位，分析吉利汽车使命和战略目标制定的合理性，说说你的看法。

（二）公司战略层次

公司战略一般分为三个层次，即总体战略、业务单位战略（也称竞争战略）和职能战略。图2-1概括梳理了企业各层次的战略所涉及的管理层次。

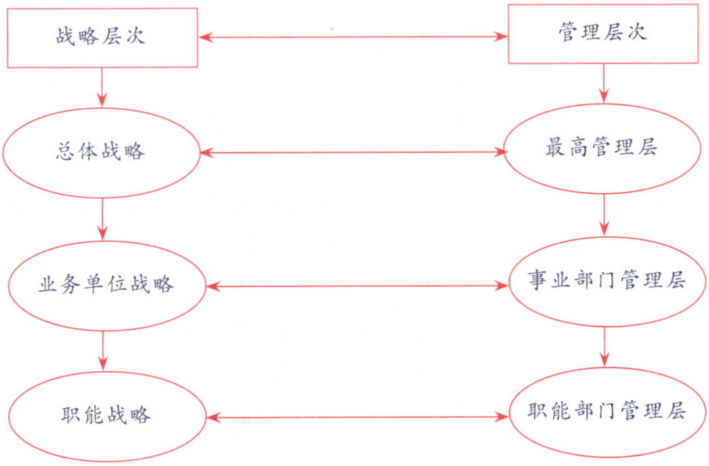

图2-1　公司战略的结构层次

1.总体战略

总体战略又称公司层战略。在大中型企业里，特别是在经营多元化的企业里，总体战略是企业最高层次的战略。它需要根据公司目的及核心能力，选择可竞争的经营领域，合理配置企业经营所必需的资源，使各项经济业务相互支持、相互协调。公司战略常常涉及整个企业的财务结构和组织结构方面的问题。

2.业务单位战略

业务单位战略又称公司二级战略或竞争战略。业务单位战略涉及各业务单位的主管以及辅助人员。这些人员的主要任务是将公司战略所包括的企业目标、发展方向和措施具体化，形成本业务单位具体的竞争与经营战略。业务单位战略要针对不断变化的外部环境，在各自的经营领域中有效竞争。为了保证企业的竞争优势，各经营单位要有效地控制资源的分配和使用。

对于一家单一业务公司来说，总体战略和业务单位战略只有一个，即合二为一；只有对于业务多元化的公司来说，总体战略和业务单位战略的区分才有意义。

3.职能战略

职能战略又称职能层战略，主要涉及企业内各职能部门，如销售、财务、生产、研发、人力资源、信息技术等，如何更好地配置企业内部资源，为各级战略服务，并提高组织效率。各职能部门的主要任务不同，关键影响因素也不一样，即使在同一职能部门里，关键影响因素的重要性也会因为经营条件的变化而有所不同，因此，理论界和实务界并没有总结一般性的职能战略。在职能战略中，重点要强调协同工作的意义，这种协同作用首先体现在单个的职能中各种活动的协调性与一致性，其次体现在各个不同职能战略和业务流程或活动的协调一致，这样才能达到资源的充分整合与利用。

三个层次的战略都是企业战略管理的重要组成部分，但侧重点和影响的范围有所不同，形成了由上到下层层分解落实、由下到上不断反馈调整的完整体系，是企业可持续发展的重要前提条件。

二、战略管理

（一）战略管理的内涵

战略管理一词是由伊戈尔·安索夫（Igor Ansoff）在其1976年出版的《从战略规划到战略管理》一书中首先提出来的。这一提法，也标志着战略不再是纸上谈兵，而要通过科学的管理工具方法与企业实践紧密相联。1979年，安索夫又出版了《战略管理论》一书。该书认为，战略管理是指将企业的日常业务决策同长期计划决策相结合而形成的一系列经营管理业务。美国学者斯坦纳（Steiner G A）在1982年出版的《企业政策与战略》一书中认为，战略管理是根据企业外部环境和内部条件确定企业目标，保证目标的正确落实并使企业使命最终得以实现的一个动态过程。此外，一些学者和企业家也对战略管理提出了种种见解。有人认为，战略管理是企业处理自身和环境关系过程中实现其使命的管理过程。有人提出，战略管理是决定企业长期表现的一系列重大管理决策和行动，包括企业战略的制定、实施、评价和控制。

从上述关于战略管理含义的种种表述和见解可以看出，战略管理是一种区别于传统职能管理的管理方式。这种管理方式的基本内容是：企业战略指导着企业的一切活动，企业战略管理的重点是制定和实施企业战略，也就是将企业的战略规划落地的过程，而这个过程中最为关键的是对企业外部环境和内部条件的分析，并在此基础上确定企业的使命和战略目标，使它们之间形成并保持动态平衡。

因此，基于对上述内容的理解，本书将采用《管理会计应用指引第100号——战略管理》对战略管理的定义来界定战略管理的内涵，即战略管理是指对企业全局的、长远的发展方向、目标、任务和政策，以及资源配置做出决策和管理的过程。

（二）战略管理的特点

由传统职能走向现代管理是企业管理的一次重大飞跃。战略管理与传统的职能管理相比，主要具有以下特点：

1.战略管理是企业的综合性管理

战略管理为企业的发展指明基本方向和前进道路，是各项管理活动的精髓。战略管理的对象不仅包括研究开发、生产、人力资源、财务、销售等具体职能，还包括统领各项职能战略的竞争战略和公司战略。无论从管理的效果出发还是从管理的对象理解，战略管理都是具有综合性的，它是一项涉及企业所有管理部门、业务单位及所有相关要素的管理活动。

2.战略管理是企业的高层次管理

战略管理的管理主体必须是企业的高层领导。由于战略管理的核心是对企业现在及未来的整体经营活动进行规划和管理，是一种关系到企业长远生存发展的管理，而且高层管理人员比中基层管理者更了解企业的全部情况，也拥有战略实施所需要的相关资源分配权。因此，客观上要求企业的高层管理部门牵头负责战略管理工作，并与业务部门和职能部门协同制定战略目标，做好战略实施的协调工作，保障战略目标得以实现。

3.战略管理在时间上具有长远性

由于战略管理关注的是企业长远的发展方向，重点在于对未来产业的发展布局，是战略管理者以企业所期望或预测将要发生的情况为基础，从迅速变化和竞争激烈的环境中，分析和判断影响企业未来取得成功的因素及发展态势，并实施适应环境变化的措施。从这一点来理解，战略管理是高层管理者对企业未来一段时期（通常为5年以上）内的生存和发展等所做的统筹规划。

4.战略管理是企业的一种动态性管理

战略管理的目的是依据企业内部条件和外部因素制定并实施战略决策和战略方案，以实现战略目标。而企业自身所处的生命周期以及内外部环境是不断变化的，战略管理必须及时了解、研究和应对变化的情况，并进行必要的修正，确保战略目标的落地。因此，企业战略管理活动是动态变化的过程，且该活动具有持续性。

5.战略管理是企业的一项效能性管理

正确做事的前提是做正确的事。如果把企业的一般职能管理看作是正确做事的效率提升，重点在提高企业实际产出与实际投入之比率，那么战略管理则是考虑做正确的事，即确定企业发展的方向、目标和路径，实现管理职能的改进，旨在提高企业实际产出达到期望产出的程度，实现企业内外部资源的优化配置。

三、战略管理过程

企业应用战略管理工具方法，一般按照战略分析、战略制定、战略实施、战略评价和控制、战略调整等程序进行。在具体操作中要求：一是企业应当结合战略分析对企业初步确定的使命、战略和目标进行适当评价，并最终制定出企业的战略；二是对照战略实施后的实际结果对战略的管理过程进行局部或整体的评价和调整，实现战略管理与企业发展需要的动态平衡。战略管理的应用程序具体如图2-2所示。

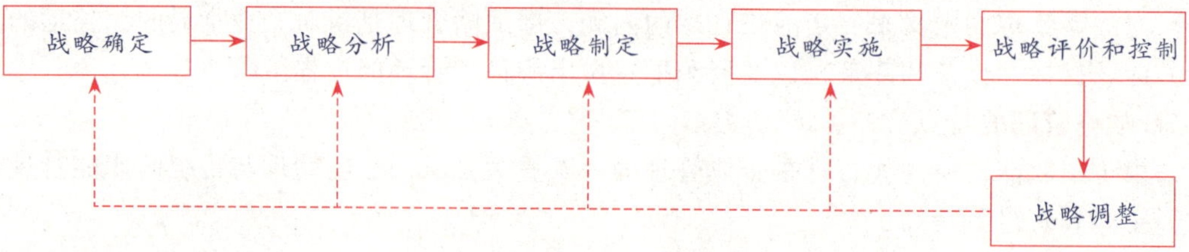

图2-2 战略管理的应用程序

（一）战略分析

战略分析的前提是企业已经初步确定好自身的使命、战略和目标，对可以竞争的经营领域已经做过初步的分析和判断，主要目的是评价影响企业目前和今后发展的关键因素，并确定在战略选择步骤中的具体影响因素。战略分析需要考虑许多方面的问题，主要包括外部环境分析和内部环境分析。在进行环境分析时，可应用态势分析、波特五力分析和波士顿矩阵分析等方法，分析企业的发展机会和竞争力，以及各业务流程在价值创造中的优势和劣势，并对每一业务流程按照其优势强弱划分等级，为制定战略目标奠定基础。

1. 外部环境分析

外部环境分析着眼于企业所处的外部政治、经济、社会等环境的影响，可以从企业所面对的宏观环境、产业环境、竞争环境和国家竞争优势分析几个方面展开，主要了解企业所处的环境正在发生哪些变化，这些变化将给企业带来更多的机会还是威胁，利用有利于企业的发展机会，避开可能带来的威胁，这是企业谋求生存和发展的首要问题。

（1）宏观环境分析（PEST分析）

企业在进行宏观环境分析时主要应当考虑四类因素，即政治和法律因素、经济因素、社会和文化因素、技术因素等，如图2-3所示。

（2）产业环境分析

企业产业环境分析一般包括产品生命周期、产业五种竞争力和成功关键因素分析等。

产品生命周期理论认为产业发展要经过导入期、成长期、成熟期和衰退期4个阶段，这些阶段是按产业销售额增长率曲线的拐点划分的。产业的增长与衰退由于新产品的创新和推广过程而呈“S”形。

波特在《竞争战略》一书中，从产业组织理论的角度，提出了产业结构分析的基本框架——五种竞争力分析，即潜在进入者、替代品、购买者、供应者与现有竞争者。波特认为，在一个产业中，这五种力量共同决定产业竞争的强度以及产业利润率，最强的一种或几种力量居于统治地位并且从战略形成角度来看起着关键性作用。图2-4为驱动产业竞争的五种力量。

成功关键因素是企业取得产业成功的前提条件，是指公司在特定市场获得盈利必须拥有的技能和资产。不同的产业所涉及的成功关键因素是不同的，即使是同一产业中的不同企业，也可能对该产业的成功关键因素有不同的侧重。企业在确认产业的成功关键因素时，必须考虑以下三个问题：一是顾客在各个竞争品牌之间进行选择的基础是什么？二是

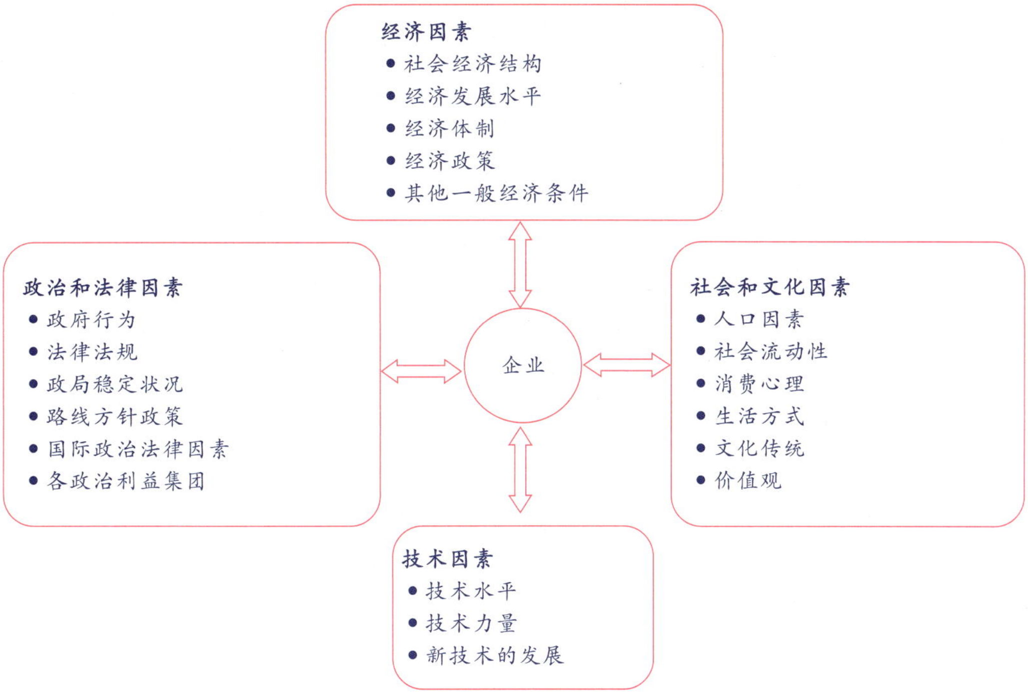

图 2-3　主要宏观环境因素

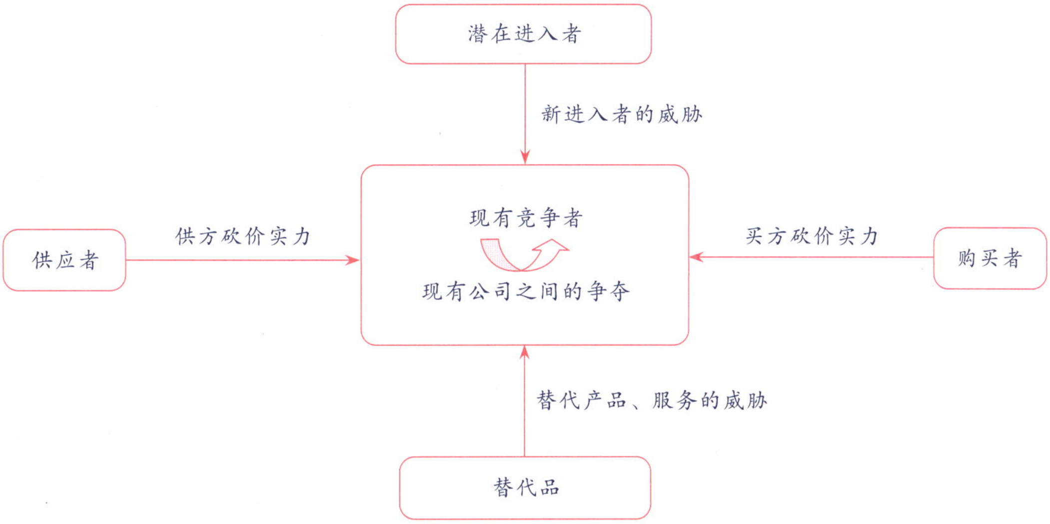

图 2-4　驱动产业竞争的力量

产业中的一个卖方厂商要取得竞争成功需要什么样的资源和竞争力？三是产业中的一个卖方厂商获取持久的竞争优势必须采取什么样的措施？例如，在啤酒行业，成功关键因素是充分利用酿酒能力、强大的批发分销商网络以及上乘的广告宣传；在服装生产行业，其成功关键因素是吸引人的设计和色彩组合。

（3）竞争环境分析

竞争环境分析的重点集中在与企业直接竞争的每一个企业，如国航之于东航、百事可乐之于可口可乐、阿里之于腾讯等。竞争环境分析又包括两个方面：一是从个别企业视角去观察，分析竞争对手的实力；二是从产业竞争结构视角去观察，分析企业所面对的竞争格局。

对竞争对手的分析有四个方面的主要内容，即竞争对手的未来目标、假设、现行战略和潜在能力，如图2-5所示。

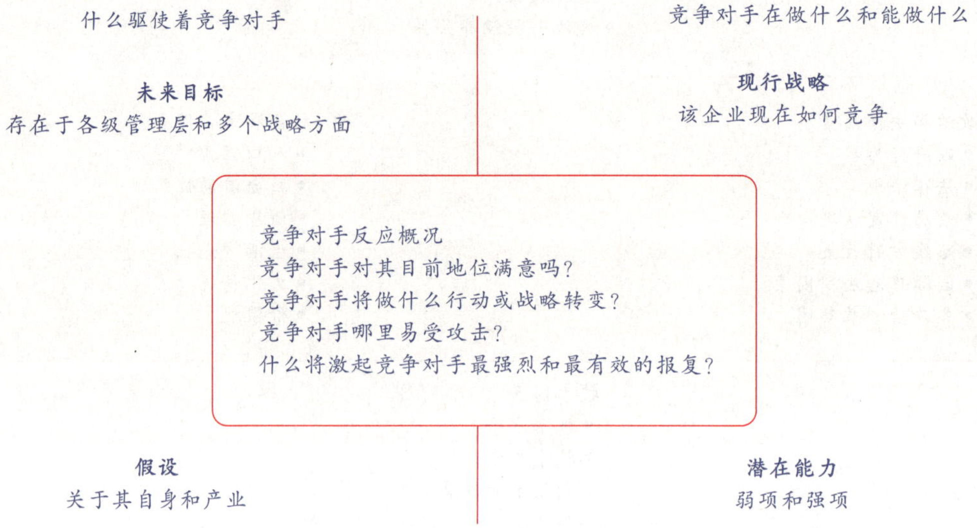

图2-5 竞争对手分析内容

竞争环境分析的另一个重要方面是要确定产业内所有主要竞争对手的战略诸方面的特征。波特用“战略群组”的划分来研究这些特征。一个战略群组是指某一个产业在某一战略方面采用相同或相似战略，或具有相同战略特征的各公司组成的集团。如果产业中所有的公司基本认同了相同的战略，则该产业中就只有一个战略群组。一般来说，在一个产业中仅有几个战略群组，他们采用了特征完全不同的战略。战略群组分析有助于企业了解相对于其他企业而言本企业的战略地位以及公司战略的变化可能引起的对竞争的影响。

2. 内部环境分析

正所谓“知己知彼，百战不殆”，商场如战场，企业要做的不仅是了解外部环境的需求及变化，更要明确自己“能够做什么”，也就是通过内部环境分析，充分掌握企业所拥有的独特资源与能力所能支持的行为。内部环境分析，可以从企业的资源与能力、价值链和业务组合分析等几个方面展开。

（1）企业的资源与能力分析

企业资源分析的目的在于识别企业的资源状况、企业资源方面所表现出来的优势和劣势及其对未来战略目标制定和实施的影响。企业资源是指企业所拥有或控制的有效因素的总和，主要分为有形资源、无形资源和人力资源。而如何运用好资源以产生最大化效益，就要看企业的能力了，也就是企业配置资源，发挥其生产和竞争作用的能力。企业能力主要由研发能力、生产管理能力、营销能力、财务能力和组织管理能力等组成。

（2）价值链分析

波特认为，企业每项生产经营活动都是其创造价值的经济活动。那么，企业所有的互不相同但又相互关联的生产经营活动，便构成了创造价值的一个动态过程，即价值链。价值链分析是对企业活动进行分解，通过考虑这些单个活动本身及其相互关系来确定企业的竞争优势。价值链分析将企业的生产经营活动分为基本活动和支持活动两大类。基本活动又称主体活动，是指生产经营的实质性活动，一般可以分为内部后勤、生产经营、外部后勤、市场销售和服务五种活动。这些活动与商品实体的加工流转直接有关，是企业的基本增值活动。支持活动，又称辅助活动，是指用以支持基本活动而且内部之间又相互支持的活动，包括采购、技术开发、人力资源管理和企业基础设施。

企业不仅要能识别出价值链中的增值活动，关键还要将机器、货币和人员这些资源有效地组织起来，最终生产出顾客认为有价值的产品或服务，否则这些资源将毫无价值。

（3）业务组合分析

价值链分析有助于对企业的能力进行考察，这种能力来源于独立的产品、服务或业务单位。但是对于多元化经营的公司来讲，还需要将企业的资源和能力作为一个整体来考虑。因此，公司战略能力分析的另一个重要部分就是对公司业务组合进行分析，保证业务组合的优化是公司战略管理的主要责任。这里主要介绍波士顿矩阵法。

波士顿矩阵又称市场增长率-相对市场份额矩阵，其认为决定产品结构的基本因素有两个，即市场引力与企业竞争实力。最能体现市场引力的是市场增长率，它是决定企业产品结构是否合理的外在因素；而市场占有率直接反映的是企业竞争实力，它是决定企业产品结构的内在要素。波士顿矩阵的基本原理在于将企业所有产品从市场增长率和市场占有率角度进行再组合，如图2-6所示。

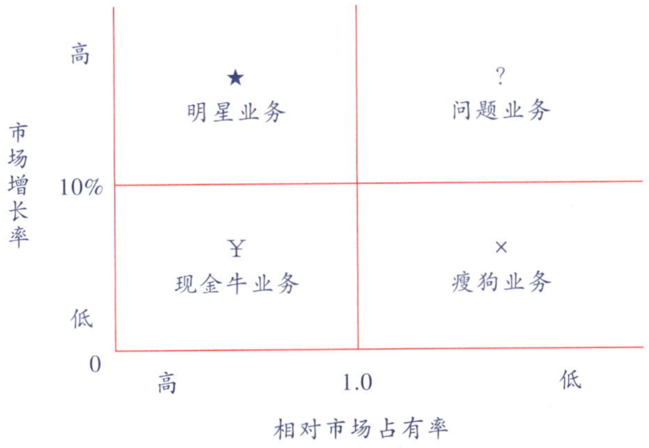

图2-6　波士顿矩阵

在坐标图上，纵轴表示市场增长率，是指企业所在产业某项业务前后两年市场销售额增长的百分比，表示每项经营业务所在市场的相对吸引力，通常用10%作为增长率高、低的界限。横轴表示企业在产业中的相对市场占有率，是指以企业某项业务的市场份额与这个市场上最大竞争对手的市场份额之比，反映企业在市场上的竞争地位。相对市场占有率的分界线为1.0（在该点本企业某项业务的市场份额与该业务市场上最大竞争对手的市场份额相等）。该分界线将市场占有率划分为高、低两个区域。通过对矩阵中四个象限的业务进行组合分析，从而采取发展、保持、收割或放弃的行动策略，实现业务组合的价值最大化。

3. 内外部环境的综合分析——SWOT分析

企业进行环境分析时，可综合应用态势分析法（简称SWOT分析）、波特五力分析和波士顿矩阵分析等方法，分析企业的发展机会和竞争力，以及各业务流程在价值创造中的优势和劣势，并对每一业务流程按照其优势强弱划分等级，为制定战略目标奠定基础。SWOT分析是一种综合考虑企业内部条件和外部环境的各种因素，进行系统评价，从而选择最佳经营战略的方法。这里，S是指企业内部的优势（Strength），W是指企业内部的劣势（Weakness），O是指企业外部环境的机会（Opportunity），T是指企业外部环境的威胁（Threat）。

企业内部的优势和劣势是相对于竞争对手而言的，一般表现在企业的资金、技术、设备、员工素质、产品、市场、管理技能等方面。判断企业内部的优势和劣势一般有两项标准：一是单项的优势和劣势，如企业资金雄厚，则在资金上占优势；酒店的环境好、交通便利，则在地理位置上占优势；市场占有率低，则在市场上处于劣势。二是综合的优势和劣势。为了评估企业的综合优势和劣势，应选定一些重要的因素，对其评价打分，然后根据其重要程度按加权平均法加以确定。

企业外部环境的机会是指环境中对企业有利的因素，如政府支持、高新技术的应用、与购买者和供应者的良好关系等，如互联网和电子商务的应用对酒店业带来巨大影响，大力推行电子商务战略将带来巨大收益。企业外部环境的威胁是指外部环境中对企业不利的因素，如新竞争对手的出现、市场增长缓慢、技术老化等，如酒店行业竞争加剧，“僧多粥少”的情况下加大了营销成本，利润越来越微薄。典型的SWOT分析格式如图2-7所示。

优势	劣势
• 企业拥有的专业市场知识 • 对自然资源的独有进入性 • 专利权 • 新颖的、创新的产品或服务 • 企业地理位置优越 • 由于自主知识产权获得的成本优势 • 质量流程与控制优势 • 品牌和声誉优势	• 缺乏市场知识与经验 • 无差别的产品和服务 • 企业地理位置较差 • 竞争对手进入分销渠道并占据优先位置 • 产品或服务质量低下 • 声誉败坏
机会	**威胁**
• 发展中国家新兴市场（如中国的互联网） • 并购、合资或战略联盟 • 进入具有吸引力的新的细分市场 • 新的国际市场 • 政府规则放宽 • 国际贸易壁垒消除 • 某一市场的领导者力量薄弱	• 企业所处的市场中出现新的竞争对手 • 价格战 • 竞争对手发明新颖的、创新的替代产品或服务 • 政府颁布新的规则 • 出现新的贸易壁垒 • 针对企业产品或服务的潜在税务负担

图2-7 典型的SWOT分析格式

需要注意的是，不同的管理者在企业处于不同生命周期或产业环境时，对某些优势、劣势的判断是不一样的，这与管理者的知识、经验等密切相关。通过SWOT分析，可以将企业战略分析过程中总结出的企业的优势与劣势、外部环境的机会与威胁转换为企业下一步的战略开发方向。SWOT分析也成为战略分析与战略制定（选择）两个阶段的连接点。

（二）战略制定

战略制定是指企业根据确定的愿景、使命和环境分析情况，选择和设定战略目标的过程。

1.战略目标的选择

不同的管理层所关注的“全局”不同，因此在公司战略的三个层次上也存在着各种不同的战略类型，如图2-8所示。

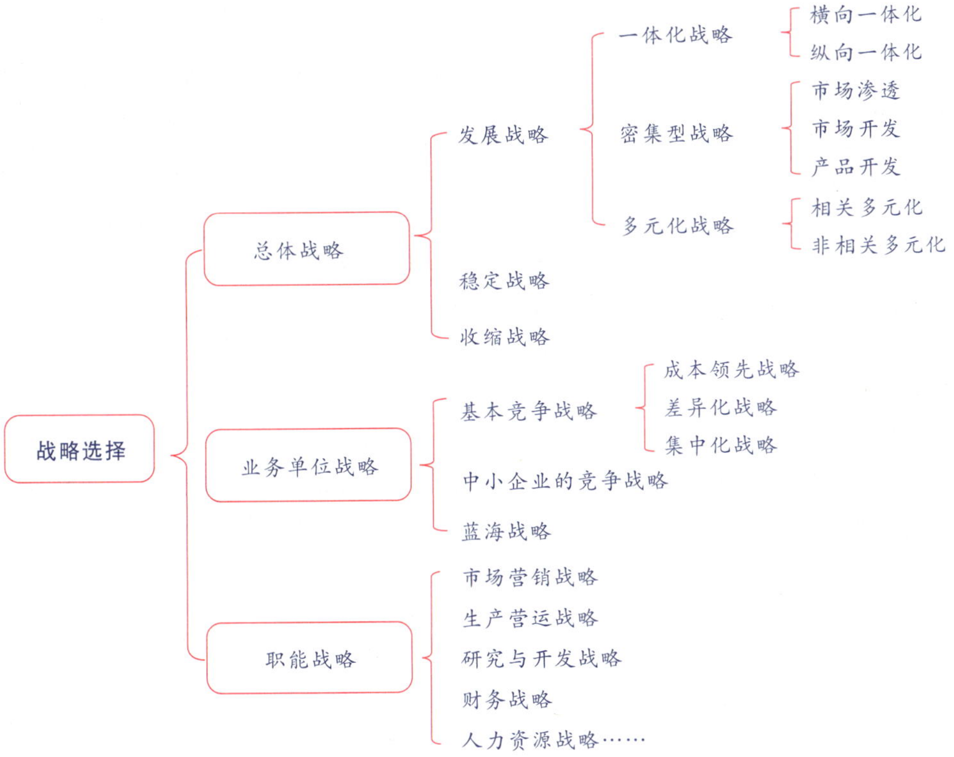

图2-8 企业三个层次战略的具体内容

2.战略目标的制定

在制定战略的过程中，可供选择的方案越多越好，同时企业可根据对整体目标的保障、对员工积极性的发挥以及企业各部门战略方案的协调等实际需要，选择自上而下、自下而上或上下结合的方法，制定战略目标。

（1）自上而下的方法

自上而下的方法体现的是高度的集权，即先由企业总部的高层管理人员制定企业的总体战略，然后由下属各部门根据自身的实际情况将企业的总体战略具体化，形成系统的战略方案。

（2）自下而上的方法

自下而上的方法体现的是充分的民主，即在制定战略时，企业最高管理层对下属部门不做具体规定，而要求各部门积极提交战略方案。企业最高管理层在各部门提交的战略方案的基础上，加以协调和平衡，对各部门的战略方案进行必要的修改后加以确认。

(3) 上下结合的方法

上下结合的方法追求的是更高的效率，即企业最高管理层和下属各部门的管理人员共同参与，通过上下级管理人员的沟通和磋商，制定出适合企业自身发展的战略。

企业设定战略目标后，各部门需要结合企业战略目标设定本部门战略目标，并将其具体化为一套关键财务及非财务指标的预测值。为各关键指标设定的目标（预测）值，应与本企业的可利用资源相匹配，并有利于执行人积极有效地实现既定目标。

任务拓展

请自行收集知名企业的典型成功案例，通过展示所收集资料并进行有关分析，指出该企业战略选择的类型及成功的原因。也可由教师进行分组，学生相互协作进行自主实践并汇报展示。

（三）战略实施

战略实施是指将企业的战略目标变成现实的管理过程，也是实施战略控制的过程。企业应加强战略管控，结合使用战略地图、价值链管理等多种管理会计工具方法，将战略实施的关键业务流程化，并落实到企业现有的业务流程中，确保企业高效率和高效益地实现战略目标。为确保实现战略目标，在战略实施过程中，应注意考虑战略实施的环境问题。

1. 有效的组织结构

组织结构是波特价值链理论中公司的重要支持活动。组织结构的调整与完善是战略实施的重要环节。不同产业、不同生产规模的企业，组织结构是不同的，制定组织结构涉及如何分配企业内的工作职责范围和决策权力，需要做出以下决定：

❶企业的管理层次结构是高长型还是扁平型次；

❷决策权力是集中还是分散；

❸企业的组织结构类型是否能适应公司战略的定位等。

2. 完善的管理制度

企业的可持续发展离不开企业员工的创新工作与昂扬斗志，企业管理的核心和关键在于对员工的积极性的调动上，而以什么样的管理体制进行企业管理，需要依靠完善的管理制度，营造积极向上的企业文化，激励与约束并重，有效激励员工团结协作，规避不良内部竞争导致的资源浪费以及配置低效。

3. 高效的信息系统

“不患寡而患不均”，如何做到赏罚分明、依靠制度进行员工积极性的调动从而实现战略目标？当然离不开高效集成的信息系统。只有依托高效的一体化信息系统，才能用数据说话，协调好企业各部门之间的利益分配及各单位的集体行动，制定行之有效的评价标准，从而有效地控制战略实施。

（四）战略评价和控制

战略评价和控制是指企业在战略实施过程中，通过检测战略实施进展情况，评价战略执行效果，审视战略的科学性和有效性，不断调整战略举措，以达到预期目标。

1.战略评价

战略评价也称战略评估，是通过对影响并反映战略管理质量的各要素的总结和分析，判断战略是否实现预期目标的活动，可以是阶段性的评价，也可以是实时的反馈评估。战略评价贯穿事前、事中、事后全过程。企业应着重从以下几个方面进行战略评价：❶战略是否适应企业的内外部环境；❷战略是否达到有效的资源配置；❸战略涉及的风险程度是否可以接受；❹战略实施的时间和进度是否恰当。

2.战略控制

战略控制主要是指在企业经营战略的实施过程中，检查企业为达到目标所进行的各项活动的进展情况，评价实施企业战略后的企业绩效，将它与既定的战略目标与绩效考核标准进行比较，及时发现战略执行差距，分析产生偏差的原因并纠正，使企业战略的实施总能适应企业所处的内外部环境，与企业目标协调一致，助力战略目标的实现。预算控制就是常用的战略控制方法。

（五）战略调整

战略调整是指根据企业情况的发展变化和战略评价结果，对所制定的战略及时进行调整，以保证战略有效指导企业经营管理活动。战略调整一般包括调整企业的愿景、长期发展方向、战略目标及其战略举措等。

战略调整对于战略管理来讲至关重要，在风云变幻的商业战场，唯一不变的就是应变，企业所面临的内外部环境处在时刻变化的过程中，要求企业为了更好地实现战略对企业的指导作用，需要根据战略实施过程中的动态反馈，及时调整战略方向、目标及举措。那么，企业将如何进行战略调整呢？这会受到企业核心能力、企业家行为及企业文化等因素的影响。可以确定的一点是，企业在进行战略管理过程中，必须站在全局的、长远的高度对企业的战略进行调整，以期为企业寻求可持续发展之路。

知识测试

一、不定项选择题

1.战略制定的方法有（　　）。

A.自上而下　　B.自下而上

C.上下结合　　D.ABC都正确

2.下列各项中，不属于战略管理的原则是（　　）。

A.目标可行性原则　　B.资源匹配性原则

C.战略导向原则　　D.责任落实原则

不定项选择题

3.战略管理的过程包括（　　）。

A.战略选择　　B.战略分析

C.战略评价　　D.战略调整

4.下列项目中，属于酒店外部环境的有（　　）。

A.强劲的竞争对手　　B.酒店所在城市被评为“旅游城市”

C.互联网技术及电子商务的应用　　D.酒店入住率提高

5.甲公司有多个业务部，每个业务部都有其特定的市场。其中，E业务部比较注重成本控制，力求压缩成本；F业务部则依托其强大的技术团队，开发出最新的产品推向市场。根据以上描述，甲公司的两个业务部采用的战略分别是（　　）。

A.成本领先战略　　B.差异化战略

C.集中成本领先战略　　D.集中差异战略

二、判断题

1.总体战略是企业最高层次的战略，是指为实现企业总体目标，对企业未来基本发展方向所做出的长期性、总体性的谋划。（　　）

2.多元化战略根据在细分市场上采用的具体战略不同，可以划分为集中成本领先战略和集中差异化战略。 （ ）

3.战略分析包括内部环境分析和外部环境分析。 （ ）

4.战略落地，也称战略实施，是将企业的战略规划蓝图变成现实的管理过程。 （ ）

5.战略调整是指企业通过检测战略实施进展，评价战略执行效果，审视战略的科学性和有效性，不断修正战略举措，以期达到预期目标。 （ ）

判断题

三、案例思考题

弗兰克是Eviro公司的创始人兼首席执行官。弗兰克以环保为宗旨，创办这个运动服、休闲服生产厂。Eviro公司发端于北卡罗来纳泽布伦的一家小店，是通过与一些邮购商建立战略联盟，并获得基于环保考虑的政府的支持发展起来的。弗兰克本人具有会计知识和注册会计师经历，曾在一家小型生产企业担任会计师。Eviro公司在其经营6年后销售额已经达到175 000 000元。

1.请结合SWOT分析法，分析Eviro公司所面临的内外部环境。

2.请结合上述分析结果，思考Eviro公司选择的是哪一种战略，这种战略与其所处环境是否相适应。

第二节 战略地图绘制

一、战略地图概述

（一）战略地图的由来

战略地图（Strategy Map）由哈佛大学工商管理学院的财会学教授罗伯特·卡普兰（Robert S Kaplan）和诺朗顿研究院（Nolan Norton Institute）的执行长戴维·诺顿（David P Norton）提出。他们是平衡计分卡（本书第七章将会详细介绍）的创始人。在对实行平衡计分卡的企业进行长期的指导和研究的过程中，两位大师发现，企业由于无法全面地描述战略，管理者之间及管理者与员工之间无法沟通，对战略无法达成共识，从而导致战略执行的偏差和低效。也正因如此，在原作为绩效评价工具的“平衡计分卡”的基础上，两位大师以企业的战略为导向，按照平衡计分卡确定的财务、客户、内部流程、学习与成长四个维度寻找能够驱动战略成功的动因，以清晰、准确地描述企业的战略，并将其转化为明确的目标和指标，形成战略管理的工具——战略地图。2004年1月，两位大师的《战略地图——化无形资产为有形成果》出版，标志着战略地图这一战略管理领域工具的正式问世。

（二）战略地图的概念

本书采用《管理会计应用指引第101号——战略地图》对战略地图的定义，即战略地图是指为描述企业各维度战略目标之间因果关系而绘制的可视化的战略因果关系图。该定义清晰地界定了战略地图作为描述企业战略的工具是如何支持战略落地的。

战略地图通常以财务、客户、内部业务流程（或称内部流程，下同）、学习与成长等四个维度为主要内容，通过分析各维度的相互关系，绘制战略因果关系图。

1.因果关系的理解

上述财务、客户、内部业务流程、学习与成长四个维度之间的因果关系该如何理解呢？把握这一点是了解战略地图不同于其他管理工具的关键。企业是一个以营利为目的的组织。组织主要是由人组成的，如何通过调动人的积极性、主动性、创造性为企业创造价值，就是战略地图这张所谓的“因果关系图”要展示给大家的。“人”的“因”如何通过企业的资源配置实现“财”的“果”，“财”的“果”又如何依托目标分解来引导“人”的“因”呢？正如图2-9所示。

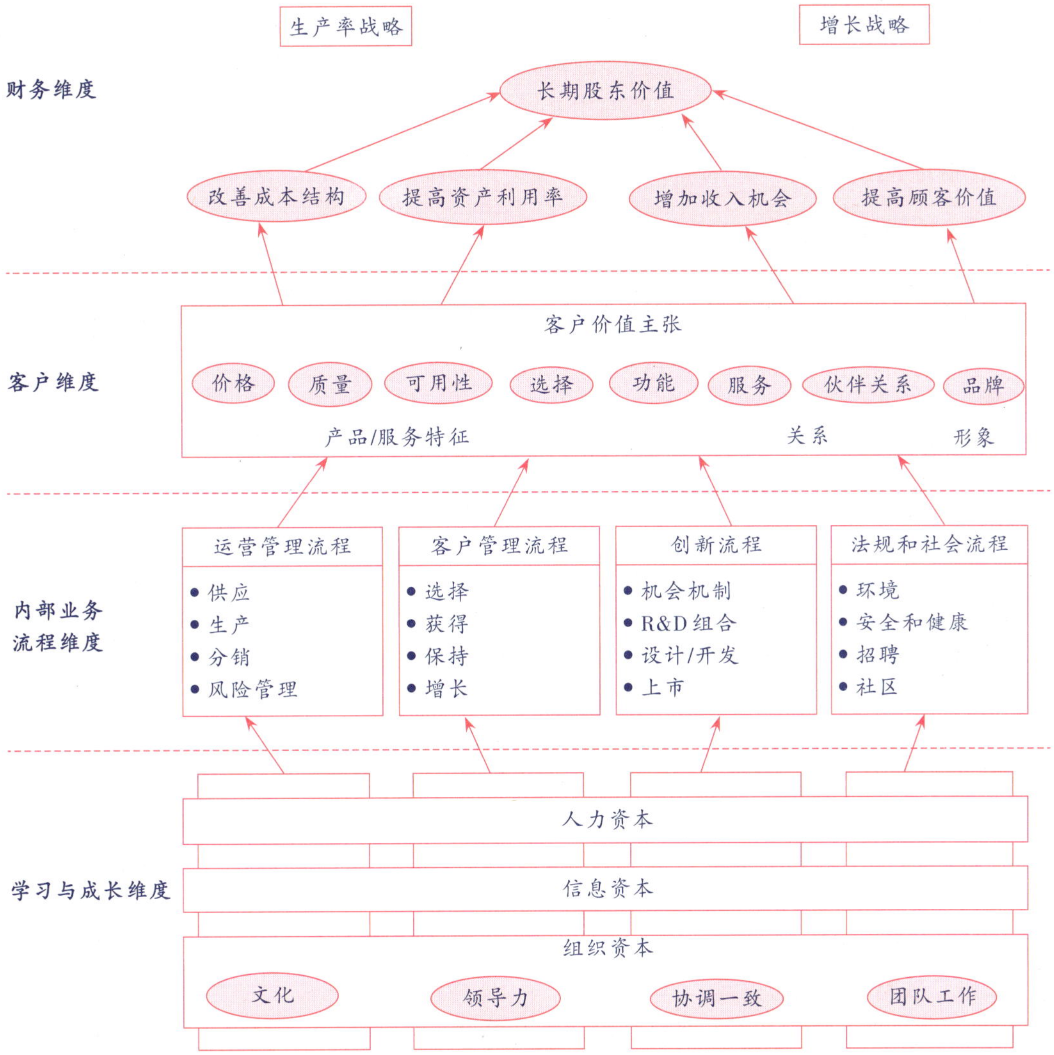

图2-9　战略地图的通用模型

战略地图四个维度及每一个战略主题和具体指标之间的关系为因果关系，企业通过运用人力资本、信息资本和组织资本等无形资源（学习与成长），才能创新和建立战略优势和效率（内部业务流程），进而使公司把特定价值带给市场（客户），从而实现股东价值（财务）。战略地图动因间的因果关系将期望结果与其驱动因素联系起来，从而将员工个人的工作与公司战略联系起来，使得“千斤重担众人挑，人人肩上有指标”，把员工的个人职业发展与公司战略统一起来，使之成为战略管理的可视化工具和有效沟通的工具。

2. 战略地图的作用

战略地图的主要作用有两个：一是用直观的、可视化的描述来解释公司的战略，将看似“高大上”的战略转化为企业内各个部门都能够理解的语言；二是充分高效地发挥战略导向作用，并将其分解为一系列的、与各部门相关的主题，相当于在公司与战略目标之间绘制了一条清晰的路线图，使企业的各项经营管理活动紧紧围绕企业战略目标的实现。在实际应用中，企业可根据自身情况对四个维度的名称、内容等进行修改和调整。比如，企业根据所选择的竞争战略不同而对具体战略指标进行调整，对于低成本战略的企业可以更加强调运营管理流程，而差异化战略的企业则更加强调创新流程。

二、战略地图的设计

（一）战略地图设计原则

❶对长短期财务矛盾进行战略平衡。企业的目标是创造持续增长的股东价值，这是一种长期承诺，同时也要展示短期业绩的改善，让投资者看到希望。对战略的描述是以平衡并连接组织长、短期财务目标为起点。

❷差异化客户价值主张让目标客户满意。得到客户的满意是持续创造价值的源泉。战略地图采用四种价值主张和客户战略：总成本最低、产品差异化、全面客户解决方法（差异化）和系统锁定。

❸内部业务流程要创造价值。要么直接创造客户价值，要么直接创造财务价值，但客户价值最终也创造出财务价值，高效协调的内部业务流程有助于价值的持续创造。

❹不同价值创造周期的内部业务流程保证股东价值可持续增长。内部业务流程又分为运营管理、客户管理、创新、法规与社会四个流程，每一类流程在不同时点为企业带来效益。运营流程改善在短期见效，客户关系增强的效益在流程改善后的6至12个月内显现，而创新流程和法规与社会流程的效益则发生在将来。

❺无形资源（人力资本、信息资本、组织资本）与内部业务流程协调一致才能创造财务和客户价值。这些无形资源的价值源于其帮助企业实施战略的能力。企业有很高的组织准备度，有能力动员和维持战略执行所要求的变革流程，将无形资源整合到关键流程之中，并与之协调一致。

（二）绘制战略地图的基本程序

1.确立战略地图的总主题

确立战略地图的总主题，前提是设定好战略目标。总主题是对企业整体战略目标的描述，应清晰表达企业愿景和战略目标。在确立战略地图总主题时还应当考虑以下几点：

❶与财务维度的战略主题和关键绩效指标对接，充分发挥导向作用。

❷以总体战略为导向，各部门能够根据总体目标设定本部门的战略任务，并将其具体化为一套包括利润、资源、生产、市场与员工报酬和激励等在内的财务关键指标，以及遵守法规和社会责任等在内的非财务关键性指标。

❸设立的关键性指标必须同时有利于设定较为科学的目标（预测）值，这种目标值不仅应与本企业的可利用资源相匹配，而且应当有利于执行人员积极有效地实现既定目标，只有这样才能将战略导向作用真正转化为可计量、可考核的激励举措，引导员工的个人规划、各部门的行动方案与企业战略目标的高度统一。

2.确定业务改善路径

战略目标设定后，企业根据既定战略目标，对现有客户（服务对象）和可能的新客户以及新产品（新服务）进行深入分析，寻求业务改善和增长的最佳路径，提取业务和财务融合发展的战略主题。其中，财务方面的战略主题一般包括生产率提升、营业收入增长和创造成本优势、提高资产利用率、增加顾客机会和提高顾客价值等方面；而业务维度的战略主题主要表现为增强客户体验、改善营销关系、提升品牌形象等。

3. 定位客户价值

定位客户价值是在对现有客户分析的基础上，从产品（服务）质量、技术领先、售后服务和稳定标准等方面确定、调整客户价值。客户价值定位维度的战略主题一般为增加客户体验、双赢营销关系、品牌形象提升等。

4. 确定内部业务流程优化主题

内部业务流程优化主题的确定，首先，需要根据业务提升路径和服务定位，梳理业务流程及其关键增值活动，分析行业关键成功要素和内部营运矩阵；其次，从内部业务流程的营运管理流程、创新流程、客户管理流程、法规与社会流程等角度确定战略主题，并将业务战略主题进行分类归纳，制订战略方案。

5. 确定学习与成长主题

学习与成长主题的确定也应根据业务提升路径和服务定位，分析创新和人力资本等无形资源在创造价值中的作用，识别关键成功要素；相应地在激励制度、信息系统和智力资本利用等方面确定创新与成长的战略主题，并为财务、客户、内部业务流程维度的战略主题和关键业绩指标提供有力支撑。

6. 进行资源配置

根据各维度战略主题，企业应分析其有形资源和无形资源的战略匹配度，对各主题进行战略资源配置。同时应关注企业人力资本、信息资本、组织资本等在资源配置中的定位和价值创造中的作用。

7. 绘制战略地图

企业应将战略总目标（财务维度）、客户价值定位（客户维度）、内部业务流程主题（内部流程维度）、学习与成长维度与战略关键绩效指标链接，以图示的形式展示战略落地的过程（即价值创造的过程），形成战略地图。

【案例 2-1】春秋航空股份有限公司，是中国首个民营资本独资经营的低成本航空公司，也是首家由旅行社起家的低成本航空公司。面对突发的新冠肺炎疫情以及国内疫情防控常态化、国际疫情形势严峻等情况，春秋航空积极响应国家号召，以差异化的成本领先战略为导向，由其战略委员会绘制了战略地图，率先更新退改签政策、国际国内航线免费运送防疫物资、与各地政府合作开展复工包机等，取得了较好的管理效果。

1. 输入企业愿景、使命及最新战略规划，分别编制财务、客户、内部业务流程、学习与成长四个维度的战略目标，汇总形成公司战略地图，体现系统性、逻辑性及公司特色。

（1）对财务维度战略目标最直观的理解就是企业“做什么赚钱”“怎么赚钱”“赚多少钱”，企业所有的改善最终都将通过财务目标体现，也就是价值创造的结果。由于受新冠肺炎疫情的影响，春秋航空运力使用率降低，“开源”受到一定程度的限制。为了最大限度地减少疫情带来的损失，春秋航空首先制定了进一步加强成本控制、降低成本费用的财务维度战略主题，并制定了关键绩效指标，如图2-10所示。

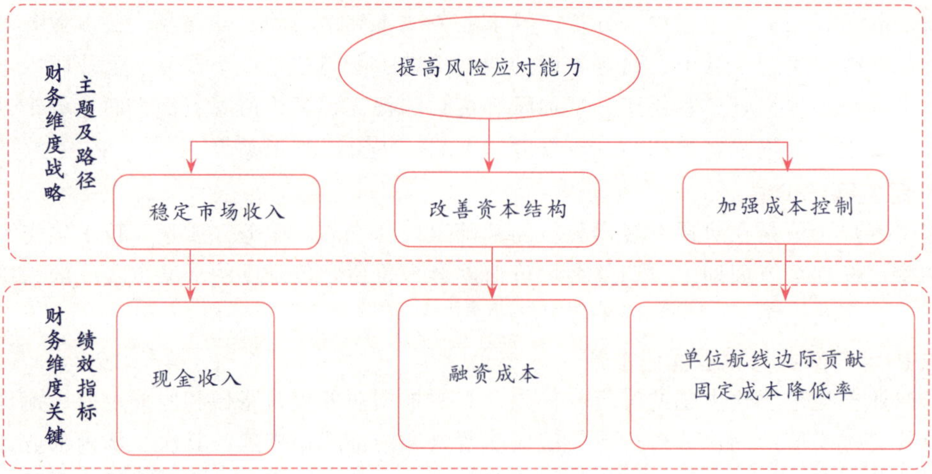

图2-10 财务维度的战略主题及路径

（2）对客户维度战略目标最直观的理解就是为支撑上述财务维度战略目标，应有什么样的市场表现及结果，应提供什么样的产品与服务，必须考虑在研发质量、制造质量、技术服务、市场响应及客户盈利能力管理等方面“做什么”“怎么做”“做到什么程度”。客户维度的战略主题及路径如图2-11所示。

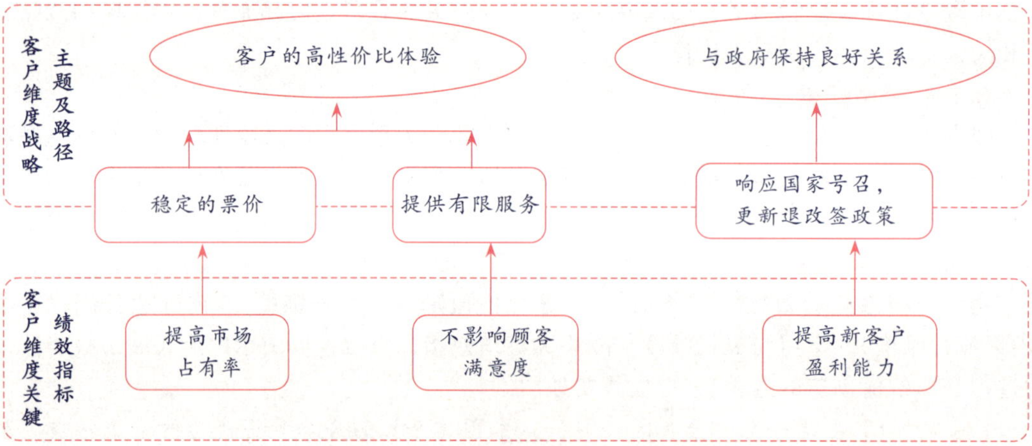

图2-11 客户维度的战略主题及路径

（3）对内部业务流程维度战略目标最直观的理解就是为支撑上述财务维度及客户维度战略目标，必须做哪些事，怎么做这些事，形成什么样的能力。重点关注企业面临的发展瓶颈及重大风险，要从市场掌控、新品研发、质量保证、成本控制、管理创新五大核心能力方面制定内部业务流程维度战略目标。春秋航空在2020年初提出以变动成本精细化和严格管控固定成本的管控模式，具体措施包括：以边际贡献为标准，低于该标准的航班尽量取消；在变动成本持续下降的情况下，抓住时机尽快恢复航班；疫情期间依情况采取措施节省成本，如取消发放食品、水、毛毯等；与驻外机组的供应商洽谈，在保证飞行员安全舒适的前提下，减少非必要支出；加强节油科学管控，要求飞行部门和运行管控部门改变运行方式，由抓飞机准点改为节油模式，并根据节油数字模型计算出最经济的巡航速度、高度和航线；对机队飞行计划进行优化调配，重点运行低成本飞机；灵活安排人员轮岗、休假并充分享受国家优惠政策，减少不必要的人员固定成本；与所有供应商（如飞机制造商、机场等）谈判，在保障品质和信誉的基础上，争取延长账期和降低成本。同时，为避免资金流动性风险，春秋航空对未来的经营形势进行预判，其中包括客座率、航班恢复情况、收入、成本等，从而预测现金流缺口，并据此做出精准的融资决策。除此之外，春秋航空还对可能出现的信用等级下降、债务违约、合同违约等潜在风险进行分析，形成应急预案以降低风险水平。内部业务流程维度的战略主题及路径如图2-12所示。

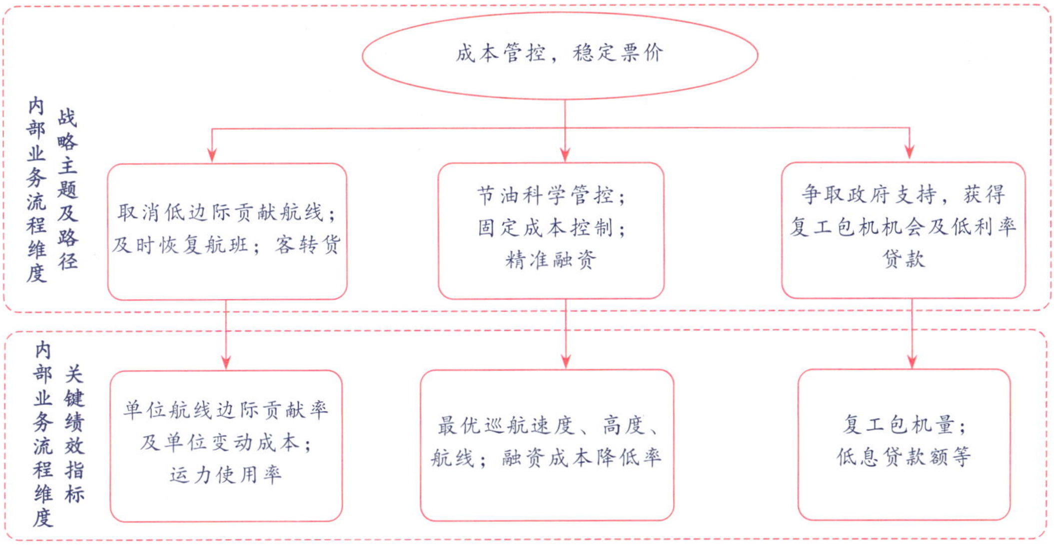

图2-12　内部业务流程维度的战略主题及路径

（4）对学习与成长维度战略目标最直观的理解就是上述三个维度战略目标必须依靠“人”的力量，重点关注组织绩效提升、团队能力建设、人才队伍建设及领先文化建设等，描述企业“文化、组织、团队、人才”等无形资源在战略实施中的作用。春秋航空在2020年初实施员工股权激励计划，一方面形成稳定的高管团队，共克时艰；另一方面员工的利益与企业利益高度一致，形成了协同创新发展的核心竞争力。春秋航空独立于中航信系统的分销、订座、结算和离港系统，为企业节约了大量成本，并不断优化。另外，公司基于差异化服务开发辅助业务，提供有偿餐饮服务、快速登机服务、空中商城以及租车、保险代理等周边服务，在创造多元化收入的同时提高旅客出行的便捷性；通过对员工不断的技术、营销培训，研发更精准的算法模型和营销方案。学习与成长维度的战略主题及路径如图2-13所示。

2. 汇总上述四个维度的战略主题及业务路径，进一步梳理各维度之间的因果关系，绘制春秋航空“战疫”期间的战略地图，如图2-14所示。

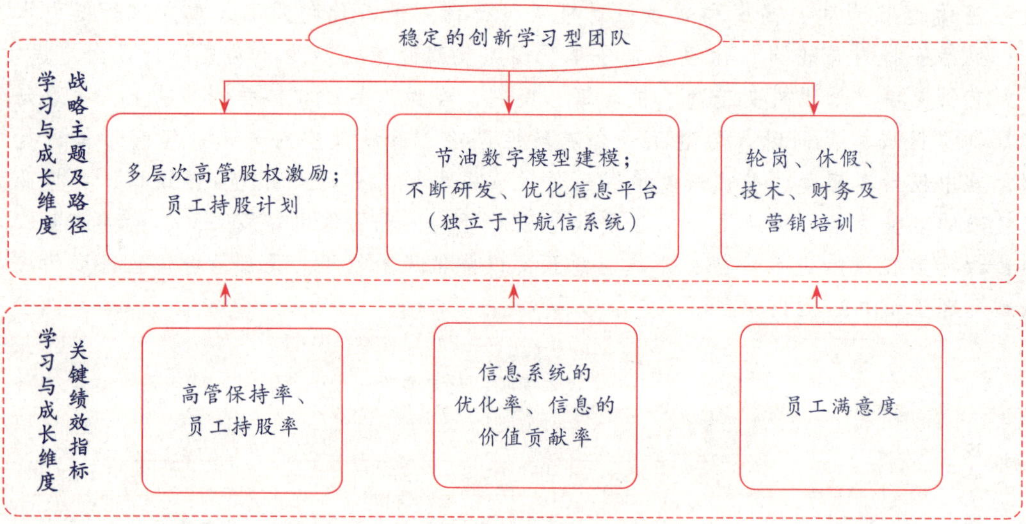

图2-13 学习与成长维度的战略主题及路径

图2-14 春秋航空“战疫”期间的战略地图

拓展阅读

从自如的商业进化逻辑谈起

自如，作为提供租房产品及服务的O2O互联网品牌，企业的愿景是：做世界范围受人尊重和喜爱的，提供高品质居住产品、超越客户期望服务的科技公司。截至2020年12月，自如已开通北京、上海、深圳、杭州、南京、成都、武汉、广州、天津9个城市、累计开发100万间房源，服务50万自如业主以及150万自如客户，为在大城市打拼的年轻人设计打造属于自己的家。2020年8月4日，《苏州高新区·2020胡润全球独角兽榜》发布，自如排名第49位，并于2020年11月30日完成了对贝客青年精品公寓的并购，实现强强联手，大大提升了自如在核心城市的集中式公寓规模，在不同目标市场落地多品牌策略，为城市青年提供更丰富和自由的房源选择。

2020年，受新冠肺炎疫情影响，自如民宿等业务受到了很大的冲击，但自如真正做到了忙而不慌，那么自如是如何一步步做大做强的呢？这要从自如的商业进化逻辑谈起。

一、产品开发以客户需要为中心

目前，自如旗下拥有自如友家、自如整租、自如寓、自如驿、自如民宿及业主直租六大产品线。自如友家和自如整租所有房屋均经过设计，实行统一装修、家居及家电配置。自如还提供包括保洁、家修、搬家及自如优品多项服务。

自如友家面向刚刚步入社会的城市新青年，由于其经济能力所限，合租居住生活在所难免，而新一代的年轻人又追求生活品质，希望住得时尚、舒适、便捷。自如友家在2021年发布7.0版，不再继续沿用之前9年一直使用的“木棉”、“拿铁”、“布丁”及“米苏”四种风格，全新打造了“海思”、“溪鸣”、“森爱”及“觅心”四款风格各异的产品，同时放慢了更新迭代的速度，将原来每年一更调整为每两年一更，但并不意味着在这期间就不会调整。自如友家会根据客户的需求进行局部的调整，比如沙发的色彩、房间的功能等。他们曾在5.0版时就推出的Z-Tab创意组合桌和组合沙发，既可以满足室友之间集体活动所需，也可以拆分为个人使用，适合合租状态下的租住需求，将共享的理念充分地体现出来，相信全新的设计会带来更多惊喜。

整租产品也将进入4.0时代，以一居室、两居室为主，推出心舍系列：“古着”的复古神秘、“清语”的清新淡泊、“优格”的浪漫色彩、“唯思”的理性经典。

自如还在广州推出首个租住社区——自如里，拥有1 500余套房屋，多种户型的丰富选择，配备共享办公空间、便利店、咖啡馆、书吧等生活配套设施和全方位社区服务。自如里现已开放500套房源，入住率达到97%。自如已形成了分散式合租、整租、豪宅，以及集中式独栋和社区的全品类租住产品覆盖。

二、服务提升以客户要求为标准

对于租住产品来讲，交易完成只是开始，更重要的是后期的长期服务。对拥有庞大租客群的自如来说，如何在快速扩张形成规模的同时保证服务的质量和效率，是摆在面前的大难题。据介绍，自如曾经的投诉率一度高达3.5%，如何降低投诉率，提升客户的满意度？自如开启了死磕服务的一年，这一年是2017年。自如一高管介绍道：“所有员工在这一年都在学习‘自如BSH新服务体系’。B代表Behavior，这体现出我们对服务的理解——你想把服务做好，首先你是不是一个可以把衣服穿正确的人？我们会通过很多培训和规范，让大家至少像一个服务者。S代表Skill，服务是一个很专业的事情，同样的一件事使用不同的沟通技巧，结果可能有天壤之别。H代表Heart，我们希望招一些骨子里有服务精神的人，这是我们正在努力的事情。”新的服务体系很快发挥了作用，2017年自如的投诉率已经下降到0.015%。

自如还新推出了自如家服，从保洁、维修、搬家等多方面为客户提供省心、安心、放心的一站式服务，自“姐姐搬家”上线以来，收获了99.8%以上客户的好评，实现了以系统考核为基础、科学调度为依托的服务全面升级。

三、多元拓展以客户体验为基础

目前，自如APP已经更新到10.0版，沉淀了150多万用户。新版APP在原有的社交平台Meeta等基础上，更加注重客户体验，精心设计“自如生活服务日历”，为客户安排工作、生活中的大事小情提供了便捷的服务，同时依托自如客时光计划，数量庞大且真实可靠的自如客信息，以及与自如客居住生活的关联信息，在丰富活动、交友等基础上，积极推动信用体系建设，筛选、规避不良信用租客并收录租住行业关注名单。

从产品到服务再到社群和信用体系等多元化业务的拓展，自如紧紧围绕客户，以消费者需求为产品进化逻辑，实现了从线下到线上、从产品到多元业务的拓展，在这个过程中，也完成了产品体系的迭代和升级，逐步将触角延伸到整个租住需求产业链，依托科技研发及智能生态合作伙伴，自如将会构建一个全新的租住生态圈。

知识测试

一、不定项选择题

1.下列选项中，不属于战略地图中客户维度目标的是（　　）。

A.目标市场销售额　　B.新客户开发率　　C.顾客满意度　　D.销售增长率

2.下列选项中，不属于内部业务流程维度子流程的是（　　）。

A.创新流程　　B.经营流程　　C.客户管理流程　　D.员工培训流程

3.某公司卓越、快速的产品开发能力依赖于技术人员的高素质，尤其是他们的专业能力及将不同学科的新技术应用到最终产品上的能力。下列各项指标中，属于学习与成长维度内容的有（　　）。

A.关键员工保留率　　B.新产品收入增长率

C.新产品客户满意度　　D.新产品交付时间

4.下列各项中，属于战略地图绘制原则的有（　　）。

A.对长短期财务矛盾（比如，开源VS节流）进行战略平衡

B.差异化客户价值主张让目标客户满意

C.内部业务流程要创造价值

D.不同价值创造周期的内部流程保证股东价值可持续增长

5.下列各项中，属于战略地图绘制步骤的有（　　）。

A.确立战略地图的总体主题

B.确定业务改善路径

C.定位客户价值计划

D.进行资源配置

不定项选择题

二、判断题

1.战略地图是对企业战略要素及其之间因果关系的可视化表示方法。（　　）

2.投资回报率、经济增加值、营业利润属于财务维度的指标。（　　）

3.客户维度指标包含客户结果性衡量指标，如满意度、保留率、增长率等。（　　）

4.学习与成长维度包括支持价值创造流程的岗位、系统和氛围。（　　）

5.战略地图可以只包括财务、客户、内部业务流程三个维度。（　　）

判断题

三、业务思考题

海底捞是一家火锅连锁企业，它在整个发展过程中面对内外部环境的变化，不断调整发展战略。请同学们查阅相关资料，绘制海底捞战略地图，并说说海底捞成功的秘诀是什么。

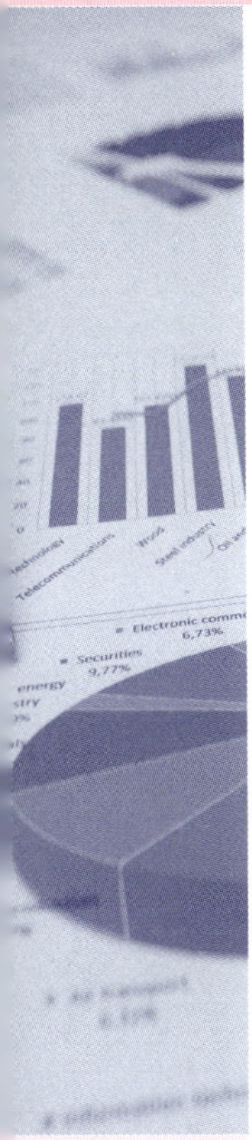

第三章
预算管理

知识、能力目标

1. 理解预算管理的概念；
2. 明确预算管理的内容；
3. 熟悉预算管理的流程及预算执行、调整和考核的相关知识；
4. 熟练应用零基预算、滚动预算、弹性预算和作业预算工具方法；
5. 能够为规模较小、业务较简单的企业编制全面预算；
6. 能够根据预算执行结果进行简单的预算分析。

专业素养目标

1. 预算管理体现了“凡事预则立，不预则废”，引导学生做人要有原则，做事要有规划；
2. 通过预算管理概念以及工具方法的学习，培育学生深厚的爱国主义情怀，践行一切从实际出发的哲学立场，树立互助合作精神和大局意识；
3. 通过预算编制的学习，树立科学为先意识和节约理念，培养学生细致、严谨的工作作风，追求卓越的工匠精神；
4. 通过预算管理中平衡管理的学习，引导学生以发展的眼光看问题，实现个人与组织的可持续发展。
5. 通过各项收入、费用等预算的编制，理解完善分配制度、增进民生福祉、提高人民生活品质的意义。

知识结构图

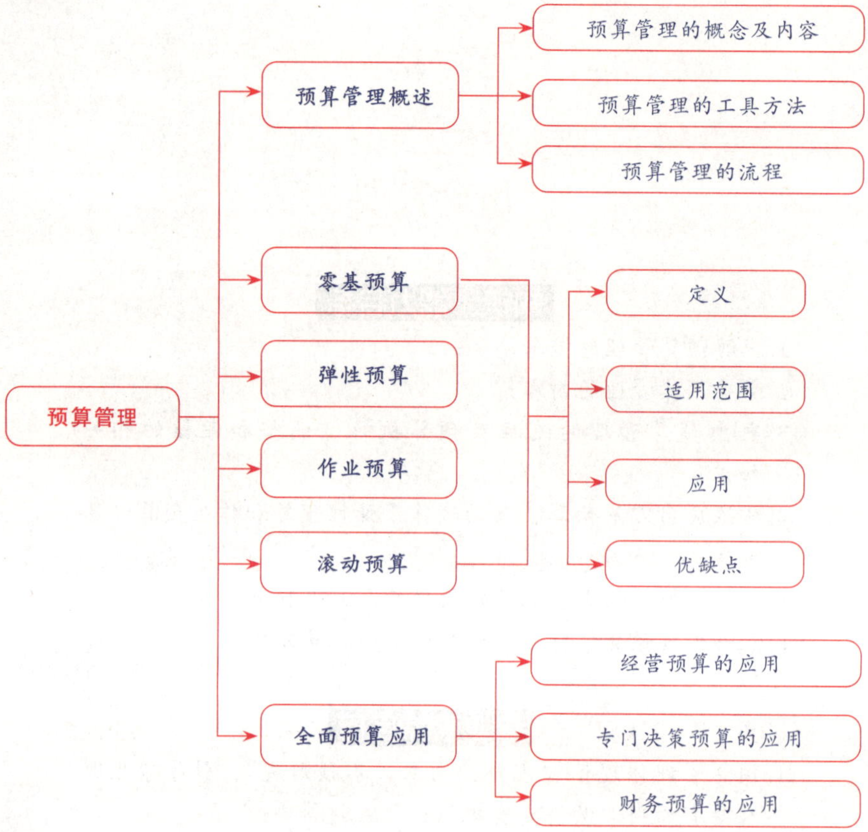

名企视野

中国黄金熠熠生辉
全面预算管理推动企业高质量发展

中国黄金集团有限公司（以下简称中国黄金）是国务院国资委管理的黄金行业唯一一家中央企业。组建于2003年初，其前身是成立于1979年的中国黄金总公司。中国黄金主要从事金、银、铜、钼等有色金属的勘察设计、资源开发、产品生产和贸易以及工程总承包等业务，是集地质勘探、矿山开采、选矿冶炼、产品精炼、加工销售、科研开发和工程设计与建设于一体的综合性大型矿业公司。中国黄金下设中金黄金、中金国际、中金珠宝、中金建设、中金资源、中金辐照、中金贸易7大板块；拥有二级子公司57家，分布于国内26个省区以及部分海外地区；遍布全国1 600多家“中国黄金”品牌营销网点；在我国重要成矿区带，规划了20个黄金生产基地和3个有色生产基地；拥有我国黄金行业唯一的国家级黄金研究院、黄金设计院和两个高新技术产业示范基地；拥有独立自主知识产权的生物氧化提金技术和原矿焙烧技术，以及代表我国同行业最高水平的“99.999极品黄金”精炼技术。在2010年、2011年国资委对中央企业业绩考核中连续两年被评为A级企业，企业综合信用等级为AAA级，是黄金行业首家获得国内最高信用等级的企业。

中国黄金在管理提升活动中，始终把全面预算管理作为重点提升领域，多措并举，狠抓落实，大力推动全面预算管理提升工作，助力管控能力和管理水平的不断提升。根据中国黄金制定的“短板瓶颈问题明确化，整改措施细致化，工作任务具体化，时间目标定量化，保障措施重点化”的专项提升原则，在全面梳理现有全面预算制度、流程后，中国黄金从实际出发、立足自我，在全面预算提升中确立了“坚持战略引领、坚持顶层设计、坚持协调统一、坚持实事求是、坚持高度协同”的“五个坚持”的全面预算管理原则，提出“一个目标、三大重点、一套模型、五项措施”的全面预算管理提升方案。“一个目标”就是集团战略目标，全面预算是将集团战略落实成可执行的年度计划；“三大重点”就是全面预算以采掘计划为起点、以现金流控制为核心、以成本管理为重点；“一套模型”就是运用信息化手段，建立“量本利”预算模型，启动预算商谈机制，实现预算指标确定的科学化、规范化；“五项措施”就是实施“滚动分解、指标日报、月份评价、季度通报、年度考核”的预算执行过程监管措施，实现预算管理的闭环。

中国黄金根据行业特点、技术水平、企业性质等情况，结合国内外全面预算管理理论及实践经验，不断加强信息化建设，构建了四维一体智慧型全面预算管理系统，在系统总体架构、灵活可靠、智能应用、客户体验及效率提升等方面下功夫，充分发挥全面预算管理系统的优势作用。通过构建科学合理、规范高效的预算管理系统平台，提高了企业预算的编制效率、准确度、规范化，加大了对企业预算执行的控制力度，保证预算能够承接企业的总体战略，实现企业精细化预算管理，提升企业管理的核心竞争力，为企业健康而有序地发展提供决策支持。

【大家谈】

全面预算管理是现代企业经营管理过程中必不可少的管理环节，是企业完成决策目标、员工达成工作绩效的管理与控制最有效的手段。在日趋激烈的市场竞争中，一个企业是否具有可持续盈利能力，很大程度上取决于它对全面预算编制与执行的管控能力。全面预算对未来的经营活动和相应财务结果进行充分、全面的预测和规划，并通过执行过程的监控，将实际完成情况与预算目标不断对照和分析，从而及时指导经营活动的改善和调整，以帮助管理者更加有效地管理企业和最大限度地实现战略目标。全面预算管理的逐步完善，需要信息化系统的支持和综合性的人才来处理预算信息。新时代，新征程，新目标，新作为。企业应坚持以习近平新时代中国特色社会主义思想为指导，深刻领会和全面贯彻二十大精神，立足新发展阶段，贯彻新发展理念，构建新发展格局，深化全面预算管理，不断塑造发展新动能新优势，引领产业高质量健康发展。

第一节　预算管理概述

一、预算管理的概念及内容

预算管理是指企业以战略目标为导向，通过对未来一定期间内的经营活动和相应的财务结果进行全面预测和筹划，科学、合理配置企业各项财务和非财务资源，并对执行过程进行监督和分析，对执行结果进行评价和反馈，指导经营活动的改善和调整，进而推动实现企业战略目标的管理活动。预算管理旨在落实战略规划、优化资源配置、平衡内部管理、提高营运绩效、强化风险控制，推动企业战略规划实现，进而有效达成企业的经营目的，延长企业生命周期。预算管理主要包括经营预算、专门决策预算和财务预算。经营预算是指与企业日常业务直接相关的一系列预算，包括销售预算、生产预算、采购预算、费用预算、人力资源预算等；专门决策预算是指企业重大的或不经常发生的、需要根据特定决策编制的预算，包括投融资决策预算等；财务预算是指与企业资金收支、财务状况或经营成果等有关的预算，包括现金预算、预计资产负债表、预计利润表等。预算管理的内容体系如图 3-1 所示。

二、预算管理的工具方法

预算管理工具方法是管理会计的重要管理工具。通过预算管理工具方法的应用，可以有机融合财务与业务活动，在单位规划、决策、控制和评价等方面发挥重要作用。预算管

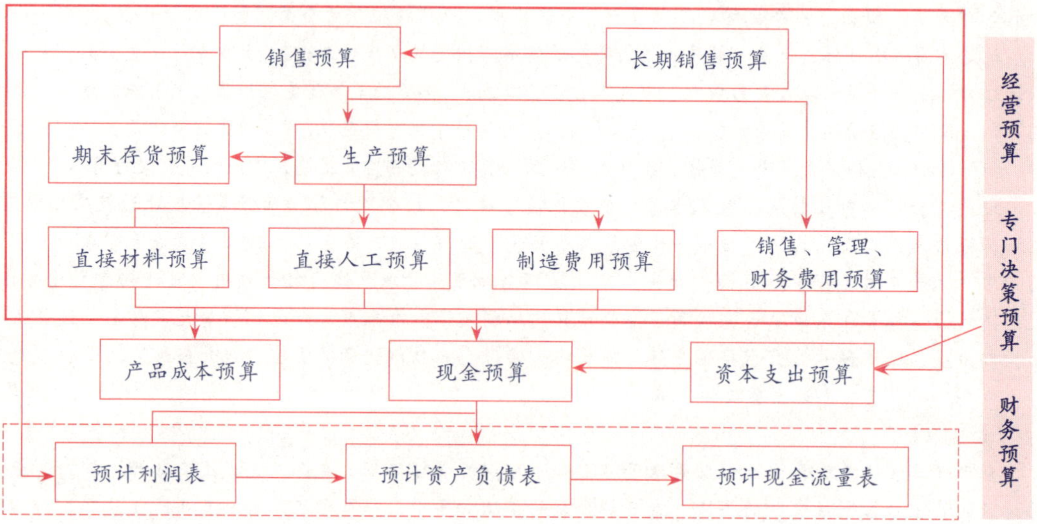

图 3-1 预算管理内容体系图

理的工具方法主要包括固定预算、弹性预算、零基预算、增量预算、定期预算、滚动预算和作业预算等。其中，按其业务量的数量特征不同分为固定预算和弹性预算；按其出发点的特征不同分为增量预算和零基预算；按其预算期的时间特征不同分为定期预算和滚动预算。各种预算管理工具方法并非相互排斥，企业应根据其战略目标、业务特点和管理需要，结合不同工具方法的特征及适用范围，选择恰当的工具方法综合运用。如对于规模较大、管理要求较高、内部控制成熟度较高的企业，应选择弹性预算、作业预算、零基预算等预算管理方法；再比如，就成本费用预算来讲，可以将成本费用拆分成固定费用、变动费用和专项费用，在编制固定费用和变动费用预算时，可以参照基期数据，固定费用选择固定预算编制方法，变动费用选择弹性预算编制方法，而专项费用则选择零基预算编制方法。

三、预算管理的流程

企业在遵循预算管理五原则——战略导向原则、过程控制原则、融合性原则、平衡管理原则和权变性原则的基础上，充分考虑单位的特点，对单位组织架构、管理模式、资源保障、信息系统进行分析，确定全面预算管理流程（如图 3-2 所示）。

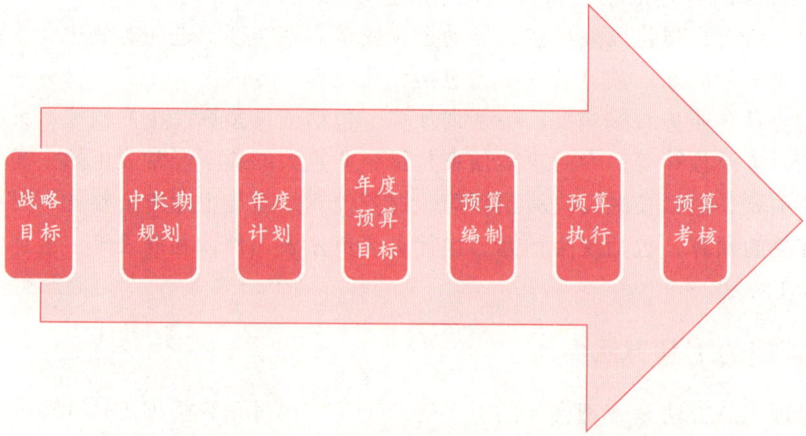

图 3-2 全面预算管理流程图

（一）企业应按照战略目标，确立预算管理的方向、重点和目标

预算管理的先决条件是战略分析，通过战略分析将企业的能力与市场上可利用的机会相结合，确定战略目标。按照战略目标，制订长短期业务计划，然后将业务计划具体化、数量化作为预算目标，并借助预算管理实施业务计划，最终促进战略目标落地。

（二）为了保障预算目标的达成，预算管理各环节应协调衔接、畅通高效，为此企业可设置专门机构，组织、监督、执行预算管理工作

预算管理机构的设置一般要具备预算管理决策机构、预算管理工作机构和预算执行单位三个层次的基本架构。各个组织机构必须要有明确、清晰的管理权限和责任划分，实现责权利匹配。

1. 预算管理决策机构

企业应当设立预算管理委员会，作为专门履行全面预算管理职责的决策机构，也是预算管理的最高权力机构。预算管理委员会全面负责预算编制、审核、审批、下达、执行以及监督控制，批准上报预算的调整，并对预算的考核予以监控。预算管理委员会一般为非常设机构，主要通过定期或不定期召开预算工作会议开展工作。

2. 预算管理工作机构

由于预算管理委员会一般为非常设机构，企业应当在该委员会下设立预算管理工作机构，如预算管理办公室、预算管理委员会办公室等，由其履行预算管理委员会的日常管理职责，具体负责组织企业全面预算管理的各项日常工作。

3. 预算执行单位

预算执行单位是指根据其在企业预算总目标实现过程中的作用和职责划分的、承担一定经济责任、并享有相应权力和利益的企业内部单位，包括企业内部各职能部门（供应、生产、销售、研发、行政等）及所属分（子）公司等。根据权责范围，企业内部预算执行单位（也称预算责任单位）可以分为投资中心、利润中心、收入中心、成本中心、费用中心。预算执行单位在预算管理部门的指导下，组织开展本部门或本企业全面预算的编制工作，严格执行批准下达的预算。各预算执行单位负责人应当对本单位预算的执行结果负责。

（三）预算编制

预算编制是将企业战略转化为短期的、具体的、可行的、可量化的预算目标及指标体系的过程，包括预算编制、预算审批、预算下达等具体环节。

1. 编制预算

企业应建立和完善预算编制的工作制度，明确预算编制依据、编制内容、编制程序和编制方法，确保预算编制依据合理、内容全面、程序规范、方法科学，确保形成各层级广泛接受的、符合业务假设的、可实现的预算控制目标。企业一般按照分级编制、逐级汇总的方式，采用自上而下、自下而上、上下结合或多维度相协调的流程编制预算。预算编制流程与编制方法的选择应与企业现有管理模式相适应。编制预算的一般流程如图 3-3 所示。

2. 审批预算

预算编制完成后，应按照相关法律法规及企业章程的规定报经企业预算管理决策机构审议，并报董事会审批。

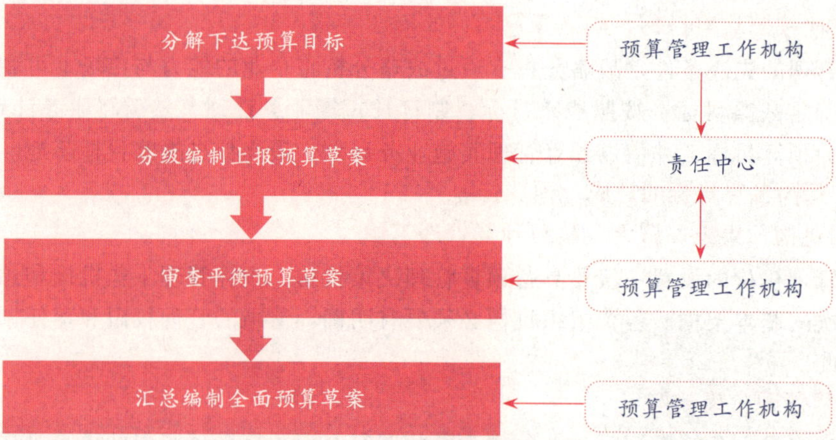

图3-3 编制预算流程图

3.下达预算

企业应当在预算年度开始前编制完成全面预算，经董事会审批通过后，以文件形式下达执行。企业应当将预算指标层层分解，落实到各预算责任中心，确保预算刚性，严格预算执行。

（四）预算执行

预算执行一般按照预算控制、预算调整等程序进行。

1.预算控制

预算控制是指企业以预算为标准，通过预算分解、过程监督、差异分析等促使日常经营不偏离预算标准的管理活动。在实务中，存在重预算编制、轻过程管控、预算执行刚性不足的问题，所以，全面预算任务一经审批下达，各责任主体必须严格执行并以此为基础开展生产经营活动，同时将年度预算指标细化到季度和月度，按期进行监控，保证最终目标达成。企业可以在每月、每季度组织开展全面预算执行情况分析，一方面对出现的执行偏差明确责任归属，并对责任单位进行预警；另一方面对存在的问题进行分析，提出改进措施，以避免后续执行出现类似问题。为此，企业应建立健全授权控制制度、预算报告制度、预算分析制度等，强化预算责任，严格预算控制。

2.预算调整

年度预算批准后，原则上不做调整。企业要在制度中严格明确预算调整的条件、主体、权限和程序等事宜，当内外战略环境发生重大变化或突发重大事件等，导致预算编制的基本假设发生重大变化时，可进行预算调整。比如发生类似2020年新冠肺炎疫情等重大突发事件时，应当及时对预算进行合理调整，不能机械地僵化应对。

（五）预算考核

企业应建立健全预算考核制度，按照公开、公平、公正的原则，对各预算责任主体进行预算考核，并将预算考核结果纳入绩效考核体系，切实做到有奖有惩、奖惩分明。预算考核以预算完成情况为考核的核心，通过预算执行情况与预算目标的比较，确定差异并查明产生差异的原因，进而据以评价各责任中心的工作业绩，并通过与相应的激励制度挂钩，促进其与预算目标相一致。预算考核指标需均衡长短期指标，既要有营业收入、回款情况、净利润等短期考核指标，又要有经营性投资、总资产报酬率等长期考核指标，引导管理层重视企业的长远发展，最终对企业战略目标的实现产生积极作用。预算结果考核表（示例）见表3-1。

表3-1 预算结果考核表

考核指标	考核内容	分值（分）
预算编制考核（定性）	依据是否科学合理	0~10
	时间是否及时	0~10
	数据是否详细准确	0~10
预算调整考核（定性）	预算调整是否理由充分	0~5
	预算调整程序是否合规	0~5
预算调整考核（定量）	预算调整率=预算调整额/预算额	0~5
预算执行考核（定性）	预算执行程序是否合规	0~10
	预算执行是否及时	0~5
预算执行考核（定量）	预算执行率=预算实际执行额/预算额 （费用指标执行率越低，分数越高）	0~10
预算执行分析考核（定性）	预算分析是否及时	0~5
	预算分析是否准确	0~5
预算执行监督考核（定性）	监督与执行是否分离	0~5
	监督是否及时	0~5
	监督是否有效	0~5
	监督程序是否持续改进	0~5
分数合计		0~100

动脑筋

如何理解预算管理和战略管理的关系？

知识测试

一、不定项选择题

1.以下各项中，（　　）不是一个正式的预算过程的优点。

A.迫使管理层评估预算过程中使用的假设和既定目标的合理性

B.提供反馈和绩效评价的基准

C.确保组织内改进成本控制及防止低效

D.作为管理层与下属协调和沟通的工具

2.高级管理层在预算编制过程中的作用是（　　）。

A.只参与审批过程

B.需要参与预算，并在预算编制过程中与员工沟通企业目标

C.需要将预算编制过程和业务规划过程分成两个独立的过程进行

D.缺乏日常经营的详细知识，应该限制他们的参与

3.企业应建立健全预算考核制度，按照（　　）的原则，对各预算责任主体进行预算考核。

A.公开　　B.公平　　C.公正　　D.明确

4.下列属于财务预算编制内容的是（　　）。

A.投资决策预算　　B.现金预算

C.预计资产负债表　　D.直接材料预算

5.企业内部预算责任单位可以分为（　　）。

A.投资中心　　B.利润中心

C.收入中心　　D.成本中心和费用中心

不定项选择题

二、判断题

1.企业的预算管理主要是预算的编制，其他环节无关紧要。（　　）

2.企业在预算执行过程中，可以随意对已制定的预算项目或预算指标进行调整。（　　）

3.通过预算的编制、实施和修正，可以促使企业战略更好地落地，为企业目标的实现提供合理保证。（　　）

4.预算内重大事项一般不会对预算目标产生重大影响。（　　）

5.预算管理应围绕企业的战略目标和业务计划有序开展，引导各预算责任主体聚焦战略、专注执行、达成绩效。（　　）

判断题

三、思考题

如何理解预算管理流程的内容以及各环节的关系？

第二节　零基预算

一、零基预算的定义

零基预算是指企业不以历史期经济活动及其预算为基础，以零为起点，从实际需要出发分析预算期经济活动的合理性，经综合平衡，形成预算的预算编制方法。

零基预算是相对于增量预算的一种预算管理方法。增量预算是指以历史期实际经济活动及其预算为基础，结合预算期经济活动及相关影响因素的变动情况，通过调整历史期经济活动项目及金额形成预算的预算编制方法。增量预算的优点是简便易行；缺点是受原有预算的限制，可能导致无效费用开支项目无法得到有效控制，造成预算不合理，不利于企业长远发展。而零基预算不以历史期经济活动及其预算为基础，一切从实际需要与可能出发，在期初重新审查某项活动对实现企业目标的意义和效果，并在成本效益分析的基础上，重新排出各项管理活动的优先次序，并据此决定资金和其他资源的分配。

二、零基预算的适用范围

零基预算克服了增量预算的缺点，一切以“零”为起点，规划预算期内的业务活动及其费用开支标准。

❶零基预算适用于企业各项预算的编制，但因其工作量大、编制成本较高，所以一般

在编制不经常发生的预算项目和编制基础变化较大的预算项目时采用。比如某公司市场环境和销售策略受政府政策性影响较大，选用零基预算编制方法，不考虑基期的费用开支水平，从预算期的实际业务需求出发，考虑各项成本费用是否必要、金额是否合理，并在此基础上确定预算收支，编制预算。

❷对于连续采用增量预算编制成本费用等预算的单位，可能会出现不合理因素持续存在、因无定额标准使预算缺乏准确性、员工参与度低、预算执行效率低等问题，此时也应改用零基预算。

❸采用零基预算的同时也可以采用增量预算。企业可以根据实际情况对刚增加的产品或部门、大型固定资产建造项目等采取零基预算编制，对其他产品或部门采取增量预算编制。

总之，企业应结合生产经营条件、管理水平、产品市场份额等预算项目的实际情况、预算管理要求和应用成本选择使用零基预算工具方法。

【案例3-1】翔翔公司为填补国内技术空白，也为避免外国在关键时刻“卡脖子”，自主研发某产品生产线，拟以同类进口生产线为参照编制产品成本预算，但在试生产阶段发现诸多问题。最终该公司在同行业使用的进口生产线无法参照，也没有历史数据可供借鉴的情况下，以零为基底，根据企业自身生产条件和管理水平，量身打造出全新的产品成本预算。

三、零基预算的应用

企业应用零基预算工具方法，一般按照明确预算编制标准、制订业务计划、编制预算草案、审定预算方案等流程进行。

（一）明确预算编制标准

企业应充分搜集和分析对标单位、行业等外部信息，明确所处的大环境，结合内部管理需要形成企业各预算项目的编制标准，并在预算管理过程中根据实际情况不断分析评价、修订完善预算编制标准，确保预算标准的科学性和可靠性。企业的预算编制标准不是凭空想象出来的，而是在有根据、有目标的前提下制定的。这个过程是考验企业对外部市场、竞争对手等情况的分析判断，同时也是企业对自身进行审视的过程。预算标准不仅是预算编制的起点，还是过程控制和期末分析的关键依据，明确了预算编制标准，才能更好地开展后续工作。

【案例3-2】蓝泰公司主要从事汽车零部件的生产、销售业务，通过市场分析，公司预计2021年经济形势可能不太理想，为了提前做好应对工作，公司打算从做好预算管理这一工作着手，决定使用零基预算编制2021年销售费用预算。该公司结合自身情况以及对汽车零部件行业的研究调查，制定了自己的预算编制标准，其中，销售费用的预算标准为不超过营业收入的15%。

（二）制订业务计划

预算编制责任部门应依据企业战略、年度经营目标和内外环境变化等安排预算期经济活动，在分析预算期各项经济活动合理性的基础上制订详细、具体的业务计划，作为预算编制的基础。即企业需要明确地提出总体经营目标，然后将其分解成各项需要完成的经济活动。比如，企业提出的目标收入为4 000万元，就可以分解出为实现目标收入需要完成的各项经济活动，进而制订出具体的业务计划，包括按月份、区域或部门、产品品类分解的销售计划，以及按月份、产品、营销措施与活动等分解的营销计划等。

（三）编制预算草案

预算编制责任部门应以相关业务计划为基础，根据预算编制标准编制本部门相关预算项目，详细说明提出项目的目的、性质、作用，以及需要开支的费用数额，并报预算管理责任部门审核。

（四）审定预算方案

预算管理责任部门应在审核相关业务计划合理性的基础上，逐项评价各预算项目的目标、作用、标准和金额等，按战略相关性、资源限额和效益性等进行综合分析和平衡，汇总形成企业预算草案，上报企业预算管理委员会等专门机构审议后报董事会等机构审批。

在实际应用中，本步骤主要是对每一个预算项目的所需费用和所得收益进行比较分析，权衡轻重，区分层次，划出等级，挑出先后。将有限的资源按业务的重要性以及投入产出效果排序进行优化配置，提升费用投入产出效果。预算项目一般分为三个层次：第一个层次是必要项目，即非进行不可的项目，是生产经营中必不可少的项目，这些项目支出应当给予全额保证，属于不可避免费用；第二个层次是需要项目，即有助于提高质量、效益的项目；第三个层次是改善工作条件项目。后两个层次的项目是可避免项目，属于酌量性费用，需要逐项进行成本-效益分析，按照各项目开支必要性的大小确定各项费用预算的优先顺序。进行成本-效益分析的目的在于判断各个项目费用开支的合理程度、先后顺序以及对本单位业务活动的影响。

【案例 3-3】鸿桥公司拟采用零基预算编制 2021 年的成本费用预算。预算编制人员上报的甲产品成本费用预算为 110 000 元，明细情况见表 3-2。

表 3-2 甲产品成本费用预算明细表

序号	成本费用名称	预算上报金额（元）
1	原材料	55 000
2	职工薪酬	15 000
3	能源费	5 500
4	办公费	7 000
5	差旅费	6 000
6	培训费	7 000
7	业务招待费	4 500
8	广告费	10 000
	合　计	110 000

根据公司总体目标，该产品成本费用预算控制目标为 100 000 元，预算管理办公室在进行预算审核时根据业务性质和重要性将甲产品成本费用项目分为不可避免费用和酌量性

费用两类。不可避免费用包括原材料、职工薪酬、能源费、办公费和差旅费，应尽量全额保证；酌量性费用包括业务招待费、培训费和广告费，可以适当缩减。通过查询公司近5年的历史资料，对业务招待费、培训费和广告费进行成本效益分析，结果见表3-3。

表3-3 成本效益分析表

成本费用项目	单位成本额（元）	单位成本收益（元）	成本收益率（%）
培训费	7 000	1 400	20
业务招待费	4 500	900	20
广告费	10 000	1 000	10

根据上述资料，权衡费用开支的轻重缓急后，对其做出如下排序：原材料、职工薪酬、能源费、办公费和差旅费属于不可避免费用，应列为第一层次；业务招待费、培训费和广告费在预算年度可酌情增减，列为第二层次。

按照以上排列层次和顺序，确定分配的不可避免费用项目的预算资金为：

55 000+15 000+ 5 500+7 000+6 000=88 500（元）

确保第一顺序成本费用开支后剩余资金为：100 000-88 500=11 500（元）

按照成本收益率，将剩余资金在业务招待费、培训费和广告费之间进行分配：

培训费可分配的预算资金=11 500×20%÷（20%+20%+10%）=4 600（元）

业务招待费可分配的预算资金=11 500×20%÷（20%+20%+10%）=4 600（元）

广告费可分配的预算资金=11 500×10%÷（20%+20%+10%）=2 300（元）

最终预算审核结果见表3-4。

表3-4 甲产品成本费用预算审核表

序号	成本费用名称	预算审核金额（元）
1	原材料	55 000
2	职工薪酬	15 000
3	能源费	5 500
4	办公费	7 000
5	差旅费	6 000
6	培训费	4 600
7	业务招待费	4 600
8	广告费	2 300
	合　计	100 000

四、零基预算的优缺点

（一）零基预算的优点

❶以零为起点编制预算，不受历史期经济活动中的不合理因素影响，能够灵活应对内外环境的变化，预算编制更贴近预算期企业经济活动需要。

❷零基预算强调全员参与，增加了预算编制的透明度，有利于进行预算控制。

❸零基预算不受历史预算数据的束缚，便于调动各部门人员参与预算管理的积极性和创造性，开源节流，量入而出，把有限的资金用在最需要的地方。

（二）零基预算的缺点

❶预算编制工作量较大、成本较高。

❷预算编制的准确性受企业管理水平和相关数据标准准确性影响较大，分层、排序和资金分配时，可能受主观因素影响，容易引起部门之间的矛盾。

为了克服零基预算方法的缺点，减少预算编制的工作量，在实务中，企业预算并不需要每年都按零基预算来编制，而是每隔几年按此方法编制一次。

知识测试

一、不定项选择题

1.下列选项中，属于零基预算优点的有（　　）。

A.预算编制工作量较大

B.预算编制的准确性受企业管理水平和相关标准数据准确性影响较大

C.不受历史期经济活动中的不合理因素影响

D.成本较高

2.下列选项中，属于零基预算缺点的有（　　）。

A.预算编制更贴近预算期企业经济活动需要

B.有利于进行预算控制

C.便于调动各部门人员参与预算管理的积极性和创造性

D.预算编制的准确性受企业管理水平和相关标准数据准确性影响较大

3.下列选项中，不属于零基预算工作流程的是（　　）。

A.明确预算编制标准　　　　B.制订业务计划

C.编制预算草案　　　　D.预算草案投票

4.下列选项中，属于选择使用零基预算工具方法所需要的有（　　）。

A.结合预算项目实际情况　　　　B.结合预算项目管理要求

C.结合预算项目成本　　　　D.结合往年经验

5.下列说法中，错误的有（　　）。

A.零基预算更有利于把有限的资金用在最需要的地方

B.增量预算编制工作量较大

C.增量预算编制成本较高

D.零基预算编制透明度低

不定项选择题

二、判断题

1.按照零基预算的编制方法和假设编制而成的预算，必然会出现掌管预算审批的领导虽知预算中含有“水分”，但因不能透彻辨析各项支出的合理性，只得不分良莠一刀切去一定百分比（比如20%），随即开启一轮争吵过程的危险倾向及结果。（　　）

2.将数额酌情予以增加，以适应工资提高和物价上涨引起的人工成本和原材料成本的提高是零基预算的编制方式和步骤。（　　）

3.某公司的目标是减少浪费，并制定出从紧高效的预算。对于下一个预算年度，将投入更多的时间和人员，对所有作业和职能进行全面审核。从管理层的目标角度考虑，该企业选择的最适合的预算编制方法是零基预算。（　　）

4.与增量预算相比，零基预算的优势是消除已失去效用的职能和职责。　（　）

5.管理层对每一个项目所需费用和所得收益进行比较分析，权衡轻重、区分层次、划出等级、排出先后。基层预算单位的业务项目第一层次一般是紧急项目。　（　）

判断题

三、实务题

仕达公司拟采用零基预算编制2021年管理费用预算。根据公司管理水平、经营目标和总体预算安排，公司2021年管理费用预算金额为730万元，仕达公司的具体预案见下表。

费用项目	预算额（万元）	费用项目	预算额（万元）
职工薪酬	200	办公费	60
摊销费	40	差旅费	80
折旧费	95	培训费	100
保险费	45	业务招待费	110

仕达公司2021年预算年度对管理费用可供使用的金额只有700万元。公司对管理费用各明细项目进行分析识别，职工薪酬、摊销费、折旧费和保险费属于不可避免费用；办公费、差旅费、培训费和业务招待费属于酌量性费用项目，对四项费用进行成本效益分析，结果见下表。

费用项目	单位成本额（万元）	单位成本收益（万元）	成本收益率（%）
办公费	1	3	300
差旅费	1	2	200
培训费	1	1.5	150
业务招待费	1	3	300

要求：

根据资料编制仕达公司2021年最终的管理费用预算并填入下表。

费用项目	预算额（万元）
职工薪酬	
摊销费	
折旧费	
保险费	
办公费	
差旅费	
培训费	
业务招待费	
合　计	

实务题

第三节 弹性预算

一、弹性预算的定义

弹性预算是指企业在分析业务量与预算项目之间数量依存关系的基础上，分别确定不同业务量及其相应预算项目所消耗资源的预算编制方法。

弹性预算是相对于固定预算的一种预算管理方法。固定预算是指以预算期内正常的、最可能实现的某一业务量水平为固定基础，不考虑可能发生的变动的预算编制方法。固定预算是最传统、最基本的预算编制方法，其优点是简便易行。缺点是该方法过于机械呆板，适应性差，不论未来预算期内实际业务量水平是否发生变动，都只以事先预计的某一个确定的业务量水平作为编制预算的基础；而且可比性差，当实际业务量与编制预算所依据的预计业务量发生较大差异时，有关预算指标的实际数与预算数之间就会因业务量基础不同而失去可比性。所以，固定预算不利于正确地控制、考核和评价企业预算的执行情况。弹性预算克服了固定预算的缺点，考虑了预算期可能的不同业务量水平，更贴近企业经营管理实际情况，提高了预算的准确性和执行情况，能更好地发挥预算的控制作用。

二、弹性预算的适用范围

弹性预算适用于企业各项预算的编制，特别是市场、产能等存在较大不确定性，且其预算项目与业务量之间存在明显的数量依存关系的预算项目。例如，某企业2020年12月成功研发出一种新产品，在编制2021年销售预算时，因该产品在销售上存在很大不确定性，企业决定对该产品采用弹性预算进行预算管理。

就预算项目的选择而言，对于随业务量变化而变动且企业能有效分析该数量依存关系，并积累了一定分析数据的项目，采用弹性预算更合适，如销售、成本、利润预算。编制弹性成本预算时，还要考虑该预算项目是否具备较好的、可靠的成本性态分析基础。

三、弹性预算的应用

企业应用弹性预算工具方法，一般按照以下程序进行：确定弹性预算适用项目，识别相关的业务量并预测业务量在预算期内可能存在的不同水平和弹性幅度；分析预算项目与业务量之间的数量依存关系，确定弹性定额；构建弹性预算模型，形成预算方案；审定预算方案。

（一）确定弹性预算适用项目，选择适当业务量，确定弹性幅度

企业首先应确定弹性预算适用项目，然后分析确定与预算项目变动直接相关的业务量指标，确定其计量标准和方法，之后再深入分析市场需求、价格走势、企业产能等内外因素的变化，预测预算期可能实现的不同业务量水平，确定弹性幅度。

企业应根据具体情况选择一个最能代表生产经营活动水平的业务量为计量单位。例如，以手工操作为主的车间，可以选用人工工时；生产单一产品的部门，可以选用产品产量或者销量这一实物数量；生产多种产品的部门，可以选用人工工时、机器工时等；修理

部门可以选用修理工时等。业务量变动范围即弹性幅度，是指弹性预算所适用的业务量变动区间。选择业务量变动范围应根据企业的具体情况而定，一般来说，可定为正常生产能力的70%～110%，或以历史上最高业务量或最低业务量为其上下限，务必使实际业务量不至于超出相关的业务量范围。

（二）分析预算项目与业务量之间的数量依存关系，确定弹性定额

企业应逐项深入分析、认定预算项目和业务量之间的数量依存关系、依存关系的合理范围及变化趋势，确定弹性定额。所确定的弹性定额并不是一成不变的，企业应不断强化弹性差异分析，修正和完善预算项目和业务量之间的数量依存关系，并根据企业管理需要增补新的弹性预算定额，形成企业弹性定额库。

（三）构建弹性预算模型，形成预算方案

企业通常采用公式法或列表法构建具体的弹性预算模型，形成基于不同业务量的多套预算方案。

1.公式法

公式法下弹性预算的基本公式为：

$$预算总额=固定基数+\sum(与业务量相关的弹性定额\times预计业务量)$$

在编制弹性成本预算时，上述公式可以转换为总成本性态模型，即：$y=a+bx$，其中，y表示某项预算成本总额，a表示该项成本中的预算固定成本，b表示该项成本中的预算单位变动成本，x表示预计的业务量。用弹性预算方法编制成本预算，关键在于把所有的成本划分为变动成本与固定成本两大部分。变动成本主要根据单位业务量来控制，固定成本则按总额控制。

应用公式法编制预算时，相关弹性定额可能仅适用于一定业务量范围内。当业务量变动超出该适用范围时，应及时修正、更新弹性定额，或改用列表法编制。比如对于直接材料，因采购量的增加可以用更优惠的价格采购原料，会导致直接材料的弹性定额变动。

2.列表法

列表法是指企业通过列表的方式，在业务量范围内依据已划分出的若干个不同等级，分别计算并列示该预算项目与业务量相关的不同可能预算方案的方法。实际应用中，在列表法下，也要注意不同等级下各项目弹性定额与业务量的变动。当业务量有大的变化时，也可能导致弹性定额的变动。如年销售2万台与年销售10万台下的直接材料定额可能会不一样，年销售10万台的会更低些。

（四）审定预算方案

对于编制完成的弹性预算方案，和其他预算方案一起，由企业预算管理责任部门审核、评价和修正。根据预算期最可能实现的业务量水平确定预算控制标准，并上报企业预算管理委员会等专门机构审议后报董事会等机构审批。

【案例3-4】飞鹏公司2020年12月成功研发出A产品。在编制2021年销售预算时，因A产品在销售上存在很大不确定性，财务部门决定对A产品采用弹性预算进行预算编制。经调研，A产品有较好的市场需求，但尚未得到消费者认可。保守估计年销量为30 000台，乐观估计可冲刺50 000台。同类产品销售价格在6 700元至7 200元之间，为尽快打开市场，以每台6 500元的价格销售。该产品具有专用性，通常采用订单方式销售，企业在签订合同并收到订金后安排生产。原有机器设备可满足生产需要，无须购置新机器设备。

经测量，在目前水平下，每台产品标准工时为72小时，小时人工为20元。采用弹性预算编制预算的步骤如下：

第一步，确定弹性预算适用项目，选择适当业务量，确定弹性幅度。

首先，A产品的生产成本包括直接材料、直接人工、电费、维修费、折旧费和保险费。因其他固定制造费用的发生金额非常小，不再摊入A产品。其中，直接材料、直接人工、电费、维修费与生产数量有明显的依存关系，呈正向变动，且财务部门可以取得相关分析数据，可以采取弹性预算，选择产量作为业务量。折旧费采用年限平均法分摊，折旧费、保险费固定不变，不采用弹性预算而采用固定预算。

其次，经研发、生产、采购、销售、财务等部门共同深入分析市场需求、供销价格走势、生产产能等因素，业务部门预测A产品的弹性范围确定在年销量30 000～50 000台，每5 000台为一个等级，销量分别确定为30 000台、35 000台、40 000台、45 000台、50 000台五个等级。

第二步，分析预算项目与业务量之间的数量依存关系，确定弹性定额。

通过对产量、工时、直接材料、直接人工等进行分析，最终确定弹性定额以产量为基础进行测算，因为是定制式生产，所以产量等于销量。经测算，直接材料、直接人工、电费与维修费的弹性定额见表3-5。

表3-5 **A产品成本弹性定额表** 单位：元

项目	固定成本	单位变动成本	备注
直接材料		3 265	
直接人工		1 440	
电费		50	
维修费		72	每500小时维修一次，500元/次
折旧费	3 750 000		
保险费	120 000		
合　计	3 870 000	4 827	

第三步，构建弹性预算模型，形成预算方案。

（1）运用公式法构建弹性预算模型，A产品生产成本弹性预算的基本公式为：

$y=3\ 870\ 000+4\ 827x$

可利用该公式计算出产销量在30 000～50 000台范围内，任一业务量基础上的产品成本预算总额，也可计算出在该变动范围内，任一业务量的某一成本费用项目的预算额。

可以看出，公式法的优点是便于在一定范围内计算任何业务量的预算金额，可比性和适用性强，编制预算的工作量相对较小。缺点是对于存在不同业务量范围下固定基数或弹性定额不同的情况，需要进行额外备注说明；在进行预算控制和考核时，不能直接查出特定业务量下的总成本预算额，并且按细目分解成本比较麻烦，同时又有一定误差。

（2）运用列表法，根据相关数据和各项目弹性定额分别计算出A产品的生产成本预算和利润预算，其中，变动销售费用率为10%，固定销售、管理费用为4 000 000元，具体计算见表3-6和表3-7。

表 3-6　　**A产品生产成本弹性预算**　　金额单位：万元

成本项目＼年产量	30 000 台	35 000 台	40 000 台	45 000 台	50 000 台
直接材料	9 795	11 427.50	13 060	14 692.50	16 325
直接人工	4 320	5 040	5 760	6 480	7 200
变动制造费用	366	427	488	549	610
固定制造费用	387	387	387	387	387
预算总成本	14 868	17 281.50	19 695	22 108.50	24 522

表 3-7　　**A产品利润弹性预算**　　金额单位：万元

项目＼年销量	30 000 台	35 000 台	40 000 台	45 000 台	50 000 台
销售收入	19 500	22 750	26 000	29 250	32 500
减：变动成本					
变动生产成本	14 481	16 894.50	19 308	21 721.50	24 135
变动销售费用	1 950	2 275	2 600	2 925	3 250
边际贡献	3 069	3 580.50	4 092	4 603.50	5 115
减：固定成本					
固定生产成本	387	387	387	387	387
固定销售、管理费用	400	400	400	400	400
产品利润	2 282	2 793.50	3 305	3 816.50	4 328

列表法的优点是不管实际业务量为多少，不必经过计算即可找到与业务量相近的预算金额，便于预算的控制和考核，可以在一定程度上弥补公式法的不足，但这种方法在评价和考核成本等指标时，往往需要使用插值法来计算“实际业务量的预算成本”等，比较麻烦，故适用面较窄。

四、弹性预算的优缺点

（一）弹性预算的优点

❶弹性预算是为一系列业务量水平而编制的，能够提供一系列生产经营业务量的预算数据，因此，当某一预算项目的实际业务量达到任何水平时，都有其适用的一套控制标准。

❷弹性预算考虑了预算期可能的不同业务量水平，更贴近企业经营管理实际情况。

（二）弹性预算的缺点

弹性预算编制工作量大，且对市场及其变动趋势预测的准确性、预算项目与业务量之间依存关系的判断水平等会对弹性预算的合理性造成较大影响。

知识测试

一、不定项选择题

1.关于固定预算与弹性预算的区别，下列说法中，正确的是（　　）。

A.弹性预算是为了计划的目的而编制的，而固定预算是为了绩效评价而编制的

B.弹性预算能提供不同业务水平的成本，而固定预算只提供单一作业水平的成本

C.弹性预算只包含变动成本，而固定预算只包含固定成本

D.弹性预算通过经营管理得到，而固定预算由最高管理层确定

2.与固定预算相比，弹性预算（　　）。

A.为经理人员提供了更加切合实际的可控固定成本的预算和实际比较

B.能更好地理解考核期间的产能差异

C.鼓励经理人员少耗用固定成本以及多耗用可控变动成本

D.为经理人员提供更加切合实际的可控收入及成本项目的预算和实际比较

3.宏宇酒店是一家餐饮连锁店，一项意想不到的道路建设项目使得宏宇酒店的客流量大为增加，酒店的业务量也显著增加。下面最适合用来帮助酒店经理计划人工成本的预算是（　　）。

A.零基预算　　B.滚动预算　　C.弹性预算　　D.作业预算

4.企业应用弹性预算工具方法，一般按照（　　）的程序进行。

A.确定弹性预算适用项目

B.识别相关的业务量并预测业务量在预算期内可能存在的不同水平和弹性幅度

C.分析预算项目与业务量之间的数量依存关系，确定弹性定额；构建弹性预算模型，形成预算方案

D.审定预算方案

5.下列各项中，可以作为编制弹性预算依据的业务量是（　　）。

A.销售量　　B.产量　　C.机器工时　　D.人工工时

不定项选择题

二、判断题

1.弹性预算适用于企业各项预算的编制，特别是市场产能等稳定，且其预算项目与业务量之间存在明显数量依存关系的预算项目。（　　）

2.企业应用弹性预算工具方法，应成立由财务、战略和有关业务部门组成的跨部门团队。（　　）

3.企业在分析业务量与预算项目之间数量依存关系的基础上，分别确定不同业务量及其相应预算项目所消耗资源的预算编制方法是固定预算。（　　）

4.在弹性预算方法的列表法中，业务量的间距越小，实际业务量水平出现在预算表中的可能性就越小，而且工作量越大。（　　）

5.编制弹性成本预算的关键是进行成本性态分析。（　　）

判断题

三、实务题

（一）资料

吉吉电力公司是一家电力公用事业公司，采用作业成本法进行成本管理，可为每一作业中心制定成本弹性预算。其开单部有4个作业中心，分别是账户查询、通信、账户开单和账单复核。开单部要编制4个弹性预算，每个作业中心一个。需对每个作业中心的成本进行分析以确定固定和变动部分。其中，“账户开单”作业中心的成本总额为235 777元，假定成本性态分析表明固定成本是81 400元，则变动成本是154 377元。作业分析表明开单作业的成本动因是打印行数，打印总行数是2 440 000行，因此，每行变动成本是0.063元。在2 000 000至3 000 000行的相关范围内的账户开单作业中心的成本函数被认为是有效的。

要求：

根据资料分别用“公式法”和“列表法”编制吉吉电力公司“账户开单”作业中心的弹性预算。

金额单位：元

预算公式		成本动因：行数		
		2 000 000	2 500 000	3 000 000
变动成本				
固定成本				
弹性预算总额				

（二）资料

基于市场竞争的形势和加强控制的需要。奇葩公司总经理希望计划部门能突破预估的下一年度产品销售量1 750件、销售单价200元的单一计划方案，编制出弹性利润预算。经分析和确定，奇葩公司的产品固定成本为46 600元，单位变动成本为80.7元。

要求：

分别编制销售量为1 550件、1 650件、1 750件、1 850件和1 950件时，以及对应销售单价为180元、190元、200元、210元和220元时的公司下一年度的营业毛利弹性预算。

实务题

金额单位：元

年销量 项目					
单价					
销售额					
销售成本					
营业毛利					

第四节　作业预算

一、作业预算的定义

作业预算是指基于“作业消耗资源、产出消耗作业”的原理，以作业管理为基础的预算管理方法。作业预算是在传统预算方法的基础上，结合全面质量管理、作业成本法和作业管理的理念设计的一种新的预算管理方法。

作业管理是指通过作业分析及改造企业的作业和业务流程，以更好地满足顾客和其他外部利益相关者的要求。作业预算所涉及的其他一系列相关概念，包括作业成本法、作业、主要作业、次要作业、作业中心、资源费用、成本对象、成本动因等，其定义和内容详见本教材“第四章　成本管理”。

作业预算是在作业管理的基础上确保资源和资本的分配与作业管理的要求相一致而编制的预算。作业预算的基本原理就是根据作业来编制预算。它不同于传统预算以成本元素为依据，业务预算中的资源需求即成本耗费，必须来自预期的作业和作业的工作量，以确保预算适应和满足以下变化：顾客的需求、组织及部门的目标和战略、业务流程的改变、效率的提高、服务水平的变化等，而这些变化在如今的企业组织中是非常频繁的。作业预算使用类似“调试次数”等作业成本动因，能理清资源耗费与产出之间的关系，管理者就可以了解产品供应、产品设计、制造技术、客户基础以及市场份额的变化对资源需求的影响，在编制预算时每一项作业的成本含义均会得以凸显，企业将能持续改进其预算编制，能对增值的作业链和流程进行计划与控制，及时减少或终止非增值作业。

二、作业预算的适用范围

随着企业内外部环境的变化，作业成本法和作业成本管理不断地得到推广和运用，对传统预算管理提出了挑战。传统预算管理方法已经无法满足企业管理要求。作业预算有助于促进企业提升内部管理水平，促进经济的转型升级，更能适应激烈的竞争环境。

作业预算主要适用于具有作业类型较多且作业链较长、管理层对预算编制的准确性要求较高、生产过程多样化程度较高，以及间接或辅助资源费用所占比重较大等特点的企业。比如产品数量、生产流程、组织架构以及诸如设备调试等方面比较复杂的企业，传统成本法较为粗略，效用也会大打折扣，应采用作业成本法进行改进。同时，企业应具有满足作业管理、资源费用管理要求的信息系统，能通过外部市场和企业内部可靠、完整、及时地获取作业消耗标准、资源费用标准等基础数据。

三、作业预算的应用

企业应用作业预算工具方法，一般按照确定各类作业需求量、确定资源费用需求量、平衡资源费用需求量与供给量、编制资源费用预算、作业预算评审、作业预算控制和分析等程序进行。

（一）确定各类作业需求量

企业应根据预测期销售量和销售收入预测各相关作业中心的产出量（或服务量），进而按照作业与产出量（或服务量）之间的关系，分别按产量级作业、批别级作业、品种级作业、客户级作业、设施级作业等计算各类作业的需求量。企业一般应先计算主要作业的需求量，再计算次要作业的需求量。有关作业类别的划分以及各类别作业的定义详见本教材“第四章　成本管理”。

1.产量级作业需求量

该类作业的需求量一般与产品（或服务）的数量成正比例变动，有关计算公式如下：

产量级作业需求量=∑各产品（或服务）预测的产出量（或服务量）×该产品（或服务）作业消耗率

其中，作业消耗率是指单位产品（或服务）、批次、品种类别、客户、设施等消耗的作业数量。

2.批别级作业需求量

该类作业的需求量一般与产品（或服务）的批次数成正比例变动，有关计算公式如下：

批别级作业需求量=∑各产品（或服务）预测的批次数×该批次作业消耗率

3.品种级作业需求量

该类作业的需求量一般与品种类别的数量成正比例变动，有关计算公式如下：

品种级作业需求量=∑各产品（或服务）预测的品种类别数×该品种类别作业消耗率

4.客户级作业需求量

该类作业的需求量一般与特定类别客户的数量成正比例变动，有关计算公式如下：

客户级作业需求量=∑预测的每类特定客户数×该类客户作业消耗率

5.设施级作业需求量

该类作业的需求量在一定产出量（或服务量）规模范围内一般与每类设施投入量成正比例变动，有关计算公式如下：

设施级作业需求量=∑预测的每类设施能力投入量×该类设施作业消耗率

（二）确定资源费用需求量

企业应依据作业消耗资源的因果关系确定作业对资源费用的需求量。有关计算公式如下：

资源费用需求量=∑各类作业需求量×资源消耗率

其中，资源消耗率是指单位作业消耗的资源费用数量。

（三）平衡资源费用需求量与供给量

资源费用供给量是指企业目前经营期间所拥有并能投入作业的资源费用数量。

企业应检查资源费用需求量与供给量是否平衡，即资源的需求量必须与资源供应量一致。如果预测的资源需求量等于或大致上（在一个可接受的限度内）等于资源的供给量，则资源达到了经营平衡。

如果没有达到基本平衡，需要通过增加或减少资源费用供给量（如引进新设备或出租闲置生产设备，雇用或解聘临时工等）或降低资源消耗率（如重新预测产出需求，降低消耗比率，改变产品或劳务的功能等）等方式，计算新的资源需求量，使两者的差额处于可接受的区间内。

（四）编制资源费用预算

企业一般以作业中心为对象，按照作业类别编制资源费用预算。有关计算公式如下：

资源费用预算=∑各类资源需求量×该资源费用预算价格

其中，资源费用预算价格一般来源于企业建立的资源费用价格库。企业应收集、积累多个历史期间的资源费用成本价、行业标杆价、预期市场价等，建立企业的资源费用价格库。

（五）作业预算评审

作业预算初步编制完成后，企业应组织相关人员进行预算评审。预算评审小组一般应由企业预算管理部门、运营与生产管理部门、作业及流程管理部门、技术定额管理部门等组成。评审小组应从业绩要求、作业效率要求、资源效益要求等多个方面对作业预算进行评审，评审通过后上报企业预算管理决策机构进行审批。

（六）作业预算控制和分析

1.分解控制

企业应按照作业中心和作业进度进行作业预算控制，通过把预算执行的过程控制精细化到作业管理层次，把控制重点放在作业活动驱动的资源上，实现生产经营全过程的预算控制。

2.分析优化

作业预算分析主要包括资源动因分析和作业动因分析。资源动因分析主要揭示作业消耗资源的必要性和合理性，发现减少资源浪费、降低资源消耗成本的机会，提高资源利用效率；作业动因分析主要揭示作业的有效性和增值性，减少无效作业和不增值作业，不断

地进行作业改进和流程优化，提高作业产出效果。

【案例3-5】辉耀印刷公司的生产工艺流程要经过制版、印刷、包装、装订四个大的工序，分为六个大车间把各种图书制品生产出来。辉耀印刷公司2021年度印刷教材2 000令，需要编制其预算。

> **知识拓展**
>
> 令是印刷术语，500张定量相同、幅面大小一样的全张纸为1令，一张全张纸可折合成两个印张，因此，1令合1 000个印张。

（一）设置作业中心

确定完成工作量（产品）需要消耗的标准作业的种类并建立作业中心是规划作业预算的起点。辉耀印刷公司通过对各个车间的工序分解和整合，以车间为单位将其作业划分为六个作业中心，分别是制版作业中心、轮转作业中心、平印作业中心、包装作业中心、平装作业中心和精装作业中心。其中，轮转作业中心的作业可以分为印刷作业、检查作业和搬运作业三项。下面以轮转作业中心为例，示范作业预算的编制原理。

（二）成本动因分析

根据作业预算“作业消耗资源、产出消耗作业”的原理，分别从作业动因、资源动因两个方面分析成本动因。

1.作业动因

在分析作业及作业动因时，根据成本效益原则，将不重要、消耗资源少的细分作业合并在同一作业中心下动因相同或相近的细分作业中。在方法的选择上，因为印刷公司的作业复杂程度不高、作业专业性强，主要依靠作业中心管理人员和主要技术人员的经验对各项作业的作业动因进行合理判断、估计，选取的作业动因可以直观反映出作业与完成工作量（产品）之间的关系。

2.资源动因

资源动因是作业消耗资源的方式与原因，反映了作业消耗资源的数量标准。辉耀印刷公司生产过程稳定、资源消耗种类较少，可采用统计分析和实际查定相结合的方法，分析资源动因及资源效率。辉耀印刷公司通过对作业的考察，确定了轮转作业中心三项作业的资源动因。印刷作业以机器工时作为成本动因，检查作业、搬运作业以人工工时作为成本动因。

（三）预测轮转作业中心的成本对象需求量

如果辉耀印刷公司印刷2 000令教材，在轮转作业中心，预测印刷作业需求量是2 000令，检查作业是200令，搬运作业是100车。

（四）确定资源消耗率

一是对各项细分作业需要消耗的资源进行罗列汇总；二是根据历史成本要素资料及实际查定情况，确定各项细分作业的资源消耗率。需要注意的是，资源消耗率是动态变化的，人工成本的提高、浪费的减少等都会对其产生影响，在利用历史数据拟定资源消耗率时需要分析后修正。辉耀印刷公司计算轮转作业中心三项作业的资源消耗率如下：

1.印刷作业资源消耗率

通过查看2020年轮转车间的折旧费汇总表可知，该车间的折旧费用为982 923.9元。该车间共有印刷机器6台，每台机器日均工作10小时，月均运转天数为22天。因此，印刷机器工作的时间=6×10×22×12=15 840（小时），印刷机器每小时的资源耗费量=982 923.9÷15 840=62.05（元/小时）。

2.检查作业资源消耗率

通过查看2020年轮转车间的车间管理人员工资汇总表可知，车间管理人员工资为539 361.92元。车间共有6名管理人员，平均每人每天检查工作8小时，每月工作22天。因此，总工作时间=6×8×22×12=12 672（小时），那么，资源每小时耗费量=539 361.92÷12 672=42.56（元/小时）。

3.搬运作业资源消耗率

查看2020年轮转车间的搬运人员工资汇总表和搬运工具折旧汇总表可知，车间搬运人员的工资和搬运工具折旧费之和为456 817.8元。车间共有搬运人员6名，这些搬运人员并不是单纯地做搬运工作，其搬运工作是在计件工资完成之余完成的，或者计件工人轮流进行搬运，所以，平均每人每天工作6小时，平均每月工作22天。因此，总工作时间=6×6×22×12=9 504（小时），那么，资源消耗率=456 817.8÷9 504=48.07（元/小时）。

（五）确定作业消耗率

通过计算，印刷作业的作业消耗率为0.4（小时/令），检查作业的作业消耗率为0.1（小时/令），搬运作业的作业消耗率为0.25（小时/车）。

（六）确定成本对象需要消耗的作业量

以作业消耗率乘以产品或劳务的预测需求量，预测出预算期可以满足成本对象消耗需求的作业量。

满足印刷作业消耗需求的作业量=2 000×0.4=800（小时）

满足检查作业消耗需求的作业量=200×0.1=20（小时）

满足搬运作业消耗需求的作业量=100×0.25=25（小时）

（七）确定作业需要消耗的资源量

以资源消耗率乘以作业需求量，预测出预算期可以满足作业消耗需求的资源量。

满足印刷作业消耗需求的资源量=62.05×800=49 640（元）

满足检查作业消耗需求的资源量=42.56×20=851.2（元）

满足搬运作业消耗需求的资源量=48.07×25=1 201.75（元）

（八）确定轮转作业中心年资源费用预算

将轮转作业中心三个细分作业年资源费用汇总，形成作业中心总费用预算。

轮转作业中心的作业预算=49 640+851.2+1 201.75=51 692.95（元）

根据上述计算结果，轮转作业中心的各项作业预算见表3-8。

表3-8 轮转作业中心的作业预算

作业类别	费用	成本动因	作业需求量	作业消耗率	资源耗费率	资源费用（元）
印刷	折旧费	机器工时	2 000令	0.4小时/令	62.05元/小时	49 640.00
检查	人工费	人工工时	200令	0.1小时/令	42.56元/小时	851.20
搬运	人工费	人工工时	100车	0.25小时/车	48.07元/小时	1 201.75
合计	—	—	—	—	—	51 692.95

四、作业预算的优缺点

(一) 作业预算的优点

❶作业预算可以更准确地确定成本，尤其是在追踪多个部门或多个产品的成本时。

❷基于作业需求量配置资源，避免了资源配置的盲目性。

作业预算的前提是作业分析后的作业管理，即已经识别了增值作业与非增值作业，作业预算在考虑完成预算目标时，首先对上期经营进行作业分析，找出各项作业和企业价值增值之间的联系，以便在以后的预算中能清除、替换或减少非增值作业和低效率的增值作业。根据作业本身的增值能力确定资源分配的优先顺序。作业预算编制有利于降低成本，消除无效的作业，实现作业和流程的持续改进。

❸作业预算使用作业成本动因，能很清楚地看出资源的耗费与产出之间的关系，通过总体作业优化实现最低的资源费用耗费，创造最大的产出成果。

❹作业预算可以促进员工对业务和预算的支持，有利于预算的执行。

由于作业预算提供了关于作业量的预算数据，这使得基层员工对于预算年度内每个月份分别需要完成的作业量有很清楚的认识，从而使得预算更易于被基层员工所接受和理解，有利于充分提高基层员工参与预算制定的积极性和改进工作的热情；可以克服传统预算中员工的抵制情绪，使预算得以有利执行，并使基于预算的业绩考评更加合理；同时，也使企业的战略可以在日常的运营活动中得以理解和体现。

(二) 作业预算的缺点

预算的建立过程复杂，需要详细地估算生产和销售对作业和资源费用的需求量，并测定作业消耗率和资源消耗率，数据收集成本较高。如果设计和维持作业预算制度的成本大于由作业预算制度所带来的成本节约，实行作业预算就得不偿失。

知识测试

一、不定项选择题

1.下列预算编制方法中，可能会用到成本动因“调试次数”，以度量某些分批混合生产工作的成本情况的有（　　）。

A.作业预算法　B.滚动预算法　C.弹性预算法　D.增量预算法

2.以下不是作业预算优点的是（　　）。

A.更好地识别资源需求　C.识别预算松弛

B.将产量与成本相联系　D.减少计划的不确定性

3.以下适用于作业预算法的企业类型有（　　）。

A.作业类型较多且作业链较长　B.生产过程多样化程度较高

C.间接或辅助资源费用所占比重较大　D.作业类型较少且作业链较短

4.产量级作业需求量的计算公式为（　　）。

A.$\sum$各产品（或服务）预测的产出量（或服务量）× 该产品（或服务）作业消耗率

B.$\sum$各产品（或服务）预测的批次数 × 该批次作业消耗率

C.$\sum$预测的每类特定客户数 × 该类客户作业消耗率

D.$\sum$各产品（或服务）预测的品种类别数 × 该品种类别作业消耗率

5.企业编制作业预算的程序一般包括（　　）。

A.确定作业需求量　　B.确定资源费用需求量

C.平衡资源费用需求量与供给量　　D.审核最终预算

不定项选择题

二、判断题

1.企业应用作业预算应基于作业观，即企业作为一个为最终满足客户需要而设计的一系列作业的集合体，进行业务组织和管理。（　　）

2.作业预算将成本更好地与产出相联系。（　　）

3.作业成本核算法和作业预算法之间存在反向关系。（　　）

4.资源消耗率是指单位产品（或服务）、批次、品种类别、客户、设施等消耗的作业数量。（　　）

5.作业预算法将成本更精确地分摊到员工职责。（　　）

判断题

三、思考题

1.你认为作业预算与传统预算的区别是什么？

2.如何进行资源费用需求量与供给量的平衡？

第五节　滚动预算

一、滚动预算的定义

滚动预算是指企业根据上一期预算执行情况和新的预测结果，按既定的预算编制周期和滚动频率，对原有的预算方案进行调整和补充、逐期滚动、持续推进的预算编制方法。其中，预算编制周期是指每次预算编制所涵盖的时间跨度；滚动频率是指调整和补充预算的时间间隔，一般以月度、季度、年度等为滚动频率。

滚动预算是相对于定期预算的一种预算编制方法。定期预算是指在编制预算时以不变的会计期间（一般以会计年度）作为预算期的预算编制方法。定期预算的优点是能够使预算期间与会计年度、财务年度相配合，便于考核和评价预算的执行结果。定期预算的缺点是具有盲目性、滞后性和间断性，致使预算缺乏远期指导性，不利于对生产经营活动进行考核与评价；当预算中所规划的各种经营活动在预算期内发生重大变化时，不能及时调整，使原有的预算显得不相适应；预算不能适应连续不断的经营过程，前后衔接性差，不利于企业长远发展。

滚动预算克服了定期预算的缺点。在初编预算时，先按照一个会计年度（或其他特定的时间区间）来编制，但随着时间的推移和预算的执行不断延伸补充预算，使预算期始终保持为一个会计年度（或其他特定的时间区间）。编制滚动预算是以会计的持续经营假设为前提，预算随着企业的生产经营活动持续下去，并全面动态地反映企业经营过程。

滚动预算的编制要与企业的经营过程相适应。例如，如果预算期为1年，那么，滚动预算头几个月的预算要详细完整，后几个月的预算可以粗略一些，随着时间的推移，原来较粗略的预算越来越详细，后面随之又补充新的较粗略的预算，依此往复，不断滚动。在编制滚动预算时，预算期保持一定，预算期与会计年度脱离，随着预算的执行不断延伸补充预算，逐期向后滚动，使预算期永远保持为一个固定的期间，从而以连续不断的预算形式规划企业未来的经营活动。

二、滚动预算的内容

滚动预算一般由中期滚动预算和短期滚动预算组成。

中期滚动预算的预算编制周期通常为 3 年或 5 年，以年度作为预算滚动频率。

短期滚动预算通常以 1 年为预算编制周期，以月度、季度作为预算滚动频率。

❶以月度作为预算滚动频率即逐月滚动，是指在预算编制过程中，以月份为预算的编制和滚动单位，每个月调整一次预算的方法。例如，在 2021 年 1 月至 12 月的预算执行过程中，需要在 2021 年 1 月末根据当月预算的执行情况，修订 2021 年 2 月至 2021 年 12 月的预算，同时补充 2022 年 1 月份的预算；在 2021 年 2 月末根据当月预算的执行情况，修订 2021 年 3 月至 2022 年 1 月的预算，同时补充 2022 年 2 月份的预算，依此类推。以月度为滚动频率，滚动预算的编制周期和滚动频率见表 3-9。

表 3-9　滚动预算的编制周期和滚动频率

年度	2021												2022					
月份	1	2	3	4	5	6	7	8	9	10	11	12	1	2	3	4	…	12
第一次滚动																		
第二次滚动																		
第三次滚动																		
第四次滚动																		
第五次滚动																		

❷以季度作为预算滚动频率即逐季滚动，是指在预算编制过程中，以季度为预算的编制和滚动单位，每个季度调整一次预算的方法。原理与“逐月滚动”相同。

三、滚动预算的应用

企业应用滚动预算工具方法，一般按照以下程序进行：确定预算周期及滚动频率、确定预算编制内容、确定预算编制基础、测算预算方案、中短期滚动预算的分解、生成预算方案、滚动编制预算方案、调整资源配置和管理要求。

（一）确定预算周期及滚动频率

企业应研究外部环境变化，分析行业特点、战略目标和业务性质，结合企业管理基础和信息化水平，确定预算编制的周期和预算滚动的频率。

（二）确定预算编制内容

企业应遵循重要性原则和成本效益原则，结合业务性质和管理要求，确定滚动预算编制的内容。重要性原则是指在编制滚动预算时将资源优先分配给企业的重要项目；成本效益原则是指在编制滚动预算时优先将资源分配给效益较高的项目。企业通常可以选择编制业务滚动预算，对于管理基础好、信息化程度高的企业，还可选择编制资本滚动预算和财务滚动预算。

（三）确定预算编制基础

企业应以战略目标和业务计划为依据，并根据上一期预算执行情况和新的预测信息，经综合平衡和结构优化，作为下一期滚动预算的编制基础。业务预测和计划是编制滚动预算的前提和基础。不同行业和不同企业，其业务计划和预测管理形式、内容不尽相同，但均可以此为起点编制生产运营计划和采购供应计划。企业可以建立滚动预算模型，将业务预测和计划的数据导入其中，通过信息化平台实现两者的一体化运行。

（四）测算预算方案

企业应以战略目标和业务计划为基础，研究滚动预算所涉及的外部环境变化和内部重要事项，测算并提出预算方案。

（五）中短期滚动预算的分解

如果企业实行中期滚动预算，应在中期预算方案的框架内滚动编制年度预算。第一年的预算约束对应年度的预算，后续期间的预算指引后续对应年度的预算。短期滚动预算服务于年度预算目标的实施。如果企业实行短期滚动预算，应以年度预算为基础，分解编制短期滚动预算。

（六）生成预算方案

企业应分析影响预算目标的各种动因之间的关系，建立预算模型，生成预算编制方案。滚动预算体系的核心无疑是滚动预算模型的搭建。滚动预算模型的搭建要尽可能与企业的业务计划和预测工作融合起来。建立从业务到财务的滚动预算计算逻辑和模型的方法与建立传统预算模型的方法类似。

（七）滚动编制预算方案

企业应对比分析上一期的预算信息和预算执行情况，结合新的内外部环境预测信息，调整和修正下一期预算，持续不断地编制滚动预算。企业可借助数据仓库等信息技术的支撑，实现预算编制方案的快速生成，减少预算滚动编制的工作量。

（八）调整资源配置和管理要求

预算体现着资源配置的方向和管理要求，因此，企业应根据预算滚动编制结果，调整资源配置和管理要求。

除了滚动频率的差异之外，滚动预算的编制原理与定期预算的编制原理没有什么差别。在编制滚动预算时，业务量的预测可以是固定的也可以是弹性的，出发点可以是增量的也可以是零基的，应结合不同工具方法的特征、企业的实际情况来确定。下面通过一个案例说明滚动预算的应用思路。

【案例3-6】S公司是一家电梯、扶梯的研发、生产和销售企业，业务遍及全球多个国家，公司管理进入了战略管理时代，预算管理操作方法逐步成熟，传统的定期预算管理无法及时适应市场变化，难以全面反映连续不断的业务活动，而且不能给管理层提供一个长期的计划，所以从2017年开始，S公司启用滚动预算。为了更好地进行管理，S公司将直接与各地客户联系的事业部整合为前线，而将专门生产电梯、扶梯的事业部整合为供应线。

1.滚动预算组织架构

S公司总部财务部负责制定并下发滚动预算的目标和工作时间表。各供应线财务部接受指令后协调各自供应线所属的生产线、物料资源部、质量部等部门组成预算工作组，预算工作组由财务部牵头，如图3-4所示。

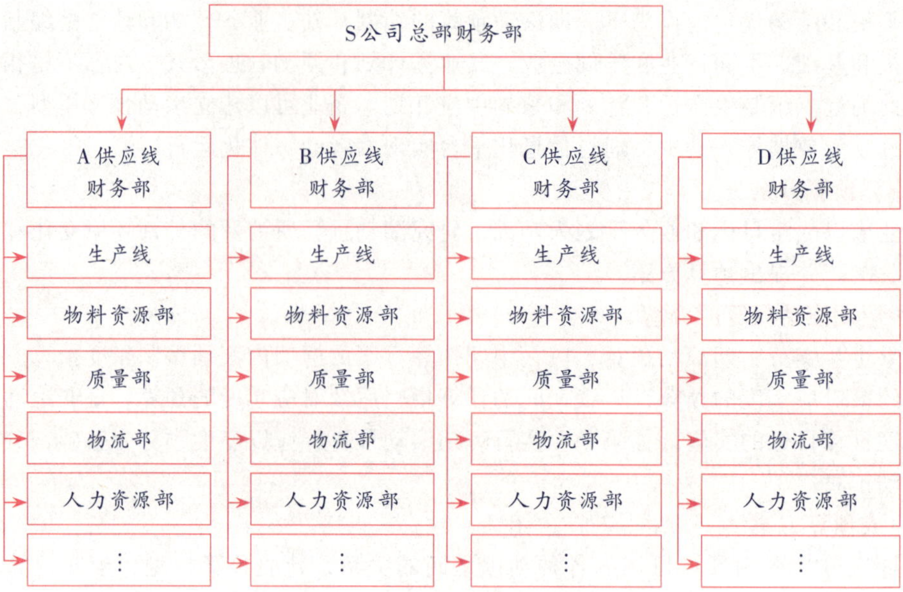

图3-4　S公司滚动预算组织架构图

2. 滚动预算的假设基础

滚动预算的主要依据是市场变动的需求量。S公司前线每天都需统计电梯、扶梯订单量，分析订单量变化的影响因素，并随时与客户沟通，之后做出订单量预测。然后前线将预测的销售量细化为区域、规格等各方面的信息提供给供应线。供应线根据前线提供的数据并结合生产周期做出电梯、扶梯的产出数量预测，作为滚动预算的主要依据。此外，产品价格调整、集团总部分摊给供应线的成本、原材料价格变动、生产效率、通货膨胀影响、员工调薪比例及外币汇率波动等影响都将纳入预算更新的假设基础中。

3. 预算滚动时间的界定

S公司供应线预算滚动时间的界定分为三个层次，见表3-10。

表3-10　S公司供应线预算滚动时间安排表

预算内容	编制时间														
	2018年第一季度			2018年第二季度			2018年第三季度			2018年第四季度			2019年第一季度		
	1	2	3	4	5	6	7	8	9	10	11	12	1	2	3
2019—2020年两年计划					■										
季度全面预算，年度预算			■			■			■	■	■	■			■
月度预算修正	■	■		■	■		■	■					■	■	

以2018年为例，首先，在2018年5月，预算工作组根据前线提供的2019—2020年订单量预测信息编制2019—2020年的供应线两年计划。其次，预算工作组在2018年各季度编制全面预算，第四季度编制2019年全年预算。即在2018年3月下旬制定2018年第二季度到2019年第一季度的预算；在2018年6月下旬制定2018年第三季度到2019年第二季度

的预算；在2018年9月下旬制定2018年第四季度到2019年第三季度的预算；在2018年10—12月制定2019年1—12月全年预算，用于2019年度考核。最后，预算工作组在2018年其他各月份做前期预算的修正，即在2018年1、2月份修正2017年第四季度编制的2018年预算；在2018年4、5月份修正2018年3月编制的预算；在2018年7、8月份修正2018年6月编制的预算。所有的上述过程中，都与实际发生状况参与比较。

4.滚动预算的实务操作流程

首先，在每季度及年度全面预算前，供应线总部根据高层的政策策略及与前线沟通确认的销售信息，下发预算的目标和时间表给各供应线。各供应线根据总部的要求制定各自的目标和时间表。比如，物料资源部提供原材料降价计划及比例；生产线提供产能、固定资产投资、工人人数、加班比例；物流部提供仓储、运输和装卸的计划；质量部提供反馈成本降低计划及比例；各生产及辅助支持部门提供本部门差旅、培训计划等。

其次，各部门将所有的数据、计划等上交于供应线财务部。财务部计算并汇总编制出预算初稿，包含季度及滚动年度销售额和利润等财务数据、相关各部门的考核指标以及此次数据指标与上期预算和实际的对比分析报告，提交给供应线管理层。

最后，供应线管理层根据从上至下的视角对预算进行审议，提出修改意见，由供应线财务部协调各相关部门重新更新个别预算项目，如此经过多次往复，直至最终的预算经供应线管理层复审通过。

5.预算的考核

年度预算的结果最终以财务数据及关键业绩指标（KPI）对外发布。对内则为了对预算执行单位的预算完成结果进行检查、考核和评价，预算的财务数据及KPI将进行量化并细化到各部门，体现在各部门的平衡计分卡（BSC）中。部门负责人在每月度业绩汇报会议中须提供并分析本部门实际与预算情况的对比，进而汇总为年度业绩考核的依据。

四、滚动预算的优缺点

（一）滚动预算的优点

滚动预算的主要优点在于企业通过持续滚动预算编制、逐期滚动管理，实现动态反映市场、建立跨期综合平衡，从而有效指导企业营运，强化预算的决策与控制职能。具体来讲：

❶透明度高。编制滚动预算不再是预算年度开始之前几个月的事情，而是实现了与日常管理的紧密衔接，可以使管理人员始终能够从动态的角度把握住企业近期的规划目标和远期的战略布局，使预算具有较高的透明度。

❷及时性强。滚动预算能根据前期预算的执行情况，结合各种因素的变动影响，及时调整和修订近期预算，从而使预算更加贴合实际，能够充分发挥预算的指导和控制作用。

❸连续性好。滚动预算在时间上不再受会计年度的限制，能够连续不断地规划企业未来的生产经营活动，不会造成预算的人为间断。

❹完整性和稳定性突出。滚动预算可以使企业管理人员了解未来预算期内企业的总体规划与近期预算目标，能够确保企业管理工作的完整性和稳定性。

（二）滚动预算的缺点

❶预算滚动的频率越高，对预算沟通的要求越高，预算编制的工作量越大。

❷过高的滚动频率容易增加管理层的不稳定感，导致预算执行者无所适从。

知识测试

一、不定项选择题

1.海潮公司发现其年度预算在记录实际数据后很快便会过期。有时候，在确定年度预算前，这一期间的实际准备工作已经开始，这使得公司没有时间对变化中的因素做出反应。该公司希望预算尽可能地与时俱进，且管理层希望可以按需修订预算。以下最适合海潮公司的预算编制解决方案是（　　）。

A.弹性预算编制　　B.作业预算编制　　C.零基预算编制　　D.滚动预算编制

2.下列关于滚动预算的表述中，正确的是（　　）。

A.只体现一个作业水平的计划，不根据作业水平的变动进行调整

B.包含一个相关范围作业水平的计划，以便根据作业变化调整计划

C.每月或每季度修订的计划，去掉一段时间再添加另一段时间

D.属于预算中长期战略计划的一部分，除非公司战略做出变化，否则保持不变

3.在编制预算时，以不变的会计期间作为预算期间的预算编制方法有（　　）。

A.零基预算　　B.定期预算　　C.滚动预算　　D.固定预算

4.滚动预算按照其滚动的时间单位不同，可分为（　　）。

A.中期滚动预算　　B.短期滚动预算　　C.逐季滚动　　D.逐月滚动

5.滚动预算的优点包括（　　）。

A.透明度高　　B.及时性强　　C.连续性好　　D完整性突出

不定项选择题

二、判断题

1.企业应以战略目标和业务计划为基础，研究滚动预算所涉及的外部环境变化和内部重要事项，测算并提出预算方案。（　　）

2.执行滚动预算法的企业只以年度为滚动频率。（　　）

3.在应用滚动预算方法时，按逐季滚动方式编制的预算比按逐月滚动方式的工作量小，但预算精确度较差。（　　）

4.滚动预算方法的预算期与会计年度一致。（　　）

5.如果企业实行中期滚动预算，应在中期预算方案的框架内滚动编制年度预算。第一年的预算约束对应年度的预算，后续期间的预算指引后续对应年度的预算。（　　）

判断题

三、实务题

环宇公司采用逐季滚动预算的方法编制制造费用预算，相关资料如下：

（一）2021年制造费用预算见下表。

金额单位：元

项目	一季度	二季度	三季度	四季度	合　计
直接人工预算总工时（小时）	11 400	12 060	12 360	12 600	48 420
变动制造费用	91 200	*	*	*	387 360
其中：间接人工费用	50 160	53 064	54 384	55 440	213 048
固定制造费用	56 000	56 000	56 000	56 000	224 000
其中：设备租金	48 500	48 500	48 500	48 500	194 000
生产准备与车间管理费	*	*	*	*	*

（二）2021年第二季度至2022年第一季度滚动预算期间，将发生如下变动：

（1）直接人工预算总工时为50 000小时。

（2）间接人工费用预算工时分配率将提高10%。

（3）2021年第一季度末重新签订设备租赁合同，新租赁合同中设备年租金将降低20%。

（三）2021年第二季度至2022年第一季度，公司管理层决定将固定制造费用总额控制在185 200元以内，固定制造费用由设备租金、生产准备费用和车间管理费组成，其中，设备租金属于约束性固定成本，生产准备费和车间管理费属于酌量性固定成本。根据历史资料分析，生产准备费的成本效益远高于车间管理费。为满足生产经营需要，车间管理费总预算额的控制区间为12 000～15 000元。

要求：

1.根据资料（一）、（二），计算环宇公司2021年第二季度至2022年第一季度滚动期间的下列指标：

（1）间接人工费用预算工时分配率；

（2）间接人工费用总预算额；

（3）设备租金总预算额。

2.根据资料（二）、（三），在综合平衡基础上根据成本效益分析原则，完成2021年第二季度至2022年第一季度滚动期间的下列事项：

（1）确定车间管理费用总预算额；

（2）计算生产准备费总预算额。

实务题

第六节　全面预算应用

全面预算包括经营预算、专门决策预算和财务预算。本节以一个完整的案例说明全面预算的应用。

【案例3-7】启明科技研发有限公司（简称启明公司）是科技研发及推广型企业，经营范围包括：科学研究、技术研发及技术推广、技术咨询、技术服务；计算机应用系统软硬件开发；智能机械设备、检测仪器设备、信息机电产品、照明产品的技术开发、设计、生产、销售等。该企业作为高新技术企业，是知识密集、技术密集的经济实体，持续进行研究开发与技术成果转化，拥有企业核心自主知识产权，并以此为基础开展经营活动。2021年该企业期初资产负债表、2020年度利润表，详见表3-11、表3-12。

表3-11　资产负债表

2020年12月31日　单位：元

项目	期末余额	项目	期末余额
货币资金	203 760 000.00	短期借款	54 900 000.00
应收账款	33 700 000.00	应付账款	913 500.00
其他应收款	44 580 000.00	应付职工薪酬	
存货	1 998 160.00	应交税费	
流动资产合计	284 038 160.00	其他应付款	29 290 000.00
固定资产	57 080 000.00	流动负债合计	85 103 500.00
在建工程	168 500 000.00	长期借款	81 500 000.00

续表

项目	期末余额	项目	期末余额
无形资产	46 510 000.00	长期应付款	7 120 000.00
长期股权投资	62 020 000.00	非流动负债合计	88 620 000.00
非流动资产合计	334 110 000.00	负债合计	173 723 500.00
		实收资本（或股本）	206 440 000.00
		资本公积	39 500 000.00
		盈余公积	13 900 000.00
		未分配利润	184 584 660.00
		所有者权益（或股东权益）合计	444 424 660.00
资产总计	618 148 160.00	负债和所有者权益（或股东权益）总计	618 148 160.00

表 3-12　利润表

2020年度

单位：元

项目	本期金额
一、营业总收入	111 290 000.00
二、营业总成本	99 080 000.00
其中：营业成本	71 660 000.00
税金及附加	650 000.00
销售费用	180 000.00
管理费用	19 730 000.00
研发费用	6 690 000.00
财务费用	170 000.00
加：投资收益（损失以“-”号填列）	150 000.00
三、营业利润（亏损以“-”号填列）	12 360 000.00
加：营业外收入	4 300.00
减：营业外支出	1 300.00
四、利润总额（亏损总额以“-”号填列）	12 363 000.00
减：所得税费用	1 854 450.00
五、净利润（净亏损以“-”号填列）	10 508 550.00

一、经营预算

（一）目标要求

对标同行业优秀水平，以科研成果转化促进企业可持续发展，2021年完成科技园区的投资建设和一个重点实验室的建设；加大已获得专利权的A产品和B产品的推广应用。

（二）经营预算的具体编制

1.销售预算

预算通常以销售预算为出发点，其他预算以销售预算为基础，而销售预算以销售预测为基础。销售预测需要考虑历史销售趋势、经济和产业状况及相关指标、竞争者的行为、不断上升的成本、定价和信用政策、广告与市场营销支出额、未履行的订单数量以及销售渠道中的销售机会等因素。销售预测应使用统计分析技术，如回归分析和时间序列分析等，还依赖销售经理对所在市场和客户需求的准确了解。根据销售预测的结果，可以得到预计销售量和销售价格，由此可以得到预计销售收入：

预计销售收入=预计销售量×预计销售价格

启明公司根据对在执行合同和未来市场拓展情况的测算，预计A产品销售价格为每件5 700元，需按季度向客户交货，四个季度的供货量分别为1 800件、3 100件、3 500件、2 200件，共计10 600件。收款方式为：各季度的货款在当季收款60%，其余40%在下季收款。目前A产品客户欠启明公司1 600万元货款，预计将在2021年第一季度结清。B产品销售价格为每件1 800元，根据订单按月供货，每半年收款一次，预计四个季度的供货量分别为2 300件、2 200件、3 500件、3 500件，共计11 500件。目前B产品客户欠启明公司850万元货款，预计将在2021年第一季度结清。启明公司同时承揽技术研发和技术咨询服务业务，连续三年营业收入平均增幅为12%，上年此类业务营业收入为3 800万元，2021年预计为4 300万元，四个季度分别为1 200万元、1 500万元、700万元、900万元，收款条件为当季现收占销售额的70%，余款在后两个季度分别收到20%和10%，目前此类业务客户欠启明公司920万元货款，预计将在2021年第一季度结清。根据以上资料，启明公司编制了2021年度销售预算，见表3-13。

表3-13　**销售预算**　金额单位：元

摘要		第一季度	第二季度	第三季度	第四季度	全年
A产品	预计销售量（件）	1 800	3 100	3 500	2 200	10 600
	预计销售单价	5 700.00	5 700.00	5 700.00	5 700.00	5 700.00
	预计销售收入	10 260 000.00	17 670 000.00	19 950 000.00	12 540 000.00	60 420 000.00
	年初应收账款余额	16 000 000.00				16 000 000.00
	第一季度销售现金收入	6 156 000.00	4 104 000.00			10 260 000.00
	第二季度销售现金收入		10 602 000.00	7 068 000.00		17 670 000.00
	第三季度销售现金收入			11 970 000.00	7 980 000.00	19 950 000.00
	第四季度销售现金收入				7 524 000.00	7 524 000.00
	现金收入合计	22 156 000.00	14 706 000.00	19 038 000.00	15 504 000.00	71 404 000.00

续表

摘要		第一季度	第二季度	第三季度	第四季度	全年
B产品	预计销售量（件）	2 300	2 200	3 500	3 500	11 500
	预计销售单价	1 800.00	1 800.00	1 800.00	1 800.00	1 800.00
	预计销售收入	4 140 000.00	3 960 000.00	6 300 000.00	6 300 000.00	20 700 000.00
	年初应收账款余额	8 500 000.00				8 500 000.00
	第一季度销售现金收入		2 070 000.00		2 070 000.00	4 140 000.00
	第二季度销售现金收入			1 980 000.00		1 980 000.00
	第三季度销售现金收入				3 150 000.00	3 150 000.00
	第四季度销售现金收入					—
	现金收入合计	8 500 000.00	2 070 000.00	1 980 000.00	5 220 000.00	17 770 000.00
研发咨询服务类业务	预计服务收入	12 000 000.00	15 000 000.00	7 000 000.00	9 000 000.00	43 000 000.00
	年初应收账款余额	9 200 000.00				9 200 000.00
	第一季度销售现金收入	8 400 000.00	2 400 000.00	1 200 000.00		12 000 000.00
	第二季度销售现金收入		10 500 000.00	3 000 000.00	1 500 000.00	15 000 000.00
	第三季度销售现金收入			4 900 000.00	1 400 000.00	6 300 000.00
	第四季度销售现金收入				6 300 000.00	6 300 000.00
	现金收入合计	17 600 000.00	12 900 000.00	9 100 000.00	9 200 000.00	48 800 000.00
总计	预计收入合计	26 400 000.00	36 630 000.00	33 250 000.00	27 840 000.00	124 120 000.00
	年初应收账款余额	33 700 000.00				33 700 000.00
	第一季度销售现金收入	14 556 000.00	8 574 000.00	1 200 000.00	2 070 000.00	26 400 000.00
	第二季度销售现金收入	—	21 102 000.00	12 048 000.00	1 500 000.00	34 650 000.00
	第三季度销售现金收入	—	—	16 870 000.00	12 530 000.00	29 400 000.00
	第四季度销售现金收入	—	—	—	13 824 000.00	13 824 000.00
	现金收入合计	48 256 000.00	29 676 000.00	30 118 000.00	29 924 000.00	137 974 000.00

启明公司2021年年末应收账款余额=12 540 000×40%+3 960 000×50%+6 300 000×50%+6 300 000+7 000 000×10%+9 000 000×30%=19 846 000（元）

2.生产预算

如果企业实行适时生产系统，那么，预计销售量就是预计生产量，销售预算就是生产预算。但是，在实务中，绝大多数企业难以满足适时生产系统所需要的前提条件。因此，必须单独编制生产预算，需要以预计销售量和预计存货为基础编制生产预算。基本表达式为：

预计生产量=预计销售量+预计期末产成品存货-预计期初产成品存货

生产预算的具体化又表现为直接材料预算、直接人工预算和制造费用预算。

（1）直接材料预算

确定生产所需要的材料数量和材料成本，基本表达式为：

预计生产需要量=预计生产量×单位产品材料耗用量

预计材料采购量=预计生产需要量+预计期末材料存量−预计期初材料存量

预计材料采购成本=预计材料采购量×预计单位采购成本

（2）直接人工预算

确定为满足生产要求所需的直接人工工时数及其成本，基本表达式为：

预计直接人工工时 = 预计生产量×单位产品所需的直接人工工时

直接人工成本的预算额 = 预计直接人工工时×直接人工工时的单位成本

（3）制造费用预算

对未划入直接材料和直接人工预算中的生产成本，都编制在制造费用预算中。如果企业采用变动成本法，根据成本性态，将制造费用分为变动制造费用和固定制造费用，其基本表达式为：

预计变动制造费用=变动制造费用预计分配率×预计生产量或预计直接人工工时

预计制造费用合计=预计变动制造费用+预计固定制造费用

根据直接材料预算、直接人工预算和制造费用预算就可以编制产成品预算和销售成本预算。

为保证供货的连续性，启明公司预计各季度的期末产品库存量应达到下期销售量的10%才能够保证及时为客户供货，预算年末的产品库存量应维持与年初相一致的水平。A产品期初存货为200件，B产品期初存货为210件。该公司生产的A、B产品共同耗用一种甲材料，单位产品耗用量分别为70千克和30千克，甲材料单价为45元/千克。预计各季度的期末材料库存量应达到下期生产需用量的10%才能保证生产需求，同时，根据与供应商的长期合作关系来看，材料采购货款当季付现70%，余款下一季度付清。期初应付购货款913 500元，在第一季度支付完毕。据此，启明公司编制2021年度生产量预算和直接材料预算，分别见表3-14、表3-15。

表3-14　生产量预算　单位：件

摘要		第一季度	第二季度	第三季度	第四季度	全年
A产品	预计销售需要量	1 800.00	3 100.00	3 500.00	2 200.00	10 600.00
	加：预计期末产品存货量	310.00	350.00	220.00	200.00	200.00
	预计需要量合计	2 110.00	3 450.00	3 720.00	2 400.00	11 680.00
	减：期初存货量	200.00	310.00	350.00	220.00	200.00
	预计生产量	1 910.00	3 140.00	3 370.00	2 180.00	10 600.00
B产品	预计销售需要量	2 300.00	2 200.00	3 500.00	3 500.00	11 500.00
	加：预计期末产品存货量	220.00	350.00	350.00	210.00	210.00
	预计需要量合计	2 520.00	2 550.00	3 850.00	3 710.00	12 630.00
	减：期初存货量	210.00	220.00	350.00	350.00	210.00
	预计生产量	2 310.00	2 330.00	3 500.00	3 360.00	11 500.00

表 3-15 **直接材料预算**

金额单位：元

项目		第一季度	第二季度	第三季度	第四季度	全年
预计生产量（件）	A产品	1 910.00	3 140.00	3 370.00	2 180.00	10 600.00
	B产品	2 310.00	2 330.00	3 500.00	3 360.00	11 500.00
单位产品耗用数量（千克）	A产品	70.00	70.00	70.00	70.00	
	B产品	30.00	30.00	30.00	30.00	
生产需用量（千克）	A产品	133 700.00	219 800.00	235 900.00	152 600.00	742 000.00
	B产品	69 300.00	69 900.00	105 000.00	100 800.00	345 000.00
	小　计	203 000.00	289 700.00	340 900.00	253 400.00	1 087 000.00
预计期初存货（千克）		20 300.00	28 970.00	34 090.00	25 340.00	20 300.00
预计期末存货（千克）		28 970.00	34 090.00	25 340.00	20 300.00	20 300.00
预计采购量（千克）		211 670.00	294 820.00	332 150.00	248 360.00	1 087 000.00
平均单位采购成本		45.00	45.00	45.00	45.00	45.00
预计采购成本（元）		9 525 150.00	13 266 900.00	14 946 750.00	11 176 200.00	48 915 000.00
应付账款年初余额		913 500.00				913 500.00
第一季度材料成本现金支出		6 667 605.00	2 857 545.00			9 525 150.00
第二季度材料成本现金支出			9 286 830.00	3 980 070.00		13 266 900.00
第三季度材料成本现金支出				10 462 725.00	4 484 025.00	14 946 750.00
第四季度材料成本现金支出					7 823 340.00	7 823 340.00
采购材料现金支出合计		7 581 105.00	12 144 375.00	14 442 795.00	12 307 365.00	46 475 640.00

根据劳动定额、历史资料等标准成本资料等进行测算，启明公司生产A产品直接人工工时单价为200元，单位产品工时定额为4小时；生产B产品直接人工工时单价为10元，单位产品工时定额为3小时。人工费用当期结清。据此，启明公司编制了2021年度直接人工预算，见表3-16。

表 3-16 **直接人工预算**

金额单位：元

摘要		第一季度	第二季度	第三季度	第四季度	全年
A产品	预计生产量（件）	1 910.00	3 140.00	3 370.00	2 180.00	10 600.00
	单位产品工时定额（小时/件）	4	4	4	4	
	需用直接人工小时（小时）	7 640.00	12 560.00	13 480.00	8 720.00	42 400.00
	小时工资率（元/小时）	200	200	200	200	
	预计直接人工成本总额	1 528 000.00	2 512 000.00	2 696 000.00	1 744 000.00	8 480 000.00
B产品	预计生产量（件）	2 310.00	2 330.00	3 500.00	3 360.00	11 500.00
	单位产品工时定额（小时/件）	3	3	3	3	
	需用直接人工小时（小时）	6 930.00	6 990.00	10 500.00	10 080.00	34 500.00
	小时工资率（元/小时）	10	10	10	10	
	预计直接人工成本总额	69 300.00	69 900.00	105 000.00	100 800.00	345 000.00

续表

摘要	第一季度	第二季度	第三季度	第四季度	全年
第一季度人工成本现金支出	1 597 300.00				1 597 300.00
第二季度人工成本现金支出		2 581 900.00			2 581 900.00
第三季度人工成本现金支出			2 801 000.00		2 801 000.00
第四季度人工成本现金支出				1 844 800.00	1 844 800.00
人工成本现金支出合计	1 597 300.00	2 581 900.00	2 801 000.00	1 844 800.00	8 825 000.00

启明公司按照变动成本法编制制造费用预算。其中，变动制造费用根据预算期的产量、产品单位工时定额和每小时费用标准计算，折旧以外的各项制造费用均于当季付现，固定制造费用在各季平均支付。预算编制的有关定额资料见表3-17。

表3-17 制造费用定额资料

项目		标准耗用量（小时/件）	标准金额（元/小时）
A产品	变动制造费用：	2	9
	间接人工	2	2
	间接材料	2	1
	维修费	2	1
	水电费	2	2
	其他	2	3
	固定制造费用（元）：		500 000
	管理人员工资	—	200 000
	保险费	—	60 000
	维修费	—	40 000
	折旧费	—	120 000
	其他	—	80 000
B产品	变动制造费用：	1	6
	间接人工	1	1
	间接材料	1	1
	维修费	1	1
	水电费	1	1
	其他	1	2
	固定制造费用（元）：		195 000
	管理人员工资	—	50 000
	保险费	—	15 000
	维修费	—	20 000
	折旧费	—	80 000
	其他	—	30 000

启明公司根据制造费用定额编制了A产品和B产品的制造费用预算，分别见表3-18、表3-19。

表3-18 **A产品制造费用预算** 单位：元

项目		第一季度	第二季度	第三季度	第四季度	全年
变动制造费用	间接人工	7 640.00	12 560.00	13 480.00	8 720.00	42 400.00
	间接材料	3 820.00	6 280.00	6 740.00	4 360.00	21 200.00
	维修费	3 820.00	6 280.00	6 740.00	4 360.00	21 200.00
	水电费	7 640.00	12 560.00	13 480.00	8 720.00	42 400.00
	其他	11 460.00	18 840.00	20 220.00	13 080.00	63 600.00
	小　计	34 380.00	56 520.00	60 660.00	39 240.00	190 800.00
固定制造费用	管理人员工资	200 000.00	200 000.00	200 000.00	200 000.00	800 000.00
	保险费	60 000.00	60 000.00	60 000.00	60 000.00	240 000.00
	维修费	40 000.00	40 000.00	40 000.00	40 000.00	160 000.00
	折旧费	120 000.00	120 000.00	120 000.00	120 000.00	480 000.00
	其他	80 000.00	80 000.00	80 000.00	80 000.00	320 000.00
	小　计	500 000.00	500 000.00	500 000.00	500 000.00	2 000 000.00
制造费用合计		534 380.00	556 520.00	560 660.00	539 240.00	2 190 800.00
减：折旧费		120 000.00	120 000.00	120 000.00	120 000.00	480 000.00
预计现金支出		414 380.00	436 520.00	440 660.00	419 240.00	1 710 800.00

表3-19 **B产品制造费用预算** 单位：元

项目		第一季度	第二季度	第三季度	第四季度	全年
变动制造费用	间接人工	2 310.00	2 330.00	3 500.00	3 360.00	11 500.00
	间接材料	2 310.00	2 330.00	3 500.00	3 360.00	11 500.00
	维修费	2 310.00	2 330.00	3 500.00	3 360.00	11 500.00
	水电费	2 310.00	2 330.00	3 500.00	3 360.00	11 500.00
	其他	4 620.00	4 660.00	7 000.00	6 720.00	23 000.00
	小　计	13 860.00	13 980.00	21 000.00	20 160.00	69 000.00
固定制造费用	管理人员工资	50 000.00	50 000.00	50 000.00	50 000.00	200 000.00
	保险费	15 000.00	15 000.00	15 000.00	15 000.00	60 000.00
	维修费	20 000.00	20 000.00	20 000.00	20 000.00	80 000.00
	折旧费	80 000.00	80 000.00	80 000.00	80 000.00	320 000.00
	其他	30 000.00	30 000.00	30 000.00	30 000.00	120 000.00
	小　计	195 000.00	195 000.00	195 000.00	195 000.00	780 000.00
制造费用合计		208 860.00	208 980.00	216 000.00	215 160.00	849 000.00
减：折旧费		80 000.00	80 000.00	80 000.00	80 000.00	320 000.00
预计现金支出		128 860.00	128 980.00	136 000.00	135 160.00	529 000.00

启明公司根据直接材料、直接人工、制造费用三项预算，结合2021年度预计销售量和期末产品库存量情况，编制了2021年度A、B产品生产成本及销售成本预算，分别见表3-20、表3-21。

表3-20　**A产品生产成本及销售成本预算**　单位：元

项目	第一季度	第二季度	第三季度	第四季度	全年
直接材料	6 016 500.00	9 891 000.00	10 615 500.00	6 867 000.00	33 390 000.00
直接人工	1 528 000.00	2 512 000.00	2 696 000.00	1 744 000.00	8 480 000.00
变动制造费用	34 380.00	56 520.00	60 660.00	39 240.00	190 800.00
固定制造费用	500 000.00	500 000.00	500 000.00	500 000.00	2 000 000.00
生产成本合计	8 078 880.00	12 959 520.00	13 872 160.00	9 150 240.00	44 060 800.00
单位产品变动成本	3 968.00	3 968.00	3 968.00	3 968.00	3 968.00
加：期初库存产品成本	793 600.00	1 230 080.00	1 388 800.00	872 960.00	793 600.00
减：期末库存产品成本	1 230 080.00	1 388 800.00	872 960.00	793 600.00	793 600.00
销售成本合计	7 642 400.00	12 800 800.00	14 388 000.00	9 229 600.00	44 060 800.00

表3-21　**B产品生产成本及销售成本预算**　单位：元

项目	第一季度	第二季度	第三季度	第四季度	全年
直接材料	3 118 500.00	3 145 500.00	4 725 000.00	4 536 000.00	15 525 000.00
直接人工	69 300.00	69 900.00	105 000.00	100 800.00	345 000.00
变动制造费用	13 860.00	13 980.00	21 000.00	20 160.00	69 000.00
固定制造费用	195 000.00	195 000.00	195 000.00	195 000.00	780 000.00
生产成本合计	3 396 660.00	3 424 380.00	5 046 000.00	4 851 960.00	16 719 000.00
单位产品变动成本	1 386.00	1 386.00	1 386.00	1 386.00	1 386.00
加：期初库存产品成本	291 060.00	304 920.00	485 100.00	485 100.00	291 060.00
减：期末库存产品成本	304 920.00	485 100.00	485 100.00	291 060.00	291 060.00
销售成本合计	3 382 800.00	3 244 200.00	5 046 000.00	5 046 000.00	16 719 000.00

启明公司研究咨询服务类业务毛利率为35%，人工成本占总成本的55%，其他费用类支出占45%，相关成本费用支出均按月结清。根据以上资料，启明公司编制该类业务成本预算，见表3-22。

表3-22　**研发咨询服务成本预算**　单位：元

项目	第一季度	第二季度	第三季度	第四季度	全年
咨询服务收入	12 000 000.00	15 000 000.00	7 000 000.00	9 000 000.00	43 000 000.00
人工成本	4 290 000.00	5 362 500.00	2 502 500.00	3 217 500.00	15 372 500.00
其他支出	3 510 000.00	4 387 500.00	2 047 500.00	2 632 500.00	12 577 500.00
成本费用合计	7 800 000.00	9 750 000.00	4 550 000.00	5 850 000.00	27 950 000.00
应付账款年初余额					
第一季度成本现金支出	7 800 000.00				7 800 000.00
第二季度成本现金支出		9 750 000.00			9 750 000.00
第三季度成本现金支出			4 550 000.00		4 550 000.00
第四季度成本现金支出				5 850 000.00	5 850 000.00
现金支出合计	7 800 000.00	9 750 000.00	4 550 000.00	5 850 000.00	27 950 000.00

综合A产品、B产品和研发咨询服务类业务成本预算，启明公司编制生产成本及销售成本预算汇总表、成本现金支出预算，分别见表3-23、表3-24。

表3-23 生产成本及销售成本预算汇总表 单位：元

项目		第一季度	第二季度	第三季度	第四季度	全年
A产品	生产成本	8 078 880.00	12 959 520.00	13 872 160.00	9 150 240.00	44 060 800.00
	期初库存产品成本	793 600.00	1 230 080.00	1 388 800.00	872 960.00	793 600.00
	期末库存产品成本	1 230 080.00	1 388 800.00	872 960.00	793 600.00	793 600.00
	销售成本	7 642 400.00	12 800 800.00	14 388 000.00	9 229 600.00	44 060 800.00
B产品	生产成本	3 396 660.00	3 424 380.00	5 046 000.00	4 851 960.00	16 719 000.00
	期初库存产品成本	291 060.00	304 920.00	485 100.00	485 100.00	291 060.00
	期末库存产品成本	304 920.00	485 100.00	485 100.00	291 060.00	291 060.00
	销售成本	3 382 800.00	3 244 200.00	5 046 000.00	5 046 000.00	16 719 000.00
研发咨询服务类业务	项目成本	7 800 000.00	9 750 000.00	4 550 000.00	5 850 000.00	27 950 000.00
合计	生产成本	11 475 540.00	16 383 900.00	18 918 160.00	14 002 200.00	60 779 800.00
	期初库存产品成本	1 084 660.00	1 535 000.00	1 873 900.00	1 358 060.00	1 084 660.00
	期末库存产品成本	1 535 000.00	1 873 900.00	1 358 060.00	1 084 660.00	1 084 660.00
	销售（项目）成本	18 825 200.00	25 795 000.00	23 984 000.00	20 125 600.00	88 729 800.00

表3-24 成本现金支出预算 单位：元

摘要		第一季度	第二季度	第三季度	第四季度	全年
A、B产品	直接材料	7 581 105.00	12 144 375.00	14 442 795.00	12 307 365.00	46 475 640.00
	人工成本	1 597 300.00	2 581 900.00	2 801 000.00	1 844 800.00	8 825 000.00
	制造费用（A产品）	414 380.00	436 520.00	440 660.00	419 240.00	1 710 800.00
	制造费用（B产品）	128 860.00	128 980.00	136 000.00	135 160.00	529 000.00
	产品支出小计	9 721 645.00	15 291 775.00	17 820 455.00	14 706 565.00	57 540 440.00
研发咨询服务类业务		7 800 000.00	9 750 000.00	4 550 000.00	5 850 000.00	27 950 000.00
合计		17 521 645.00	25 041 775.00	22 370 455.00	20 556 565.00	85 490 440.00

3.销售及管理费用预算

销售费用预算是为实现销售预算所需的费用预算，编制时要分析销售收入、销售利润和销售费用的关系，力求实现销售费用的最有效的使用；管理费用预算是为做好一般管理业务所需的费用预算，编制时要考虑组织和管理生产经营活动可能发生的各种费用。根据一定预算期内的成本性态，将销售费用、管理费用分为变动性费用和固定性费用。基本表达式为：

预计变动销售费用=单位产品变动销售费用×预计销售量

或 预计变动销售费用=变动销售费用率×预计销售收入

启明公司推行降本增效行动，预计固定销售及管理费用为每季750 000元，其中，含每季折旧费160 000元，变动管理费用在上年基础上降低10%；加大科研力度，研发费用在上年基础上增加20%。根据以上资料，编制销售及管理费用预算，见表3-25。

表3-25 销售及管理费用预算 金额单位：元

项目	第一季度	第二季度	第三季度	第四季度	全年
上年变动管理费用	4 200 000.00	5 100 000.00	4 330 000.00	3 100 000.00	16 730 000.00
本年压减幅度	10%	10%	10%	10%	10%
本年变动管理费用合计	3 780 000.00	4 590 000.00	3 897 000.00	2 790 000.00	15 057 000.00
固定销售及管理费用合计	750 000.00	750 000.00	750 000.00	750 000.00	3 000 000.00
销售及管理费用合计	4 530 000.00	5 340 000.00	4 647 000.00	3 540 000.00	18 057 000.00
减：折旧费	160 000.00	160 000.00	160 000.00	160 000.00	640 000.00
预计销售及管理现金支出	4 370 000.00	5 180 000.00	4 487 000.00	3 380 000.00	17 417 000.00
上年研发费用	1 000 000.00	2 700 000.00	2 100 000.00	890 000.00	6 690 000.00
本年研发费用增幅	20%	20%	20%	20%	20%
本年研发费用合计	1 200 000.00	3 240 000.00	2 520 000.00	1 068 000.00	8 028 000.00
预计研发费用现金支出	1 200 000.00	3 240 000.00	2 520 000.00	1 068 000.00	8 028 000.00
本年费用现金支出合计	5 570 000.00	8 420 000.00	7 007 000.00	4 448 000.00	25 445 000.00

二、专门决策预算

专门决策预算主要指投融资决策预算，其中，投资决策预算又称资本支出预算，由于这类预算涉及长期建设项目的投资资金的投放与筹措，并经常跨年度，因此，除个别项目外一般不纳入经营预算。

启明公司科技园区建设总概算为43 500万元，工期2年，2020年已完成部分工程建设并支付16 850万元（其中，使用自有资金支付8 700万元，使用长期贷款支付8 150万元），2021年计划完成全部工程，长期贷款按季结息并予以资本化，每季度按完成投资额扣除资本化利息后支付工程款。预计于2021年第一至第三季度分别完成剩余工程量的20%、40%、30%，第四季度预留全部工程投资额的5%质保金后支付剩余工程款。启明公司结合生产经营和自有资金情况，分别于2021年6月增加长期贷款1 000万元，9月增加长期贷款78 806 250元用于工程款支付，并按规定做好工程档案资料整理，为次年工程决算做好准备。

启明公司建设重点实验室，预计于2021年5月添置一套价值50万元的设备，当季支付60%，第三、四季度分别支付30%和10%。根据以上资料，编制资本支出预算，见表3–26。

表3–26 资本支出预算 单位：元

资本支出项目	第一季度	第二季度	第三季度	第四季度	全年
科技园区	52 281 250.00	105 581 250.00	78 806 250.00	2 771 171.88	239 439 921.88
设备		300 000.00	150 000.00	50 000.00	500 000.00
现金支出合计	52 281 250.00	105 881 250.00	78 956 250.00	2 821 171.88	239 939 921.88

三、财务预算

（一）现金预算

现金包括库存现金、银行存款和其他货币资金。现金预算通常由现金收入、现金支出、现金余缺、资金的筹集和运用四个部分组成。现金预算是企业现金管理的重要工具，有助于企业事先安排日常的现金需要量，如果没有现金预算企业就无法事先平衡、调度现金，可能陷入财务困境。

启明公司获得银行1年期银行授信额度10 000万元，年利率3.85%，按季结息；获得银行3年以上银行授信额度50 000万元，年利率5%，按季结息。启明公司2020年年末现金余额为20 376万元，每季末最低现金余额预警线为1 500万元。2021年期初企业贷款13 640万元，其中短期借款5 490万元，年利率3.85%，分别于6月到期2 490万元，9月到期3 000万元；长期借款8 150万元，年利率5%，2020—2021年为建设期，不归还本金。根据生产经营情况，预计2021年7月借入一年期短期借款2 000万元，年利率3.85%。

启明公司预计每季预缴所得税20万元，其他税费水平与上年持平，整体税负预计为销售收入的6%，在预算编制过程中不再单独计算各种税款缴纳情况。2021年将加大代垫款项和个人借款清理，预计每季度收回300万元；预计于2021年9月退还到期保证金等其他应付款1 000万元。

根据上述资料，编制现金预算，见表3–27。

表3–27 现金预算 单位：元

摘要	第一季度	第二季度	第三季度	第四季度	全年
期初现金余额	203 760 000.00	176 311 942.50	50 799 955.00	30 570 500.00	203 760 000.00
加：销售现金收入	48 256 000.00	29 676 000.00	30 118 000.00	29 924 000.00	137 974 000.00
其他	3 000 000.00	3 000 000.00	3 000 000.00	3 000 000.00	12 000 000.00
可动用现金合计	255 016 000.00	208 987 942.50	83 917 955.00	63 494 500.00	353 734 000.00
减：现金支出合计	77 156 895.00	141 740 825.00	120 528 705.00	29 696 136.88	369 122 561.88
成本支出	17 521 645.00	25 041 775.00	22 370 455.00	20 556 565.00	85 490 440.00
销售及管理费用支出	5 570 000.00	8 420 000.00	7 007 000.00	4 448 000.00	25 445 000.00
资本支出	52 281 250.00	105 881 250.00	78 956 250.00	2 821 171.88	239 939 921.88
支付所得税	200 000.00	200 000.00	200 000.00	200 000.00	800 000.00

续表

摘要	第一季度	第二季度	第三季度	第四季度	全年
支付其他税费	1 584 000.00	2 197 800.00	1 995 000.00	1 670 400.00	7 447 200.00
退还保证金			10 000 000.00		10 000 000.00
现金余缺	177 859 105.00	67 247 117.50	-36 610 750.00	33 798 363.12	-15 388 561.88
向银行借款合计	—	10 000 000.00	98 806 250.00	—	108 806 250.00
短期借款（年利率3.85%）			20 000 000.00		20 000 000.00
长期借款（年利率5%）	—	10 000 000.00	78 806 250.00	—	88 806 250.00
归还借款本金	—	24 900 000.00	30 000 000.00		54 900 000.00
支付借款利息合计	1 547 162.50	1 547 162.50	1 625 000.00	2 321 328.13	7 040 653.13
短期借款利息	528 412.50	528 412.50	481 250.00	192 500.00	1 730 575.00
长期借款利息	1 018 750.00	1 018 750.00	1 143 750.00	2 128 828.13	5 310 078.13
期末现金余额	176 311 942.50	50 799 955.00	30 570 500.00	31 477 035.00	31 477 035.00

（二）预计利润表

在上述各项预算的基础上，根据会计准则可编制预计利润表。该表实际上是企业组织的盈利预测或利润预测，可以被用作评估实际结果的基准。

启明公司根据所编制的上述一系列预算，编制2021年的预计利润表，见表3-28。

表3-28　预计利润表　单位：元

摘要	第一季度	第二季度	第三季度	第四季度	全年
一、预计主营业务收入	26 400 000.00	36 630 000.00	33 250 000.00	27 840 000.00	124 120 000.00
二、预计营业总成本	26 667 612.50	37 101 212.50	32 327 250.00	23 346 500.00	119 442 575.00
其中：营业成本	18 825 200.00	25 795 000.00	23 984 000.00	20 215 600.00	88 729 800.00
税金及附加	1 584 000.00	2 197 800.00	1 995 000.00	1 670 400.00	7 447 200.00
销售及管理费用	4 530 000.00	5 340 000.00	4 647 000.00	3 540 000.00	18 057 000.00
研发费用	1 200 000.00	3 240 000.00	2 520 000.00	1 068 000.00	8 028 000.00
财务费用	528 412.50	528 412.50	481 250.00	192 500.00	1 730 575.00
加：投资收益					
三、营业利润	-267 612.50	-471 212.50	-377 250.00	1 243 500.00	127 425.00
加：营业外收入					
减：营业外支出					
四、利润总额	-267 612.50	-471 212.50	-377 250.00	1 243 500.00	127 425.00
减：所得税费用	200 000.00	200 000.00	200 000.00	200 000.00	800 000.00
五、净利润	-467 612.50	-671 212.50	-577 250.00	1 043 500.00	-672 575.00

（三）预计资产负债表

在上述各项预算的基础上，以企业的上期资产负债表为基础，根据会计准则可编制预计资产负债表。资产负债表实际上是企业的财务状况预测。

启明公司根据所编制的上述一系列预算，编制预计资产负债表，见表3-29。

表3-29 资产负债表

2021年12月31日 单位：元

项目	期末余额	项目	期末余额
货币资金	31 477 035.00	短期借款	20 000 000.00
应收账款	19 846 000.00	应付账款	25 102 860.00
其他应收款	32 580 000.00	应付职工薪酬	
存货	1 998 160.00	应交税费	
流动资产合计	85 901 195.00	其他应付款	19 290 000.00
固定资产	56 140 000.00	流动负债合计	64 392 860.00
在建工程	435 000 000.00	长期借款	170 306 250.00
无形资产	46 510 000.00	长期应付款	7 120 000.00
长期股权投资	62 020 000.00	非流动负债合计	177 426 250.00
非流动资产合计	599 670 000.00	负债合计	241 819 110.00
		实收资本（或股本）	206 440 000.00
		资本公积	39 500 000.00
		盈余公积	13 900 000.00
		未分配利润	183 912 085.00
		所有者权益（或股东权益）合计	443 752 085.00
资产总计	685 571 195.00	负债和所有者权益（或股东权益）总计	685 571 195.00

四、全面预算的执行与控制

全面预算一经批准下达，即具有指令性。预算执行单位应认真组织实施，将预算指标层层分解，逐级落实到内部各部门、各环节和各岗位，形成全方位的全面预算执行责任体系。预算分析要反映实际与预算、上年度的对比情况，着重分析发生偏差的原因，并提出整改意见，落实具体措施，将执行结果置于预算控制之中，做到数据准确、内容完整、报送及时。

启明公司建立了预算管理分析例会制度，于每季度结束后次月召开预算管理分析例会，主要针对财务预算、业务预算执行情况进行跟踪监测，及时分析预算执行差异原因，及时采取相应的解决措施或向单位负责人反映相关问题，督促各预算执行单位加强预算管理，确保预算目标的实现。

五、全面预算的追加与调整

正式下达执行的预算，一般不予调整。预算执行单位在预算执行中由于市场环境、经营条件、国家政策法规等发生重大变化，或出现不可抗力的重大自然灾害、公共紧急事件等以及其他特殊原因致使预算的编制基础不成立，或者将导致预算执行结果产生重大偏差的，经批准可以调整预算。当一项或几项因素向着劣势方向变化，影响目标的实现时，应首先挖掘与目标利润相关的其他因素的潜力，或采取其他措施来弥补，只有在无法弥补的情况下，才能提出预算调整申请。

对必须进行的预算调整，由预算单位提出预算调整意见，详细说明理由，经预算委员会批准后方可调整预算指标。对预算外支出必须报经集团董事会批准，按规定程序审批后办理。

六、全面预算的考核

预算工作考核是对预算管理工作中各环节工作质量的评价，以促进预算管理工作水平的提升，主要考核内容包括：预算编制的准确性、及时性和规范性，预算执行程序的规范性，预算报表及报告的及时性、透彻性、全面性和系统性，预算工作组织的周密性等。预算年度终了，预算委员会组织相关部门对财务预算、业务预算执行情况进行核查，对主要预算指标完成值与预算目标偏离程度和影响进行分析，并将核查和分析结果作为各公司经营管理质量评估的重要内容。根据年度预算与实际执行结果差异水平对各预算责任部门的执行情况进行评价，评价结果作为预算责任单位工作业绩考核的重要依据。

受新冠肺炎疫情和连续降雨及水灾的影响，启明公司2021年经营业务的开展有所减缓，营业收入虽然达到上年水平，但未实现销售预算目标值。启明公司年中发现问题后，组织相关部门分析研究解决方案，通过降本增效内挖潜力，同时运用新工艺实现了A产品成本的大幅压降，从而超额完成了年度利润指标。2021年5月，收到参股企业分红350万元，2021年10月，按照预算调整的程序，审批通过了对降雨水灾灾区捐赠200万元（准予在税前扣除）的事项。启明公司编制了2021年度预算执行对比表，见表3-30。

表3-30　　预算执行对比表

2021年12月　　单位：元

摘要	预算数	决算数
一、预计主营业务收入	124 120 000.00	119 000 000.00
二、预计营业总成本	123 992 575.00	109 703 575.00
其中：营业成本	88 729 800.00	74 970 000.00
税金及附加	7 447 200.00	7 140 000.00
销售及管理费用	18 057 000.00	17 763 000.00
研发费用	8 028 000.00	8 100 000.00
财务费用	1 730 575.00	1 730 575.00
加：投资收益		3 500 000.00
三、营业利润	127 425.00	12 796 425.00
加：营业外收入		—
减：营业外支出		2 000 000.00
四、利润总额	127 425.00	10 796 425.00
减：所得税费用	800 000.00	1 619 463.75
五、净利润	−672 575.00	9 176 961.25

启明公司根据预算执行情况，对预算责任单位工作业绩进行了考核，对在新工艺研发中做出突出贡献的预算单位和主要研发人员进行了表彰。

知识测试

一、不定项选择题

1.下列各项中，(　　)在编制全面预算时可以被视为独立的。

A.期末存货预算　　B.资本支出预算　　C.预计利润表　　D.预计资产负债表

2.某公司估计下年各月的月度销售额分别为：1月份100 000元、2月份150 000元、3月份180 000元，经验表明，销售额的40%当月收回，50%下个月收回，剩下的10%售后第2个月收回。截至本年12月31日，公司应收账款余额为80 000元，其中，72 000元来自本年12月份的销售，8 000元来自本年11月份的销售。公司在下年1月份预计能收回的现金是(　　)元。

A.76 800　　B.84 000　　C.108 000　　D.133 000

3.现金预算是各有关现金收支预算的汇总，通常包括(　　)等几个组成部分。

A.现金收入和支出　　B.现金多余或不足

C.资金的分配　　D.资金的筹集与应用

4.某企业预算下两期的销售量分别是50 000个和55 000个，该公司的政策是：期末存货为下期预测销售量的20%。这个政策被满足，则第1期的预算生产量是(　　)个。

A.51 000　　B.49 000　　C.50 000　　D.61 000

不定项选择题

5.下列各项中，能够为编制预计利润表提供信息来源的有(　　)。

A.销售预算　　B.销售费用、管理费用、财务费用预算

C.产品成本预算　　D.专门决策预算

二、判断题

1.为了便于编制现金预算，在编制销售预算的同时，编制与销售收入有关的经营现金收入预算表。(　　)

2.各种经营预算的编制，均同时使用实物量和价值量作为计量单位。(　　)

3.在编制生产预算时，应考虑预计期初存货和预计期末存货。(　　)

4.企业应加强现金预算的管理，管理好资金的安全风险、短缺风险，在资金的安全性、流动性和收益性之间取得良好平衡，提高资金的使用效率。(　　)

5.预计资产负债表和预计利润表构成了整个财务预算。(　　)

判断题

三、实务题

同学们可以将【案例3-7】中的启明公司在编制2021年度预算时的相关条件进行调整，比如改变A、B产品的销售价格、销售量以及委托研发和技术咨询业务的营业收入等。然后尝试编制启明公司2021年度的销售预算、生产成本预算、现金预算、预计利润表和预计资产负债表。

第四章
成本管理

知识、能力目标

1. 了解成本管理领域的工具方法；
2. 掌握成本性态分析及变动成本法与完全成本法的区别；
3. 会初步应用变动成本法进行成本分析及决策；
4. 会进行标准成本管理及差异分析；
5. 会运用价值工程法进行目标成本的分解；
6. 会识别作业成本动因并进行作业成本管理，实现流程再造。

专业素养目标

1. 养成严谨细致的成本管理习惯，适时“抓大放小”；
2. 勇于创新成本管理工具方法，使其适合企业生产、发展需要，既要守规则，又要知变通，坚持守正创新，我们从事的是前无古人的伟大事业，守正才能不迷失方向、不犯颠覆性错误，创新才能把握时代、引领时代；
3. 养成良好的目标管理能力，适应复杂的竞争环境。

知识结构图

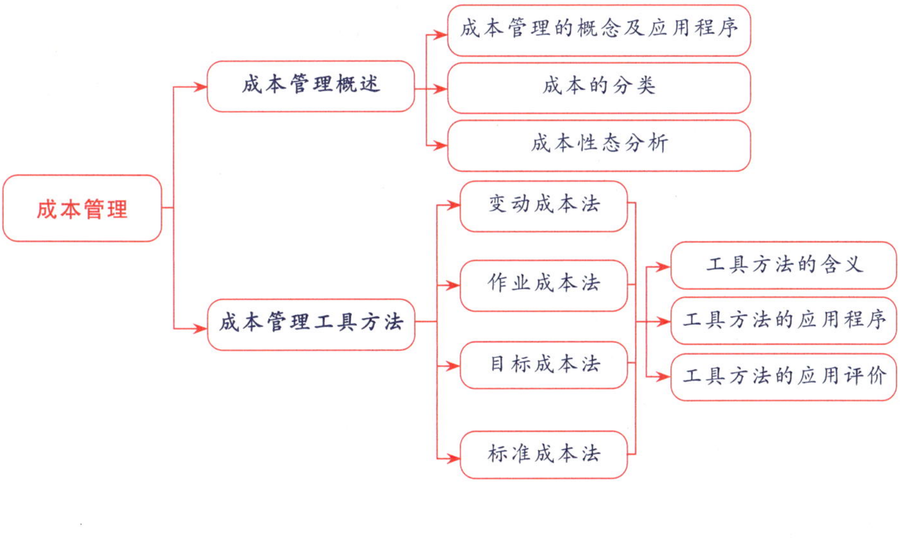

名企视野

靠品质感动人心，以价格厚待用户①

——“一碗米粥”起家的商业巨人

小米公司正式成立于2010年4月，是一家以智能手机、智能硬件和IoT平台为核心的消费电子及智能制造公司，是一个以MIUI系统为纽带的封闭的硬件云帝国。成立10年后，小米的业务已经遍及全球80多个国家和地区。小米的使命是，始终坚持做“感动人心、价格厚道”的好产品，让每个人都能享受科技带来的美好生活。小米公司是中国第一个互联网实物品牌，是移动互联网时代的代表性企业。无论是小米手机从小米1代到2021年小米11Pro的发布，还是小米公司的净化器、扫拖机器人等智能硬件，均是以高性价比深入人心，其中最具代表性的就是小米净化器，从性能上讲可以比肩市场上3 000多元的净化器，而雷军果断定价899元。正是价格上的“厚道”，公司在受到2020年全球范围的新冠肺炎疫情影响下，仍然实现了2 459亿元的营业收入，同比增长19.4%。“奇迹”背后离不开大批“米粉”的支持，另一方面与公司成本管控上的优势也密切相关，主要体现在以下几方面：

一、战略定位更加聚焦产品与客户

1.产品落地为用户体验。在移动互联网时代，企业的策略是用户体验至上。与品牌溢价相对应的概念是用户体验溢价。要实现用户体验溢价最大化，企业核心的产品战略是爆品战略，即一切以用户为中心的产品用户体验创新。小米的细分市场定位抓住了25～35岁人群希望被关注、希望有存在感的特点，用简约而奢华的外形设计和机内配置，获得了用户的满意度和忠诚度。另外，小米公司让“米粉”积极参与产品的创新，不断刷新用户体验并与用户互动，将产品和营销融合在一起，运用持续改进的产品满足用户的需求。

2.更精准的客户导向。小米公司首推“低价格高性能”的产品。在众多运用安卓系统的品牌中，小米手机的配置和其他热门机型一样高大上，但是价格却比其他机型便宜很多，这无疑对收入不多的年轻人来说吸引巨大。精准的客户定位使小米舍弃了竞争激烈的高端手机市场，转向长尾的发烧友市场，成功找到了市场的空白点，培养了客户忠诚度。基于这种忠诚度，小米又进一步将目标人群拓展为大众市场。此外，小米一直在努力改进售后服务体系，致力搭建全方位服务平台。这是小米运用产品营销坚实的基础，也是扩大市场份额的另一蹊径。

二、内外价值链整合与结构调整

1.内外价值链整合，专注增值作业。小米手机的生产供应链大多依靠其他企业完成。在上游，小米没有自己的工厂，除了保留一些核心功能（例如研发）外，其零配件由全球顶级的供应商共同打造。在下游，小米没有自己的零售店，而是完全采用电子商务营销平台进行销售。在电商方面，小米曾与淘宝网、苏宁易购、京东商城联姻；在运营商方面，小米先后与中国联通和中国电信强强联手；在实体店方面，小米曾与苏宁合作。这些策略使小米集中关注研发以及与客户的交流，提高效率。

2.价值链结构调整，利用自媒体降低营销成本。小米创立了独树一帜的社会化媒体营销手段：（1）微博纳新。小米公司利用颇具影响力的雷军的微博，一方面大范围快速传播小米的新闻，另一方面采用与“米粉”互动沟通、并时不时发放奖励的方式，赢得了越来越多“米粉”的青睐。（2）论坛沉淀。小米公司通过论坛，利用持续维护式的内容运营保持已有客户的活跃度。小米论坛还允许工程师团队与用户接触，满意的用户反馈可以有效激励工程师的开发热情，更可以使用户有被重视感，实现一举两得之效。（3）微信服务。小米通过微信建立一对一、100%投放率的超级客服平台，为有需求的用户提供全方位的服务。自媒体的营销渠道成本很低且更加适合沟通营销和个性营销，应当成为互联网+公司营销的主流。

---

① 本案例内容来自小米官方网站及部分论文研究成果，参考论文如下：[1] 张立娟.移动互联网时代小米公司的成本管理特点 [J]. 财务与会计，2016（4）. [2] 吴芷萌. 网络环境下基于服务生态视角的价值共创研究——以小米公司为例 [J]. 消费导刊，2019（33）.

三、成本动因扩展到生态布局与资本市场驱动

1.手机模式复制到其他硬件，打造生态链。突破电气与小米科技联合投资的青米科技推出首款产品——小米插线板，在当年“米粉节”售出24.7万个。小米旗下这样的例子还有很多。小米生态链的逻辑是产品A推动产品B推动产品C，功能上互联、相互推荐、关联销售。

2.产品市场与资本市场双轮驱动。雷军旗下的顺为资本是基金公司，集大众之力，配合小米的技术系统和实体经济进行组合投资，力求以最小的成本实现价值总额最大化。对实体企业来说，如果加入小米生态链，就会获得小米的品牌效应、对供应商的谈判能力、与小米集群其他加盟企业硬件连接的机会、广大的销售渠道以及接入MIUI系统共享智能的机会。因为企业获得了小米无形资产的品牌溢价，小米可以用最少的钱扩充自己的加盟企业。对投资资本家来说，小米在融资时会告诉投资人，现在的投资所形成的生态环境构成了小米品牌的价值，所以小米估值很高，足够吸引人们继续跟进买单。小米融到的资金除了填补主业现金流之外，必然会投入相关有价值的企业来围绕小米生态构建，以获得未来更高的投资回报，实现产品市场与资本市场的双轮驱动。

【大家谈】

小米公司的成本管控不仅关注生产环节，而且通过建立产业生态链进行全生命周期成本的管控，尤其重视研发和售后的优化和改善，并通过产品市场和资本市场的运作，增加小米生态的溢价，从而更多地让利客户，也正是强大且稳定的“米粉”团，支持小米走得更远、做得更强！

第一节　成本管理概述

一、成本管理的概念及应用程序

（一）成本管理的概念

成本管理是企业在营运过程中实施成本预测、成本决策、成本计划、成本控制、成本核算、成本分析、成本考核等一系列管理活动的总称。

成本管理领域应用的管理会计工具方法一般包括变动成本法、作业成本法、目标成本法、标准成本法等。企业应结合自身的成本管理目标和实际情况，在保证产品功能和质量的前提下，结合企业及产品所处生命周期、竞争地位等因素，选择应用适合企业的成本管理工具方法或综合应用不同成本管理工具方法，以更好地实现成本管理目标。综合应用不同成本管理工具方法时，应以各成本管理工具方法具体目标的兼容性、资源的共享性、适用对象的差异性、方法的协调性和互补性为前提，以实现最大效益。学习和掌握成本管理领域应用的管理会计工具方法，是现代企业财务人员必须具备的基本职业能力。

（二）成本管理的应用程序

企业应用成本管理工具方法，一般按照事前管理、事中管理、事后管理等程序进行。

❶事前成本管理阶段，主要是对未来的成本水平及其发展趋势所进行的预测与规划，一般包括成本预测、成本决策和成本计划等步骤。

❷事中成本管理阶段，主要是对营运过程中发生的成本进行监督和控制，并根据实际情况对成本预算进行必要的修正，即成本控制步骤。

❸事后成本管理阶段，主要是在成本发生之后进行的核算、分析和考核，一般包括成本核算、成本分析和成本考核等步骤。

具体来讲，成本管理应用程序中涉及的各职能内容如下：

❶成本预测。成本预测是以现有条件为前提，在历史成本资料的基础上，根据未来的成本水平及其发展趋势进行描述和判断的成本管理活动。

❷成本决策。成本决策是在成本预测及有关成本资料的基础上，综合经济效益、质量、效率和规模等指标，运用定性和定量的方法对各个成本方案进行分析，并选择最优方案的成本管理活动。

❸成本计划。成本计划是以营运计划和有关成本数据、资料为基础，根据成本决策所制定的目标，通过一定的程序，运用一定的方法，针对计划内企业的生产耗费和成本水平进行的具有约束力的成本筹划管理活动。

❹成本控制。成本控制是成本管理者根据预定的目标，对成本发生和形成过程及影响成本的各个因素条件施加主动的影响或干预，把实际成本控制在预期目标内的成本管理活动。

❺成本核算。成本核算是根据成本计算对象，按照国家统一的会计制度和企业管理的要求，对营运过程中实际发生的各项耗费按照规定的成本项目进行归集、分配和结转，取得不同的成本计算对象的总成本及单位成本，向有关使用者提供成本信息的成本管理活动。

❻成本分析。成本分析是利用企业核算提供的成本信息及其他有关资料，分析成本水平与构成的有关情况，查明影响成本变动的各个因素和产生的原因，并采取有效措施控制成本的成本管理活动。

❼成本考核。成本考核是对成本计划及其有关指标实际完成情况进行定期总结和评价，并根据考核结果和责任制的落实情况，进行相应的奖励和惩罚，以监督和促进企业加强成本管理责任制，提高成本管理水平的成本管理活动。

二、成本的分类

不同的分类标准会产生不同的分类结果，在成本管理过程中常用的两种分类方法是按经济职能和按成本性态分类。

（一）按经济职能分类

按照经济职能，成本可以分为生产成本和非生产成本。这种分类可以反映企业产品成本的构成情况，便于对成本进行分析与考核。该方法是会计核算中最基本的成本分类方法。

❶生产成本。生产成本（也称制造成本）是生产车间在生产产品过程中所发生的各项费用，主要包括直接材料、直接人工和制造费用。

❷非生产成本。非生产成本（也称期间成本或期间费用）是企业在销售或者日常管理过程中发生的费用（与生产产品或提供劳务无直接联系），主要包括管理费用、销售费用和财务费用。

（二）按成本性态分类

成本性态也称成本习性，是指在一定条件下成本总额与特定业务量之间的内在联系，即成本与业务量之间的数量关系。这里的业务量可以是生产量或销售量，也可以是直接人工工时或机器工时。按照成本性态，成本可划分为固定成本、变动成本和混合成本。

1. 固定成本

（1）固定成本的特征

固定成本是指在一定范围内，其总额不随业务量变动而增减变动，但单位成本随业务量增加而相对减少的成本，比如固定资产的折旧费、保险费、管理人员工资、办公费、职工培训费等。其基本特征为在相关范围内固定成本总额保持不变，单位固定成本与业务量成反比例关系。

（2）固定成本的类型

固定成本根据管理当局的短期决策行为能否改变具体数额，分为约束性固定成本和酌量性固定成本。

❶约束性固定成本，也称为经营能力成本，是管理当局的短期决策行为不能改变其数额的固定成本，比如固定资产折旧费、管理人员基本工资、房屋租金等。这些固定成本是企业运营必须发生的成本，是生产能力一经形成就必然要负担的最低成本，在短期内很难有重大改变，具有很大的约束性。降低约束性固定成本的途径是合理利用现有生产能力，提高生产效率。

❷酌量性固定成本，是指管理当局的短期决策行为能改变其数额的固定成本，如广告费、产品研发费和职工培训费等。管理当局在会计年度开始前，结合企业的具体情况，对这类成本的开支分别做出决策。酌量性固定成本关系到企业的竞争能力，其数额大小取决于管理当局的决策，但并非可有可无。降低酌量性固定成本的途径是编制切实可行的预算并予以严格执行，防止过度投资等。

2. 变动成本

（1）变动成本的特征

变动成本，是指在一定范围内，其总额随业务量变动发生相应的正比例变动、而单位成本保持不变的成本，如直接材料、直接人工、销售佣金等。其基本特征为在相关范围内单位变动成本保持不变，变动成本总额与业务量成正比例关系。

（2）变动成本的类型

变动成本根据管理当局决策是否可以改变，分为技术性变动成本和酌量性变动成本。

技术性变动成本是与产量有明确的实物或技术关系的成本，是管理当局决策无法改变的成本。比如，生产一台轿车需要四个轮胎、一个发动机等，只要企业生产产品，这种成本就必然发生。酌量性变动成本是通过管理当局的决策可以改变的成本，如销售佣金等。

3. 混合成本

混合成本是一种介于固定成本与变动成本之间，既具有固定成本特性又具有变动成本特性的成本。根据成本和业务量的关系，混合成本分为半变动成本、半固定成本、延期变动成本和曲线变动成本。

（1）半变动成本

半变动成本通常有一个初始量，类似于固定成本，在这个初始量的基础上随产量的增长而增长，又类似于变动成本，如煤气费。

（2）半固定成本

这类成本随产量的变化而呈阶梯型增长。当产量在一定限度内，成本不变；当产量增长到一定限度后，这种成本就跳跃到一个新水平，如检验员工资等。

（3）延期变动成本

延期变动成本在一定的业务量范围内保持固定不变，当业务量突破这个范围，它就与业务量成正比例变动。

（4）曲线变动成本

曲线变动成本通常有一个初始量，这个初始量相当于固定成本，不随业务量的变化而变化，随着业务量增长，成本也随之发生变化，但这种变化不是纯粹的正相关关系，而是体现为递增和递减两种曲线成本。递增曲线成本是指随业务量增加，呈现递增状态且增幅超过了业务量的增长幅度的成本，如累进计件工资、边际税率递增的个人所得税等。递减曲线成本是指随业务量增加，但增幅低于业务量的增长幅度的成本。

三、成本性态分析

成本性态分析是指企业基于成本与业务量之间的关系，运用技术方法，将业务范围内发生的成本分解为固定成本和变动成本的过程。根据混合成本中所包含的固定成本和变动成本的特性，混合成本函数模型可用公式表示如下：

$$y=a+bx$$

其中：y——混合成本；

a——固定成本总额；

b——单位变动成本；

x——业务量。

通过成本性态分析，可以揭示成本与业务量之间的关系，从而为应用变动成本法进行本量利分析、预测和决策等奠定基础。混合成本中固定成本与变动成本的分解主要有高低点法和回归分析法。

（一）高低点法

高低点法是指以连续若干期历史资料为依据，从中选取业务量最高点和业务量最低点，再查找到与其对应的混合成本，根据两点确定一条直线原理，将高点、低点及其对应的混合成本分别代入混合成本计算公式：

混合成本（y）=单位变动成本（b）×业务量（x）+固定成本（a）

求解二元一次方程组，可以解出：

$$\text{单位变动成本（b）}=\frac{\text{最高点业务量成本}-\text{最低点业务量成本}}{\text{最高点业务量}-\text{最低点业务量}}$$

固定成本（a）=最高点业务量成本-单位变动成本×最高点业务量

或 固定成本（a）=最低点业务量成本-单位变动成本×最低点业务量

【案例 4-1】宏天公司 2020 年各月的设备保养费与产量的有关数据见表 4-1。

表 4-1　　设备保养费与产量情况表

月份	产量(x) (件)	保养费(y) (元)
1	300	1 000
2	350	1 152
3	350	1 100
4	310	1 033
5	400	1 290
6	360	1 190
7	370	1 210
8	310	1 065
9	340	1 122
10	390	1 268
11	380	1 245
12	410	1 330

根据以上资料，计算如下：

❶ 每件产品的保养费 b=（1 330−1 000）÷（410−300）=3（元/件）

❷ 将最高点 12 月份的保养费代入 y=a+bx，得：

每月固定成本（a）=y−bx=1 330−3×410=100（元）

则保养费函数可表达如下：

y=100+3x

通过成本函数的确定，便可进一步对日后发生的保养费进行合理估计和预测。

（二）回归分析法

回归分析法是指企业根据过去一定期间的业务量和混合成本的历史资料，应用最小二乘法原理，计算最能代表业务量与混合成本关系的回归直线，借以确定混合成本中固定成本和变动成本的方法。

具体方法如下：

假设混合成本符合总成本模型，即 y=a+bx。式中：a 为固定成本部分；b 为单位变动成本。利用历史资料，可列出 a、b 的计算公式：

$$a=\frac{\sum x^2\sum y-\sum x\sum xy}{n\sum x^2-\left(\sum x\right)^2}$$

$$b=\frac{n\sum xy-\sum x\sum y}{n\sum x^2-\left(\sum x\right)^2}$$

另外，若先求出 b，则 a 还可以这样求解：

$$a=\frac{\sum y}{n}-b\frac{\sum x}{n}=\bar{y}-b\bar{x}$$

此外，混合成本的分解还有账户分析法、技术测定法和合同确认法等。账户分析法是根据有关成本账户的内容，结合其与产量的关系，判断其归属于哪一种成本。技术测定法是根据生产过程中材料和人工耗费的技术测定来划分成本的归属。该法只适用于投入与产出间有规律性联系的情况。合同确认法是根据订立的合同中关于成本费用的规定，来确认成本的归属。

知识测试

一、不定项选择题

1.成本按照其经济职能分类，可以分为（　　）。

A.直接成本与间接成本　　B.总成本与单位成本

C.生产成本与非生产成本　　D.可控成本与不可控成本

2.在相关范围内，业务量增加时，单位变动成本将（　　）。

A.直线上升　　B.保持不变

C.直线下降　　D.先上升后下降

3.下列各项关于成本管理领域应用的管理会计工具方法的描述中，不正确的是（　　）。

A.企业一般应当选择一种成本管理工具方法进行成本管控，不得多种方法同时应用

B.企业应建立健全成本管理制度体系，为成本管理工具方法的应用做好保障

C.企业应加强存货的管理，注重流程管控

D.企业应当加强信息技术的应用，提高成本管控的效率

4.某公司电梯维修合同规定，当每年上门维修次数不超过3次时，维修费用为5万元，当超过3次时，则在此基础上按每次2万元收费。根据成本性态分析，该项维修费用属于（　　）。

A.半变动成本　　B.半固定成本

C.延期变动成本　　D.曲线成本

5.下列有关成本特性的表述中，正确的有（　　）。

A.在相关范围内，固定成本总额随业务量成反比例变动

B.在相关范围内，单位固定成本随业务量呈反方向变动

C.在相关范围内，固定成本总额不变

D.在相关范围内，单位变动成本随业务量成正比例变动

不定项选择题

二、判断题

1.单位变动成本一般会随业务量变化而相应变动。（　　）

2.递减型曲线成本属于混合成本，是指成本随业务量的变化是非线性的，业务量越大，总成本随着业务量的增加而逐渐下降，变化率是递减的。（　　）

3.技术性变动成本是与产量有明确的实物或技术关系的成本，是管理当局决策行动无法改变的成本。（　　）

4.在应用高低点法进行成本性态分析时，选择低点坐标的依据是最低的业务量和最低的成本。（　　）

5.约束性固定成本是指其数额不受管理当局短期经营决策行为影响的成本。（　　）

判断题

第二节　变动成本法

变动成本法产生于20世纪30年代。第二次世界大战后，变动成本法在美国被广泛接受和推广，并逐渐传到日本、加拿大等西方国家。20世纪70年代，变动成本法得到进一

步推广，受到企业界和会计界的认同，并开始应用于企业内部管理，形成了一种成本计算制度，成为现代管理会计的重要内容。

一、变动成本法的含义及适用范围

（一）变动成本法的概念

变动成本法是指企业以成本性态分析为前提条件，仅将生产过程中消耗的变动生产成本作为产品成本的构成内容，而将固定生产成本和非生产成本作为期间成本，直接由当期收益予以补偿的一种成本管理方法。变动成本法最重要的理念是将固定制造费用列入期间费用，由当期收益进行补偿，因此在理解变动成本的过程中要将视角进行切换，既要关注产品在生产过程中的成本发生情况，又要理解产品只有被销售才能为企业创造价值。只有了解了变动成本法下产品成本的构成及成本流转模式，才能正确分析产品的盈利能力，做出科学决策。图 4-1 展示了变动成本法下的成本构成。

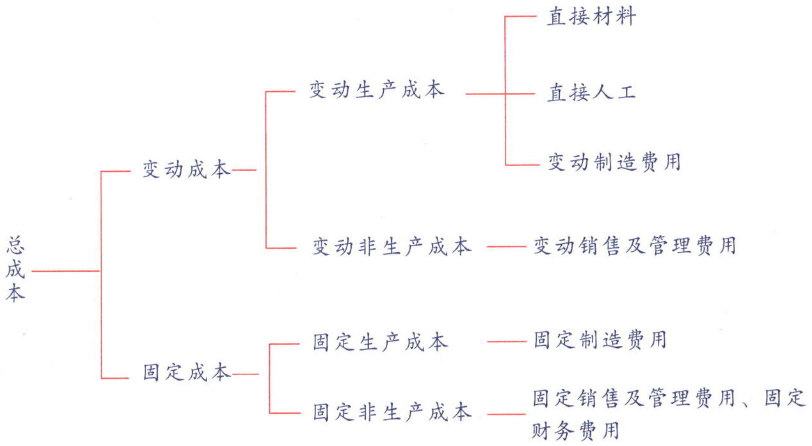

图 4-1　变动成本法下的成本构成

（二）变动成本法的成本流转模式

在变动成本法下，固定制造费用与产品生产无直接联系，而是与管理费用等一起作为期间成本在当期损益中全部扣除，产品成本只包含变动生产成本。因此，存货成本中也只有变动生产成本。在产品出售前，变动生产成本随存货数量的变化而增减变动，在产品出售后，将已销存货成本转入销售成本，通过销售收入进行补偿。图 4-2 展示的是变动成本法下的成本流转。

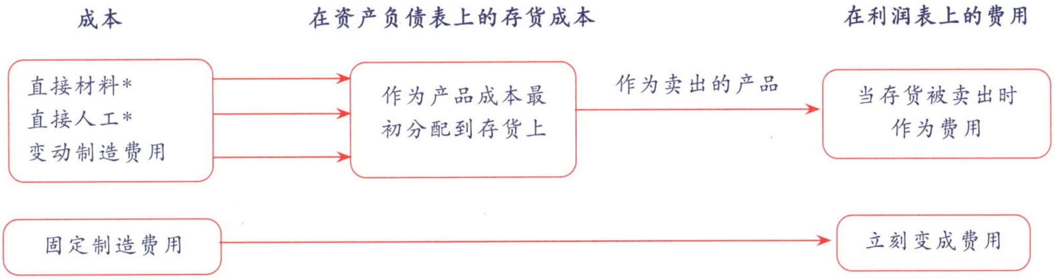

图 4-2　变动成本法下的成本流转

注：*产品被制造，一般通过单位成本将成本分配到存货上。

（三）变动成本法的适用范围

变动成本法通常用于分析各种产品的盈利能力，为正确制定经营决策、科学进行成本计划、成本控制和成本评价与考核等工作提供有用信息。变动成本法一般适用于同时具备以下特征的企业：

❶企业固定成本比重较大，当产品更新换代的速度较快时，分摊计入产品成本中的固定成本比重大，采用变动成本法可以正确反映产品盈利状况；

❷企业规模大，产品或服务的种类多，固定成本分摊存在较大困难；

❸企业作业保持相对稳定。

二、变动成本法与完全成本法的比较

变动成本法之所以在内部管理中较受青睐，是因为它可以“消除存货数量水平的波动对财务结果的影响，因而可以把生产业绩与财务报告更紧密地联系起来”，这也是变动成本法与完全成本法最大的不同。当然，完全成本法作为对外提供信息披露的“官方”指定方法，也有其天然的优势，即成本构成的反映是完整的。本节将从应用前提条件、产品成本与期间费用构成内容、期末存货水平、税前利润的计算程序及利润表的编制方法等五个方面进行比较，从而揭示两种方法对企业经营管理的不同影响。

（一）应用前提条件不同

变动成本法是以成本性态分析为基础，将全部成本划分为固定成本和变动成本两部分。其中，生产成本又划分为变动生产成本和固定生产成本，只有变动生产成本计入产品成本；固定生产成本划分为固定销售及管理费用、固定财务费用和变动销售及管理费用。

完全成本法是以成本的经济职能作为划分标准，将全部成本划分为生产成本和非生产成本两部分。其中，在产品生产过程中所发生的各项耗费均由产品承担，计入产品成本（即生产成本）；而将企业管理、销售等非生产环节所发生的费用作为期间成本（即非生产成本），直接计入当期损益。

为简化起见，本节将财务费用并入管理费用，不再单独表述。

（二）产品成本与期间费用构成内容不同

两种方法下产品成本与期间费用构成内容见表4-2。

表4-2　两种成本计算法的产品成本和期间费用的构成内容

项　目	变动成本法	完全成本法
产品成本	直接材料 直接人工 变动性制造费用	直接材料 直接人工 制造费用
期间费用	固定性制造费用 变动销售及管理费用 固定销售及管理费用	销售费用 管理费用

【案例4-2】SQL公司是一家生产销售U盘的公司，其QuickU产品2021年的部分数据见表4-3，3月初没有期初存货。请分别计算变动成本法和完全成本法下的产品成本。

表 4-3 QuickU 产品成本

项　目	3月	4月
每个U盘的直接材料	10.4元	10.4元
每个U盘的直接人工	4元	4元
每个U盘的变动性制造费用	0.6元	0.6元
固定性制造费用的总成本	150 000元	150 000元
固定销售及管理费用总成本	200 000元	200 000元
U盘产量	100 000个	100 000个
U盘销售量	90 000个	105 000个
每个U盘的售价	30元	30元

完全成本法下的产品成本考虑固定性制造费用，而在变动成本法下要将固定性制造费用列入期间费用。在完全成本法下，每月的固定性制造费用被分配到产量，即将150 000元的固定性制造费用分配到生产的100 000个U盘中。因此，两种方法下的产品成本计算见表4-4，完全成本法下的单位成本（16.5元）要高于变动成本法下的单位成本（15元）。

表 4-4 QuickU 产品的单位成本 单位：元

项目	完全成本法	变动成本法
直接材料	10.4	10.4
直接人工	4	4
变动性制造费用	0.6	0.6
固定性制造费用(150 000÷100 000)	1.5	
每个U盘的成本	16.5	15

动脑筋

生活中的管理会计：爱生活，爱思考

假设你的手机用的是中国移动58元/月动感地带套餐，包含200分钟的通话时间，也就是0.29元/分钟，超出200分钟免费通话时间将按照每分钟0.1元进行收费。无论你是否将这200分钟使用完，每月的固定成本都是58元。现在考虑一下：假设你在某一个月没有用完200分钟通话时间，而且中国移动允许你将剩下的通话时间结转下月继续使用。每个月支付的费用没有变，使用的通话时间却发生了变化。这一类比与固定成本和产品的关系是相同的。完全成本法和变动成本法唯一的区别就是我们如何处理那些固定成本，即我们是将每月58元的套餐费全部费用化（变动成本法）还是将每分钟0.29元的成本作为存货成本（完全成本法）。

（三）期末存货成本水平不同

在变动成本法下，固定性制造费用作为期间费用直接计入当期利润表，因而没有转化为销货成本或存货成本的可能。无论是在产品、库存产成品还是已销产品，产品成本只包含变动生产成本。

完全成本法下，固定性制造费用要在本期销货和期末存货之间分配，因此，被销货吸收的那部分固定性制造费用作为销货成本计入当期利润表，被期末存货吸收的另一部分固定性制造费用则随期末存货成本递延到下期。

【案例4-3】结合【案例4-2】给出的数据及计算结果，请计算确定两种方法下期末存货的水平并揭示差异产生的原因。

由于完全成本法下的单位成本为16.5元，而变动成本法下的单位成本为15元，3月初没有存货，因此3月末的存货数量=0+100 000-90 000=10 000（个），则：

完全成本法下的存货成本=10 000×16.5=165 000（元）

变动成本法下的存货成本=10 000×15=150 000（元）

差异产生的原因见表4-5。

表4-5 差异产生的原因

项目	已完工产品期末存货量（个）①	单位固定制造成本（元/个）②	期末存货（元）①×②
3月1日的存货	0	1.50	0
加：3月份的产量	100 000	1.50	150 000
减：3月份的销量	（90 000）	1.50	（135 000）
3月31日的存货	10 000	1.50	15 000

（四）税前利润的计算程序不同

1. 变动成本法下税前利润的计算程序

在变动成本法下，利润的计算通常采用贡献式损益表（利润表）。该表一般应包括营业收入、变动成本、边际贡献、固定成本、利润等项目。其中，变动成本包括变动生产成本和变动非生产成本两部分；固定成本包括固定生产成本和固定非生产成本两部分。

贡献式损益表中损益计算包括以下两个步骤：

（1）计算边际贡献总额

边际贡献总额=营业收入总额-变动成本总额

=销售单价×销售量-单位变动成本×销售量

=（销售单价-单位变动成本）×销售量

=单位边际贡献×销售量

（2）计算当期利润

利润=边际贡献总额-固定成本总额

2. 完全成本下税前利润的计算程序

在完全成本法下，确定损益应按照传统式损益确定程序进行，首先用销售收入扣减已销产品的销售成本，从而确定销售毛利，然后再用销售毛利抵减非生产成本（期间费用）计算出税前利润。我们称之为“职能式”利润表。计算步骤如下：

（1）计算销售毛利

销售毛利=销售收入-销售成本

=销售收入-（期初存货成本+本期生产成本-期末存货成本）

（2）计算当期利润

利润=销售毛利-期间费用

=销售毛利-（管理费用+销售费用）

【案例4-4】续前例，请分别采用变动成本法和完全成本法计算SQL公司2021年3月份的税前利润。

分别采用变动成本法和完全成本法计算SQL公司2021年3月份的税前利润，见表4-6、表4-7。

表4-6　SQL公司2021年3月份利润表（变动成本法）

项目	金额(元)
销售收入(90 000×30)	2 700 000
变动成本(90 000×15)	1 350 000
边际贡献	1 350 000
固定成本(200 000+150 000)	350 000
税前利润	1 000 000

表4-7　SQL公司2021年3月份利润表（完全成本法）

项目	金额(元)
销售收入(90 000×30)	2 700 000
销售成本(90 000×16.5)	1 485 000
销售毛利	1 215 000
销售与管理费用	200 000
税前利润	1 015 000

由于完全成本法下有10 000个U盘吸收掉15 000元（1.5×10 000）的固定性制造费用，因此完全成本法下计算出的税前利润比变动成本法下计算出的税前利润高出15 000元（1 015 000-1 000 000）。

（五）利润表的编制方法不同

1. 两种方法下利润表的编制及差异分析

由于利润计算的程序不同，因此在利润表的编制方面也有区别。

【案例4-5】续前例，结合前序工作案例资料信息，请编制SQL公司2021年4月份的利润表，通过对比3月份和4月份的利润变化，分析总结差异产生的原因。

分别用变动成本法和完全成本法编制的SQL公司2021年4月份的利润表见表4-8和表4-9。

表 4-8 SQL公司2021年4月份利润表（变动成本法）

项目	金额(元)
销售收入(105 000×30)	3 150 000
变动成本(105 000×15)	1 575 000
边际贡献	1 575 000
固定成本(20 0000+150 000)	350 000
税前利润	1 225 000

表 4-9 SQL公司2021年4月份利润表（完全成本法）

项目	金额(元)
销售收入(105 000×30)	3 150 000
销售成本(105 000×16.5)	1 732 500
销售毛利	1 417 500
销售与管理费用	200 000
税前利润	1 217 500

可以看出，完全成本法下的税前利润比变动成本法下少了7 500元。这是为什么呢？同样是因为对固定性制造费用的处理方式不同。

造成完全成本法下的收益与变动成本法下的收益存在差异的另一个原因在于产品的产量与销售量的关系。4月份SQL公司生产了100 000个U盘，但是卖掉105 000个，由于4月份销售了3月份的期末存货，所以才会出现销量大于产量的结果。由于完全成本法下每个U盘的成本比较高，这样，差额就体现在两个与产品相关的主要账户上：存货和销售成本。

我们再将SQL公司4月份的期末存货情况进行梳理：

在变动成本法下的期末存货成本=（10 000+100 000−105 000）×15=75 000（元）

在完全成本法下的期末存货成本=（10 000+100 000−105 000）×16.5=82 500（元）

产生这7 500元的差异是在完全成本法下的期末存货中包含了7 500元的固定性制造费用，而这部分固定性制造费用在变动成本法下是被费用化了的，见表4-10。

表 4-10 差异产生的原因

项目	已完工产品 期末存货量（个） ①	单位固定制造成本 （元/个） ②	期末存货（元） ①×②
4月1日的存货	10 000	1.50	15 000
加：4月份的产量	100 000	1.50	150 000
减：4月份的销量	（105 000）	1.50	（157 500）
4月30日的存货	5 000	1.50	7 500

通过表4-10可知，期末存货的差额7 500元与利润的差额是相等的，这是因为销售量的差异与期末存货的差异是相等的，差异产生的原因分析见表4-11。

表4-11　　差异产生的原因

项目	已完工产品期末存货量（个）①	单位固定制造成本（元/个）②	利润（元）①×②
4月份的产量	100 000	1.50	150 000
减：4月份的销量	（105 000）	1.50	（157 500）
4月30日的存货	（5 000）	1.50	（7 500）

2. 两种成本计算方法下利润变动的规律

（1）产量等于销量

当产销平衡时，两种计算方法下所计算的利润是相等的，这是因为完全成本法下产品中包含的固定性制造费用也全部在当期转化为销售成本，实现费用化，由当期的收入进行补偿。

（2）产量大于销量

当产量大于销量时，完全成本法下的利润要高于变动成本法下的利润。就像SQL公司3月份的情况，由于期末的10 000个U盘中包含了15 000元的固定性制造费用，因此完全成本法下由当期收入补偿的成本就少了15 000元，利润就比变动成本法下的要高。

（3）销量大于产量

当销量大于产量时，完全成本法下的利润要低于变动成本法下的利润。正如SQL公司4月份的情况，由于当期销售的105 000个U盘中不仅包含了当期全部的固定性制造费用，还包含了3月末存货中的7 500元（1.5×5 000），因此由当期收入补偿的固定性制造费用就比变动成本法下多了7 500元，利润就少了7 500元。

三、变动成本法与完全成本法的应用评价

（一）变动成本法

1. 变动成本法的优点

❶区分固定成本与变动成本，有利于明确企业产品盈利能力和划分成本责任；

❷保持利润与销售量增减相一致，促进以销定产；

❸揭示了销售量、成本和利润之间的依存关系，使当期利润真正反映企业经营状况，有利于企业经营预测和决策。

2. 变动成本法的缺点

❶计算的单位成本并不是完全成本，不能反映产品生产过程中发生的全部耗费。按照各国会计准则的要求，产品成本是指生产过程中发生的全部生产成本，而按变动成本法确定的产品存货成本不能被企业外部有关各方所认可。

❷不能适应长期决策的需要。变动成本法在相关范围假设前提下，单位变动成本和固定成本保持不变。而在长期决策中，固定成本和单位变动成本的水平不可能长期保持不

变。因此，变动成本法所提供的资料，对短期决策非常适用，但对长期决策来说就难以胜任了。

（二）完全成本法

企业会计准则要求采用完全成本法，所以，对于按照企业会计准则进行报告的企业来说，使用完全成本法是有优势的。同时，这种方法能够清楚地将所有产品成本与产品联系起来，也可以更准确地将收入和费用进行配比。

动脑筋

假设生产经理安琰，在SQL公司得到了基于完全成本法下经营利润的奖金。那么安琰是会增加产量还是减少产量呢？如果你是安琰，你会如何做出生产经营决策？

知识测试

一、不定项选择题

1.下列各项中，属于变动成本的是（　　）。

A.职工培训费用　　B.管理人员基本薪酬

C.新产品研究开发费用　　D.按销售额提成的销售人员佣金

2.在计算产品生产成本时，变动成本法和完全成本法的主要差异表现在（　　）。

A.变动性制造费用　　B.变动销售及管理费用

C.固定性制造费用　　D.固定销售及管理费用

3.在变动成本法下，构成产品生产成本的是（　　）。

A.生产成本　　B.变动生产成本

C.变动成本总额　　D.变动成本和固定成本之和

4.某企业产销一种产品，期初存货成本为40 000元，期末存货成本为0元，在这种情况下，按完全成本法确定营业利润比变动成本法确定的营业利润（　　）。

A.不确定　　B.相等　　C.大　　D.小

5.下列各项中，属于变动成本的有（　　）。

A.新产品的研究开发费用

B.按产量计提的固定资产折旧

C.按销售收入一定百分比支付的技术转让费

D.随产品销售的包装物成本

不定项选择题

二、判断题

1.变动成本法的理论前提是产品成本只包括变动生产成本，固定生产成本全部作为期间费用处理。（　　）

2.在变动成本法下，已销产品成本中只包括变动成本，而不包括固定性制造费用；而在产品、库存产品成本既包括变动生产成本，也包括固定性制造费用。（　　）

3.无论哪种成本计算法，对非生产成本都作为期间成本处理，必须在发生当期全额作为当期费用，计入利润表。（　　）

4.在期末存货小于期初存货的情况下，按完全成本法计算的利润必然大于按变动成本法计算的利润。（　　）

判断题

第三节　作业成本法

随着智能化、自动化制造时代的来临，企业的经营环境正面临着前所未有的变化，产品或劳务的成本结构也会发生重大变化，其基本特征就是直接人工成本比重大幅下降，制造费用比重大幅增加，比如惠普的传统成本核算系统采用数量基础的人工成本作为所有非材料成本的成本动因，并未关心其真实的成本动因。平均而言，其人工成本仅占其总成本的2%，将它作为绝大多数其他成本的主要原因显然是不合适的。采用人工工时进行其他成本的分配，结果严重扭曲了成本——高人工成本的产品被多计成本，低人工成本的产品则被少计成本。遇到像惠普这种问题的企业越来越重视成本核算的重要性，因此，制造费用分配的科学与否，很大程度上决定了产品成本核算的准确性和成本控制的有效性，作业成本法便应运而生。

一、作业成本法的相关概念

（一）作业成本法的概念

作业成本法是指以“作业消耗资源、产出消耗作业”为原则，按照资源动因将资源费用追溯或分配至各项作业，计算出作业成本，然后再根据作业动因，将作业成本追溯或分配至各成本对象，最终完成成本计算的成本管理方法。图4-3展示了作业成本法的实施程序。其中涉及一些相关概念，只有理解这些概念，才能对作业成本法的应用环境、程序及其与传统成本核算方法的本质区别有深入的把握。

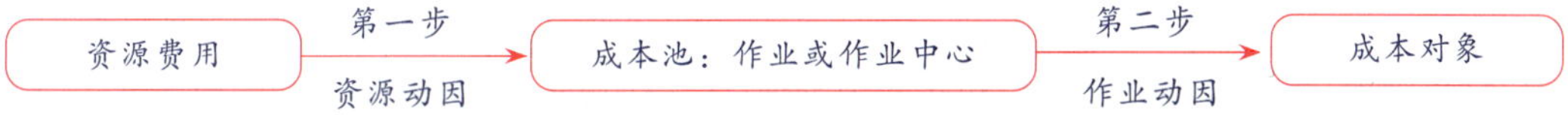

图4-3　作业成本法的实施程序

（二）其他相关概念

1.资源费用

资源费用是指企业在一定期间内开展经济活动所发生的各项资源耗费。资源费用既包括房屋及建筑物、设备、材料、商品等有形资源的耗费，也包括信息、知识产权、土地使用权等各种无形资源的耗费，还包括人力资源耗费以及其他各种税费支出等。企业的资源既包括直接材料、直接人工、生产维持成本（如采购人员的工资），还包括制造费用以及生产过程中的其他费用（如销售推广费用）。为便于将资源费用直接追溯或分配至各作业中心，企业还可以按照资源与不同层次作业的关系，将资源分为如下五类：

❶产量级资源，包括为单个产品（或服务）所取得的原材料、零部件、人工、能源等。

❷批别级资源，包括用于生产准备、机器调试的人工等。

❸品种级资源，包括为生产某一种产品（或服务）所需要的专用化设备、软件或人力等。

❹顾客级资源，包括为服务特定客户所需要的专用化设备、软件或人力等。

❺设施级资源，包括土地使用权、房屋及建筑物，以及所保持的不受产量、批别、产

品、服务和客户变化影响的人力资源等。

对产量级资源费用，应直接追溯至各作业中心的产品等成本对象。对于其他级别的资源费用，应选择合理的资源动因，按照各作业中心的资源动因量比例，分配至各作业中心。

企业为执行每一种作业所消耗的资源费用的综合，构成该种作业的总成本。

2.作业

作业是指企业基于特定目的重复执行的任务或活动，是连接资源和成本对象的桥梁。一项作业既可以是一项非常具体的任务或活动，也可以泛指一类任务或活动。从不同的角度出发，作业有不同的分类。

（1）按消耗对象不同，作业可分为主要作业和次要作业。主要作业是被产品、服务或客户等最终成本对象消耗的作业。次要作业是被原材料、主要作业等处于中间地位的成本对象消耗的作业。

（2）按受益对象、层次和重要性不同，作业分为以下五类，并分别设计相应的作业中心：

❶产量级作业，是指明确地为个别产品（或服务）实施的、使单个产品（或服务）受益的作业。该类作业的数量与产品（或服务）的数量成正比例变动，包括产品加工、检验等。

❷批别级作业，是指为一组（或一批）产品（或服务）实施的、使该组（或批）产品（或服务）受益的作业。该类作业的发生是由生产的批量数而不是单个产品（或服务）引起的，其数量与产品（或服务）的批量数成正比例变动，包括设备调试、生产准备等。

❸品种级作业，是指为生产和销售某种产品（或服务）实施的、使该种产品（或服务）的每个单位都受益的作业。该类作业用于产品（或服务）的生产或销售，但独立于实际产量或批量，其数量与品种的多少成正比例变动，包括新产品的设计、现有产品质量与功能改进、生产流程分析、工艺变换需要的流程设计、产品广告等。

❹客户级作业，是指为服务特定客户所实施的作业。该类作业保证企业将产品（或服务）销售给个别客户，但作业本身与产品（或服务）数量独立，包括向个别客户提供的技术支持活动、咨询活动、独特包装等。

❺设施级作业，是指为提供生产产品（或服务）的基本能力而实施的作业。该类作业是开展业务的基本条件，其使所有产品（或服务）都受益，但与产量或销量无关，包括管理作业、针对企业整体的广告活动等。

3.成本对象

成本对象是指企业追溯或分配资源费用、计算成本的对象物。成本对象可以是工艺、流程、零部件、产品、服务、分销渠道、客户、作业、作业链等需要计量和分配成本的项目。

4.成本动因

成本动因是指诱导成本发生的原因，是成本对象与其直接关联的作业和最终关联的资源之间的中介。按其在资源流动中所处的位置和作用，成本动因可分为资源动因和作业动因。

（1）资源动因。

资源动因是引起资源耗用的成本动因，它反映了资源耗用与作业量之间的因果关系。资源动因的选择与计量为将各项资源费用归集到作业中心提供了依据。例如，“清花作业”（清洗棉花）消耗的资源有棉花、设备、水、电、浸渍液、人工等，消耗的棉花、浸渍液等材料可以直接追溯到“清花作业”，而设备的折旧、动力及人工则无法直接追溯，这时就可以考虑使用“机器小时”这一资源动因来分配设备的折旧及动力和人工。那么，这项作业的总成本就等于可直接追溯的资源成本与资源动因分配的成本之和。

（2）作业动因。

作业动因是引起作业耗用的成本动因，反映了作业耗用与最终产出的因果关系，是将作业成本分配到流程、产品、分销渠道、客户等成本对象的依据。如作业动因“清花次数”可被用来将“清花作业”的成本进一步分配至成本计算对象。

❶若作业中心仅包含一种作业，所选择的作业动因应该是引起该作业耗用的成本动因；若作业中心由若干个作业集合而成，企业可采用回归分析法或分析判断法，分析比较各具体作业动因与该作业中心成本之间的相关关系，选择相关性最大的作业动因，即代表性作业动因，作为作业成本分配的基础。

❷作业动因需要在交易动因、持续时间动因和强度动因间进行选择。其中，交易动因是指用执行频率或次数计量的成本动因，包括接受或发出订单数、处理收据数等；持续时间动因是指用执行时间计量的成本动因，包括安装时间、检查小时等；强度动因是指不易按照频率、次数或执行时间进行分配而需要直接衡量每次执行所需资源的成本动因，包括特别复杂的安装、质量检验等。企业如果每次执行所需要的资源数量相同或接近，应选择交易动因；如果每次执行所需要的时间存在显著不同，应选择持续时间动因；如果作业的执行比较特殊或复杂，应选择强度动因。

对于选择的作业动因，企业应采用相应的方法和手段进行计量，以取得作业动因量的可靠数据。

二、作业成本法的基本原理

作业成本法下资源与产品成本（劳务成本）的关系分为直接因果关系、间接因果关系和无因果关系三种。

❶与产品成本等有直接因果关系的资源就是所谓的“直接成本”，它是指产品生产过程中，直接用于产品生产的直接材料、直接人工等。它们可以直接计入产品的生产成本，也称为“直接追溯成本”。

❷与产品生产有间接因果关系的成本称为“间接成本”，它是指生产企业各生产单位为组织和管理生产发生的各种费用，包括制造费用以及间接的销售和管理费用。间接成本发生后，不能直接计入某一成本计算对象。应在会计期间终了，按照一定的标准（比如各种产品所耗用的工时）将所归集的间接费用分配计入相关产品的生产成本。

与传统成本法不同的是，作业成本法先根据资源与作业的因果关系（也就是资源动因）将各作业所消耗的资源计入特定作业，然后再根据作业与产品（或劳务）

的因果关系（即作业动因）将其计入特定产品（或劳务）。这就是作业成本法中的“动因追溯法”。作业成本法的核心在于把“作业量”与传统成本计算方法中的“数量”，即人工工时、机器小时区别开来，并以作业量作为分配大多数间接成本的基础。

❸与产品无因果关系的成本为不可追溯成本，这种成本与成本对象之间没有因果关系，或追溯不具有经济可行性。把不可追溯成本分摊至各成本计算对象的过程称为分摊。由于不存在因果关系，所以分摊不可追溯成本往往建立在简便原则或者假定联系的基础上。例如，一个公司生产六种产品，在分摊照明费和取暖费时，很难找到其中的因果关系，简便的做法是按每种产品消耗的人工小时的比例分摊成本。

作业成本法的基本原理如图4-4所示。

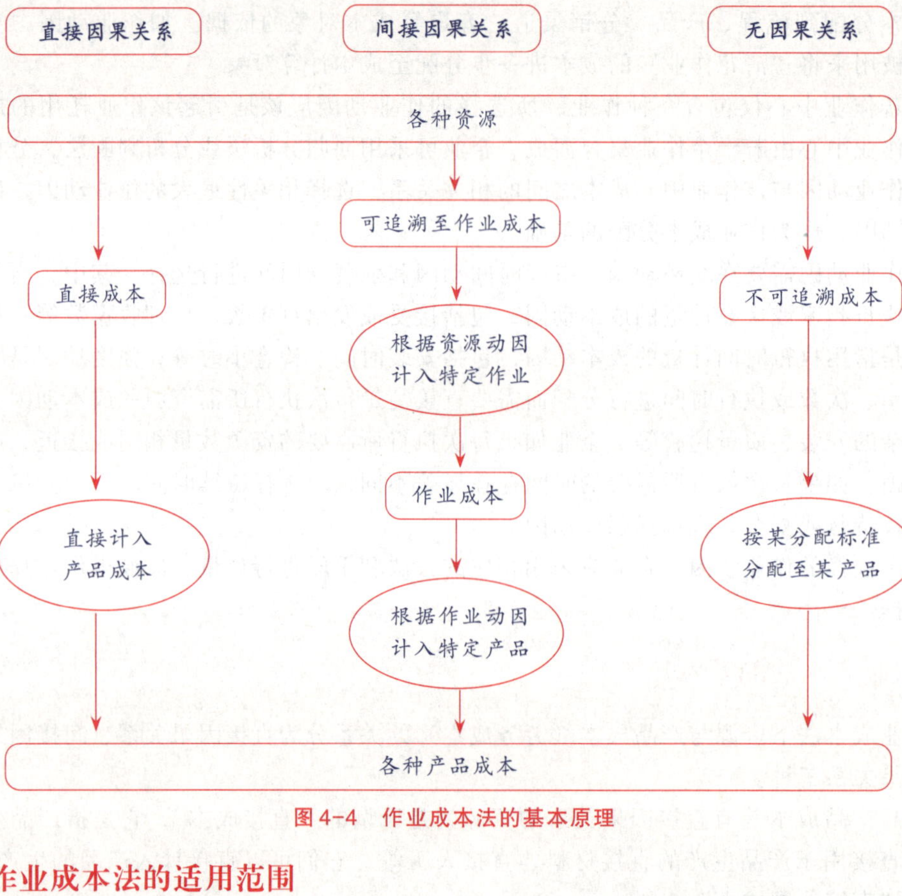

图4-4 作业成本法的基本原理

三、作业成本法的适用范围

作业成本法一般适用于具备以下特征的企业：作业类型较多且作业链较长；同一生产线生产多种产品；企业规模较大且管理层对产品成本准确性要求较高；产品、客户和生产过程多样化程度较高；间接或辅助资源费用所占比重较大等。

四、作业成本法的应用

企业应用作业成本法，一般按照资源识别及资源费用的确认与计量、成本对象选择与确定、作业认定、作业中心设计、资源动因选择与计量、作业成本归集、作业动因选择与计量、作业成本分配、作业成本信息报告（详见第九章）等程序进行。

（一）资源识别及资源费用的确认与计量

识别出由企业拥有或控制的所有资源，遵循国家统一的会计制度，合理选择会计政策，确认和计量全部资源费用，编制资源费用清单，为资源费用的追溯或分配奠定基础。资源费用清单一般应分部门列示当期发生的所有资源费用，其内容要素一般包括发生部门、费用性质、所属类别、受益对象等。资源识别及资源费用的确认与计量应由企业的财务部门负责，在基础设施管理、人力资源管理、研究与开发、采购、生产、技术、营销、服务、信息等部门的配合下完成。

【案例4-6】江苏大生集团有限公司（简称大生集团）前身为大生纱厂，由清末状元、中国近代实业家张謇先生于1895年创办。大生集团于2013年启动纺织制造业转型升级，2015年建成的数字化车间被国家发展改革委列为智能制造装备发展项目，于2017年被工信部评为全国智能制造示范智能车间。传统纺织企业会计管理以财务会计为主，大生集团以十万锭智能车间为切入点，推行研究作业成本法在智能制造车间（后文中为区分各具体生产车间，将智能制造车间称为智能制造部）中的运用。智能制造部主要产品有人棉竹节、细旦LF、雅赛尔三种产品（半成品不进行对外销售）。智能制造部的生产流程如图4-5所示。

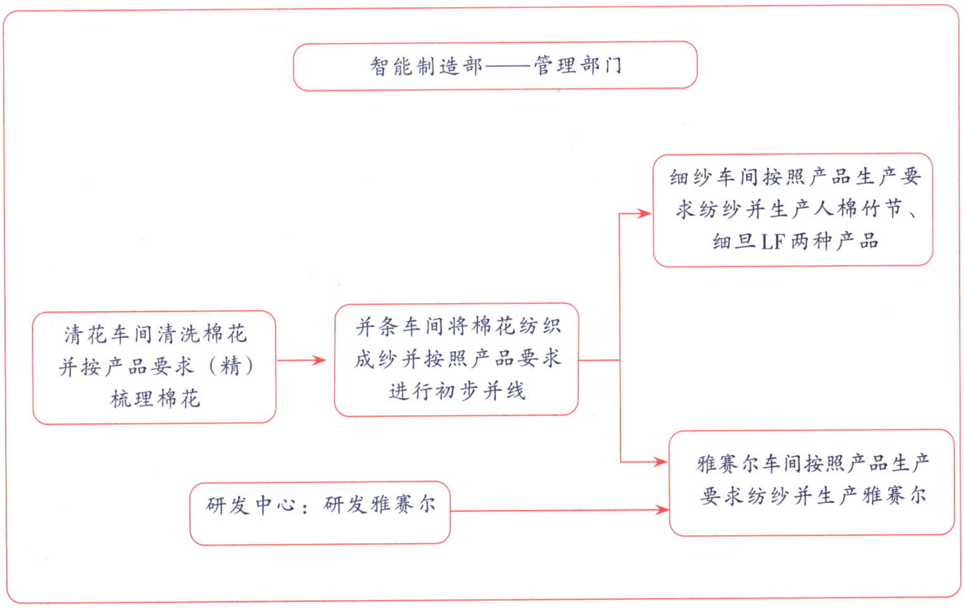

图4-5　智能制造部基本生产流程

注：1.*细纱车间两种产品的生产设备不同。

2.管理部门为智能制造部中的管理部门。

3.智能制造部中的销售部门没有单列，在生产环节结束后负责销售。

大生集团根据市场需求，积极布局新产品雅赛尔的研发、生产及销售，按照相关会计政策，2021年7月，编制当期耗用的全部资源费用清单，见表4-12（案例已经过简化处理，数据经过改编）。

表4-12　2021年7月智能制造部资源费用清单　单位：元

发生部门	资源费用名称	所属类别	受益对象	金额
管理部门	人力费用	设施级资源	全部产品	45 000
	水费	设施级资源	全部产品	147
	电费	设施级资源	全部产品	1 200
	办公用品消耗	设施级资源	全部产品	300
	管理设备折旧	设施级资源	全部产品	5 000
	培训费	设施级资源	全部产品	5 000
	工装费	设施级资源	全部产品	575
	维修设备折旧	设施级资源	全部产品	2 400
	维修材料费	设施级资源	全部产品	1 580
清花车间	人力费用	设施级资源	并条车间	54 000
	水费	批别级资源	并条车间	3 160.50
	电费	批别级资源	并条车间	1 000
	棉花材料费	产量级资源	并条车间	1 130 000
	培训费	设施级资源	并条车间	5 000
	工装费	设施级资源	并条车间	690
	浸渍液	产量级资源	并条车间	16 896
	设备折旧	设施级资源	并条车间	28 690
并条车间	人力费用	设施级资源	细纱车间和雅赛尔车间	54 000
	水费	批别级资源	细纱车间和雅赛尔车间	3 577
	电费	批别级资源	细纱车间和雅赛尔车间	1 250
	培训费	设施级资源	细纱车间和雅赛尔车间	5 000
	工装费	设施级资源	细纱车间和雅赛尔车间	690
	设备折旧	设施级资源	细纱车间和雅赛尔车间	8 000
	胶砂料	批别级资源	雅赛尔车间	2 600
	磨料	批别级资源	细纱车间	3 000
细纱车间	培训费	设施级资源	细旦LF和人棉竹节	5 000
	工装费	设施级资源	细旦LF和人棉竹节	690
	人力费用	设施级资源	细旦LF和人棉竹节	54 000
	电费	批别级资源	细旦LF和人棉竹节	1 264
	水费	批别级资源	细旦LF和人棉竹节	1 788.50
	混合溶剂	产量级资源	细旦LF和人棉竹节	2 000
	电弧加热装置折旧	品种级资源	细旦LF	5 000
	变速装置折旧	品种级资源	人棉竹节	1 200

续表

发生部门	资源费用名称	所属类别	受益对象	金额
雅赛尔车间	粘纤	产量级资源	雅赛尔	50 000
	培训费	设施级资源	雅赛尔	5 000
	工装费	设施级资源	雅赛尔	1 150
	人力费用	设施级资源	雅赛尔	90 000
	电费	批别级资源	雅赛尔	2 000
	水费	批别级资源	雅赛尔	3 552.50
	设备折旧	设施级资源	雅赛尔	2 000
研发中心	实验材料	品种级资源	雅赛尔	100 000
	实验器材	品种级资源	雅赛尔	200 000
	人力费用	品种级资源	雅赛尔	27 000
	培训费	品种级资源	雅赛尔	5 000
	水费	品种级资源	雅赛尔	556
	电费	品种级资源	雅赛尔	416
	工装费	品种级资源	雅赛尔	345
销售中心	人力费用	顾客级资源	雅赛尔	45 000
	差旅费	顾客级资源	雅赛尔	5 000
	通信费	顾客级资源	雅赛尔	750
	工装费	顾客级资源	雅赛尔	575
	培训费	顾客级资源	雅赛尔	5 000

数据说明：

1.各部门的统一服装于每个季度首月发放一次，每套服装为115元。

2.各部门对员工的培训要求为：研发中心每个月培训1次，其余部门每季度（首月）培训1次，每次培训费为5 000元。

3.实验材料每季度首月采购1次，实验器材每半年采购1次。

4.工作天数按每人每月30天计算，日工资为300元。

5.研发中心目前在研发与雅赛尔产品有关的生产设备及技术工艺，致力于降低水电等能源消耗及设备折旧，提高生产效率。

6.销售中心主要是为了销售新产品雅赛尔设立的，专攻某大型客户，保证销售量。

7.管理部门按照工作实际情况，将管理部门5人分别划入车间管理作业2人、设备维修作业3人，且7月的培训是针对设备维护及维修作业的。

8.细纱车间7月的培训是针对织造细旦LF的。织造细旦LF的工人和织造人棉竹节的工人均为3人。

（二）成本对象选择与确定

在作业成本法下，企业应将当期所有的资源费用，遵循因果关系和受益原则，根据资源动因和作业动因，分项目经由作业追溯或分配至相关的成本对象，确定成本对象的成本。企业应根据国家统一的会计制度，并考虑预算控制、成本管理、营运管理、业绩评价以及经济决策等方面的要求确定成本对象。

【案例4-7】续【案例4-6】，大生集团通过将资源费用按照因果关系和受益原则进行追溯，发现资源的耗费最终是由三种产品产生的，基于企业对车间的管理需要及绩效评价的需要，最终将人棉竹节、细旦LF和雅赛尔确定为成本计算对象。资源费用的追溯如图4-6所示。

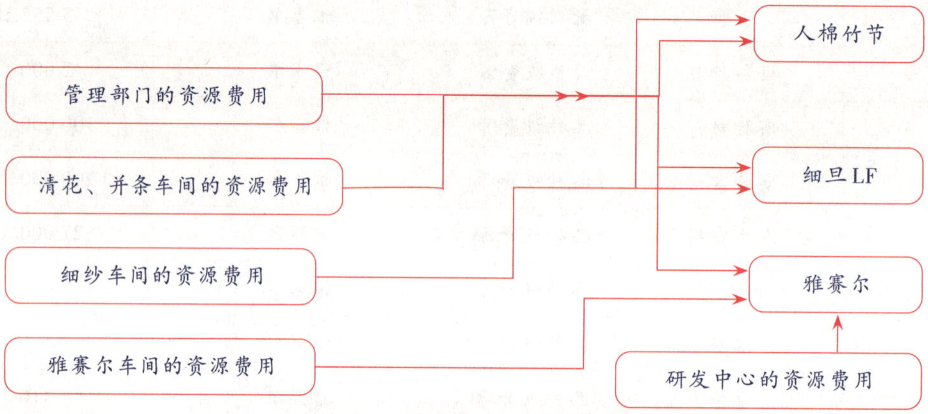

图4-6 资源费用追溯过程图

（三）作业认定

作业认定是指企业识别由间接或辅助资源执行的作业集，确认每一项作业完成的工作以及执行该作业所耗费的资源费用，并据以编制作业清单的过程。作业认定的内容主要包括对企业每项消耗资源的作业进行识别、定义和划分，确定每项作业在生产经营活动中的作用、同其他作业的区别以及每项作业与耗用资源之间的关系。作业认定一般包括以下两种形式：

❶根据企业生产流程，自上而下进行分解。

❷通过与企业每一部门负责人和一般员工进行交流，自下而上确定他们所做的工作，并逐一认定各项作业。

企业一般应将两种方式相结合，以保证全面、准确认定作业。企业对认定的作业应加以分析和归类，按顺序列出作业清单或编制出作业字典。作业清单或作业字典一般应当包括作业名称、作业内容、所耗资源（作业类别）、所属作业中心等内容。

【案例4-8】续前例，大生集团智能制造部根据生产流程分解并结合员工的调研情况，识别由间接或辅助资源执行的作业集，将直接计入产品成本的资源耗费直接由该产品负担；确认每一项作业完成的工作以及执行该作业所耗费的资源费用，列出作业清单，见表4-13。

表 4-13 **智能制造部作业清单**

作业名称	作业内容	所耗资源	所属作业中心	直接/间接成本
车间管理	车间日常调度	人力费用	管理中心	间接成本
		水费		
		电费		
		办公用品消耗		
		培训费		
		工装费		
		管理设备折旧		
设备维修	车间设备维修	人力费用	管理中心	间接成本
		维修设备折旧		
		水费		
		电费		
		工装费		
		维修材料费		
		培训费		
清理作业	清洗并梳理棉花,使之达到产品生产准备要求	人力费用	清花中心	间接成本
		水费		间接成本
		电费		间接成本
		培训费		间接成本
		棉花材料费		直接成本
		浸渍液		直接成本
		设备折旧		间接成本
		工装费		间接成本
并条作业	将梳理好的棉花进行初步织造,使之达到产品生产准备要求	人力费用	并条中心	间接成本
		水费		间接成本
		电费		间接成本
		工装费		间接成本
		培训费		间接成本
		设备折旧		间接成本
		磨料		间接成本
		胶砂料		直接成本
织造细旦LF	将并条后的材料进行进一步加热加工,生产出细旦LF	培训费	细纱中心	间接成本
		工装费		间接成本
		人力费用		间接成本
		电费		直接成本
		水费		直接成本
		混合溶剂		直接成本
		电弧加热装置折旧		直接成本

续表

作业名称	作业内容	所耗资源	所属作业中心	直接/间接成本
织造人棉竹节	将并条后的材料进行进一步变速加工，生产出人棉竹节	培训费	细纱中心	间接成本
		工装费		间接成本
		人力费用		间接成本
		电费		直接成本
		水费		直接成本
		混合溶剂		直接成本
		变速装置折旧		直接成本
织造雅赛尔	将并条后的材料进行进一步加工，生产新材料雅赛尔	粘纤	雅赛尔中心	直接成本
		人力费用		直接成本
		培训费		直接成本
		电费		直接成本
		水费		直接成本
		设备折旧		直接成本
		工装费		直接成本
研发雅赛尔	研发新材料雅赛尔	人力费用		直接成本
		实验材料		直接成本
		实验器材		直接成本
		电费		直接成本
		培训费		直接成本
		工装费		直接成本
		水费		直接成本
销售雅赛尔	销售雅赛尔	人力费用		直接成本
		培训费		直接成本
		工装费		直接成本
		通信费		直接成本
		差旅费		直接成本

（四）作业中心设计

作业中心设计指企业将认定的所有作业按照一定的标准进行分类，形成不同的作业中心，作为资源费用追溯或分配对象的过程。作业中心可以是某一项具体的作业，也可以是由若干个相互联系的能够实现某种特定功能的作业的集合。

【案例 4-9】续前例，智能制造部按照企业的生产流程、资源费用的追溯以及所列作业清单，将智能制造部的各作业进行了作业中心的设计与划分，见表 4-14。

表 4-14　　作业中心设计与划分

作业名称	作业类别	作业（集）功能	所属作业中心
车间管理	设施级作业	进行车间调度管理	管理中心
设备维修	设施级作业	进行设备的技术维护及维修	
清理作业	批别级作业	进行棉花的清洗及梳理，做好生产准备	清花中心
并条作业	批别级作业	进行梳棉材料的初步并线，为下一步生产做好准备	并条中心
织造细旦LF	批别级作业	将并条后的材料进行进一步加热加工，生产出细旦LF	细纱中心
织造人棉竹节	批别级作业	将并条后的材料进行进一步变速加工，生产出人棉竹节	
研发雅赛尔	品种级作业	研发雅赛尔新材料	雅赛尔中心
织造雅赛尔	批别级作业	将并条后的材料进行进一步加工，生产出雅赛尔	
销售雅赛尔	顾客级作业	将新生产出来的雅赛尔销售给某大型客户，打开销路，保证销量	

（五）资源动因选择与计量

企业应识别当期发生的每一项资源消耗，分析资源耗用与作业中心作业量之间的因果关系，选择并计量资源动因。企业一般应选择那些与资源费用总额成正比例关系变动的资源动因作为资源费用分配的依据。

【案例 4-10】续前例，智能制造部根据之前认定的作业清单，按照资源耗用与作业量之间的因果关系，选择并计量资源动因，有关资源动因认定结果见表 4-15。

表 4-15　　资源动因认定表

作业名称	作业内容	所耗资源	所属作业中心	资源动因
车间管理	车间日常调度	人力费用	管理中心	工作天数
		水费		使用量
		电费		使用量
		办公用品消耗		直接计入
		培训费		培训次数
		工装费		发放人数
		管理设备折旧		直接计入

续表

作业名称	作业内容	所耗资源	所属作业中心	资源动因
设备维修	车间设备维修	人力费用	管理中心	工作天数
		维修设备折旧		直接计入
		水费		使用量
		电费		使用量
		工装费		发放人数
		维修材料费		维修次数
		培训费		培训次数
清理作业	清洗并梳理棉花,使之达到产品生产准备要求	人力费用	清花中心	工作天数
		水费		使用量
		电费		使用量
		培训费		培训次数
		棉花材料费		批次耗用量
		浸渍液		批次耗用量
		设备折旧		批次机器小时
		工装费		发放人数
并条作业	将梳理好的棉花进行初步织造,使之达到产品生产准备要求	人力费用	并条中心	工作天数
		水费		使用量
		电费		使用量
		工装费		发放人数
		培训费		培训次数
		设备折旧		批次机器小时
		磨料		批次耗用量
		胶砂料		批次耗用量(雅赛尔)
织造细旦LF	将并条后的材料进行进一步加热加工,生产出细旦LF	培训费	细纱中心	培训次数
		工装费		发放人数
		人力费用		工作天数
		电费		使用量
		水费		使用量
		混合溶剂		使用量
		电弧加热装置折旧		批次机器小时

续表

作业名称	作业内容	所耗资源	所属作业中心	资源动因
织造人棉竹节	将并条后的材料进行进一步变速加工，生产出人棉竹节	培训费	细纱中心	培训次数
		工装费		发放人数
		人力费用		工作天数
		电费		使用量
		水费		使用量
		混合溶剂		批次耗用量
		变速装置折旧		批次机器小时
织造雅赛尔	将并条后的材料进行进一步加工，生产新材料雅赛尔	粘纤	雅赛尔中心	批次耗用量
		人力费用		工作天数
		培训费		培训次数
		电费		使用量
		水费		使用量
		设备折旧		批次机器小时
		工装费		发放人数
研发雅赛尔	研发新材料雅赛尔	人力费用		工作天数
		实验材料		收入分摊
		实验器材		收入分摊
		电费		使用量
		培训费		培训次数
		工装费		发放人数
		水费		使用量
销售雅赛尔	销售雅赛尔	人力费用		工作天数
		培训费		培训次数
		工装费		发放人数
		通信费		销售人员数量
		差旅费		差旅次数

（六）作业成本归集

作业成本归集是指企业根据资源耗用与作业之间的因果关系，将所有的资源成本直接追溯或按资源动因分配至各作业中心，计算各作业总成本的过程。作业成本归集应遵循以下基本原则：

❶对于为执行某种作业直接消耗的资源，应直接追溯至该作业中心。

❷对于为执行两种或两种以上作业共同消耗的资源，应按照各作业中心的资源动因量比例分配至各作业中心。

【案例4-11】续前例，由于智能制造部的生产调度十分科学，清花车间生产出来的梳棉将直接进入并条车间进行初步并线，生产出来的初成纱将会实时根据细纱车间和雅赛尔车间的需求进行分渠道供应，按批次进行生产。因此，智能制造部将某种作业直接消耗的资源，直接追溯至该作业中心，将两种及两种以上作业共同消耗的资源按照资源动因进行追溯分配，得到作业成本归集表，见表4-16。

表4-16 作业成本归集表 单位：元

作业中心名称	作业名称	资源名称	资源耗费额	资源动因	合计
管理中心	车间管理	人力费用	18 000	工作天数	23 830
		水费	100	使用量	
		电费	200	使用量	
		办公用品消耗	300	直接计入	
		培训费	0	培训次数	
		工装费	230	发放人数	
		管理设备折旧	5 000	直接计入	
	设备维修	人力费用	27 000	工作天数	37 372
		维修设备折旧	2 400	直接计入	
		水费	47	使用量	
		电费	1 000	使用量	
		工装费	345	发放人数	
		维修材料费	1 580	维修次数	
		培训费	5 000	培训次数	
清花中心	清理作业	人力费用	54 000	工作天数	1 239 436.50
		水费	3 160.50	使用量	
		电费	1 000	使用量	
		培训费	5 000	培训次数	
		棉花材料费	1 130 000	批次耗用量	
		浸渍液	16 896	批次耗用量	
		设备折旧	28 690	批次机器小时	
		工装费	690	发放人数	
并条中心	并条作业	人力费用	54 000	工作天数	78 117
		水费	3 577	使用量	
		电费	1 250	使用量	
		工装费	690	发放人数	
		培训费	5 000	培训人数	
		设备折旧	8 000	批次机器小时	
		磨料	3 000	批次耗用量	
		胶砂料	2 600	批次耗用量（雅赛尔）	

续表

作业中心名称	作业名称	资源名称	资源耗费额	资源动因	合计
细纱中心	织造细旦LF	培训费	5 000	培训次数	40 379
		工装费	345	发放人数	
		人力费用	27 000	工作天数	
		电费	824	使用量	
		水费	825	使用量	
		混合溶剂	1 385	使用量	
		电弧加热装置折旧	5 000	批次机器小时	
	织造人棉竹节	培训费	0	培训次数	30 563.50
		工装费	345	发放人数	
		人力费用	27 000	工作天数	
		电费	440	使用量	
		水费	963.50	使用量	
		混合溶剂	615	批次耗用量	
		变速装置折旧	1 200	批次机器小时	
雅赛尔中心	研发雅赛尔	人力费用	27 000	工作天数	333 317
		实验材料	100 000	收入分摊	
		实验器材	200 000	收入分摊	
		电费	416	使用量	
		培训费	5 000	培训次数	
		工装费	345	发放人数	
		水费	556	使用量	
	织造雅赛尔	粘纤	50 000	批次耗用量	153 702.50
		人力费用	90 000	工作天数	
		培训费	5 000	培训次数	
		电费	2 000	使用量	
		水费	3 552.50	使用量	
		设备折旧	2 000	批次机器小时	
		工装费	1 150	发放人数	
	销售雅赛尔	人力费用	45 000	工作天数	56 325
		培训费	5 000	培训次数	
		工装费	575	发放人数	
		通信费	750	销售人员数量	
		差旅费	5 000	差旅次数	

（七）作业动因选择与计量

作业动因是引起作业耗用的成本动因，反映了作业耗用与最终产出的因果关系，是将作业成本分配到流程、产品、分销渠道、客户等成本对象的依据。

【案例 4-12】续【案例 4-11】，智能制造部根据之前认定的作业清单及动因追溯，按照产品与作业量之间的因果关系，选择并计量作业动因，有关作业动因认定结果见表 4-17。

表 4-17 作业动因认定表

作业名称	作业动因	作业量	各产品耗用作业量		
			细旦 LF	人棉竹节	雅赛尔
车间管理	调度次数	68	25	25	18
设备维修	机器小时	525	280	190	55
清理作业	机器清洗时长	480	158	133	189
并条作业	并线时长	960	316	266	378
织造细旦 LF	直接计入	*			
织造人棉竹节	直接计入	*			
研发雅赛尔	研发品种数	1			1/12
织造雅赛尔	直接计入	*			
销售雅赛尔	直接计入	*			

（八）作业成本分配

作业成本分配是指企业将各作业中心的作业成本按作业动因分配至产品等成本对象，并结合直接追溯的资源费用，计算出各成本对象的总成本和单位成本的过程。作业成本分配一般按照以下两个程序进行：

1.分配次要作业成本至主要作业，计算主要作业的总成本和单位成本

企业应按照各主要作业耗用每一次要作业的作业动因量，将次要作业的总成本分配至各主要作业，并结合直接追溯至次要作业的资源费用，计算各主要作业的总成本和单位成本。有关计算公式如下：

次要作业成本分配率=次要作业总成本÷该作业动因总量

某主要作业分配的次要作业成本=该主要作业耗用的次要作业动因量×该次要作业成本分配率

主要作业总成本=直接追溯至该作业的资源费用+分配至该主要作业的次要作业成本之和

主要作业单位成本=主要作业总成本÷该主要作业动因总量

2.分配主要作业成本至成本对象，计算各成本对象的总成本和单位成本

企业应按照各主要作业耗用每一次要作业的作业动因量，将次要作业成本分配至各主要作业，并结合直接追溯至成本对象的单位水平资源费用，计算各成本对象的总成本和单位成本。有关计算公式如下：

某成本对象分配的主要作业成本=该成本对象耗用的主要作业成本动因量×主要作业单位成本

某成本对象总成本=直接追溯至该成本对象的资源费用+分配至该成本对象的主要作业成本之和

某成本对象单位成本=该成本对象总成本÷该成本对象的产出量

【案例 4-13】续【案例 4-12】，智能制造部根据之前认定的作业清单及作业动因认定结果，进行作业成本的分配，由于智能制造部在作业设计及划分时没有划分次要作业，在

作业动因认定过程中只对主要作业进行了作业动因的识别和认定，因此，智能制造部各产品的作业成本计算过程见表4-18；各产品总成本及单位成本的计算过程见表4-19。

表4-18 产品作业成本计算表

作业名称	作业成本	作业动因	动因量	动因率	各产品作业成本		
					细旦LF	人棉竹节	雅赛尔
车间管理	23 830.00	调度次数	68	350.44	8 761.00	8 761.00	6 308.00
设备维修	37 372.00	机器小时	525	71.18	19 930.40	13 524.20	3 917.40
清理作业	1 239 436.50	机器清洗时长	48 000	25.82	407 956.00	343 406.00	488 074.50
并条作业	75 517.00	并线时长	960	78.66	24 857.68	20 924.50	29 734.82
织造细旦LF	40 379.00	直接计入	*	*	40 379.00		
织造人棉竹节	30 563.50	直接计入	*	*		30 563.50	
研发雅赛尔	27 776.42[①]	研发品种数	1	*			27 776.42
织造雅赛尔	153 702.50	直接计入	*	*			153 702.50
销售雅赛尔	56 325.00	直接计入	*	*			56 325.00
合计	1 684 901.92	*	*	*	501 884.08	417 179.20	765 838.64

表4-19 产品成本计算表 单位：元

产品名称	直接计入资源成本	直接计入作业成本	分配计入作业成本	成本合计	产品数量	单位成本
细旦LF	*	40 379.00	461 505.08	501 884.08	505 000	0.99
人棉竹节	*	30 563.50	386 615.70	417 179.20	505 000	0.83
雅赛尔	2 600	237 803.92	528 034.72	768 438.64	804 280	0.96

说明：雅赛尔直接计入的资源成本为并条车间的胶砂料。

五、作业成本法应用评价

作业成本法的主要优点是：一是能够提供更加准确的各维度成本信息，有助于企业提高产品定价、作业与流程改进、客户服务等决策的准确性；二是改善和强化成本控制，促进绩效管理的改进和完善；三是推进作业基础预算，提高作业、流程、作业链（或价值链）管理的能力。

作业成本法的主要缺点是：部分作业的识别、划分、合并与认定，成本动因的选择以及成本动因计量方法的选择等均存在较大的主观性，操作较为复杂，开发和维护费用较高。

六、作业成本管理

作业成本管理是以提高客户价值、增加企业利润为目的的一种新型集中化管理办法。它通过动因分析、作业分析等，指导企业有效地执行必要的作业，消除和精简不能创造价值的作业，以达到降低成本、提高效率的目的。

① 此处为月研发费用，即用年研发费用333 317元除以12得出。

(一) 作业的类型

作业成本管理在进行作业分析时，按照对顾客价值的贡献，将作业分为增值作业和非增值作业。

增值作业是指顾客认为可以增加其购买的产品或服务的有用性，有必要保留在企业中的作业。一项作业必须同时满足以下三个条件才能判定为增值作业：

❶该作业导致了状态的改变；

❷该状态的变化不能由其他作业来完成；

❸该作业使其他作业得以进行。

例如，印刷厂的最后装订工序是先裁边再装订，那么裁边作业使原有纸张整齐划一，从而改变了原来的状态。这种状态之前的印刷或其他作业均不能实现该目的，而只有裁边以后，才能进行后续的装订作业。裁边作业符合上述三项条件，因此为增值作业。

非增值作业是指即便消除也不会影响产品对顾客服务的潜能、不必要的或可消除的作业。如果一项作业不能同时满足判定为增值作业的三个条件，则可断定为非增值作业。例如，检验作业，只能说明产品是否符合标准，而不能改变其状态，不符合增值作业的第一个条件。增值作业又分为高效作业和低效作业。高效作业是指以完美效率执行的增值作业，其产生的成本属于增值成本。执行非增值作业发生的成本全部是非增值成本，另外，低效作业的成本也属于非增值成本。作业成本管理的目标之一就是寻找非增值作业，将非增值成本降至最低。

(二) 成本节约的途径

在区分了增值作业和非增值作业后，企业要尽量消除或减少非增值成本，最大化地利用增值作业，以减少不必要的耗费，提升经营效率。作业成本管理中，成本节约的途径主要有以下四种形式：

❶作业消除。作业消除是指消除非增值作业或不必要的作业，降低非增值成本。如将原材料从集中保管的仓库搬运到生产部门，将某部门生产的零件搬运到下一个生产部门都是非增值作业。如果条件许可，将原材料供应商的交货方式改为直接送到原材料使用部门，就可以缩短运输距离，减少甚至消除非增值作业。

❷作业选择。作业选择是指对所有能够达到同样目的的不同作业，选取其中最佳的方案。不同的策略经常产生不同的作业，如不同的产品销售策略会产生不同的销售作业。因此，在其他条件不变的情况下，选择作业成本最低的销售策略，可以降低成本。

❸作业减少。作业减少是指以不断改进的方式降低作业消耗的资源或时间。如减少整备次数，就可以减少整备作业成本。

❹作业共享。作业共享是指利用规模经济来提高增值作业的效率。如新产品在设计时，如果考虑到充分利用现有产品使用的零件，就可以免除新产品零件的设计作业，从而降低新产品的生产成本。

作业分析是作业成本管理的重要内容，通过对作业的分析研究，进而采取措施，消除非增值作业，改善低效作业，优化作业链，对于消减成本、提高效益具有非常重要的意义。

知识测试

一、不定项选择题

1.下列成本项目中，与传统成本法相比，运用作业成本法核算更具有优势的是（　　）。

A.直接材料成本　　B.直接人工成本

C.间接制造费用　　D.特定产品专用生产线折旧费

2.要想降低批次作业，只能设法减少（　　）。

A.作业的批数　　B.单位成本　　C.变动成本　　D.总成本

3.作业按其层次分类，可以分为产量级作业、批别级作业、品种级作业、顾客级作业和设施级作业，下列表述中正确的有（　　）。

A.产量级作业是指使单位产品受益的作业

B.批别级作业是指使某一批次产品受益的作业

C.品种级作业是指使所有产品都受益的作业

D.设施级作业与产品无关，属于期间费用的作业

4.作业成本管理的一个重要内容是寻找非增值作业，将非增值成本降至最低，下列各项中，属于非增值作业的有（　　）。

A.从仓库到车间的材料运输作业　　B.零部件加工作业

C.零部件组装作业　　D.产成品质量检验作业

5.作业成本管理中进行成本节约的途径主要有（　　）。

A.作业消除　　B.作业选择　　C.作业减少　　D.作业共享

不定项选择题

二、判断题

1.对于间接费用，传统成本法所采用的是单一数量分配标准，而作业成本法则是以多种成本动因作为分配标准。（　　）

2.在作业成本法下，对于直接费用的确认和分配与传统的成本计算方法一样，而间接费用的分配与传统的成本计算方法不一样。（　　）

3.作业成本法下，所有成本都需要先分配到有关作业，然后再将作业成本分配到有关产品。（　　）

4.在作业成本法下，成本动因是导致成本发生的诱因，是成本分配的依据。（　　）

5.非增值成本是指执行非增值作业发生的成本，是需要通过持续改善来消除或逐步降低的成本。（　　）

判断题

第四节　目标成本法

目标成本法起源于日本，有越来越多的公司采用这种方法。包括克莱斯勒汽车公司、波音公司、奔驰汽车公司、宝洁公司等大型公司，甚至有一些医院也开始使用目标成本法。目标成本法之所以备受关注，与日益激烈的竞争密切相关。

一、目标成本法的概念

目标成本法即目标成本管理，也称为目标成本控制，是指以市场为导向，以目标售价和目标利润为基础倒推出目标成本，在产品投产前运用价值工程、市场研究等手段，从产品设计阶段开始，通过各部门、各环节乃至供应商的通力合作，共同实现目标成本的成本

管理方法，也是一种将企业经营战略与市场竞争有机结合起来的全面成本管理系统。

图4-7中展示了目标成本法的实施过程，也将市场导向的成本控制路径进行了描绘。目标成本法一般适用于制造业企业成本管理，也可在物流、建筑、服务等行业应用。

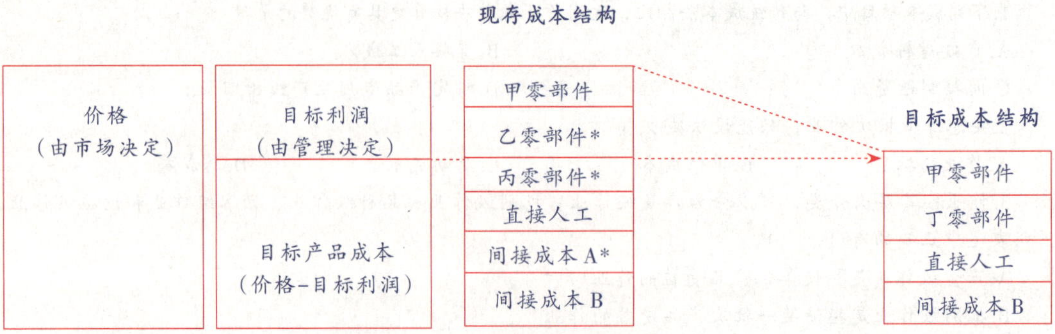

图4-7　目标成本法的实施过程

注：*乙、丙零部件被丁零部件替换，间接成本A在缩减成本的过程中被消除。

二、目标成本法的应用

目标成本的确定与传统的产品定价过程相反。传统的产品定价是先收集市场信息，确定对产品的具体要求，并据此进行产品设计、制定工艺、确定所消耗原材料和零部件的价格，从而估计出产品的成本，然后加上一定的利润以确定产品的价格。而目标成本的确定则是在产品设计阶段先根据市场调查制定出目标售价，再根据中长期计划设定目标利润，最后以目标售价减去目标利润即为目标成本。有了目标成本，就可以开始进行产品设计、组织生产，并运用价值工程手段，通过产品整体及其零部件的设计和原材料的选择确保目标成本的实现。

应用目标成本法一般需经过目标成本的设定、分解、达成到再设定、再分解、再达成多重循环，以持续改进产品方案。企业应用目标成本法，一般按照确定应用对象、成立跨部门团队、收集相关信息、计算市场容许成本、设定目标成本、分解可实现目标成本、落实目标成本责任、考核成本管理业绩以及持续改善等程序进行。

（一）确定应用对象

企业应根据目标成本法的应用目标及其应用环境和条件，综合考虑产品的产销量和盈利能力等因素，确定应用对象。企业一般将下列产品作为应用对象：❶拟开发的新产品；❷功能与设计存在较大的弹性空间、产销量较大且处于亏损状态或盈利水平较低、对企业经营业绩具有重大影响的老产品。

（二）成立跨部门团队

企业应用目标成本法的前提是拥有一个管理水平较高的跨部门工作团队，企业可在跨部门团队之下，进一步建立成本规划、成本设计、成本确认、成本实施等小组，各小组根据管理层授权协同合作完成相关工作。

（三）收集相关信息

目标成本法的应用需要企业研究与开发、工程、供应、生产、营销、财务和信息等部门收集与应用对象相关的信息。这些信息一般包括：

❶产品成本构成及料、工、费等财务和非财务信息；

❷产品功能及其设计、生产流程与工艺等技术信息；

❸材料的主要供应商、供求状况、市场价格及其变动趋势等信息；

❹产品的主要消费者群体、分销方式和渠道、市场价格及其变动趋势等信息；

❺本企业及同行业标杆企业产品盈利水平等信息；

❻其他相关信息。

（四）制定目标成本

1.计算市场容许成本

市场容许成本=目标售价-目标利润

目标售价的设定应综合考虑客户感知的产品价值、竞争产品的预期相对功能和售价，以及企业针对该产品的战略目标等因素。目标利润的设定应综合考虑利润预期、历史数据、竞争地位分析等因素。

【案例4-14】长安汽车面对疫情的影响，为了提高市场占有率，全新推出UNI-K系列车型，基于最新销量预测牵引各业务环节，重新审视疫情后的业务活动模式、频次。假设长安汽车按照其独创目标成本CPM模型，将目标利润率定为10%，零售指导价为15.39万元/辆，批发价为13万元/辆。试确定长安汽车UNI-K系列车的市场容许成本。

市场容许成本=目标售价-目标利润

=130 000×（1-10%）

=117 000（元）

2.设定目标成本

企业应将容许成本与新产品设计成本或老产品当前成本进行比较，确定差异及成因，设定可实现的目标成本。企业一般采取价值工程、拆装分析、流程再造、全面质量管理、供应链全程成本管理等措施和手段，寻求消除当前成本或设计成本偏离容许成本差异的措施，使容许成本转化为可实现的目标成本。同时，公司应当根据本企业实际成本的变化趋势、同类企业的成本水平，充分考虑本企业成本节约的能力，如替代材料的使用、先进设备的投入、高效率的人工等，分析目标成本的可行性。

【案例4-15】续【案例4-14】，长安汽车为了能够在价格上有足够的优势，同时又不影响顾客的驾车体验及安全性能，目标成本就必须层层压实，由于UNI-K轿车可实现的目标成本主要是由构建产品的部件决定的，因此采用价值工程原理进行目标成本的分解。假定汽车的零部件包括发动机部件、底盘部件、传动系统部件、制动系统部件、车身部件及电器部件6部分，根据现有同档次轿车的部件成本，估计UNI-K轿车各部件成本资料见表4-20。

表4-20　UNI-K轿车部件成本　单位：万元

部件名称	产品类型	
	UNI-K轿车	同档次轿车
发动机部件	2.5	2
底盘部件	2	1.8
传动系统部件	1.5	1.5
制动系统部件	2.5	2
车身部件	2.5	2
电器部件	1	1
合计	12	10.3

由于市场可容许成本为117 000元/辆，按照同档次轿车估计的UNI-K轿车成本为120 000元/辆，因此需要将超出的3 000元进行成本优化，使得轿车的成本达到可实现的目标成本。长安汽车通过与供应商协商，进一步传导压力。

（五）分解可实现目标成本

企业应按主要功能对可实现的目标成本进行分解，确定产品所包含的每一零部件的目标成本。在分解时，首先应确定主要功能的目标成本，然后寻求实现这种功能的方法，并把主要功能和主要功能级的目标成本分配给零部件，形成零部件级目标成本。同时，企业应将零部件级目标成本转化为供应商的目标售价。长安汽车按照价值工程原理，通过计算功能评价系数进行目标成本分解，见表4-21。

表4-21 长安汽车功能评价系数计算表

零部件名称	发动机部件	底盘部件	传动系统部件	制动系统部件	车身部件	电器部件	得分合计	功能评价系数
发动机部件	×	1	1	1	1	1	5	0.33
底盘部件	0	×	0	0	1	1	2	0.13
传动系统部件	0	1	×	0	1	1	3	0.2
制动系统部件	0	1	1	×	1	1	4	0.27
车身部件	0	0	0	0	×	1	1	0.07
电器部件	0	0	0	0	0	×	0	0
合计							15	1.0

注：功能评价系数计算规则为零部件功能两两比较，更为重要的得1分，不重要的得0分。

（1）将各类零部件的实际成本与全部零部件的总成本相比，计算各零部件的成本系数。计算公式为：

$$某零部件的成本系数=\frac{该零部件实际成本}{全部零部件实际总成本}$$

【案例4-16】续【案例4-15】，长安汽车本着顾客至上的原则对各零部件进行功能成本计算，由于电器部件在各部件中最不重要，因此通过对有关供应商进行调查，注意到一家新型科技公司在竞标电器部件中的传感器和蓄电池报价较低，其智能传感器报价比其他供应商低500元，蓄电池的单价也能比同档次轿车低500元，这样长安汽车可以将成本降至每辆119 000元。UNI-K轿车各零部件成本系数和按功能评价系数分配的实际成本见表4-22。

表4-22 各零件成本系数和分配的实际成本额

单位：万元

项目	发动机部件	底盘部件	传动系部件	制动系统部件	车身部件	合计
实际成本	2.5	2	1.5	2.5	2.5	11
成本系数	0.23	0.18	0.14	0.23	0.22	1.0
功能评价系数	0.33	0.13	0.2	0.27	0.07	1.0
分配实际成本	3.63	1.43	2.2	2.97	0.77	11

注：车身部件成本系数差异为倒挤所致。

（2）将各零部件的功能评价系数与成本系数相比，计算功能成本比值系数（也称为价值系数），以表明零部件功能与其成本的协调情况。功能成本比值系数计算公式如下：

$$功能成本比值系数=\frac{功能评价系数}{成本系数}$$

【案例4-17】续【案例4-16】，长安汽车计算各零部件的功能成本比值系数，计算结果见表4-23。

表4-23　**长安汽车零部件功能成本比值系数计算表**

项目	发动机部件	底盘部件	传动系部件	制动系统部件	车身部件	合计
功能评价系数	0.33	0.13	0.2	0.27	0.07	1.0
成本系数	0.23	0.18	0.14	0.23	0.22	1.0
功能成本比值系数	1.43	0.72	1.43	1.17	0.32	—

如果功能成本比值系数大于1，表明该零部件的功能比较重要，但成本支出偏低。比如长安汽车发动机部件按功能评价系数应该分配实际成本为36 300元，但实际只发生25 000元；如果功能成本比值系数小于1，表明功能重要性较小的零部件占用了过多的实际成本，比如底盘部件和车身部件，实际成本都超过了按功能评价系数分配的成本；如果功能成本比值系数等于1，说明该零部件的成本水平与功能大体相当，如制动系统部件。

通过对功能成本比值分析，可以发现各零部件在功能与成本协调方面存在的问题，原则上应选择功能成本比值系数大于1或小于1的零部件作为改善对象，企业应组织设计、技术、生产、计划、供应、销售、财务等专业人员，从不同角度提出合理化建议和改进措施。

（3）计算各零部件目标成本并实施控制和持续优化。将制定的产品目标成本按功能评价系数分配给各零部件，作为对产品成本进行控制的依据。

【案例4-18】续【案例4-17】，长安汽车UNI-K轿车目标成本为每辆117 000元，除电器部件10 000元之外，应当将目标成本107 000元在其他零部件之间分配，由于电器部件已经确定可以节约1 000元成本，因此其他部件负担的目标成本可以上浮1 000元，也就是说，剩余5部分零部件只需要降低2 000元成本即可。其他各零部件目标成本及预测成本降低额计算见表4-24。

表4-24　**零部件目标成本确定**　单位：万元

零部件名称	发动机部件	底盘部件	传动系部件	制动系统部件	车身部件	合计
功能评价系数	0.33	0.13	0.2	0.27	0.07	1
成本系数	0.23	0.18	0.14	0.23	0.22	1
功能成本比值系数	1.43	0.72	1.43	1.17	0.32	—
目前实际成本	2.5	2	1.5	2.5	2.5	11
按功能评价系数分配的目标成本	3.56	1.4	2.16	2.92	0.76	10.8
预测成本降低额	−1.06	0.6	−0.66	−0.42	1.74	0.2

长安汽车通过目标成本分解，可以重新确定各零部件的功能及成本匹配情况，管理层从客户体验及安全性考虑，本着对底盘部件、发动机部件和制动系统部件的功能优化不能打折扣的原则，针对车身部件成本冗余度较高的问题，决定暂时先通过寻求、优选车身部件的供应商，要求其降低成本，并最终实现117 000元的目标成本。后续将依托目标成本管控系统对各零部件功能及成本协调情况进行持续优化。

（六）目标成本的管理和控制

企业应将设定的可实现目标成本、功能级目标成本、零部件级目标成本和供应商目标售价进一步量化为可控制的财务和非财务指标，落实到各责任中心，形成各责任中心的责任成本和成本控制标准，并辅之以相应的权限，将达成的可实现目标成本落到实处。依据各责任中心的责任成本和成本控制标准，按照业绩考核制度和办法，定期进行成本管理业绩的考核与评价，为各责任中心和人员的激励奠定基础。

企业通过定期将产品实际成本与设定的可实现目标成本进行对比，确定其差异及其性质，分析差异的成因，提出消除各种重要不利差异的可行途径和措施，进行可实现目标成本的重新设定、再达成，推动成本管理的持续优化。

三、目标成本法的评价

（一）目标成本法的优点

❶目标成本法是关注产品从设计、研发一直到回收处理的全过程、全生命周期的成本管理方法，有助于提高客户价值和产品市场竞争力。

❷目标成本法谋求成本规划和利润规划活动的有机统一，有助于提高产品的综合竞争力。

❸目标成本法有利于进行事前成本控制，并且基于目标成本的分解有助于将考核落实到位。

（二）目标成本法的缺点

目标成本法的运用不仅要求企业具有各类型人才，更需要各有关部门和人员的通力合作，对企业的管理水平要求较高。

知识测试

一、不定项选择题

1.下列关于目标成本法的表述中，不正确的是（　　）。

A.目标成本法适用于初创期的企业

B.目标成本法注重在设计阶段进行成本的控制

C.目标成本法关注的是生产阶段的成本控制

D.目标成本法是全生命周期的成本管控方法

2.下列关于目标成本法优缺点的表述中，不正确的是（　　）。

A.目标成本法谋求成本规划和利润规划活动的有机统一

B.目标成本法强调事前控制，从设计阶段就开始进行成本管控

C.目标成本法对企业的管理水平要求不高

D.目标成本法要求企业各部门通力合作，成立跨部门的团队

3.下列各项中属于目标成本法的应用程序的有（　　）。

A.成立跨部门团队　　　　B.收集有关资料

C.制定目标成本　　　　D.确定应用对象

4.价值工程应注重于（　　）开展工作。

A.研制阶段　　B.试制阶段　　C.生产阶段　　D.使用阶段

5.某产品甲零件的功能平均得分为3.8分，成本为30元。该产品各零件功能总分为10分，产品成本为150元。下列不属于甲零件的功能评价系数的有（　　）。

A.0.3　　B.1.9　　C.0.38　　D.0.79

不定项选择题

二、判断题

1.目标成本法的成本是由成本计算对象所耗费的各项费用加总求和得来的。（　　）

2.价值工程是常用的目标成本分配的方法。（　　）

3.企业应用目标成本法一般需经过目标成本的设定、分解、达成到再设定、再分解、再达成多重循环，以持续改进产品方案。（　　）

4.价值工程侧重于设计阶段开展工作，以提高产品价值为中心。（　　）

5.功能成本比值表明每1元产品成本能够获得多大的产品功能，它与产品功能成反比，与产品成本成正比。（　　）

判断题

第五节　标准成本法

标准成本是企业规划和控制活动的基础之一，这些活动包括预算编制、监督、控制与业绩评价。一个人打高尔夫球要打多少杆才算完成一局？福特汽车公司花费多少费用制造一辆“探索者”型汽车？美特好超市应花费多少费用售出一台吹风机？这需要有科学的指标进行衡量，标准成本的制定也就变得十分重要。

一、标准成本法的含义

（一）标准成本法的概念

标准成本法是指企业以预先制定的标准成本为基础，通过比较标准成本与实际成本，计算和分析成本差异、揭示成本差异动因，进而实施成本控制、评价经营业绩的一种成本管理方法。标准成本是指在正常的生产技术水平和有效的经营管理条件下，企业经过努力应达到的产品成本水平。这一标准考虑了生产过程中不可避免的损失、故障、偏差等，具有客观性、现实性等特点。

（二）标准成本的类型及选择

企业对它们的标准有着不同的期望，不同的期望水平会导致不同的标准类型，企业选择标准成本的基本出发点，应当与企业的战略目标相一致。

1.理想标准成本

理想标准成本是一种要求营业活动各个方面的完全实施并使效率最大化的标准状态。它是在排除一切失误、浪费、低效率的情况下制定的。该类标准由于太完美，一般情况下，企业员工无论如何努力都达不到，可能会挫伤员工的积极性，并由此导致员工采取降低产品质量等一些不合理的手段达到这一标准，最终会影响到企业的经营效果。出于这种考虑，企业在经营活动中只是偶尔采用理想标准，一些公司只有在面临危机、需要超常努力时才为它们的经营活动制定理想标准，但在使用理想标准成本时，通常要修改业绩评价与报酬结构，以使员工不会因为没有即时达到理想标准而受挫。

2.历史标准成本

历史标准成本是根据企业过去一段时间实际成本的平均值，剔除生产经营过程中的异常因素，并结合未来的变动趋势而制定的标准成本。在经济形势保持稳定的情况下，可以使用历史标准成本。但随着科学技术的快速发展，劳动生产力水平不断提高，原有的历史成本将逐渐过时，难以在成本管理中发挥应有的作用。

3.现实标准成本

现实标准成本也称正常标准成本，即在有适当技能与经验的工人无须超常努力而在多数时间内即可实现的水平上制定的业绩标准。现实标准成本强调常态允许某些偏离情况，包括正常的原材料的浪费、机器的偶然故障、人员闲置与失误等。由于它是一种经过努力可以达到的既先进合理、又切实可行的比较接近实际的成本，因而被广泛采用。

实际上，企业在选择标准成本时通常是十分慎重的，要通过多条途径来决定其经营活动的适当标准，比如企业通过详尽的作业分析、历史数据分析，与其他同类企业的标准（标杆）、市场期望（目标成本）相比较，最后结合战略决策等进行选择并制定相应的标准。

二、标准成本法的应用

企业应用标准成本法，一般按照确定应用对象、制定标准成本、标准成本分解、标准成本控制、成本差异计算与动因分析，以及修订与改进标准成本等程序进行。

（一）确定应用对象

为了实现成本的精细化管理，企业应根据标准成本法的应用环境，结合内部管理要求，确定应用对象。标准成本法的成本对象可以是不同种类、不同批次或不同步骤的产品。

（二）制定标准成本

一般而言，产品标准成本通常由直接材料标准成本、直接人工标准成本和制造费用标准成本构成。每一成本项目的标准成本应分为用量标准（包括单位产品消耗量、单位产品人工小时等）和价格标准（包括原材料单价、小时工资率、小时制造费用分配率等）。在制定标准成本时，企业应结合经验数据、行业标杆或实地测算的结果，运用统计分析、工程试验等方法来进行标准成本的制定。

计算公式如下：

$$\begin{aligned}\text{单位产品的标准成本}&=\text{直接材料标准成本}+\text{直接人工标准成本}+\text{制造费用标准成本}\\&=\sum(\text{用量标准}\times\text{价格标准})\end{aligned}$$

1.直接材料标准成本的制定

直接材料的标准成本是由材料的用量标准和价格标准确定的。需要注意的是，材料的质量会直接影响材料的用量和价格，比如，优质材料单价会贵一些，但是废品量会下降，单位产品对材料的实际利用率是较高的，因此，管理者在制定直接材料的标准成本时要首先考虑材料的质量，进而综合下级建议、供应部门（商）给定的价格等条件，制定直接材料标准成本。

（1）直接材料用量标准

直接材料用量标准，一般由生产部门负责，会同技术、财务、信息等部门，按照以下程序进行制定：❶根据产品的图纸等技术文件进行产品研究，列出所需的各种材料以及可能的替代材料，并说明这些材料的种类、质量以及库存情况。❷在对过去用料经验记录进行分析的基础上，采用过去用料的平均值、最高与最低值的平均数、最节省数量、实际测定数据或技术分析数据等，科学地制定标准用量。

（2）直接材料价格标准

直接材料价格标准，一般由采购部门负责，会同财务、生产、信息等部门，在考虑市场环境及其变化趋势、订货价格以及最佳采购批量等因素的基础上综合确定。

在制定材料标准成本时，首先，分别按材料的种类，逐一确定其在单位产品中的用量标准和价格标准；其次，按材料种类计算各种直接材料的标准成本；最后，汇总得出单位产品的直接材料标准成本。

其计算公式为：

$$\text{直接材料标准成本}=\sum(\text{单位产品材料用量标准}\times\text{材料价格标准})$$

【案例 4-19】JSD 纺织集团生产的一款全棉纱线产品，主要材料为天然有机彩棉、涤纶和粘胶纤维，其直接材料标准成本计算见表 4-25。

表 4-25 全棉纱线直接材料标准成本

项 目	标 准		
	有机彩棉	涤纶	粘胶纤维
用量标准①	1 千克/支	0.05 千克/支	0.06 千克/支
价格标准②	32 元/千克	9 元/千克	28 元/千克
标准成本③=①×②	32 元/支	0.45 元/支	1.68 元/支
单位产品直接材料标准成本	34.13 元		

2. 直接人工标准成本的制定

（1）直接人工工时标准

直接人工工时标准一般由生产部门负责。生产部门会同技术、财务、信息等部门，在对产品生产所需作业、工序、流程工时进行技术测定的基础上，考虑正常的工作间隙，并适当考虑生产条件的变化，生产工序、操作技术的改善，以及相关工作人员主观能动性的充分发挥等因素，合理确定单位产品的工时标准。

（2）直接人工价格标准

直接人工价格标准即工资率标准，也叫标准工资率，一般由人力资源部门负责，根据企业薪酬制度等制定。当采用计时工资时，标准工资率就是小时工资率，计算公式如下：

$$\text{标准工资率}=\frac{\text{标准工资总额}}{\text{标准总工时}}$$

直接人工标准成本=工时用量标准（即直接人工时标准）×标准工资率

【案例 4-20】续【案例 4-19】，全棉纱线直接人工标准成本的计算见表 4-26。

表 4-26　　全棉纱线直接人工标准成本

项　目	标　准
月标准总工时①	15 600 小时
月标准工资总额②	168 480 元
标准工资率③=②÷①	10.8 元/小时
单位产品工时用量标准④	0.2 小时/支
直接人工标准成本⑤=④×③	2.16 元/支

3. 制造费用标准成本的制定

成本按照其性态分为变动成本和固定成本。直接材料、直接人工均属于变动成本，而制造费用有一些则不随着业务量的变动而变动，因此，制造费用成本标准应区分变动制造费用项目和固定制造费用项目分别确定。

（1）变动制造费用标准成本

变动制造费用项目的标准成本根据用量标准和价格标准确定。

变动制造费用的用量标准可以是单位产量的燃料、动力、辅助材料等用量标准，也可以是单位产品的直接人工工时标准，或者是单位产品的机器工时标准。用量标准的选择需考虑用量与成本的相关性，制定方法与直接材料的用量标准以及直接人工的工时标准类似。

变动制造费用的价格标准可以是燃料、动力、辅助材料等价格标准，也可以是小时标准工资率等。制定方法与直接材料的价格标准以及直接人工的标准工资率类似。

变动制造费用标准成本的计算公式如下：

变动制造费用标准成本=变动制造费用用量标准×变动制造费用价格标准

（2）固定制造费用标准成本

固定制造费用一般按照费用的构成项目实行总量控制；也可以根据需要，通过计算标准分配率，将固定制造费用分配至单位产品，形成固定制造费用的标准成本。制定固定制造费用标准成本，一般由财务部门负责，会同采购、生产、技术、营销、财务、人事、信息等有关部门，按照以下程序进行：

❶依据固定制造费用的不同构成项目的特性，充分考虑产品的现有生产能力、管理部门的决策以及费用预算等，测算确定各固定制造费用构成项目的标准成本。

❷通过汇总各固定制造费用构成项目的标准成本，得到固定制造费用的标准总成本。

❸确定固定制造费用的标准分配率，标准分配率可根据产品的单位工时与预算总工时的比率确定。其中，预算总工时是指由预算产量和单位工时标准确定的总工时。单位工时标准可以依据相关性原则在直接人工工时或者机器工时之间做出选择。

❹固定制造费用标准成本由固定制造费用项目预算确定。固定制造费用标准成本的计算顺序及公式如下：

固定制造费用标准总成本=$\sum$固定制造费用项目标准成本

固定制造费用标准分配率=单位产品的工时标准÷预算总工时

固定制造费用标准成本=固定制造费用标准总成本×固定制造费用标准分配率

【案例 4-21】续【案例 4-20】的资料，全棉纱线的制造费用标准成本计算见表 4-27。

表 4-27　　全棉纱线制造费用标准成本

项　目		标　准
工时	月标准总工时①	15 600 小时
	单位产品工时用量标准②	0.2 小时/支
变动制造费用	标准变动制造费用总额③	56 160 元
	变动制造费用标准分配率④=③÷①	3.6 元/小时
	变动制造费用标准成本⑤=②×④	0.72 元/支
固定制造费用	标准固定制造费用总额⑥	187 200 元
	固定制造费用标准分配率⑦=⑥÷①	12 元/小时
	固定制造费用标准成本⑧=②×⑦	2.4 元/支
单位产品制造费用标准成本⑨=⑤+⑧		3.12 元/支

【案例 4-22】续前例，计算 JSD 纺织集团全棉纱线单位产品的标准成本。

单位产品的标准成本=直接材料标准成本+直接人工标准成本+制造费用标准成本

=34.13+2.16+3.12=39.41（元）

（三）标准成本分解

企业应在制定标准成本的基础上，将产品成本及其各成本或费用项目的用量标准和价格标准层层分解，落实到部门及相关责任人，形成成本控制标准。各归口管理部门（或成本中心）应根据相关成本控制标准，控制费用开支与资源消耗，监督、控制成本的形成过程，及时分析偏离标准的差异并分析其成因，采取措施加以改进。

（四）标准成本控制

在标准成本法的实施过程中，各相关部门（或成本中心）应对其所管理的项目进行跟踪分析。

生产部门一般应根据用量标准、工时标准等，实时跟踪和分析各项耗用差异，从操作人员、机器设备、原料质量、标准制定等方面寻找差异原因，采取应对措施，控制现场成本，并及时反馈给人力资源、技术、采购、财务等相关部门，共同实施事中控制。

采购部门一般应根据价格标准，按照各项目采购批次，揭示和反馈价格差异形成的原因，控制和降低总采购成本。企业应定期将实际成本与标准成本进行比较和分析，确定差异数额及性质，揭示差异形成的动因，落实责任中心，寻求可行的改进途径和措施。

（五）成本差异计算与动因分析及成本差异的会计处理

1.成本差异的计算与动因分析

成本差异是指实际成本与相应标准成本之间的差额。当实际成本大于标准成本时，形成超支差异；当实际成本小于标准成本时，形成节约差异。企业应用标准成本法的主要目的，是通过实际成本与标准成本的比较，揭示与分析实际成本与标准成本之间的差异，并按照例外管理的原则，对不利差异予以纠正，以提高工作效率，不断改善产品成本。成本差异的计算与分析一般按成本或费用项目进行。

从标准成本的制定过程可以得知，任何一项标准成本都决定于用量标准和价格标准两项因素，因此，实际成本偏离标准成本的差异就应从用量差异和价格差异两个方面着手分析。具体差异的计算公式如下：

总差异=实际产量下实际成本-实际产量下标准成本

=实际产量下实际用量×实际价格-实际产量下标准用量×标准价格

=实际产量下实际用量×实际价格-实际产量下实际用量×标准价格+实际产量下实际用量×标准价格-实际产量下标准用量×标准价格

=实际产量下实际用量×（实际价格-标准价格）+（实际产量下实际用量-实际产量下标准用量）×标准价格

=价格差异+用量差异

其中：价格差异=实际产量下实际用量×（实际价格-标准价格）

用量差异=（实际产量下实际用量-实际产量下标准用量）×标准价格

（1）直接材料成本差异的计算分析

直接材料成本差异是指直接材料实际成本与标准成本之间的差额。该项差异可分解为直接材料价格差异和直接材料数量差异。直接材料价格差异，是指在采购过程中，直接材料实际价格偏离标准价格所形成的差异；直接材料数量差异，是指在产品生产过程中，直接材料实际消耗量偏离标准消耗量所形成的差异。

有关计算公式如下：

直接材料成本差异=实际成本-标准成本

=实际耗用量×实际单价-标准耗用量×标准单价

或　直接材料成本差异=直接材料价格差异+直接材料数量差异

❶直接材料数量差异。

直接材料数量差异是指由于材料实际用量与标准用量不同而导致的差异。计算公式如下：

直接材料数量差异=（实际产量下实际用量-实际产量下标准用量）×标准价格

形成直接材料数量差异的原因有生产部门的原因，也有非生产部门的原因。如产品设计结构、材料质量、工人的技术熟练程度、废品率的高低等都会导致材料数量差异。材料数量差异的责任需具体分析才能确定，但主要应由生产部门来承担。

❷直接材料价格差异。

直接材料价格差异是指实际产量下，由于材料的实际价格与标准价格不同而产生的差异。计算公式如下：

直接材料价格差异=实际产量下实际用量×（实际价格-标准价格）

直接材料价格差异的形成受各种主客观因素的影响，如市场价格、供货厂商、运输方式、采购批量等变动，都会导致材料的价格差异。但由于它与采购部门的关系更为密切，所以其差异应主要由采购部门来承担责任。

【案例4-23】续【案例4-19】，假设涤纶和粘胶纤维不存在成本差异。天然有机彩棉的标准价格为32元/千克，用量标准为1千克/支。假设JSD纺织集团本月投产全棉纱线80 000支，领用天然有机彩棉80 020千克，其实际价格为31.5元/千克。其直接材料成本差异计算如下：

直接材料成本差异=80 020×31.5-80 000×1×32=-39 370（元）（节约差异）

其中：

直接材料数量差异=（80 020-80 000×1）×32=640（元）（超支差异）

直接材料价格差异=80 020×（31.5-32）=-40 010（元）（节约差异）

通过计算可知，全棉纱线本月耗用有机彩棉发生39 370元的节约差异。由于生产部门耗用材料用量超过标准，导致超支640元，应查明材料用量超支的具体原因；从材料价格而言，节约了40 010元，从而抵消了一部分成本超支。这是采购部门的业绩，应予以激励。

（2）直接人工成本差异的计算分析

直接人工成本差异是指直接人工实际成本与标准成本之间的差额，该差异可分解为直接人工工资率差异和直接人工效率差异。

直接人工工资率差异是指实际工资率偏离标准工资率形成的差异，按实际工时计算确定；直接人工效率差异是指实际工时偏离标准工时形成的差异，按标准工资率计算确定。有关计算公式如下：

直接人工成本差异=实际成本-标准成本

=实际工时×实际工资率-标准工时×标准工资率

或　直接人工成本差异=直接人工工资率差异+直接人工效率差异

直接人工工资率差异=实际工时×（实际工资率-标准工资率）

直接人工效率差异=（实际工时-标准工时）×标准工资率

导致直接人工工资率差异的原因比较复杂。如各级政府的相关政策、工资制度的变动、工人的升降级、加班或临时工的增减等都将导致直接人工工资率差异。一般而言，这种差异的责任不在生产部门，人力资源部门应对其承担责任。

【案例4-24】续【案例4-20】，全棉纱线的标准工资率为10.8元/小时，工时标准为0.2小时/支。假定JSD纺织集团本月实际生产全棉纱线80 000支，用工15 000小时，实际应付直接人工工资165 000元。其直接人工成本差异的计算如下：

直接人工成本差异=165 000-80 000×10.8×0.2=-7 800（元）（节约差异）

其中：

直接人工效率差异=（15 000-80 000×0.2）×10.8=-10 800（元）（节约差异）

直接人工工资率差异=（165 000÷15 000-10.8）×15 000=3 000（元）（超支差异）

通过以上计算可知，该产品的直接人工成本总体上节约7 800元。其中，直接人工效率差异节约10 800元，但直接人工工资率差异超支3 000元。工资率超过标准，可能是调用了一部分技术等级和工资级别较高的工人，但同时也提高了效率，使工时耗用由16 000小时降低为15 000小时，节约工时1 000小时，从而节约了成本，在业绩考核时要考虑生产部门的有效组织。

（3）变动制造费用成本差异的计算分析

变动制造费用成本差异是指变动制造费用的实际发生额与变动制造费用的标准成本之间的差额，该差异可分解为变动制造费用的价格差异和数量差异。变动制造费用价格差异，是指燃料、动力、辅助材料等变动制造费用项目的实际价格偏离标准价格的差异；变动制造费用数量差异，是指燃料、动力、辅助材料等变动制造费用项目的实际消耗量偏离标准用量的差异。变动制造费用成本差异的计算和分析原理与直接材料和直接人工成本差异的计算和分析相同。

【案例4-25】续【案例4-21】，全棉纱线变动制造费用标准分配率为3.6元/小时，工时用量标准为0.2小时/支。假定企业本月实际生产全棉纱线80 000支，用工15 000小时，实际发生变动制造费用52 500元。其变动制造费用成本差异计算如下：

变动制造费用成本差异=52 500−80 000×0.2×3.6=−5 100（元）（节约差异）

其中：

变动制造费用效率差异=（15 000−80 000×0.2）×3.6=−3 600（元）（节约差异）

变动制造费用耗费差异=（52 500÷15 000−3.6）×15 000=−1 500（元）（节约差异）

通过以上计算可知，全棉纱线变动制造费用节约3 600元，这是由于提高效率，工时由16 000小时下降为15 000小时的结果。由于费用分配率由3.6元下降到3.5元（52 500÷15 000），使变动制造费用实现整体节约。

（4）固定制造费用成本差异的计算分析

固定制造费用成本差异是指固定制造费用的实际成本与标准成本之间的差额。其计算公式如下：

固定制造费用成本差异=固定制造费用实际成本−固定制造费用标准成本

$$=\text{实际产量下实际工时}\times\text{固定制造费用实际分配率}-\text{实际产量下标准工时}\times\text{固定制造费用标准分配率}$$

其中：$\text{固定制造费用标准分配率}=\dfrac{\text{固定制造费用预算总额}}{\text{预算产量下标准总工时}}$

式中的成本差异是在实际产量的基础上算出来的，由于固定制造费用相对固定，一般不受产量影响，因此，实际产量与预算产量的差异会对单位产品所承担的固定制造费用产生影响。对固定制造费用成本差异的分析分为两差异法和三差异法。

❶两差异法。

两差异法是将总差异分解为耗费差异和能量差异两部分。耗费差异是指固定制造费用实际成本与固定制造费用预算金额之间的差额；能量差异是指固定制造费用预算金额与固定制造费用标准成本的差额。计算公式如下：

耗费差异=实际产量下实际固定制造费用−预算产量下标准固定制造费用

=实际产量×实际工时×固定制造费用实际分配率−预算产量×标准工时×固定制造费用标准分配率

能量差异=预算产量下标准固定制造费用−实际产量下标准固定制造费用

=预算产量×标准工时×固定制造费用标准分配率−实际产量×标准工时×固定制造费用标准分配率

=（预算产量×标准工时−实际产量×标准工时）×固定制造费用标准分配率

【案例4-26】续【案例4-21】，全棉纱线固定制造费用标准分配率为12元/小时，工时用量标准为0.2小时/支。JSD纺织集团全棉纱线预算产量为81 000支，实际生产80 000支，用工15 000小时，实际发生固定制造费用188 000元。其固定制造费用的成本差异计算如下：

固定制造费用成本差异=188 000−80 000×0.2×12=−4 000（元）（节约差异）

其中：

耗费差异=188 000−81 000×0.2×12=−6 400（元）（节约差异）

能量差异=81 000×0.2×12−80 000×0.2×12=2 400（元）（超支差异）

通过以上计算可知，全棉纱线的固定制造费用节约4 000元，主要是由于实际耗费小于预算耗费引起的；由于实际产量比预算产量要少1 000支，因此产生了超支的能量差异。

❷三差异法。

三差异法是将两差异法下的能量差异分解为产量差异和效率差异，因此，固定制造费用成本差异就分为耗费差异、产量差异、效率差异。计算公式如下：

耗费差异=实际产量下实际固定制造费用-预算产量下标准固定制造费用

=实际产量×实际工时×固定制造费用实际分配率-预算产量×标准工时×固定制造费用标准分配率

产量差异=（预算产量标准工时-实际产量实际工时）×固定制造费用标准分配率

效率差异=（实际产量实际工时-实际产量标准工时）×固定制造费用标准分配率

【案例 4-27】续【案例 4-26】，计算其固定制造费用的成本差异：

固定制造费用成本差异=188 000-8 000×0.2×12=-4 000（元）（节约差异）

其中：

耗费差异=188 000-81 000×0.2×12=-6 400（元）（节约差异）

产量差异=（81 000×0.2-15 000）×12=14 400（元）（超支差异）

效率差异=（15 000-80 000×0.2）×12=-12 000（元）（节约差异）

通过上述计算可以看出，采用三差异法，能够更好地说明生产能力利用程度和生产效率高低所导致的成本差异情况，便于分清责任。固定制造费用耗费差异一般体现的是企业管理层长期的决策部署，一般差异不会太大。固定制造费用能量差异用来说明车间因为没有充分利用机器设备的生产能力导致的损失，因此，如果出现了能量超支差异，则说明企业应该加强生产和销售的协同，进一步提高生产能力的利用率；固定制造费用效率差异是实际工时与实际产量的标准工时之间的差异，如果出现了固定制造费用效率节约差异，则说明生产单位产品所耗费的人工工时比标准工时少。

语重心长

企业应根据固定制造费用项目的性质，分析差异的形成原因，并将之追溯至相关责任中心。在成本差异的分析过程中，企业应关注各项成本差异的规模、趋势及其可控性。对于反复发生的大额差异，企业应进行重点分析与处理。企业可将生成的成本差异信息汇总，定期形成标准成本差异分析报告，并有针对性地提出成本改进措施，坚持实事求是，从企业实际需求出发科学选择成本核算方法。

2.成本差异的会计处理

标准成本制度下，企业的存货账户一般按标准成本入账，实际成本与标准成本的差异应设置专门的账户予以汇总，期末再进行分配，将资产负债表的存货项目和利润表的销售成本项目调整为实际成本。

（1）账户设置

标准成本制度下，应该设置如下的标准成本存货账户："生产成本""库存商品"，按照标准成本入账；应当设置如下差异账户："直接材料数量差异""直接材料价格差异""直接人工效率差异""直接人工工资率差异""变动制造费用效率差异""变动制造费用耗费差异""固定制造费用耗费差异""固定制造费用能量差异"（或者分设"固定制造费用产量差异"和"固定制造费用效率差异"），以上差异账户的借方登记不利差异（超支差异），贷方登记有利差异（节约差异）。

（2）账务处理

❶日常业务处理。

A.费用发生时。

【案例 4-28】续【案例 4-23】至【案例 4-27】，按照前序案例中计算出的成本差异，进行会计处理。

a.直接材料成本差异：

借：生产成本（标准数）	2 730 400	
直接材料数量差异（超支差异）	640	
贷：原材料——有机彩棉（实际数）		2 520 630
——涤纶、粘胶纤维		170 400
直接材料价格差异（节约差异）		40 010

b.直接人工成本差异：

借：生产成本（标准数）	172 800	
直接人工工资率差异（超支差异）	3 000	
贷：应付职工薪酬（实际数）		165 000
直接人工效率差异（节约差异）		10 800

c.变动制造费用差异：

借：生产成本（标准数）	57 600	
贷：制造费用（实际数）		52 500
变动制造费用效率差异（节约差异）		3 600
变动制造费用耗费差异（节约差异）		1 500

d.固定制造费用差异（三差异法）：

借：生产成本（标准数）	192 000	
固定制造费用产量差异（超支差异）	14 400	
贷：制造费用（实际数）		188 000
固定制造费用耗费差异		6 400
固定制造费用效率差异		12 000

B.完工入库时。

根据以上资料，假设80 000支全棉纱线全部完工入库，则进行如下会计处理：

借：库存商品——全棉纱线（标准数）	3 152 800	
贷：生产成本——全棉纱线（标准数）		3 152 800

C.产品销售时。

【案例4-29】假设JSD纺织集团月初无在产品及库存商品，本月销售60 000支，每支全棉纱线的售价为50元/支，确认收入并结转成本。

借：应收账款	3 390 000	
贷：主营业务收入——全棉纱线		3 000 000
应交税费——应交增值税（销项税额）		390 000
借：主营业务成本——全棉纱线	2 364 600	
贷：库存商品——全棉纱线（39.41×60 000）		2 364 600

❷期末差异账户余额处理。

期末编制对外会计报表时，各差异账户的余额有两种处理方法。

A.当差异金额较小时，可将各差异账户余额全部转入当期销售成本中，由本期收入补偿。这种方法认为：本期差异反映了本期成本控制的业绩，理应在本期损益中得以体现。

B.将当期的成本差异按标准成本比例在期末存货和当期销售成本之间进行分配。这种方法认为：成本差异由本期生产的全部产品产生，当产销不平衡时，全部由本期销货成本承担明显不合理，应按比例在销货成本与期末存货之间分配。

【案例 4-30】续【案例 4-29】，本期生产的全棉纱线并未全部出售，且差异额较大，因此期末将差异按第二种方法处理。由于本期销售60 000支，占生产量80 000支总成本的75%，因此差异也将负担75%。

借：直接材料价格差异	40 010	
直接材料数量差异	−640	
直接人工效率差异	10 800	
直接人工工资率差异	−3 000	
变动制造费用效率差异	3 600	
变动制造费用耗费差异	1 500	
固定制造费用耗费差异	6 400	
固定制造费用效率差异	12 000	
固定制造费用产量差异	−14 400	
贷：主营业务成本——全棉纱线		42 202.50
库存商品——全棉纱线		14 067.50

通过这项结转，月末各成本差异账户均无余额。

（六）修订与改进标准成本

为保证标准成本的科学性、合理性与可行性，企业应定期或不定期对标准成本进行修订与改进。一般情况下，标准成本的修订工作由标准成本的制定机构负责。企业应至少每年对标准成本进行测试，通过编制成本差异分析表，确认是否存在因标准成本不准确而形成的成本差异。当该类差异较大时，企业应按照标准成本的制定程序，对标准成本进行调整。除定期测试外，当外部市场、组织机构、技术水平、生产工艺、产品品种等内外部环境发生较大变化时，企业也应及时对标准成本进行调整。

三、标准成本法的应用评价

标准成本法的主要优点有：❶能及时反馈各成本项目不同性质的差异，有利于考核相关部门及人员的业绩；❷标准成本的制定及其差异和动因的信息可以使企业预算的编制更为科学和可行，有助于企业的经营决策。

标准成本法的主要缺点有：❶要求企业产品的成本标准比较准确、稳定，在使用条件上存在一定的局限性；❷对标准管理水平较高，系统维护成本较高；❸标准成本需要根据市场价格波动频繁更新，导致成本差异可能缺乏可靠性，降低成本控制效果。

拓展阅读

成本管理——抗击疫情的有力武器（以中国移动××省分公司为例）

新冠肺炎疫情下的信息企业迎来了一场“经济大考”，尽管2020年春全国多地复工复产按下“加速键”，但仍需面临疫情期间带来的诸多问题。财务是确保企业安全运行的“稳定器”。针对本次疫情影响，××省移动公司加大管理会计在成本管理与降本增效管理领域的应用力度，建立健全内部治理和责任机制，形成了适合通信运营商的成本管理工具。只有做到心中有数才能在应对风险中有条不紊，才能在新的发展机遇出现时乘势而上。

一、科学降本，应对风险

（一）成立“抗疫战队”，科学顶层设计

该公司成立“战时成本指挥中心”，基于成本性态分析，推进网络、市场、支撑、管理等各条线的降本增效工作。通过强化精细管理，依靠技术革新，加快新工艺、新流程的应用，实现“要素+能力”的竞争优势重塑。例如，吸收数据中心（IDC）建设的先进经验，创新市电保障、机电建设、机房供电等模式，累计节约投资近3亿元。同时，通过模式变革促进内外合作，发挥资源整合与协同效应，“借船出海”。例如，对于IDC等投入密集型业务，整合外部资本力量和政府合作优势，引入多元化的合作主体，发挥经营杠杆作用，降低企业经营风险。

（二）建立预警机制，保障产品活力

基于业务产品全生命周期的价值贡献，该公司根据其成本效益状况与公司总体利润率关系，建立“红黄绿”预警机制。根据产品红黄绿预警图，对不同产品设定不同管理原则，优先保证、大力发展符合公司战略方向、有发展潜力的业务产品，合理退出传统、低效无效甚至是负效的领域，从而实现产品业务的差异化、策略化管理，确保产品“有进有退、有保有压、优胜劣汰”，保障了产品体系的健康与活力，避免低效无效产品对资源的耗用。

（三）实现“预算、核算、管理”三位一体

该公司利用管理会计成本核算数据，建立从业务指标到财务指标的预算编制模型和资源配置模型，并根据实际情况加以动态调整，实施灵活管理。本着“谁使用、谁管理、谁负责”的原则，横向到边、纵向到底，建立资源归口分级管理机制，专业部门需对专业条线的资源配置和使用效率负责，形成“一切成本皆可控”“人人都为效益负责”的全员理财文化。同时，建立“一张纸”预算管理机制，作为业务部门申请资源的责任合约，为事后“回头看”的考核评估提供依据。

二、数字化升级，敏锐察觉新商机

在疫情催化下，不少信息企业纷纷加码信息化、数字化，快速响应，灵活调度。该公司基于成本管理的科学高效，在加快企业应用进程的同时，有效保障了企业复工复产的效率。

（一）远程办公自动化

为实现疫情期间员工居家办公，避免人员聚集和密切接触，阻隔疫情传播途径，该公司整合云桌面、手机客户端自动办公、云视讯等管理工具，成功实现员工远程办公。

（二）智慧零售

为有效解决疫情期间实体渠道无法营业的问题，为线上营销提供解决方案，该公司基于智慧中台，深化B2B2C模式，锻造产品、营销、金融、物流、运营能力，构建渠道智慧赋能平台，提供一键开店能力，打造“1家实体店+N个线上店”模式，并结合大数据能力提升客户消费体验，强化渠道掌控力，打造线上线下融合的渠道生态体系，以赋能构筑生态，以生态创造价值。

三、经验与启示

（一）深化业财融合

成本是企业最可靠的决策信息来源，成本的管控要始终以战略为导向，坚持融入系统、融入流程、融入业务，加强与业务部门紧密合作，主动介入各类业务与管理模式设计，要注重战略策略的价值分析，致力于价值创造过程。

（二）不断拓展应用范畴

在当前互联网+数字经济兴起的背景下，通信行业的管理会计研究范围要从组织内经营生产活动转向组织间更高形态的价值体系和生态系统，成本管控和研究的重点要向战略成本、责任成本等领域拓展。

（三）强化信息技术赋能

研究管理会计数字化转型与升级，利用人工智能、大数据、财务机器人等新技术，基于业财系统的无缝衔接、业财信息的自动匹配和数据价值的自动挖掘，提高管理会计成本管控的效率和质量，逐步实现成本管控的自动化、集成化和智慧化。

知识测试

一、不定项选择题

1.下列关于标准成本的制定的说法中，不正确的是（　　）。

A.用量标准的潜在来源主要有历史经验、工艺研究及生产操作人员的意见

B.制定价格标准是生产、采购、人事和会计等部门的共同责任

C.标准成本的制定一般将理想标准成本作为参考依据

D.制定费用标准时，只制定变动制造费用的成本标准

2.在某公司月成本考核例会上，各部门经理正在讨论、认定直接人工效率差异的责任部门。该责任部门应是（　　）。

A.管理部门　　B.销售部门　　C.供应部门　　D.生产部门

3.某产品变动制造费用标准成本为：工时消耗4小时，每小时分配率6元，本月生产产品300件，实际工时1 500小时，实际发生变动制造费用12 000元，则变动制造费用效率差异为（　　）元。

A.1 800　　B.1 650　　C.1 440　　D.1 760

4.在确定直接人工正常标准成本时，标准工时包括（　　）。

A.直接加工操作必不可少的时间　　B.必要的工间休息

C.调整设备时间　　D.不可避免的废品耗用工时

5.下列成本差异中，通常不属于生产部门责任的有（　　）。

A.直接材料价格差异　　B.直接人工工资率差异

C.直接人工效率差异　　D.变动制造费用效率差异

不定项选择题

二、判断题

1.从数额上看，正常标准成本应当大于理想标准成本。（　　）

2.作为变动制造费用的用量标准必须是直接人工工时。（　　）

3.标准成本是在正常生产经营条件下应该能实现的，可以作为控制成本开支、评价实际成本、衡量工作效率的依据和尺度的一种目标成本。（　　）

4.直接人工工资率差异的责任部门应该是劳动人事部门。（　　）

5.如果出现不利差异，企业必须采取措施减少该不利差异。（　　）

判断题

三、计算分析题

SQL公司本月某产品成本资料如下：

单位产品标准成本

成本项目	用量标准	价格标准	标准成本
直接材料	50千克/件	9元/千克	450元/件
直接人工	45小时/件	4元/小时	180元/件
变动制造费用	45小时/件	3元/小时	135元/件
固定制造费用	45小时/件	2元/小时	90元/件
合计			855元/件

本企业该产品预算产量的标准工时为1 000小时，制造费用均按人工工时分配。本月实际产量为20件，实际耗用材料900千克，实际人工工时为950小时，实际成本如下：

项目	金额(元)
直接材料	9 000
直接人工	3 325
变动制造费用	2 375
固定制造费用	2 850
合 计	17 550

1.根据上述资料计算的本月产品成本差异总额为（　　）。

A.440元　　B.-450元　　C.450元　　D.420元

2.根据上述资料，计算的直接材料价格差异和用量差异分别为（　　）。

A.价格差异=900元，用量差异=900元　　B.价格差异=-900元，用量差异=900元

C.价格差异=900元，用量差异=-900元　　D.价格差异=-900元，用量差异=-900元

3.根据上述资料，计算的直接人工效率差异和工资率差异分别为（　　）。

A.工资率差异=-475元，效率差异=-200元　　B.工资率差异=475元，效率差异=-200元

C.工资率差异=-475元，效率差异=200元　　D.工资率差异=475元，效率差异=200元

4.根据上述资料，计算的变动制造费用耗费差异和效率差异分别为（　　）。

A.耗费差异=-475元，效率差异=150元　　B.耗费差异=475元，效率差异=150元

C.耗费差异=-475元，效率差异=-150元　　D.耗费差异=475元，效率差异=150元

5.根据上述资料，采用两差异法计算的固定制造费用成本差异为（　　）。

A.耗费差异=-200元，能量差异=850元　　B.耗费差异=-850元，能量差异=200元

C.耗费差异=200元，能量差异=850元　　D.耗费差异=850元，能量差异=200元

6.根据上述资料，采用三差异法计算的固定制造费用成本差异为（　　）。

A.耗费差异=850元，效率差异=-100元，产量差异=100元

B.耗费差异=850元，效率差异=100元，产量差异=100元

C.耗费差异=-850元，效率差异=100元，产量差异=-100元

D.耗费差异=-850元，效率差异=-100元，产量差异=100元

计算分析题

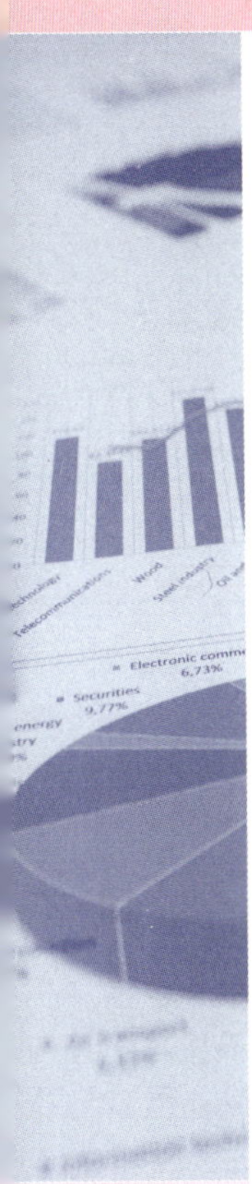

第五章
营运管理

知识、能力目标

1. 熟悉营运管理的内涵及营运管理工具方法；
2. 掌握本量利分析的基本公式；
3. 掌握边际贡献、边际贡献率的公式；
4. 掌握保本分析和保利分析及应用；
5. 掌握企业经营安全程度的评价指标；
6. 通过学习营运管理的基本知识，能够根据营运管理的特点，制订营运计划，并加以监督和考核；
7. 通过学习本量利分析的管理工具，能计算企业保本点和保利点等相关指标；
8. 通过学习敏感分析基本原理，能确定利润各影响因素的敏感程度；
9. 通过学习边际分析基本原理，能够分析出企业经营程度的安全程度和经营风险大小。

专业素养目标

1. 通过营运管理的学习，能够掌握价值增值管理的基本工具方法，同时培养大局意识，兼顾短期利益与长期利益的平衡；
2. 引导学生崇尚科学，学以致用，提高学习和工作效率；
3. 培养哲学思维，运用科学的世界观和方法论解决企业的实际问题，提升学生对宏观环境、政策的理解力和认识力。

知识结构图

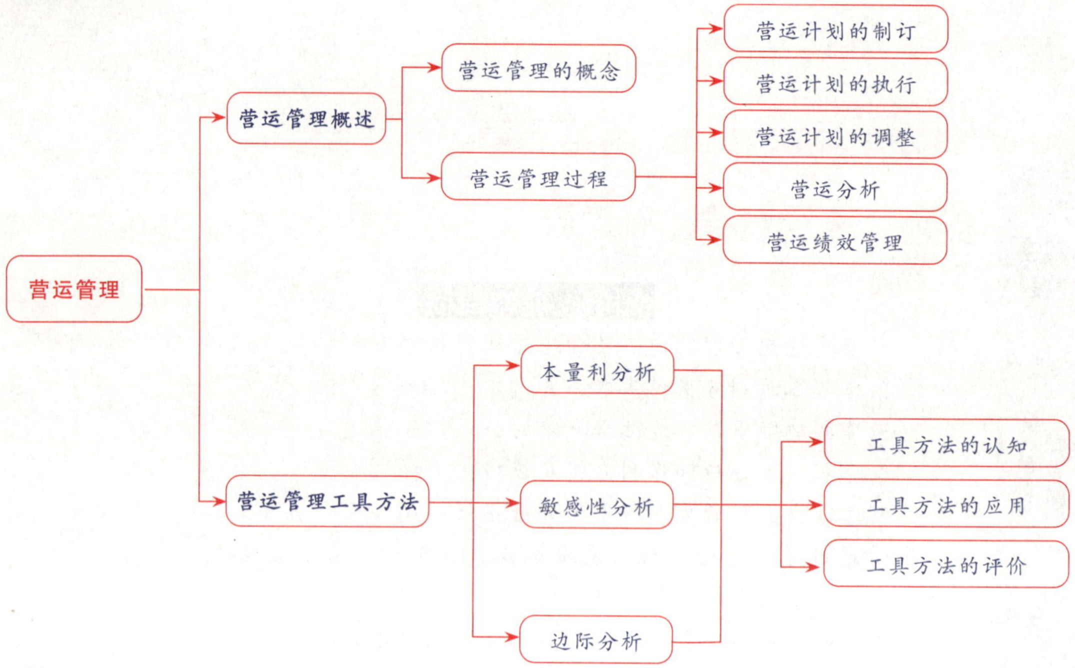

名企视野

观念的颠覆，创新的抉择①

——海尔“人单合一”模式的进化论

人单合一模式（rendanheyi）是海尔集团董事局主席、首席执行官张瑞敏提出并命名的一种商业模式。“人单合一”是多方共赢的理念，体现了人的价值第一，给所有人都创造机会，最终实现整个生态系统的共赢。通过“人单合一”，在战略上，海尔从封闭的企业变成了开放的生态平台，颠覆了传统规模与范围的理论，以用户不断迭代的需求，经过“肯定—否定—否定的否定”，创新性地构建了生生不息的生态服务系统，形成了去中心化的自组织，打破边际收益递减的铁律，导向生态品牌共创共赢。

一、“人单合一”的基本含义

“人”，指员工，进一步延伸：首先，“人”是开放的，不局限于企业内部，任何人都可以凭借有竞争力的预案竞争上岗；其次，员工不再是被动执行者，而是拥有“三权”（现场决策权、用人权和分配权）的创业者和动态合伙人。“单”，指用户价值，进一步延伸：首先，“单”是抢来的，而不是上级分配的；其次，“单”是引领的，并动态优化的，而不是狭义的订单，更不是封闭固化的。“合一”，指员工的价值实现与所创造的用户价值合一。每个员工都应直接面对用户，创造用户价值，并在为用户创造价值中实现自己的价值分享。“人单合一”就是要做到将员工转为创客，实现员工和用户之间零距离，并让公司成为一个不断扩张的生态网络中的能量节点。

二、“人单合一”的关键——链群合约

链群即生态链上的小微群，是海尔自发涌现出来的一种组织创新形式。链群解决了过去海尔小微之间以及小微与外部合作方的并联协同问题，构建了开放、共赢的生态。链群由小微节点自发链接而成，其与企业之间不是传统意义上的汇报关系、委托代理关系或上下级关系，而是平等互利的契约关系。“链群合约”则是为了实现对链群各节点的有效激励、约束和协调，并使得各个链群团队在快速满足用户需

① 资料来源：信息来自海尔集团官方网站。

求、实现用户体验迭代这一共同目标的指引下互相监督、高效协作的一种契约设计。

这种独特的契约设计为小微节点实现高校协同搭建了技术平台，通过链群合约驱动云裳穿搭链群实现用户体验迭代就是非常好的例证。海尔的一个小微主闫溪（化名）与用户交互时发现，除了衣服能洗得干净，用户还希望衣服能无皱、无菌。很多用户的衣服太多，每天对如何穿搭也很纠结。因此，闫溪希望通过搭建穿搭场景，为用户解决需求痛点。闫溪在链群合约工作台上举单，建立云裳穿搭链群。系统根据市场容量、市场竞争力目标、行业增速、GDP四个维度，自动生成了底线目标。闫溪则需要以1.5倍增值分享为指导，给出高目标。之后，各个相关节点可以在链群合约工作台上抢单，并且给出符合该节点目标的预案。接着，闫溪可在平台上对不同节点的预案进行考评，让符合的节点抢入链群。目前，成功抢入云裳穿搭链群的节点有企划、设计、营销、培训、供应链、制造、质量、售后和采购等，后期会根据用户需求，扩充节点个数。各个节点抢单成功后，平台会自动生成交互群，群内可随时显示各个节点关差，平台还会根据各个节点的进度进行提醒。云裳穿搭链群事前设定的各个节点事后增值分享的比例并非一成不变，而是在项目推进过程中，根据各个节点的贡献度进行比例上的调整。穿搭链群不再是给用户提供单一的洗衣机，而是为他们打造了围绕穿搭场景的解决方案，为用户提供了前所未有的体验。试行链群合约之后，云裳穿搭链群子链群及各个节点的业绩表现亮眼。2020年7月，云裳定下了同比增加24%的目标值，通过各个节点相互倒逼，实际增幅达到了35%，尤其一万元以上产品的市场份额，超过了上年全年10%。整个团队在链群合约的指引下，充满了积极性。

三、“人单合一”创业故事之“从卖蒸烤箱到提供美食体验”

2018年，海尔食联网（负责以海尔厨房电器等产品为载体，为用户提供全流程体验的团队）的张瑜开始思考：能否将预制菜带到家里去？通过海尔的智慧冰箱、智慧蒸烤箱让用户足不出户就可以享用大师菜！经过多次尝试以后，张瑜决定从“北京烤鸭”入手，让用户在家里就能吃到美味的北京烤鸭。张瑜找到了研究北京烤鸭技艺数十年的厨师张伟利，二人一拍即合，在通往梦想的道路上找到了最可靠的伙伴。

2020年4月份开始，张瑜团队花了近6个月做各种测试，制作出了第一批预制鸭坯。此时的鸭坯经过冷冻处理，用户想要食用的话，还需要先解冻，但在这个过程中张瑜团队发现了问题：200多个用户体验过后，张瑜发现用户对解冻标准理解不一致。于是，通过不断尝试，最终通过改革工艺，让用户实现了无须解冻即可直接在海尔蒸烤箱中烹饪烤鸭。问题解决了，张瑜团队的北京烤鸭立刻被引爆，在一个月时间里，卖出2万多只。2020年底，张瑜带领团队独立创业，成立青岛食联网科技有限公司，张瑜个人对赌跟投了100多万元，海尔平台成为其资源支撑平台，帮助企业快速成长。

张瑜团队在与用户交流过程中，发现用户想要的不仅仅是一个北京烤鸭，而是更多的美食。与此同时，张瑜团队的“跨界美食”获得了中国烹饪协会的关注与认可，由此在10天的时间里吸引了全国23个省份近100位大师共同合作。2020年12月16日，海尔食联网在青岛召开了一个开发者大会，当天，张瑜的平台上又增加了烤羊排、烤乳鸽、剁椒鱼头等八道美食。2021年春节，张瑜团队更是推出了年夜饭套餐，让传统大师菜走入寻常百姓家。目前，张瑜公司的目标就是要做成一个智慧美食生态平台，让中华美食走进亿万家庭，把中国传统烹饪推向世界。

【大家谈】

实践没有止境。理论创新也没有止境。海尔的“人单合一”模式得到了国际广泛认可，通过打破企业边界，创新生态链构建，从而实现边际收益的递增，是对传统商业模式的颠覆，更是对新业态的超前预判。产品会被场景替代，行业将被生态“覆”盖，海尔在构建物联网生态品牌方面已走在世界前列。

第一节　营运管理概述

一、营运管理的概念

营运管理是指为实现企业战略和营运目标，各级管理者通过计划、组织、指挥、协调、控制、激励等活动，实现对企业生产经营过程中的物料供应、产品生产和销售等环节的价值增值管理。

企业进行营运管理活动应按照计划（Plan）、实施（Do）、检查（Check）、处理（Act）四个阶段（简称PDCA）管理原则，形成闭环管理，周而复始地运转；P（计划）：企业开展某项营运活动，事先必须制定目标及实现目标的具体措施和方法；D（实施）：按照所制订的计划去做，即实施计划或执行计划；C（检查）：对照计划，检查执行的情况和效果。A（处理）：根据检查结果，总结经验，吸取教训。把成功的经验加以肯定并列入标准，把没有解决的问题反映到下一个PDCA循环中去，继续实现。通过PDCA工作循环使企业营运管理工作更加条理化、系统化、科学化。PDCA管理原则如图5-1所示。

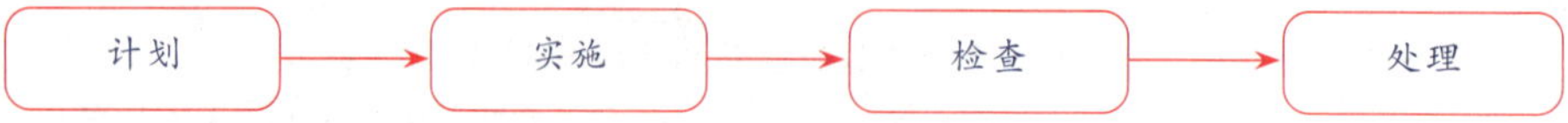

图5-1　PDCA管理原则

二、营运管理过程

企业营运管理工作过程主要包括：营运计划的制订、营运计划的执行、营运计划的调整、营运分析、营运绩效管理等。

（一）营运计划的制订

1. 营运计划的内涵及分类

营运计划是指企业根据战略决策和营运目标的要求，从时间和空间上对营运过程中各种资源所做出的统筹安排，主要作用是分解营运目标，分配企业资源，安排营运过程中的各项活动。企业根据不同的需求制订不同的营运计划，也就有了不同的分类情况。

（1）按计划的时间，营运计划可分为短期营运计划、中期营运计划和长期营运计划。

短期营运计划是指期限在1年以内的计划。如年、半年、季、月营运计划。短期营运计划通常比中期营运计划更为详细具体，更具有操作性。中期营运计划介于短期与长期营运计划之间，如2年、3年、4年计划。中期营运计划主要起衔接长期营运计划和短期营运计划的作用。长期营运计划是指期限超过5年的营运计划，通常具有战略意义，它从企业全局出发，确定在较长时期内营运活动所要达到的目标及实现目标的措施。

（2）按计划的内容，营运计划可分为销售、生产、供应、财务、人力资源、产品开发、技术改造和设备投资等营运计划。

【案例5-1】2021年7月16日，Canalys发布了第二季度全球智能手机市场份额的报告，小米市场份额为17%，智能手机销量超过了苹果，晋升全球第二。正值小米10周年之际，为配合“米粉”福利发放、使市场份额进一步增加，假设小米公司制订了第三季度生产计划。公司欲新增2条生产线，投入4 000 000元，随着生产线的不断投入，相应增加工作人员，如果每增加一条工作线，需增加操控人员3人，每人每月工资预期4 000元。

2. 营运计划的制订

企业应当科学合理地制订营运计划，充分考虑各层次营运目标、业务计划、管理指标等方面的内在逻辑联系，形成涵盖各价值链的、不同层次和不同领域的、业务与财务相结合的、短期与长期相结合的目标体系和行动计划。同时，企业在制订营运计划时，应开展营运预测，将其作为营运计划制订的基础和依据。企业制订营运计划应当遵循以下原则：

❶系统性原则。企业在制订计划时不仅应考虑营运的各个环节，还要从整个系统的角度出发，认识到各个环节是整个大系统中的一个小系统；既要考虑大系统的利益，也要兼顾个体利益。

❷平衡性原则。企业应考虑内外部环境之间的矛盾，有效平衡可能对营运过程中的研发、生产、供应、销售等存在影响的各个方面，使其保持合理的比例关系。

❸灵活性原则。企业应当充分考虑未来的不确定性，在制订计划时保持一定的灵活性和弹性。

在具体制订营运计划时，企业应根据自身实际情况，可选择单独或综合应用预算管理领域、平衡计分卡、标杆管理等管理会计工具方法；同时，应充分应用本量利分析、敏感性分析、边际分析等管理会计工具方法，为营运计划的制订提供具体量化的数据分析，有效支持决策。通过沟通、讨论，达成共识后的营运计划，根据营运管理流程，进行逐级审批。企业各部门应在已经审批通过的营运计划的基础上，进一步制订各自的业务计划，并按流程履行审批程序。

（二）营运计划的执行

经审批的营运计划应以正式文件的形式下达执行。执行企业应逐级分解营运计划，按照横向到边、纵向到底的要求分解落实到各下级企业或部门、岗位或员工，确保营运计划得到充分落实。经审批的营运计划应分解到季度、月度，形成月度的营运计划，逐月下达、执行。各企业应根据月度的营运计划组织开展各项营运活动。企业应建立配套的监督控制机制，及时记录营运计划执行情况，进行差异分析与纠偏，持续优化业务流程，确保营运计划的有效执行。

（三）营运计划的调整

企业的营运计划一旦批准下达，一般不予调整。宏观经济形势、市场竞争形势等发生重大变化，导致企业营运状况与预期出现较大偏差的，企业可以适时对营运计划做出调整，使营运目标更加切合实际。营运计划的调整应由具体执行企业提出调整申请，层层审批，批准后下达正式文件。企业营运计划的调整一般分为三个步骤，如图5-2所示。

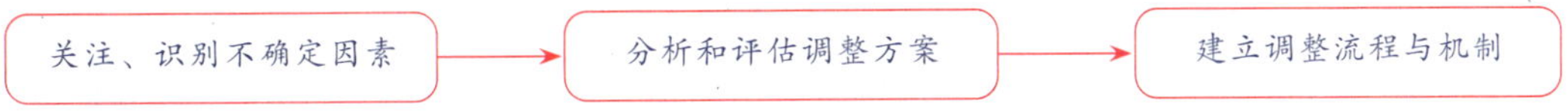

图5-2　企业营运计划调整的步骤

企业在营运计划执行过程中，应关注和识别存在的各种不确定因素，分析和评估其对企业营运的影响，适时启动调整原计划的有关工作，确保企业营运目标更加切合实际，更合理地进行资源配置。企业在做出营运计划调整决策时，应分析和评估营运计划调整方案对企业营运的影响，包括对短期的资源配置、营运成本、营运效益等的影响以及对长期战略的影响。

（四）营运分析

1. 企业营运分析的内涵

企业的营运分析是指以本期财务和管理指标为起点，通过指标分析查找异常，并进一步揭示差异所反映的营运缺陷，追踪缺陷成因，提出并落实改进措施，不断提高企业营运管理水平。为强化营运分析，确保企业营运目标的顺利完成，企业应结合自身实际情况，按照日、周、月、季、年等频率建立营运分析体系；并按照PDCA管理原则，不断优化营运分析体系的各项机制，做好营运分析工作。

2. 企业营运分析的任务和步骤

营运分析的基本任务是发现偏差、分析偏差和纠正偏差。

（1）发现偏差。企业通过各类手段和方法，分析营运计划的执行情况，发现计划执行中的问题。

（2）分析偏差。企业对营运计划执行过程中出现的问题和偏差原因进行研究，采取针对性的措施。

（3）纠正偏差。企业根据偏差产生的原因采取针对性的纠偏对策，使企业过程中的活动按既定的营运计划进行，或者按照《管理会计应用指引第400号——营运管理》第五章对营运计划进行必要的调整。

企业营运分析的一般步骤包括：

❶明确营运目的，确定有关营运活动的范围；

❷全面收集有关营运活动的资料，进行分类整理；

❸分析营运计划与执行的差异，追溯原因；

❹根据差异分析采取恰当的措施，并进行分析和报告。

3. 企业营运分析的注意事项

❶企业营运分析应至少包括发展能力、盈利能力、偿债能力等方面的财务指标，以及生产能力、管理能力等方面的非财务内容，并根据所处行业的营运特点，通过趋势分析、对标分析等工具方法，建立完善的营运分析指标体系。

❷企业应将营运分析的对象、目的、程序、评价及改进建议形成书面分析报告。同时建立预警、督办、跟踪等营运分析机制，及时对营运分析过程中发现的异常情况进行通报、预警，按照PDCA管理原则督促相关责任人将工作举措落实到位。

❸企业可以建立信息报送、收集、整理、分析、报告等日常管理机制，保证信息传递的及时性和可靠性；建立营运监控管理信息系统、营运监控信息报告体系等，保证营运分析工作的顺利开展。

（五）营运绩效管理

❶企业可以开展营运绩效管理，激励员工为实现营运管理目标做出贡献。绩效管理指标应以企业营运管理指标为基础，做到无缝衔接、层层分解，确保企业营运目标的落实。

❷企业可以建立营运绩效管理委员会、营运绩效管理办公室等不同层级的绩效管理组织，明确绩效管理流程和审批权限，制定绩效管理制度。

❸企业可以以营运计划为基础，制定绩效管理指标体系，明确绩效指标的定义、计算口径、统计范围、绩效目标、评价标准、评价周期、评价流程等内容，确保绩效指标具体、可衡量、可实现、相关以及具有明确期限。

三、营运管理工具方法

营运管理应用的管理会计工具方法主要包括本量利分析、边际分析、敏感性分析和标杆管理。其中，本量利分析主要包括盈亏平衡分析（保本分析）、目标利润分析（保利分析）等；边际分析主要包括边际贡献分析和安全边际分析等；敏感性分析主要包括单因素敏感性分析和多因素敏感性分析。这些工具方法将在后面的有关内容中详细介绍。

企业应根据自身业务特点和管理需要等，单独或综合运用营运管理工具方法，以更好地实现营运管理的目标。企业营运管理除了科学合理的工具方法之外，还需要有健全的组织架构、管理制度、信息系统等内部环境以及相关的外部环境。

知识测试

一、不定项选择题

1.PDCA 工作循环中的 A 是指（　　）。

A. 计划　　B. 执行　　C. 检查　　D. 处理

2. 营运管理分析的基本任务是（　　）。

A. 定期检查、发现问题、处理问题　　B. 定期检查、发现问题、及时报告

C. 发现偏差、分析偏差、纠正偏差　　D. 发现偏差、分析偏差、及时报告

3. 营运计划按照时间分类可分为（　　）。

A. 长期营运计划　　B. 中期营运计划

C. 短期营运计划　　D. 年度营运计划

4. 制订营运计划应坚持的原则有（　　）。

A. 系统性原则　　B. 平衡性原则

C. 灵活性原则　　D. 适合性原则

5. 在营运计划执行过程中，可能导致营运计划调整的情形有（　　）。

A. 主要产品市场需求大幅度下降　　B. 原材料价格大幅度上涨

C. 国家税收政策大幅度调整　　D. 通货膨胀十分严重

不定项选择题

二、判断题

1. 企业在制订营运计划时，应开展营运预测，将其作为营运计划制订的基础和依据。（　　）

2. 企业应根据营运管理流程，对营运计划进行逐级审批，经审批的营运计划应以正式文件的形式下达执行。（　　）

3. 企业的营运计划一旦批准下达，一般不予调整。宏观经济形势、市场竞争形势等发生重大变化，导致企业营运状况与预期出现较大偏差的，企业可以适时对营运计划做出调整，使营运目标更加切合实际。（　　）

4. 企业应采取自上而下的方式制订营运计划，应充分调动全员积极性，通过沟通、讨论达成共识。（　　）

5. 按照系统性原则要求，企业应考虑内外部环境之间的矛盾，有效平衡可能对营运过程中的研发、生产、供应、销售等存在影响的各个方面，使其保持合理的比例关系。（　　）

判断题

三、思考题

1. 企业营运管理活动应按照 PDCA 管理原则，形成闭环管理。在企业其他管理领域可否应用 PDCA

管理原则？请举例说明。

2.有观点认为：“企业营运计划既要有刚性，也要有一定的灵活性和弹性。”请你谈谈对此观点的看法。

第二节 本量利分析

一、本量利分析的认知

（一）本量利分析的内涵

本量利分析是指以成本性态和变动成本法为基础，运用数学模型和图示，对成本、利润、业务量与单价等因素之间的依存关系进行分析，发现变动的规律性，为企业进行预测、决策、计划和控制等活动提供支持的一种方法。其中，“本”是指成本，包括固定成本和变动成本；“量”是指业务量，一般指销售量；“利”一般指营业利润。

在企业的实际经营过程中，财务人员与经理人员通常想知道企业销售多少产品可以保本，生产销售多少产品能够实现预期营业利润，企业目前经营的安全程度如何以及下一步在安排生产和销售时应注意哪些问题等。解决上述问题的关键，要求管理人员掌握本量利的分析方法及适用范围，在明确假设前提的基础上逐步熟练应用。

（二）本量利分析的适用范围及相关假设

本量利分析主要用于企业生产决策、成本决策和定价决策，也可以广泛地用于投融资决策等。企业在营运计划的制订、调整及营运分析等程序中通常也会用到本量利分析。本量利分析中，成本、业务量和利润之间的数量关系是建立在一系列假设基础上的。一般来说，本量利分析主要基于以下四个假设前提：

1. 将全部成本划分为固定成本和变动成本

假设将企业发生的全部成本都按其性态划分为变动成本和固定成本。这是进行本量利分析的一个基本条件。因此，对所有需要进行本量利分析的产品，都应将其成本划分为固定成本和变动成本，且固定成本总额在相关范围内保持不变，单位变动成本在相关范围内保持不变，变动成本总额与业务量成正比例变动。

2. 销售收入与业务量呈完全线性关系

假设销售收入随业务量的变化而变化，两者之间应保持完全线性变动关系。因此，当销售量在相关范围内变化时，产品的价格不会发生变化。

3. 产销平衡

假设当期产品的生产量与销售量一致，即当期生产多少就能卖出多少，产销平衡，不考虑存货水平变动对利润的影响。

4. 产品产销结构稳定

假设在同时生产销售多种产品的企业中，其销售产品的品种结构不变。即在一个生产与销售多种产品的企业，以价值形式表现的产品的产销总量发生变化时，原来各产品产销额在全部产品的产销额中的比重不会发生变化。这是因为在产销多品种的情况下，保本点会受到多种产品贡献和产品结构的影响，只有在产品结构不变的基础上进行保本分析才是有效的。

（三）本量利分析的相关公式

在本量利分析中，需要考虑五个相关因素，各因素之间的关系式如下：

利润=（单价-单位变动成本）×业务量-固定成本

即　$P=px-bx-a$

式中：P——营业利润；

p——单价，即销售单价；

x——业务量，一般指销售量；

b——单位变动成本；

a——固定成本。

从上式中可以看出，当给定其中四个变量时，便可求出另一个变量的值。

引入边际贡献指标之后，本量利的基本关系式也可以表述为：

利润=边际贡献-固定成本

=销售量×单位边际贡献-固定成本

=销售收入×边际贡献率-固定成本

=销售收入×（1-变动成本率）-固定成本

即　$P=Tcm-a=cm\cdot x-a=px\cdot cmR-a=px\cdot(1-bR)-a$

边际贡献是一个十分重要的指标，它是衡量企业提供的服务或产品盈利性强弱的关键指标。从上述公式中可以看出，企业各种产品或服务所贡献的边际贡献并不是企业的营业净利润，因为边际贡献首先用来补偿企业的固定成本，只有当边际贡献大于固定成本时才能为企业提供利润，否则企业将出现亏损。

二、保本分析

（一）保本点的含义

保本分析也称盈亏平衡分析，是指分析、测定盈亏平衡点，以及有关因素变动对盈亏平衡点的影响等，是本量利分析的核心内容。盈亏平衡分析的原理是通过计算企业在利润为零时处于盈亏平衡的业务量，分析项目对市场需求变化的适应能力等。盈亏平衡分析包括单一产品的盈亏平衡分析和产品组合的盈亏平衡分析。

保本点又称盈亏临界点、盈亏平衡点等，是指能使企业达到保本状态的业务量的总称。保本点是任何经营事项至少要达到的一个底线，是获得利润的基础，表现形式有两种：❶保本销售量，简称保本量（记为x_0）；❷保本销售额，简称保本额（记为s_0）。

（二）单一产品的保本点确定方法

1. 公式法

根据本量利关系的基本方程式：

利润=单价×销售量-单位变动成本×销售量-固定成本

保本意味着利润为0，此时产品的销售量就是保本销售量。

盈亏平衡点的业务量x_0=固定成本÷（单价-单位变动成本）

盈亏平衡点的销售额s_0=单价×盈亏平衡点的业务量x_0

或　盈亏平衡点的销售额s_0=固定成本÷（1-变动成本率）

=固定成本÷边际贡献率

边际贡献率（cmR）=1-变动成本率（bR）

企业的业务量等于盈亏平衡点的业务量时，企业处于保本状态；企业的业务量高于盈亏平衡点的业务量时，企业处于盈利状态；企业的业务量低于盈亏平衡点的业务量时，企业处于亏损状态。

2. 图示法

企业使用本量利关系图进行分析，可以更加直观地掌握成本、业务量和利润之间的关系。本量利关系图按照数据的特征和目的分类，可以分为传统式、边际贡献式和利量式三种。

（1）传统式本量利关系图

传统式本量利关系图是最基本、最常见的本量利关系图形，如图5-3-1所示。

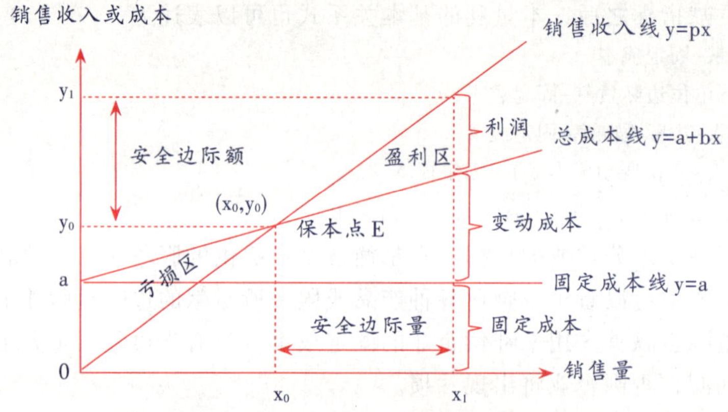

图5-3-1 传统式本量利关系图

绘制方法如下：

❶在直角坐标系中，以横轴表示销售量，以纵轴表示销售收入或成本。

❷在纵轴上找出固定成本数值，即以（0，固定成本数值）为起点，绘制一条与横轴平行的固定成本线。

❸以（0，固定成本数值）为起点，以单位变动成本为斜率，绘制总成本线。

❹以坐标原点（0，0）为起点，以销售单价为斜率，绘制销售收入线。

❺总成本线和销售收入线的交点就是盈亏临界点销售量（即保本销售量）。

（2）边际贡献式本量利关系图

边际贡献式本量利关系图是将固定成本置于变动成本之上，能够反映边际贡献形成过程的图形，如图5-3-2所示。

绘制方法如下：

❶在直角坐标系中，以横轴表示销售量，以纵轴表示销售收入或成本。

❷从坐标原点出发分别绘制销售收入线和变动成本线。

❸以纵轴上的（0，固定成本数值）为起点，绘制一条与变动成本线平行的总成本线。

❹总成本线和销售收入线的交点就是盈亏临界点销售量（即保本销售量）。

（3）利量式本量利关系图

利量式本量利关系图是反映利润与销售量之间依存关系的图形，如图5-3-3所示。

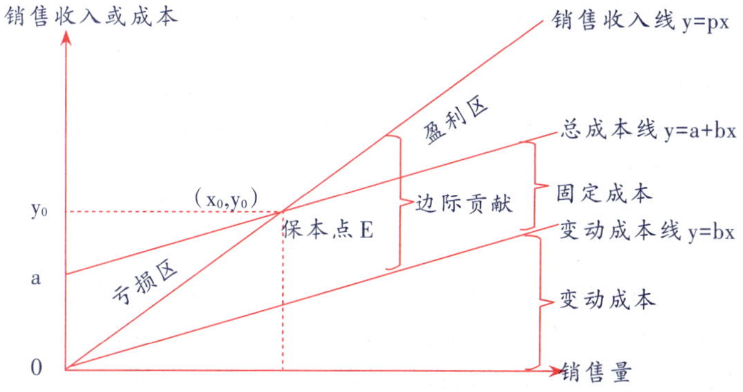

图 5-3-2 边际贡献式本量利关系图

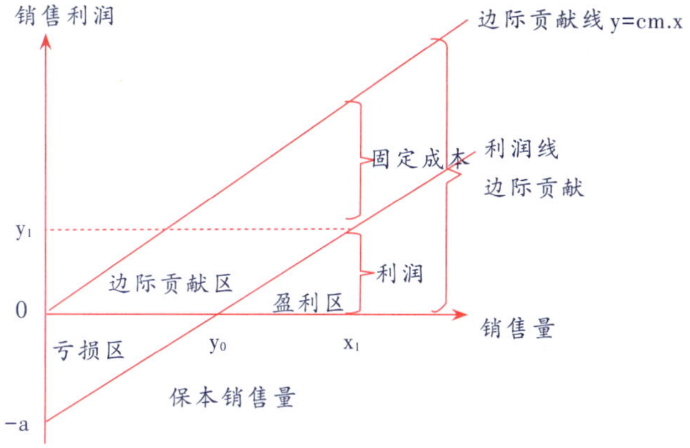

图 5-3-3 利量式本量利关系图

绘制方法如下：

❶在直角坐标系中，以横轴代表销售量，以纵轴代表销售利润（或亏损）。

❷在纵轴原点以下部分找到与固定成本总额相等的点（0，-固定成本数值），该点表示销售量等于零时，亏损额等于固定成本；从点（0，-固定成本数值）出发画出利润线，该线的斜率是企业单位边际贡献。

❸利润线与横轴的交点即为盈亏临界点销售量（即保本销售量）。

盈亏平衡分析的主要作用在于使企业管理者在经营活动发生之前，对该项经营活动的盈亏临界情况做到心中有数。企业经营管理者总是希望企业的盈亏平衡点越低越好。盈亏平衡点越低，企业的经营风险就越小。从盈亏平衡点的计算公式可以看出，降低盈亏平衡点的途径主要有三个：一是降低固定成本总额；二是降低单位变动成本；三是提高销售单价。

【案例 5-2】假设小米公司仅生产销售一种扫拖机器人 Pro，市场价格为 2 499 元，假设平均生产 1 台扫拖机器人 Pro 所耗费的人工成本和原材料合计为 1 699 元，小米公司每月的生产线固定资产折旧以及场地租用费和广告费共计 200 000 元。试计算小米公司的盈亏平衡点销售量和销售额各为多少。

保本销售量 x_0=200 000÷（2 499-1 699）=250（台）

保本销售额 s_0=250×2 499=624 750（元）

动脑筋

请绘制【案例5-2】中小米公司的总成本线、销售收入线、固定成本线及变动成本线，并分别在传统式本量利关系图和边际贡献式本量利关系图中标出盈利区和亏损区，指出保本点所在的位置并说一说两种图的区别和联系。

（三）产品组合的保本点确定方法

产品组合的盈亏平衡分析是在掌握每种单一产品的边际贡献率的基础上，按各种产品销售额的比重进行加权平均，据以计算综合边际贡献率，从而确定多产品组合的盈亏平衡点。在企业同时生产经营多种产品的情况下，盈亏平衡点的计算只能用金额来表示，即综合保本销售额。其公式如下：

$$综合保本销售额=\frac{固定成本}{综合边际贡献率}$$

$$=\frac{固定成本}{1-综合变动成本率}$$

计算步骤如下：

1. 计算综合边际贡献率

$$综合边际贡献率=\frac{\sum 各产品边际贡献}{\sum 各产品销售收入}\times 100\%$$

2. 计算多品种的综合保本销售额

$$综合保本销售额=\frac{固定成本总额}{综合边际贡献率}$$

3. 计算每种产品的销售比重

$$某种产品的销售比重=\frac{该种产品的销售额}{所有产品的总销售额}\times 100\%$$

4. 计算每种产品的保本销售额和保本销售量

某种产品的保本销售额=综合保本销售额×某种产品的销售比重

用求得的该产品保本销售额除以该产品的单价，就得到该产品的保本销售量，即：

$$某产品的保本销售量=\frac{该产品的保本销售额}{该产品的单价}$$

【案例5-3】假设小米公司积极开展多元化经营，生产销售扫拖机器人Pro的子公司再次推出九号平衡车和小米净水器，预计每月三条生产线投入为800 000元，人工成本为25 000元，由于改进了生产技术，降低了产品的可变成本，主要资料见表5-1。试计算三种产品的综合保本销售额以及各类产品的保本销售额和保本销售量。

表5-1　小米公司三种产品预计销售量、销售单价、单位变动成本情况　金额单位：元

项目	扫拖机器人Pro	九号平衡车	小米净水器
销售量(台)	400	1 000	500
销售单价	2 499	1 999	3 499
单位变动成本	1 699	1 159	2 269

（1）$综合边际贡献率=\frac{(2\,499-1\,699)\times 400+(1\,999-1\,159)\times 1\,000+(3\,499-2\,269)\times 500}{2\,499\times 400+1\,999\times 1\,000+3\,499\times 500}\times 100\%$

$=37.38\%$

（2）综合保本销售额$=\frac{800\ 000+25\ 000}{37.38\%}=2\ 207\ 062.60$（元）

（3）扫拖机器人Pro的销售比重$=\frac{2\ 499\times 400}{2\ 499\times 500+1\ 999\times 1\ 000+3\ 499\times 500}\times 100\%=21.05\%$

九号平衡车的销售比重$=\frac{1\ 999\times 1\ 000}{2\ 499\times 400+1\ 999\times 1\ 000+3\ 499\times 500}\times 100\%=42.10\%$

小米净水器的销售比重$=\frac{3\ 499\times 500}{2\ 499\times 400+1\ 999\times 1\ 000+3\ 499\times 500}\times 100\%=36.85\%$

（4）扫拖机器人Pro保本销售额=2 207 062.60×21.05%=464 586.68（元）

九号平衡车保本销售额=2 207 062.60×42.10%=929 173.35 （元）

小米净水器保本销售额=2 207 062.60×36.85%=813 302.57 （元）

（5）扫拖机器人Pro保本销售量$=\frac{464\ 586.68}{2\ 499}\approx 186$（台）

九号平衡车保本销售量$=\frac{929\ 173.35}{1\ 999}\approx 465$（台）

小米净水器保本销售量$=\frac{813\ 302.57}{3\ 499}\approx 233$（台）

细心的读者应该已经注意到，在【案例5-2】中，小米公司只生产销售扫拖机器人Pro时，保本销售量为250台，而在【案例5-3】生产销售多种产品时，虽然固定成本也同时增加了，但是保本销售量却降低到186台，说明该产品组合是成功的，单一产品扫拖机器人Pro的边际贡献率为32%（800÷2 499×100%），而产品组合的综合边际贡献率为37.38%，企业通过低边际贡献率的扫拖机器人Pro实现“引流”，吸引消费者，然后搭配销售边际贡献率高的产品（九号平衡车和小米净水器），从而提高企业的盈利能力。

三、保利分析

保本分析是假设在企业保本即利润为零的状态下进行的本量利分析，但保本并不是企业经营的最终目的。在竞争的市场环境中，企业经营的目的是追求利润，不断扩大规模，实现可持续发展。因此，企业不会满足于保本分析，而是更注重盈利条件下的本量利分析，即目标利润分析。

目标利润分析也称保利分析，是在本量利分析法的基础上，计算为达到目标利润所需达到的业务量、收入和成本的一种利润规划方法。目标利润分析可分为单一品种的目标利润分析和产品组合的目标利润分析。单一品种的目标利润分析重在分析每个要素的重要性，产品组合的目标利润分析重在优化企业产品组合。

（一）保利点的含义

保利点是在单价和成本水平一定的情况下，为确保预先制定的目标利润可以实现，而必须达到的销售量或销售额。

（二）保利点的确定

假设在不考虑企业所得税的情况下，由企业利润的基本公式：

目标利润=单价×销售量-单位变动成本×销售量-固定成本

可以推导出保利点的计算公式为：

$$保利销售量=\frac{固定成本+目标利润}{单价-单位变动成本}$$

$$=\frac{固定成本+目标利润}{单位边际贡献}$$

$$保利销售额=保利销售量\times单价=\frac{固定成本+目标利润}{边际贡献率}$$

（三）保净利点的确定

保净利点是企业一定时期缴纳企业所得税后实现的目标利润，只有净利润才是企业可支配的目标金额，所以该指标对企业来说至关重要。

与保利点相同，保净利点也有两种表示方法：❶保净利销售量；❷保净利销售额。

由净利润的计算公式：

净利润=利润总额-所得税

=利润总额×（1-所得税税率）

=（单价×销售量-单位变动成本×销售量-固定成本）×（1-所得税税率）

可以推导出：

$$保净利销售量=\frac{固定成本+\dfrac{净利润}{1-所得税税率}}{单价-单位变动成本}$$

$$=\frac{固定成本+\dfrac{净利润}{1-所得税税率}}{单位边际贡献}$$

【案例5-4】续【案例5-2】，结合已知条件，计算当小米公司只生产单一产品扫拖机器人Pro时的保利销售量和保利销售额。

（1）假定小米公司的目标利润为300 000元，若不考虑所得税影响，计算该产品的保利点。

保利销售量=（200 000+300 000）÷（2 499-1 699）=625（台）

保利销售额=625×2 499=1 561 875（元）

（2）假定小米公司的目标利润为300 000元，所得税税率为25%。计算该产品考虑所得税以后的保净利点。

$$保净利销售量=\frac{200\,000+\dfrac{300\,000}{1-25\%}}{2\,499-1\,699}=750（台）$$

保净利销售额=750×2 499=1 874 250（元）

（四）多品种产品的保利点计算

当企业产销多种产品时，根据保利点的含义和本量利分析公式，运用综合边际贡献率法，确定保利点的计算公式为：

$$综合保利额=\frac{固定成本总额+目标利润}{综合边际贡献率}$$

各种产品的保利额=综合保利额×该种产品的销售比重

【案例5-5】续【案例5-3】，根据已知材料，假定企业目标利润为300 000元，试计算三种产品的综合保利销售额及各种产品的保利销售额和保利销售量。

综合保利销售额=（800 000+25 000+300 000）÷37.38%≈3 009 630.82（元）

扫拖机器人Pro保利销售额=3 009 630.82×21.05%≈633 527.29（元）

九号平衡车保利销售额=3 009 630.82×42.10%≈1 267 054.58（元）

小米净水器保利销售额=3 009 630.82×36.85%≈1 109 048.96（元）

扫拖机器人Pro保利销售量=633 527.29÷2 499≈254（台）

九号平衡车保利销售量=1 267 054.58÷1 999≈634（台）

小米净水器保利销售量=1 109 048.96÷3 499≈317（台）

从以上案例中我们不难发现，当企业布局多元化的产业后，要赚取与原来生产单一产品相同的利润，相对应的生产销售量与原来不一样了，因为人工成本、生产线投入、广告费等投入均会有一定的变化，这些都可能导致利润的变动，至于到底是如何导致利润变动的，我们将在敏感性分析中进行进一步阐述。

四、本量利分析法的评价

本量利分析法的主要优点是可以广泛应用于规划企业经济活动和营运决策等方面，简便易行、通俗易懂和容易掌握。

本量利分析法的主要缺点是仅考虑单因素变化的影响，是一种静态分析方法，且对成本性态较为依赖。

知识测试

一、不定项选择题

1.下列关于利润的计算公式中，错误的是（　　）。

A.利润=销售量×（单价-单位变动成本）-固定成本

B.利润=销售收入×（1-变动成本率）-固定成本

C.利润=（销售收入-保本点销售额）×边际贡献率

D.利润=销售收入×变动成本率-固定成本

2.保本点越高，说明（　　）。

A.企业盈利能力越大　　B.企业经营风险越小

C.企业可实现的利润额越小　　D.企业经营安全度越高

3.某企业生产单一产品，在固定成本不变、单价和单位变动成本等比例上升的情况下，保本点的销售量将（　　）。

A.上升　　B.下降　　C.不变　　D.无法判断

4.本量利分析中的变动成本是指（　　）。

A.变动生产成本　　B.变动非生产成本

C.变动生产成本和变动非生产成本　　D.以上表述均不正确

5.本量利分析的公式中涉及的因素有（　　）。

A.单价　　B.单位变动成本　　C.业务量　　D.固定成本

不定项选择题

二、判断题

1.本量利分析中的业务量只能是销售量，不能是产量、工时等其他业务量。（　　）

2.本量利分析的主要优点是可以广泛应用于规划企业经营活动和营运决策等方面，简便易行、通俗易懂和容易掌握。（　　）

3.保本点越高，企业的营运安全程度越好。（　　）

4.多品种产品的保本点确定时，应当先确定保本销售额，再确定保本销售量。（　　）

5.本量利分析包括盈亏平衡分析但不包括目标利润分析。（　　）

判断题

三、实务题

1.假设某公司只生产销售甲产品，预计单价为68元，单位变动成本为46元，固定成本为500 000元，年销售量为100 000件，则预计年利润为多少？

2.承上题，假设该公司计划期的目标利润为2 000 000元，其他条件不变，则单位变动成本应为多少？

实务题

第三节 敏感性分析

一、敏感性分析的认知

（一）敏感性分析的概念

敏感性分析是指对影响目标实现的因素变化进行量化分析，以确定各因素变化对实现目标的影响及其敏感程度。在企业实际财务分析中，敏感性分析具有广泛适用性，有助于识别、控制和防范短期营运决策、长期投资决策等相关风险，在营运计划的制订、调整以及营运分析等程序中使用，也常用于长期投资决策等。根据对决策的影响不同，可以将敏感性分析划分为短期营运决策中的敏感性分析和长期投资决策中的敏感性分析，根据分析中所涉及的因素不同，可以分为单因素敏感性分析和多因素敏感性分析。

（二）敏感性分析的应用程序

短期营运决策中的敏感性分析主要应用于目标利润规划（利润敏感性分析）。其应用程序一般包括确定短期营运决策目标、根据决策环境确定决策目标的基准值、分析确定影响决策目标的各种因素、计算敏感系数、根据敏感系数对各因素进行排序等。长期投资决策中的敏感性分析，是指通过衡量投资方案中某个因素的变动对该方案预期结果的影响程度，做出对项目投资决策的可行性评价。本节主要介绍短期营运决策中的敏感性分析。

二、利润敏感性分析

在前述保本分析和保利分析中，隐含着一个假定，即除待求变量外的其他参数都是确定不变的。实际上，由于商品市场环境的变化（如供求数量、原材料价格、产品价格等的变动）和企业生产技术条件的变化（如原材料消耗、工时消耗水平等的变动），会引起模型中的参数发生变化，势必对原已计算的盈亏平衡点、目标利润或目标销售量产生影响。

企业的经营管理者希望事先预知、掌握有关参数可能变化的影响程度，以便在变化发生时及时采取对策，调整企业计划，能够使生产经营活动始终控制在最有利的状态。敏感性分析是解决类似问题的一种可取的方法。

基于本量利关系的敏感性分析，主要研究分析有关参数发生多大变化会使盈利转为亏损，各参数变化对利润变化的影响程度，以及各因素变动时如何调整应对，以保证原目标利润的实现。

（一）有关参数发生多大变化由盈利转为亏损

从利润的计算公式中可以得出，单价、单位变动成本、销售量和固定成本的变化，会影响利润的高低。这种变化达到一定程度，会使企业利润消失，进入盈亏临界状态，使企业的经营状况发生质变。

敏感性分析的目的之一，就是提供能引起目标发生质变的各参数变化的界限，其方法称为最大最小法。

【案例 5-6】假设沿用【案例 5-3】资料，小米公司在扩充生产线之后，想单独测算小米净水器的下个月利润情况，已知预计下个月销售量为500件，生产线的固定投入和人工费用是15 000元，则仅就小米净水器而言的产品利润是：

利润=（单价−单位变动成本）×销售量−固定成本

=（3 499−2 269）×500−15 000=600 000（元）

有关的敏感性分析包括如下几方面：

1. 销售单价最小值

单价下降会使得利润下降，下降到一定程度，利润将变为零，它是企业能容忍的销售单价最小值。

假设最小销售单价为S_{min}，则：

500×（S_{min}−2 269）−15 000=0

可以由此得出：S_{min}=2 299（元）

表明销售单价由3 499元降至2 299元，也就是降低34.3%时企业的利润为零。

2. 单位变动成本最大值

单位变动成本上升会使利润下降，并逐渐趋于零，此时的单位变动成本是企业能接受的最大值。

假设单位变动成本最大值为b_{max}，则：

500×（3 499−b_{max}）−15 000=0

由此可以得出：b_{max}=3 469（元）

表明单位变动成本由2 269元上升至3 469元时，也就是单位变动成本上升52.9%时企业的利润为零。

3. 固定成本最大值

固定成本上升亦会使利润下降并趋近于零。

假设固定成本最大值为a_{max}，则：

500×（3 499−2 269）−a_{max}=0

由此可以得出：a_{max}=615 000（元）

表明固定成本增至615 000元时，也就是说固定成本增加40倍时，企业将由盈利转为亏损。

4. 销售量最小值

销售量最小值，是指使企业利润为零时的销售量，它就是盈亏临界点销售量，也就是保本销售量，其计算方法在前面已经介绍过。

盈亏平衡点销售量=保本销售量=固定成本÷（单价−单位变动成本）

=15 000÷（3 499−2 269）≈13（台）

也就是说，企业只需要销售13台就可以保本，在制订销售计划时可调节的空间很大。

（二）各参数的敏感系数计算

各参数变化都会引起利润的变化，但其影响程度各不相同。有的参数可能发生微小变化，就会使利润发生很大的变动，利润对这些参数的变化十分敏感，我们称这类参数为敏感因素。与此相反，有的参数发生变化后，利润的变化不大，我们称这类参数为不敏感因素。反映敏感程度的指标是敏感系数。

$$敏感系数=\frac{利润变动百分比}{因素变动百分比}$$

【案例5-7】沿用【案例5-6】的资料，已知小米净水器的销售量为500台，销售单价为3 499元，单位变动成本为2 269元，固定成本为15 000元，试计算销售量、销售单价、单位变动成本和固定成本均分别增长10%时各因素的敏感系数。

1. 销售量的敏感系数

销售量=500×（1+10%）=550（台）

利润=550×（3 499-2 269）-15 000=661 500（元）

$$利润变动百分比=\frac{661\,500-600\,000}{600\,000}\times100\%=10.25\%$$

销售量的敏感系数=10.25% ÷10%=1.025

由此可见，销售量变动10%，利润也基本上会变动10%，当销量增长时，利润会以基本持平的幅度增长，这是由于企业固定成本被产量、销量分摊导致成本下降产生的。对销售量进行敏感性分析，实质上就是分析经营杠杆现象，利润对销售量的敏感系数其实就是经营杠杆系数。

2. 销售单价的敏感程度

单价=3 499×（1+10%）=3 848.9（元）

利润=500×（3 848.9-2 269）-15 000=774 950（元）

$$利润变化的百分比=\frac{774\,950-600\,000}{600\,000}\times100\%\approx29.16\%$$

单价的敏感系数=29.16% ÷10%≈2.92

由此可见，销售单价对利润的影响很大，单价变动10%，利润则以29.16%的速率随单价变化，看来涨价是提高盈利的有效手段，反之，价格下跌也将对企业利润构成很大威胁，经营者必须对销售价格予以关注，同时考虑产品的性能和市场接受度，避免涨价带来的市场份额流失及价格下跌带来的不良风险。

3. 单位变动成本的敏感程度

单位变动成本=2 269×（1+10%）=2 495.9（元）

利润=（3 499-2 495.9）×500-15 000=486 550（元）

$$利润变化的百分比=\frac{486\,550-600\,000}{600\,000}\times100\%\approx-18.91\%$$

单位变动成本的敏感系数=-18.91%÷10%≈-1.89

由此可见，单位变动成本每上升10%，利润将下降18.91%，这也是大部分企业在实际压缩成本时，更愿意在单位变动成本上“下功夫”的原因所在，要么通过研发新材料降低成本，要么会寻找科学可行的替代材料降低成本，从而实现目标利润。

4. 固定成本的敏感程度

固定成本=15 000×（1+10%）=16 500（元）

利润=（3 499-2 269）×500-16 500=598 500（元）

$$利润变化的百分比=\frac{598\,500-600\,000}{600\,000}\times100\%=-0.25\%$$

固定成本的敏感系数=-0.25%÷10%=-0.025

由此可见，固定成本每上升10%，利润将减少0.25%，说明固定成本对利润的影响非常小，通过管控固定成本实现目标利润的路径并不可行。

综上所述，将四个因素按敏感系数的绝对值从大到小排序，依次是单价、单位变动成本、销售量、固定成本。换言之，对利润影响最大的因素是单价，其次是单位变动成本、销售量和固定成本。当然，上述各因素敏感系数的排序是在本题所设定条件下得到的，如果条件发生变化，各因素敏感系数的排序也可能发生变化。

因此，我们通过计算可以得出，小米公司布局多元化生产线是非常正确的决策，提高了企业整体的盈利水平，小米净水器的生产销售整体向好，但由于小米净水器的价格敏感系数为2.92，可能由于小米的公司定位是做高性价比的产品，跟行业同类产品相比并不是很高，不太适合通过进一步提高价格来获取盈利，可进行合理的销售搭配，保证目标利润的实现。

（三）目标利润要求变化时允许各因素的升降幅度

当目标利润有所变化时，只有通过调整各因素现有水平才能达到目标利润变动的要求。因此，对各因素允许升降幅度的分析，实质上是各因素对利润影响程度分析的反向推算，在计算上表现为敏感系数的倒数。

三、敏感性分析法的评价

敏感性分析法的主要优点是简单易行，分析结果易于理解，能为企业的规划、控制和决策提供参考。

敏感性分析法的主要缺点是对决策模型和预测数据具有依赖性，决策模型的可靠程度和数据的合理性会影响敏感性分析的可靠性。

知识测试

一、不定项选择题

1.下列关于敏感系数的说法中，不正确的是（　　）。

A.敏感系数=目标值变动百分比÷参数值变动百分比

B.敏感系数越小，说明利润对该参数的变化越敏感

C.敏感系数绝对值越大，说明利润对该参数的变化越敏感

D.敏感系数为负值，表明因素的变动方向和目标值的变动方向相反

2.在其他条件不变时，若使利润上升50%，单位变动成本需下降20%。下列说法中正确的是（　　）。

A.单位变动成本的敏感系数大于1

B.敏感系数的绝对值越大，对因素变动越不敏感

C.利润对单位变动成本的变动最敏感

D.利润与单位变动成本成反方向变动

3.已知销售量的利润敏感系数为2.5，预计计划期甲产品的销售量将提高10%，则利润将提高（　　）。

A.25%　　　　B.30%　　　　C.40%　　　　D.45%

4.称为经营杠杆系数的敏感系数是（　　）。

A.销售量对利润的敏感系数　　　　B.单价对利润的敏感系数

C.单位变动成本对利润的敏感系数　　　　D.固定成本对利润的敏感系数

5.在其他条件不变时，若使利润上升40%，单价需上升15%；若使利润上升40%，单位变动成本需下降20%，那么（　　）。

A.单价变动对利润的影响比单位变动成本变动对利润的影响大

B.单价变动对利润的影响比单位变动成本变动对利润的影响小

C.单价变动对利润的影响与单位变动成本变动对利润的影响相同

D.单位变动成本的敏感系数为负值，所以单位变动成本为非敏感因素

6.在对利润规划进行敏感性分析时，企业应确定导致盈利转为亏损的有关变量的临界值，即（　　）。

A.确定销售量的最小允许值　　B.确定单价的最小允许值

C.确定单位变动成本的最大允许值　　D.确定固定成本的最大允许值

不定项选择题

二、判断题

1.在本量利分析中，某因素只有较小的变动就会引起利润较大的变动，这种因素称为敏感因素；相反，某因素虽有较大的变动，但对利润的影响不大，这种因素称为不敏感因素。（　　）

2.反映各因素对利润敏感程度的指标为利润的敏感系数，敏感系数越大，表明利润对该因素的变化越敏感。（　　）

3.利润敏感系数有正负之分，正数时表示该因素的变化与利润的变化方向相同，负数时表示该因素的变化与利润的变化方向相反。（　　）

4.评价利润敏感程度的大小，要使用敏感系数的绝对值大小来判断。（　　）

5.通常情况下企业要实现目标利润，在其他因素不变的情况下，只需最大程度提高销售单价。（　　）

判断题

三、实务题

某公司生产销售一种产品，产品的单价为40元，单位变动成本为30元，固定成本为40 000元，计划销售量为20 000件。

要求：

（1）计算该公司销售量、单价、单位变动成本、固定成本的临界值。

（2）假设该公司实际销售该产品10 000件，根据计算结果，说说该企业的经营状况。

实务题

第四节　边际分析

一、边际分析的概念

边际分析是指分析某可变因素的变动引起其他相关可变因素变动的程度的方法，以评价既定产品或项目的获利水平，判断盈亏临界点，提示营运风险，支持营运决策。

企业在实际营运计划的制订、调整以及营运监控分析等程序中通常会应用到边际分析，且通常在进行本量利分析、敏感性分析的同时运用边际分析工具方法。边际分析工具方法主要有边际贡献分析、安全边际分析。

二、边际贡献分析

边际贡献分析是指通过分析销售收入减去变动成本总额之后的差额，衡量产品为企业贡献利润的能力。边际贡献分析主要包括边际贡献和边际贡献率两个指标。

边际贡献总额是产品的销售收入扣除变动成本总额后给企业带来的贡献，进一步扣除企业的固定成本总额后，剩余部分就是企业的利润，相关计算公式如下：

边际贡献总额=销售收入-变动成本总额

单位边际贡献=单价-单位变动成本

边际贡献率是指边际贡献在销售收入中所占的百分比，表示每1元销售收入中边际贡献所占的比重。

$$边际贡献率=\frac{边际贡献}{销售收入}\times100\%=\frac{单位边际贡献}{单价}\times100\%$$

企业面临资源约束，需要对多个产品线或多种产品进行优化决策或对多种待选新产品进行投产决策的，可以通过计算边际贡献以及边际贡献率，评价待选产品的盈利性，优化产品组合；如果企业生产能力有剩余，则面临追加订货时，一定要考虑专属成本和是否需要产生额外的固定成本，进而做出企业利润最大化的短期经营决策。

企业也可以通过边际分析对现有产品组合进行有关优化决策，如计算现有各条产品线或各种产品的边际贡献并进行比较，增加边际贡献或边际贡献率高的产品组合，减少边际贡献或边际贡献率低的产品组合。

【案例5-8】假设小米公司现有生产能力可生产Redmi AirDots 2真无线蓝牙耳机100 000个，但目前仅利用了80%，还有20%的生产能力尚未得到利用。目前已接受订货80 000个，每件售价79元，预计单位成本为62元，其中，单位变动成本为35元，单位固定成本为27元。现有一客户拟以59元的价格订购Redmi AirDots 2真无线蓝牙耳机10 000个。如果公司接受该批订货，需要为此追加专属成本50 000元，公司是否接受该批订货？请采用边际贡献法为该公司做出决策分析。

决策分析：客户要求追加的10 000个产品的单价（59元）低于目前已接受的80 000个产品的单位成本（62元），而且如果接受此项订货，还要为此追加支出50 000元专属成本。粗略估算不应接受该批订货。但是，由于公司有剩余生产能力，接受该批订货不会增加产品的固定成本，因此，固定成本为决策无关成本，无须考虑。而为此追加的专属成本属于相关成本，必须予以考虑。

根据产品的有关数据资料计算的该批追加订货的边际贡献总额为：

追加订货的边际贡献总额=（59−35）×10 000=240 000（元）

弥补专属成本后的边际贡献总额=240 000−50 000=190 000（元）

由于接受追加订货后仍可为企业提供190 000元的边际贡献，因此，应接受这批特殊的追加订货。

三、安全边际分析

安全边际分析是指通过分析正常销售额超过盈亏临界点销售额的差额，衡量企业在保本的前提下，能够承受因销售额下降带来的不利影响的程度和企业抵御营运风险的能力。安全边际分析主要包括安全边际和安全边际率两个指标。

（一）安全边际

安全边际是指实际销售量或预期销售量超过盈亏平衡点销售量的差额，体现企业营运的安全程度，即安全边际越大，企业对该产品的营运安全程度就越高，实际工作中通过安全边际销售量和安全边际销售额进行表示。有关公式如下：

安全边际销售量=实际销售量或预期销售量−保本销售量

安全边际销售额=实际销售额或预期销售额−保本销售额=安全边际销售量×单价

【案例5-9】沿用【案例5-3】的资料，计算小米公司三种产品的安全边际销售量和安全边际销售额。

扫拖机器人Pro安全边际销售量=400−186=214（台）

扫拖机器人Pro安全边际销售额=214×2 499=534 786（元）

九号平衡车安全边际销售量=1 000−465=535（台）

九号平衡车安全边际销售额=535×1 999=1 069 465（元）

小米净水器安全边际销售量=500−233=267（台）

小米净水器安全编辑销售额=267×3 499=934 233（元）

从上述计算过程中，我们不难发现，固定成本其实已经被保本点所弥补，安全边际内的销售额减去其自身的变动成本后就是企业的盈利，因此安全边际越大，企业亏损的可能性越小，经营的安全程度越高。事实上，小米公司的产品安全边际均与保本点持平，因此经营安全程度相对较高。

（二）安全边际率

安全边际率是指安全边际销售量与实际销售量或预期销售量的比值，公式如下：

$$安全边际率=\frac{安全边际销售量}{实际销售量或预期销售量}\times 100\%$$

根据安全边际和利润之间的关系，可以推导出：

利润率=安全边际率×边际贡献率

利用安全边际率评价企业经营安全程度的一般标准见表5−2。

表5−2　评价企业经营安全程度的一般标准

安全边际率	40%以上	30%～40%	20%～30%	10%～20%	10%以下
经营安全程度	很安全	安全	较安全	值得注意	危险

【案例5−10】沿用【案例5−9】的资料，通过计算小米公司三种产品的安全边际率和销售利润率，进一步决策公司如果投产应该进行怎样的生产布局。

扫拖机器人Pro安全边际率=214÷400×100%=53.5%

扫拖机器人Pro销售利润率=53.5%×（2 499−1 699）÷2 499×100%≈17.13%

九号平衡车安全边际率=535÷1 000×100%=53.5%

九号平衡车销售利润率=53.5%×（1 999−1 159）÷1 999×100%≈22.48%

小米净水器安全边际率=267÷500×100%=53.4%

小米净水器销售利润率=53.4%×（3 499−2 269）÷3 499×100%≈18.77%

通过上述计算过程，我们可以发现小米公司在进行生产规划时，其产品的安全边际率一般会控制在53.5%左右，这个比率在经营安全程度评价中属于很安全。由于三种产品的安全边际率都基本相同，而九号平衡车的销售利润率要高于扫拖机器人和小米净水器，因此，如果进一步投产，小米公司应当在结合市场需求的情况下，尽量投产九号平衡车以获取更高的盈利。

安全边际主要用于衡量企业承受营运风险的能力，尤其是销售量下降时承受风险的能力，也可以用于盈利预测。安全边际或安全边际率的数值越大，企业发生亏损的可能性越小，抵御营运风险的能力越强，盈利能力越大，因此安全边际率为正指标，而实际工作中还有一个与之互补的指标就是保本点作业率，我们称之为反指标。

四、保本作业率

保本作业率又称危险率，是指保本销售量（额）占实际（预期）销售量（额）的比重。其指标数值越小，企业经营越安全；反之，则说明企业为了保本所需要销售量越接近实际销售量，企业经营越危险。保本点作业率的计算公式为：

$$保本作业率=\frac{保本销售量}{实际(预期)销售量}\times100\%$$

$$=\frac{保本销售额}{实际(预期)销售额}\times100\%$$

在实际工作中，大多数企业生产经营能力和正常销售量基本相同，所以这个比率也能表明保本状态下的生产经营能力的利用程度。保本作业率和安全边际率存在互补关系，即：保本作业率+安全边际率=1。

【案例 5-11】沿用【案例 5-10】的资料，计算小米公司三种产品的保本作业率。

扫拖机器人 Pro 保本作业率=1-53.5%=46.5%

九号平衡车保本作业率=1-53.5%=46.5%

小米净水器保本作业率=1-53.4%=46.6%

【实践出真知】请同学们自己按照保本作业率的计算公式计算小米公司三种产品的保本作业率，验证是否与上述案例中的计算结果一致。

五、经营杠杆系数

（一）经营杠杆系数的概念

根据成本性态原理，在一定范围内，销售量的增减不会改变固定成本的总额，但它会使单位固定成本随之增减，从而提高或降低单位产品利润，并使利润的变化率大于业务量的变化率，这种由于固定成本的存在，销售较小幅度的变动引起利润较大幅度变动的现象，称为经营杠杆，它可以反映经营风险程度。

经营杠杆系数是在某一固定成本比重的作用下，销售量变动对利润产生的作用。企业经营风险的大小常常用经营杠杆来衡量，经营杠杆的大小一般用经营杠杆系数来表示。

经营杠杆系数（DOL）是指息税前利润（EBIT）的变动率相对于产销量变动率的倍数。计算公式为：

$$经营杠杆系数=\frac{息税前利润变动率}{产销量变动率}=\frac{\Delta EBIT/EBIT}{\Delta x/x}$$

对上述基本公式进行变换，可得到简化公式：

$$DOL=\frac{(p-b)x}{(p-b)x-a}=\frac{Tcm}{Tcm-a}=\frac{Tcm}{EBIT}$$

【案例 5-12】假设经营 2 年后，由于市场需求的变化，小米公司决定对小米净水器进行改进升级，升级为小米净水器 2。假设该小米净水器的价格不变，仍然为 3 499 元/台。上年度该净水器的产销量为 800 台，预计计划年度产销量增长 25%，全年固定成本总额为 500 000 元，单位变动成本为 2 300 元，试计算经营杠杆系数。

未升级前，小米公司生产净水器的息税前利润计算如下：

EBIT=（3 499-2 300）×800-500 000=459 200（元）

升级后，小米公司产销量变动为25%：

EBIT=（3 499-2 300）×（1+25%）×800-500 000=1 199 000-500 000=699 000（元）

息税前利润变动率=$\frac{699\,000-459\,200}{459\,200}$×100%≈52.22%

DOL=52.22%÷25%≈2.09

（二）经营杠杆系数

由于DOL=Tcm/（Tcm-a），所以只要固定成本不等于0，经营杠杆系数恒大于1。在实际经营过程中，若企业对产品的前景看好，就应当增加固定成本的投入，从而增大经营杠杆系数，使产品的销量增长带来利润的更大增长。而在市场衰退、业务不振时，公司应尽量压缩开发费用、广告费用、市场营销费、职工教育经费等酌量性固定成本的开支，以减少固定成本的比重，降低经营杠杆系数，从而降低经营风险。

（三）影响经营杠杆系数的主要因素

影响经营杠杆系数的主要因素是成本结构和销售额水平。各因素对经营杠杆系数的影响见表5-3。

表5-3　　成本、销售量、单价对经营杠杆系数的影响

影响DOL的四个因素	与DOL变化方向	与EBIT变化方向
销售量x	反方向	同方向
单价p		
单位变动成本b	同方向	反方向
固定成本a		

通过表5-3可知，企业通常可以通过提高单价、增加销售量、降低单位变动成本和降低固定成本等途径降低经营杠杆系数，从而降低经营风险。

六、边际分析法的评价

边际分析法的主要优点是可有效地分析业务量、变动成本和利润之间的关系，通过定量分析，直观地反映企业营运风险，促进企业提高营运效益。

边际分析法的主要缺点是决策变量与相关结果之间关系较为复杂，所选取的变量直接影响边际分析的实际应用效果。

知识测试

一、不定项选择题

1.边际贡献是指（　　）。

A.销售收入与产品变动成本之差　　B.销售收入与销售和管理变动成本之差

C.销售收入与制造边际贡献之差　　D.销售收入与全部变动成本之差

2.下列表述中，不正确的是（　　）。

A.边际贡献=销售收入-变动成本　　B.边际贡献率=1+变动成本率

C.边际利润=边际收入-边际成本　　D.边际利润=0时，利润达到最大

3.某产品销售量为10万件，单价为20元，单位变动成本为15元；固定成本总额为40万元，则边际贡献总额和边际贡献率分别为（　　）。

A.50 万元和 25%　　　　B.50 万元和 75%

C.50 万元和 5%　　　　D.50 万元和 20%

4.在生产能力无法转移时，亏损产品是否该停产的决策原理是（　　）。

A.停产亏损产品的条件是其带来的边际贡献小于零

B.只要亏损产品的边际贡献大于零就不应停产

C.产生正的边际贡献的亏损产品仍可以弥补部分固定成本，因此不应停产

D.凡是亏损产品都应停产

5.边际贡献率等于（　　）。

A.1-变动成本率　　　　B.边际贡献总额/销售收入×100%

C.1-保本作业率　　　　D.单位边际贡献/单价×100%

不定项选择题

二、判断题

1.边际贡献等于企业销售毛利，是销售收入与变动成本的差。（　　）

2.当边际贡献等于固定成本时，企业处于保本状态。（　　）

3.企业边际贡献首先用于补偿固定成本，只有当边际贡献大于固定成本时，才能为企业提供利润，否则企业将亏损。（　　）

4.边际分析法的决策原理是通过比较备选方案提供的边际贡献总额或单位资源边际贡献的大小来确定最优方法。（　　）

5.在生产能力无法转移时，亏损产品停产的条件是：亏损产品带来的利润小于零。（　　）

判断题

三、实务题

永健公司生产销售休闲鞋、运动鞋和皮鞋三种产品，其中，休闲鞋和运动鞋是盈利产品，皮鞋是亏损产品。其销售收入、成本和利润等有关资料见下表。

三种产品资料表

单位：元

项目＼产品	休闲鞋	运动鞋	皮鞋
销售收入	700 000	750 000	980 000
生产成本			
直接材料	260 000	300 000	460 000
直接人工	150 000	160 000	200 000
变动制造费用	50 000	50 000	80 000
固定制造费用	25 000	30 000	36 000
非生产成本			
变动销售费用	100 000	105 000	200 000
固定销售费用	20 000	20 000	20 000
成本合计	605 000	66 5000	996 000
利润	95 000	85 000	−16 000

要求：就以下互不相关的问题做出预测决策分析：

（1）测算永健公司的保本销售额、安全边际率，并进行经营安全分析。

（2）如果皮鞋停产后生产能力无法转移，做出皮鞋是否停产的决策分析。

（3）如果皮鞋停产后，其设备可以出租，预计年租金净收入为50 000元，那么皮鞋是否停产？

（4）如果皮鞋停产，改为转产休闲鞋，需投资30 000元对原设备进行改造，转产休闲鞋预计销售收入为原休闲鞋的90%，变动成本不变，皮鞋是否转产休闲鞋？

实务题

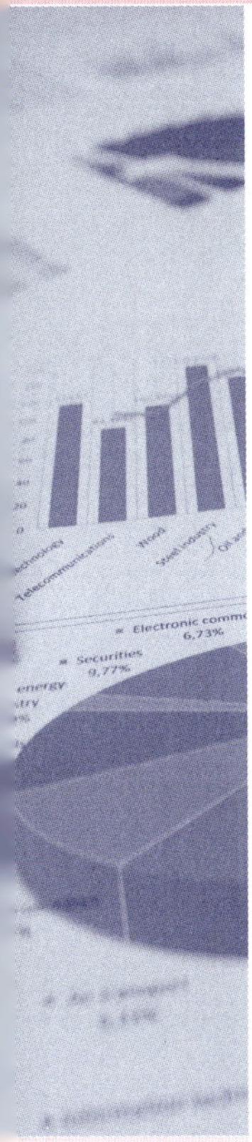

第六章
投融资管理

知识、能力目标

1. 熟悉投融资的概念、投融资的分类、投融资管理原则；
2. 掌握投资、融资管理程序；
3. 认知投融资管理的重要性，以及在不同情况下投资、融资管理的流程；
4. 掌握投融资管理的主要方法；
5. 通过投融资管理的学习，充分认识到“投融资管理”对于企业的重要意义；
6. 能够根据实际情况，应用贴现现金流法对企业投融资进行分析和决策。

专业素养目标

1. 培养君子爱财、取之有道的正确价值观；
2. 树立爱岗敬业的岗位意识；
3. 关注中小企业运营管理，培育经世济民的职业素质，养成良好的职业习惯；
4. 引导学生要增强问题意识，聚焦实践遇到的新问题，不断提出真正解决问题的新理念新思路新办法；
5. 培养细心、责任、担当等职业素养和职业道德，自觉践行社会主义核心价值观中的公正和诚信理念。

知识结构图

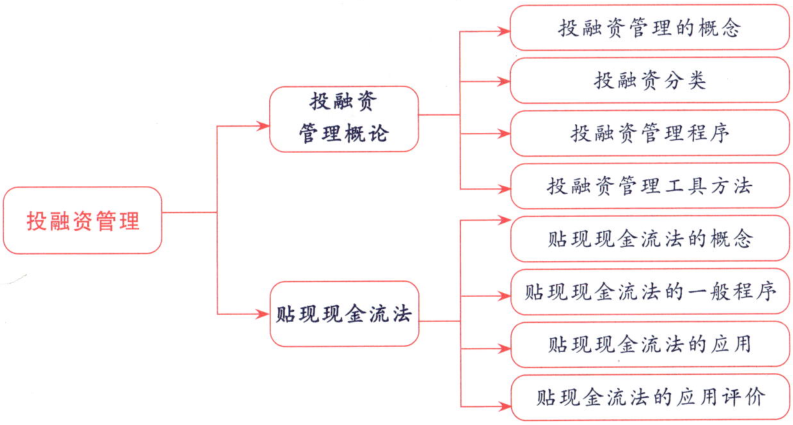

名企视野

格力，让世界爱上中国造[①]

——“董小姐”的生意经

珠海格力电器股份有限公司成立于1991年，1996年11月在深交所挂牌上市。公司成立初期，主要依靠组装生产家用空调，现已发展成为多元化、科技型的全球工业制造集团，产业覆盖家用消费品和工业装备两大领域，产品远销160多个国家和地区。企业在经营过程中，始终坚信，一个没有创新的企业是没有灵魂的企业；一个没有核心技术的企业是没有脊梁的企业；一个没有精品的企业是没有未来的企业！企业始终将弘扬工业精神，掌握核心科技，追求完美质量，提供一流服务作为企业使命，专注于让世界爱上中国造！公司现有员工近9万名，其中有近1.6万名研发人员和3万多名技术工人。在国内外建有15个空调生产基地和6个再生资源基地，覆盖从上游生产到下游回收全产业链，实现了绿色、循环、可持续发展。

坚持创新驱动。提出研发经费“按需投入、不设上限”。经过长期沉淀积累，目前累计申请国内专利88 765项，其中，发明专利45 855项；累计授权专利51 396项，其中发明专利12 562项。申请国际专利4 216项，其中，PCT申请2 273项。发明授权连续五年进入全国前十。现拥有33项“国际领先”技术，获得国家科技进步奖2项、国家技术发明奖2项，中国专利金奖2项、中国外观设计金奖3项。据日经社2020年统计发布，格力家用空调全球市场占有率达20.1%，位居行业第一。

坚持质量为先。恪守诚信经营的宗旨，以客户需求为导向，严抓质量源头控制和体系建设。2018年，公司荣获第三届“中国质量奖”。2019年，格力电器参与起草的《质量管理：基于顾客需求引领的创新循环指南》获批成为国家标准。

坚持转型升级。落实供给侧结构性改革，调整优化产业布局，积极推进智能制造升级，努力实现高质量发展。2013年起，格力相继进军智能装备、通信设备、模具等领域，已经从专业空调生产延伸至多元化的高端技术产业。目前，格力智能装备不仅为自身自动化改造提供先进设备，同时也为家电、汽车、食品、3C数码、建材卫浴等众多行业提供服务。

2021年上半年公司实现营业总收入920.11亿元，同比增长30.32%；实现利润总额109.76亿元，同比增长42.62%；实现归属于上市公司股东的净利润94.57亿元，同比增长48.64%。

格力坚持以习近平新时代中国特色社会主义思想为指引，不忘初心、牢记使命，坚守实体经济，坚持走自力更生、自主创新发展道路，加快实现管理信息化、生产自动化、产品智能化，继续引领全球暖通行业技术发展，在智能装备、通信设备、模具等领域持续发力，创造更多的领先技术，不断满足全球消费者对美好生活的向往，在智能化时代扬帆再启航、谱写新篇章！

【大家谈】

格力创业的近30年历程里，经历了品牌1.0版（制冷强大）—2.0版（质量为王）—3.0版（科技领先）—4.0版（责任担当）—5.0版（服务世界）五个阶段，目前已自主创建了晶弘、大松（TOSOT）、格力三大品牌，并积极布局新基建、智能装备等领域的多元化发展。尤其是在2020年抗击新冠肺炎疫情中，格力投产医用口罩KN95及普通医用口罩，通过夜以继日的技术研发，结合已有先进的空气净化技术，生产出的口罩、空气净化器均为抗击疫情做出了巨大贡献，同时企业的营业额也实现了逆风翻盘。投资需谨慎，但大企业的社会责任担当，让我们看到了投资的另一种境界，在风险中做出奉献，在回馈社会中实现共赢！

① 本案例内容均来自格力官方网站。

第一节　投融资管理概述

一、投融资管理的概念

投融资管理包括投资管理和融资管理。投资管理是指企业根据自身战略发展规划，以企业价值最大化为目标，对将资金投入营运进行的管理活动。融资管理是指企业为实现既定的战略目标，在风险匹配的原则下，对通过一定的融资方式和渠道筹集资金进行的管理活动。

企业融资的规模、期限、结构等应与经营活动、投资活动等需要相匹配。

二、投融资的分类

（一）企业投资的分类

将企业投资的类型进行科学的分类，有利于分清投资的性质，按不同的特点和要求进行投资决策，加强投资管理。

1.按投资与生产经营的关系，分为直接投资与间接投资

直接投资，是将资金直接投放于能够形成生产经营能力的实体性资产以获取利润的投资活动。一般来说，直接投资都是“生产性”投资，能增加实物资产，扩大生产能力，为经济增长提供重要的物质基础。其特点是风险较小，流动性较差。

间接投资又称为证券投资，是把资金投放于股票、债券等金融资产以期获得股利、利息或资本利得的投资活动。投资方不直接介入具体的生产经营过程，而是通过有价证券约定的收益分配权取得投资收益。

2.按资金投出的方向，分为内部投资和外部投资

内部投资是指企业将资本投向企业内部，用以购置各种生产经营所需资产的投资活动。它主要包括长期资产投资和流动资产投资。长期资产投资主要包括固定资产投资和无形资产投资；流动资产投资是对企业流通环节的投资，如存货、应收账款等投资。内部投资都是直接投资。

外部投资是指企业以现金、实物、无形资产等，通过购买股权、联营投资等方式向其他单位投资，以获得一定的投资收益或实现对其他企业的控制。外部投资主要是间接投资，也可能是直接投资。

3.按投资对象存在的形态和性质，分为项目投资和证券投资

项目投资是指企业通过投资具有实质内涵的经营资产，形成生产经营能力，开展实质性的生产经营活动，谋取经营利润。其目的在于改善生产条件、扩大生产能力，以获取更多的经营利润。项目投资属于直接投资。

证券投资是指投资于权益性证券资产，通过证券资产所赋予的权利，间接控制被投资企业的生产经营活动，获取投资收益。其目的在于通过持有权益性证券，获取投资收益，或控制被投资方的财务或经营政策，并不直接从事具体的生产经营过程。证券投资属于间接投资。

4.按投资对未来经营前景的影响，分为战术性投资与战略性投资

战术性投资是指只涉及企业生产经营的局部，而不影响企业整个前途的投资，如更新替换旧设备的投资、配套流动资金投资、生产技术革新的投资等。战术性投资具有投资量一般较小、风险低、见效快、对企业生产经营前景影响不大等特征。

战略性投资是指涉及企业生产经营全局，影响企业生产经营方向和结构，从而能够决定公司未来面貌与命运的投资，如改变经营方向的投资、调整主要产品的投资、企业间兼并合并的投资、大幅度扩大生产规模的投资等。战略性投资具有投资数量大、回收时间长、风险程度高、对企业前景影响重大等特征。企业进行战略性投资时须经过充分的论证，将投资风险控制在最低程度，以免造成不可挽回的损失。

5.按投资项目之间的相互关联关系，分为独立投资与互斥投资

独立投资的各个投资项目之间互不关联，互不影响，可以同时并存，是一种相容性投资。对独立项目而言，其他项目是否被采纳或放弃，对本项目决策不会产生显著影响。因此，独立投资项目决策考虑的是方案本身是否满足某种决策标准。

互斥投资的各个投资项目之间相互关联、相互替代，不能同时并存，是一种非相容性投资。对于一个互斥投资项目而言，其他投资项目是否被采纳或放弃，直接影响本项目的决策，其他项目被采纳，本项目就不能被采纳。因此，互斥项目考虑的是各方案之间的排斥性，要求从众多可行方案中选择最优方案。

（二）企业融资的分类

企业采用不同方式筹集的资金，按照不同的分类标准可分为不同的类别。

1.权益资金与债务资金

按取得资金性质不同，企业资金分为权益资金和债务资金。

（1）权益资金

权益资金也称为自有资本，是企业依法筹集并长期拥有、自主调配运用的资金来源。根据我国相关制度规定，企业权益资金包括实收资本、资本公积、盈余公积、未分配利润等。其特点是：所有权归属企业的所有者，所有者凭其所有权参与企业经营管理和利润分配，并对企业的经营状况承担有限责任；企业对权益资金依法享有经营权，在企业存续期内，投资者除依法转让外，不得以任何方式抽回其投入的资本，因而权益资金被视为企业的“永久性资本”。权益资金通过吸收直接投资、发行股票、留存收益等方式筹措形成。

（2）债务资金

债务资金是企业依法筹措并依约使用、按期偿还的资金来源。债务资金包括各种借款、应付债券、应付票据等。其特点是：企业对债务资金在约定的期限内享有使用权，承担按期还本付息的义务；债权人有权按期索取本息，但无权参与企业的经营管理，对企业的经营状况不承担责任。债务资金通过银行借款、发行债券、发行融资券、商业信用、融资租赁等方式筹措取得。

2.长期资金与短期资金

按所筹资金的使用期限不同，企业资金分为长期资金和短期资金。

（1）长期资金

长期资金是指使用期限在1年以上的资金。企业要长期、持续、稳定地进行生产经营

活动，就需要一定数量的长期资金。企业购建固定资产、取得无形资产、进行长期投资等通常需要长期资金。长期资金通常采用吸收直接投资、发行股票、发行债券、长期借款、融资租赁等方式来筹措。

（2）短期资金

短期资金是指使用期限在1年以内的资金。企业由于生产经营过程中资金周转的暂时短缺，往往需要一些短期资金。短期资金，一般是通过短期借款、商业信用、发行融资券等方式来筹集。

3.内部筹资与外部筹资

按资金来源范围不同，企业资金分为内部筹资和外部筹资。

（1）内部筹资

内部筹资是指在企业内部通过计提折旧而形成现金来源和通过留用利润等而增加的资金来源。其中，计提折旧并不增加企业的资金规模，只是资金的形态转化，为企业增加现金来源，其数量的多少由企业的折旧资产规模和折旧政策所决定；留用利润增加企业的资金总量，由企业可分配利润和利润分配政策（或股利政策）决定。内部筹资一般无需花费筹资费用。

（2）外部筹资

外部筹资是向企业外部筹集资金而形成资金来源。初创时期的企业，内部筹资的可能性是很有限的；成长阶段的企业，内部筹资也往往难以满足需要。于是，企业就要广泛开展外部筹资。外部筹资通常都需花费筹资费用，如发行股票、债券需支付发行成本，取得借款需支付一定的手续费等。

4.直接筹资与间接筹资

按是否以金融机构为媒介，企业资金分为直接筹资和间接筹资。

（1）直接筹资

直接筹资是指企业不经过银行等金融机构，直接与资金供应者协商借贷或发行股票、债券等办法筹集资金。它是不断发展的筹资形式。在直接筹资过程中，资金供求双方借助于融资手段直接实现资金的转移，而无需银行等金融机构作为媒介。

（2）间接筹资

间接筹资是指企业借助银行等金融机构进行的筹资活动。它是传统的筹资形式。在间接筹资形式下，银行等金融机构发挥中介作用，它预先聚集资金，然后提供给筹资企业。间接筹资的基本方式是银行借款，此外还有非银行金融机构借款、融资租赁等某些具体形式。

三、投融资管理程序

（一）投资管理程序

企业应建立健全投资管理的制度体系，根据组织架构特点，设置能够满足投资管理活动所需的，由业务、财务、法律及审计等相关人员组成的投资委员会或类似决策机构，对重大投资事项和投资制度建设等进行审核，有条件的企业可以设置投资管理机构，组织开展投资管理工作。企业应用投资管理工具方法，一般按照制订投资计划、进行可行性分析、实施过程控制和投资后评价等程序进行。

1.制订投资计划

企业投资管理机构应根据战略需要，定期编制中长期投资规划，并据此编制年度投资计划。中长期投资规划一般应明确指导思想、战略目标、投资规模、投资结构等。年度投资计划一般包括编制依据、年度投资任务、年度投资任务执行计划、投资项目的类别及名称、各项目投资额的估算及资金来源构成等，并纳入企业预算管理。

2.进行可行性分析

投资可行性分析的内容一般包括该投资在技术和经济上的可行性、可能产生的经济效益和社会效益、可以预测的投资风险、投资落实的各项保障条件等。

3.实施过程控制

企业进行投资管理，应当将投资控制贯穿于投资的实施全过程。投资控制的主要内容一般包括进度控制、财务控制、变更控制等。

进度控制是指对投资实际执行进度方面的规范与控制，主要由投资执行部门负责。

财务控制是指对投资过程中资金使用、成本控制等方面的规范与控制，主要由财务部门负责。

变更控制是指对投资变更方面的规范与控制，主要由投资管理部门负责。

4.投资后评价

投资项目实施完成后，企业应对照项目可行性分析和投资计划组织开展投资后评价。投资后评价的主要内容一般包括投资过程回顾、投资绩效和影响评价、投资目标实现程度和持续能力评价、经验教训和对策建议等。

投资报告应根据投资管理的情况和执行结果编制，反映企业投资管理的实施情况。投资报告主要包括以下两部分内容：

❶投资管理的情况说明，一般包括投资对象、投资额度、投资结构、投资风险、投资进度、投资效益及需要说明的其他重大事项等。

❷投资管理建议，可以根据需要以附件形式提供支持性文档。

投资报告是重要的管理会计报告，应确保内容真实、数据可靠、分析客观、结论清楚，为报告使用者提供满足决策需要的信息。企业可定期编制投资报告，反映一定期间内投资管理的总体情况，一般至少应于每个会计年度编制一份；也可根据需要编制不定期投资报告，主要用于反映重要项目节点、特殊事项和特定项目的投资管理情况。企业应及时进行回顾和分析，检查和评估投资管理的实施效果，不断优化投资管理流程，改进投资管理工作。

（二）融资管理程序

企业应建立健全融资管理的制度体系，融资管理一般采取审批制。企业应设置满足融资管理所需的，由业务、财务、法律及审计等相关人员组成的融资委员会或类似决策机构，对重大融资事项和融资管理制度等进行审批，并设置专门归口管理部门牵头负责融资管理工作。企业应用融资管理工具方法，一般按照融资计划制订、融资决策分析、融资方案的实施与调整、融资管理分析等程序进行。

1.制订融资计划

企业对融资安排应实行年度统筹、季度平衡、月度执行的管理方式，根据战略需要、业务计划和经营状况，预测现金流量，统筹各项收支，编制年度融资计划，并据此分解至季度和月度融资计划。必要时根据特定项目的需要，编制专项融资计划。

年度融资计划的内容一般包括编制依据、融资规模、融资方式、资本成本等；季度和月度融资计划的内容一般包括年度经营计划、企业经营情况和项目进展水平、资金周转水平、融资方式、资本成本等。企业融资计划可作为预算管理的一部分，纳入企业预算管理。

2.融资决策分析

企业应根据融资决策分析的结果编制融资方案。融资决策分析的内容一般包括资本结构、资本成本、融资用途、融资规模、融资方式、融资机构的选择依据、偿付能力、融资潜在风险和应对措施、还款计划等。

3.融资方案的实施与调整

融资方案经审批通过后，进入实施阶段，一般由归口管理部门具体负责落实。如果融资活动受限或者融资量无法达到融资需求目标，归口管理部门应及时对融资方案进行调整，数额较大时应按照融资管理程序重新报请融资委员会或类似决策机构审批。

4.融资管理分析

企业融资完成后，应对融资进行统一管理，必要时应建立融资管理台账。企业应定期进行融资管理分析，内容一般包括还款计划、还款期限、资本成本、偿付能力、融资潜在风险和应对措施等。还款计划应纳入预算管理，以确保按期偿还融资。

融资报告应根据融资管理的执行结果编制，反映企业融资管理的情况和执行结果。融资报告主要包括以下两部分内容：

❶融资管理的情况说明，一般包括融资需求测算、融资渠道、融资方式、融资成本、融资程序、融资风险及应对措施、需要说明的重大事项等；

❷融资管理建议，可以根据需要以附件形式提供支持性文档。

融资报告是重要的管理会计报告，应确保内容真实、数据可靠、分析客观、结论清楚，为报告使用者提供满足决策需要的信息。企业可定期编制融资报告，反映一定期间内融资管理的总体情况，一般至少应于每个会计年度出具一份；也可根据需要编制不定期报告，主要用于反映特殊事项和特定项目的融资管理情况。

企业应及时进行融资管理回顾和分析，检查和评估融资管理的实施效果，不断优化融资管理流程，改进融资管理工作。

四、投融资管理工具方法

投融资管理领域应用的管理会计工具方法，一般包括贴现现金流法、项目管理、情景分析、约束资源优化等。本章将重点介绍贴现现金流法。

知识测试

一、不定项选择题

1.将企业投资分为战略性投资与战术性投资所依据的分类标志是（　　）。

A.按投资活动与企业本身的生产经营活动的关系

B.按投资对象的存在形态和性质

C.按投资活动对企业未来生产经营前景的影响

D.按投资项目之间的相互关联关系

2.投资项目按相互之间的关联关系，可分为（　　）。

A.内部投资和外部投资　　B.独立投资和互斥投资

C.直接投资和间接投资　　D.战略性投资和战术性投资

3.企业所筹资金按权益特性不同，可分为（　　）。

A.直接筹资和间接筹资　　B.内部筹资和外部筹资

C.股权筹资和债务筹资　　D.短期筹资和长期筹资

4.按照企业投资的分类，下列各项中属于战略性投资的有（　　）。

A.企业间兼并收购的投资　　B.更新替换旧设备的投资

C.大幅度扩大生产规模的投资　　D.开发新产品的投资

5.项目投资属于（　　）。

A.直接投资　　B.间接投资　　C.内部投资　　D.外部投资

不定项选择题

二、判断题

1.项目投资属于直接投资，证券投资属于间接投资。（　　）

2.直接投资是指把资金投放于证券等金融资产上，以取得股利或利息收入的投资。（　　）

3.区分企业内部投资和外部投资最简单的方法，就是看投资的结果是否取得了可供本企业使用的实物资产。（　　）

4.独立投资方案，就是指只要经济上可行，就可以接受的方案，而不管它与其他的方案比较而言是否有优势。（　　）

5.互斥方案就是在一组行动方案中只能选择最优的方案。（　　）

判断题

第二节　资本成本分析

一、资本成本概述

（一）资本成本的含义

资本成本是指企业筹集和使用资本而付出的代价，包括筹资费用和用资费用。它是在商品经济条件下，资本所有权与资本使用权相分离的产物，是资本使用者对资本所有者让渡资本使用权的价值补偿，也可以说，投资者的期望报酬就是受资者的资本成本。资本成本的表达形式有相对数和绝对数两种形式。绝对数形式的资本成本，由筹资费用和用资费用两部分构成。

1.筹资费用

筹资费用是指企业在筹集资本过程中为取得资本而发生的各项费用，如银行借款的手续费，发行股票、债券等证券的印刷费、评估费、公证费、宣传费及承销费等。筹资费用通常在筹集资本时一次性发生，可视为筹资总额的一项扣除，属相对固定费用。

2.用资费用

用资费用又称为占用费用，是指在使用所筹资本的过程中向出资者支付的代价，如银行借款和债券的利息、股票的股利等。用资费用在企业使用资金过程中多次发生，其数额与筹集资本金额大小、资金占用时间的长短有直接联系，属相对变动费用。

（二）资本成本的种类

在公司筹资实务中，通常运用的是资本成本的相对数形式，即资本成本率，简称资本成本。一般而言，资本成本有以下三种：

1.个别资本成本

个别资金成本是指单一筹资方式下的资本成本率。例如，长期借款资本成本、债券资本成本、股票资本成本等。个别资本成本主要用于比较各种筹资方式。

2.综合资本成本

综合资本成本又称为加权平均资本成本，公司在进行资本结构决策时，通常将综合资本成本作为衡量资本结构是否合理的依据。

3.边际资本成本

边际资本成本是选择追加筹资方案的依据。为了扩大生产规模，企业需要增大资本投入量，这时，企业不论维持原有资本结构还是希望达到新的目标资本结构，都可以通过计算边际资本成本的大小来选择是否追加筹资。

二、个别资本成本的计量

（一）资本成本率计算的基本模式

1.基本模式

一般模式是一种不考虑资金时间价值的资本成本计算方式，在计算时，因为考虑到筹资费用属于资金筹措过程中的一次性费用，会构成可供使用资金的一项抵减项目，因而通常从筹资总额中一次性扣除。具体计算公式为：

$$资本成本率=\frac{年用资费用}{筹资总额-筹资费用}=\frac{年用资费用}{筹资总额\times(1-筹资费用率)}$$

式中：筹资费用率=筹资费用÷筹资总额×100%

2.贴现模式

贴现模式是考虑资金时间价值的资本成本计算模式，其基本原理为：能使筹资方所得现金流入量现值恰好等于现金流出量现值时的折现率即为资本成本率。其实质为反求折现率的计算问题。

这里要提醒大家注意的是：不论采用哪种模式计算资本成本率，资本成本率都应该是年资本成本率。

（二）长期借款资本成本率

长期借款的筹资总额为借款本金，筹资费用为借款时支付给银行的手续费等，借款的利息在缴纳所得税前支付，具有抵税作用。一般计算税后资本成本率，以便于与权益资本成本率具有可比性。其资本成本率按一般模式计算如下：

$$长期借款资本成本率=\frac{长期借款本金\times年利率\times(1-所得税税率)}{长期借款本金\times(1-筹资费用率)}$$

当长期借款附加补偿性余额时，应从分母中扣除补偿性余额，此举会导致长期借款成本升高。

【案例6-1】天华公司取得一笔3年期长期借款5 000万元，年利率为10%，每年付息一次，到期还本，手续费率为0.3%，企业所得税税率为25%。则该项长期借款资本成本为：

$$长期借款资本成本率=\frac{5\,000\times10\%\times(1-25\%)}{5\,000\times(1-0.3\%)}=7.52\%$$

如果采用贴现模式，设折现率为k，则该项长期借款资本成本计算如下：

5 000=5 000×0.3%+5 000×10%×（1−25%）×（P/A，k，3）+5 000×（P/F，k，3）

按内插法计算，得：k=7.62%

（三）债券资本成本率

债券作为有价证券，可以溢价、平价和折价发行，发行价格不同，筹资总额会有所差异，因此企业通过发行债券所筹资金的总额应该是债券的发行价格而不是面值。债券资本成本包括债券利息和筹资费用。债券资本成本按一般模式计算如下：

$$债券资本成本=\frac{债券面值\times票面利率\times(1-所得税税率)}{债券发行价格\times(1-筹资费用率)}$$

【案例6-2】天华公司拟平价发行总面值为1 000万元的5年期债券，票面利率为8%，发行费率为0.5%，公司所得税税率为25%，则该债券资本成本为：

$$债券资本成本率=\frac{1000\times8\%\times(1-25\%)}{1000\times(1-0.5\%)}=6.03\%$$

假定上述债券溢价发行，发行价格为1 200万元，其他条件不变，则该债券资本成本为：

$$债券资本成本率=\frac{1000\times8\%\times(1-25\%)}{1\,200\times(1-0.5\%)}=5.03\%$$

假定上述债券折价发行，发行价格为800万元，其他条件不变，则该债券资本成本为：

$$债券资本成本率=\frac{1000\times8\%\times(1-25\%)}{800\times(1-0.5\%)}=7.54\%$$

由以上计算可以看出，与平价发行相比，债券溢价发行能降低公司债券资本成本，而折价发行则会使债券资本成本升高。

用贴现模式计算折价发行情况下债券资本成本，假设折现率为k，则该项债券资本成本计算如下：

800=800×0.5%+1 000×8%×（1−25%）×（P/A，k，5）+1 000×（P/F，k，5）

按内插法计算，得：k=11.6%

（四）优先股资本成本率

优先股筹资的总额是其发行价格，用资费用为每期从净利润中支付的固定股利，其资本成本测算公式为：

$$优先股资本成本率=\frac{优先股面值\times年股利率}{优先股发行价格\times(1-筹资费用率)}$$

【案例6-3】天华公司准备发行50万股优先股，每股面值4元，发行价格5元，年股利率为10%，发行费率为6%，则优先股成本为：

$$优先股资本成本率=\frac{4\times50\times10\%}{5\times50\times(1-6\%)}=8.51\%$$

（五）融资租赁资本成本率

融资租赁各期租金中，包括本金每期偿还额和各期手续费用，其资本成本率只能按贴现模式计算。

【案例6-4】天华公司采用融资租赁方式租入一台设备，该设备价值600 000元，租期6年，租赁期满时预计残值50 000元，归租赁公司。每年租金131 283元。计算融资租赁资本成本。

600 000=50 000×（P/F，k，6）+131 283×（P/A，k，6）

按内插法计算，得：k=10%

（六）普通股资本成本率

普通股的筹资总额为其发行价格或市场价格，其用资成本为每期支付的股利。由于股票的市场价格经常变化，普通股的股利也可能不固定，所以普通股成本具有很大的不确定性，其估算存在较大的困难，实践中最常用的是资本资产定价模型。

投资者要求的报酬率相对于筹资者而言就是其付出的资本成本。资本资产定价模型是指根据风险与收益的一般关系，确定投资者要求的报酬率，即普通股资本成本的方法。其公式为：

普通股资本成本率=无风险报酬率+β×（市场组合报酬率－无风险报酬率）

式中：无风险报酬率可用国库券利率表示；β表示某股票的系统性风险程度。

【案例 6–5】已知天华公司股票的β值为1.2，市场组合报酬率为10%，无风险报酬率为6%。该股票的资本成本率为：

普通股资本成本率=6%+1.2×（10%–6%）=10.8%

（七）留存收益资本成本率

留存收益也称保留盈余，包括盈余公积和未分配利润，其所有权属于普通股股东。因而企业采用留存收益筹资，等同于股东对企业的追加投资，所以企业留存收益资本成本率计算方法与普通股资本成本率相同，只是留存收益资本成本率计算不需要考虑筹资费用。

【案例 6–6】根据【例 6–5】中的资料，天华公司留存收益资本成本率为：

$$留存收益资本成本率 = \frac{1.2 \times (1+5\%)}{15} + 5\% = 13.4\%$$

不同的方式筹集资金的成本不尽相同，一般来说，债务资本成本较小，权益资本成本较大。企业通过计算个别资本成本可以对各种筹资方式进行比较，在权衡风险的同时，做出最佳选择。

三、加权平均资本成本的计量

在市场经济环境下，由于受多种因素影响，企业一般不会只采用某种单一方式筹资，往往需要通过多种方式组合起来共同筹集所需资本。在筹资组合方案中，每一方式的资本成本有高有低，每一方式所筹资本在企业全部资本中的份额有大有小，因此为进行筹资决策，就需要确定企业全部长期资本的综合资本成本。

加权平均资本成本，也称综合资本成本，是以各项个别资本在企业全部资本中所占比重，即长期资本比例为权数，对个别资本成本进行加权平均的结果。其大小取决于个别资本成本和各种长期资本比例这两个因素。其计算公式为：

$$加权平均资本成本 = \sum(某种资本占全部资本的比重 \times 该种资本的成本)$$

【案例 6–7】天华公司账面上反映的长期资本总额为10 000万元，其中，长期借款3 000万元，债券3 500万元，优先股1 000万元，普通股2 000万元，留存收益500万元；个别资本成本分别为4%、6%、10%、14%、12%。该公司的加权平均资本成本测算见表6–1。

表6-1 加权平均资本成本测算表

资本种类	资本价值（万元）	资本比例	个别资本成本	加权平均资本成本
长期借款	3 000	30%	4%	1.2%
债　券	3 500	35%	6%	2.1%
优先股	1 000	10%	10%	1%
普通股	2 000	20%	14%	2.8%
留存收益	500	5%	12%	0.6%
合　计	10 000	100%	—	7.7%

在确定加权平均资本成本时，各种资本在全部资本中所占的比重（权数）取决于各种资本价值的确定。各种资本价值的确定有三种选择：账面价值、市场价值和目标价值，由其确定的权数分别称为账面价值权数、市场价值权数和目标价值权数。

账面价值权数是以个别资本的账面价值（即企业资产负债表右方反映的有关数据）来计算个别资本占全部资本的比重。这种做法的优点是资料容易取得，但是当资本的账面价值与市场价值差别较大，尤其是股票、债券的市场价格发生大的变动时，计算结果会与实际有较大的背离，从而不利于企业做出正确的融资决策。

市场价值权数是指企业的股票、债券等以其市场价格为基础来确定个别资本占全部资本的比重。这种方法计算的加权平均资本成本能反映企业目前资本的实际情况，但证券市场价格的频繁波动，给计算带来很大的不便。为弥补这种不足，也可以采用一定时期证券的平均市场价格来代表资本价值。

目标价值权数是指股票、债券等以未来预期的目标市场价值为基础来确定个别资本占全部资本的比重。这种权数能体现企业期望的资本结构，因而按目标价值权数计算的加权平均资本成本更适用于企业新增筹资的决策。

党的二十大报告指出，万事万物是相互联系、相互依存的，只有用普遍联系的、全面系统的、发展变化的观点观察事物，才能把握事物发展规律。资本成本的测算对企业投资决策管理亦有非常重要的作用，只有做到资本成本心中有数才能做到投资决策的游刃有余。

知识测试

一、不定项选择题

1.计算债券资本成本时需要考虑的因素有（　　）。

A.所得税税率　　B.债券发行价格　　C.债券面值　　D.票面利率及发行费率

2.下列属于债务筹资方式中用资费用的是（　　）。

A.借款利息　　B.债券发行费　　C.股票股利　　D.借款手续费

3.加权平均资本成本是指（　　）。

A.以各种资金占全部资金的比重为权数对个别资本成本加权平均的结果

B.各种资本的个别资本成本之和

C.权益资本成本的加权平均数

D.个别资本成本的算术平均数

4.在个别资本成本的计算中，必须考虑所得税因素的是（　　）。

A.债券成本　　B.优先股成本　　C.留存收益成本　　D.借款成本

5.关于留存收益的成本，下列说法正确的有（　　）。

A.不存在成本问题

B.成本计算不考虑筹资费用

C.相当于股东追加投资要求的报酬率

D.在企业实务中一般不予考虑

不定项选择题

二、判断题

1.资本成本是指企业为筹资而付出的代价，包括筹资费用和用资费用两部分。（　　）

2.与平价发行相比，债券溢价发行能降低公司债券成本，而折价发行则会使债券成本升高。（　　）

3.发行普通股没有固定的利息负担，因此，其资本成本较低，财务风险小。（　　）

4.利用留存收益筹资相对于发行普通股筹资的优点是资本成本低。（　　）

5.最佳资本结构是使企业筹资能力最强、财务风险最小的资本结构。（　　）

判断题

第三节　贴现现金流法

一、贴现现金流法的概念

贴现现金流法也称为DCF法（Discounted Cash Flow Method）是以明确的假设为基础，选择恰当的贴现率对预期的各期现金流入、流出进行贴现，通过贴现值的计算和比较，为财务合理性提供判断依据的价值评估方法。

贴现现金流法一般适用于在企业日常经营过程中，与投融资管理相关的资产价值评估、企业价值评估和项目投资决策等。贴现现金流法也适用于其他价值评估方法不适用的企业，包括正在经历重大变化的企业，如债务重组、重大转型、战略性重新定位、亏损或者处于开办期的企业等，适用范围十分广泛。

二、贴现现金流法的一般程序

（一）估计贴现现金流法的三个要素：贴现期、现金流、贴现率

企业应充分考虑标的特点、所处市场因素波动的影响以及有关法律法规的规定等，合理确定贴现期限，确保贴现期与现金流发生期间相匹配。

贴现期可采用项目合同期限，亦可采用分段式，如以5年作为一个期间段。企业在进行资产价值评估时，尤其要注意标的资产的技术寿命期限对合同约定期限或者法定使用期限的影响。

企业应用贴现现金流法，应当说明和反映影响现金流入和现金流出的事项和因素，既要反映现金流的变化总趋势，也要反映某些重要项目的具体趋势。

贴现率是反映当前市场货币时间价值和标的风险的回报率。贴现率的设定要充分体现标的特点，通常应当反映评估基准日类似地区同类标的平均回报水平和评估对象的特定风险。

（二）在贴现期内，采用合理的贴现率对现金流进行贴现

贴现率应当与贴现期、现金流相匹配，当使用非年度的时间间隔（比如按月或按日）进行分析时，年度名义贴现率应调整为相应期间的实际贴现率。

❶资产价值评估采用的贴现率，通常根据与资产使用寿命相匹配的无风险报酬率进行风险调整后确定。无风险报酬率通常选择对应期限的国债利率，风险调整因素有政治风险、市场风险、技术风险、经营风险和财务风险等。

❷进行企业价值评估采用的贴现率，需要区分是以企业整体还是以所有者权益作为价值评估的基础。通常，企业整体价值评估采用股权资本成本和债务资本成本的加权平均资本成本作为贴现率的确定依据；企业所有者权益价值评估采用股权资本成本作为贴现率的确定依据。

（三）进行合理性判断

企业应用贴现现金流法进行价值评估，一般从以下方面进行合理性判断：

❶客户要求。当客户提出的特殊要求不符合市场价值为基础的评估对有关贴现期、现金流或贴现率的相关规定时，其估值结果是基于客户特殊要求下的投资价值而不是市场价值。

❷评判标准。贴现现金流法作为一项预测技术，评判标准不在于贴现现金流预测最终是否完全实现，而应关注预测时的数据对贴现现金流预测的支持程度。

（四）形成分析报告

贴现现金流法分析报告的形式可以根据业务的性质、服务对象的需求等确定，也可在资产评估报告中整体呈现。当企业需要单独提供贴现现金流法分析报告时，应确保内容的客观与翔实。贴现现金流法分析报告一般包括以下内容：

❶假设条件。贴现现金流法分析报告应当对贴现现金流法应用过程中的所有假设进行披露。

❷数据来源。贴现现金流法分析报告应当清楚地说明并提供分析中所使用的有关数据及来源。

❸实施程序。编制贴现现金流法分析报告一般按照以下程序进行：合理选择评估方法；评估方法的运用和逻辑推理；主要参数的来源、分析、比较和测算；对评估结论进行分析，形成评估报告。

❹评估者身份。当以内部评估人员身份开展评估工作时，评估人员与控制资产的实体之间的关系应当在评估报告中披露；当以外部评估人员身份开展评估工作且以营利为目的为委托方工作时，评估人员应当对这种关系予以披露。

三、贴现现金流法的应用

贴现现金流法，简单而言，就是计算出投资后该资产将来会创造的现金流的现值，如果投资高于其所创造的现金流的现值，则该投资不划算。现金流量折现模型如下：

$$价值 = \sum_{t=1}^{n} \frac{CF_t}{(1+r)^t}$$

其中：n为资产的年限；

CF_t为第t年的现金流量；

r为包含了预计现金流量风险的折现率。

贴现现金流法包括净现值法、现值指数法、内含报酬率法三种基本方法。

（一）净现值法

1.概念

净现值（Net Present Value，NPV）是指投资项目在计算期内全部现金净流量的现值之和，即现金流入量现值与现金流出量现值的差额，或未来现金净流量的现值与原始投资现值的差额。

计算净现值时，要按照预定的贴现率对投资项目的未来现金流量进行贴现。预定贴现率是投资者所期望的最低投资报酬率。净现值为正，则方案可行，说明方案的实际报酬率高于所要求的报酬率；净现值为负，则方案不可取，说明方案的实际报酬率低于所要求的报酬率。当净现值为零时，说明方案的实际报酬率与所要求的报酬率相等，方案也可行。因此，净现值的经济含义是投资方案报酬超过基本报酬后的剩余收益。其他条件相同时，净现值越大，方案越好。

2.采用净现值法评价投资方案的步骤

采用净现值法来评价投资方案，一般包括以下步骤：

❶确定投资项目各年现金净流量。

❷确定投资项目采用的折现率（即贴现率）。

折现率的确定有以下几种标准：

A.以市场利率为标准。市场利率是整个社会投资报酬率的最低水平，可以视同最低要求报酬率。

B.以投资者希望获得的预期最低投资报酬率为标准。该标准考虑了投资项目的风险补偿因素及通货膨胀水平。

C.以企业平均资本成本率为标准。企业筹资承担的资本成本率水平，给投资项目提出了最低报酬率要求。

❸按设定的折现率，将各时点上现金净流量折合为现值。计算公式如下：

$$\text{净现值(NPV)}=\frac{NCF_0}{(1+i)^0}+\frac{NCF_1}{(1+i)^1}+\frac{NCF_2}{(1+i)^2}+\cdots\cdots+\frac{NCF_n}{(1+i)^n}$$

或 $$\text{未来现金净流量现值}=\sum_{t=1}^{n}\text{各年现金流入量现值}-\sum_{t=1}^{n}\text{各年现金流出量现值}$$

$$\text{净现值(NPV)}=\sum_{t=1}^{n}\text{各年现金净流量现值}-\text{原始投资额现值}$$

从计算公式中可以看出，折现率越高，净现值越小；折现率越低，净现值越大。

❹若净现值大于零，则方案可行；若净现值小于零，则方案不可行，没有达到投资者的预期投资报酬率。

【案例6-8】天华公司准备购入一台设备，现有甲、乙两种方案可供选择：甲方案需投资300 000元，使用寿命为5年，采用直线法计提折旧，5年后设备无残值，5年中每年的销售收入为150 000元，付现成本为50 000元；乙方案需固定资产投资360 000元，流动资产投资30 000元，固定资产使用寿命为5年，采用直线法计提折旧，5年后设备残值收入为60 000元，5年中每年的销售收入为170 000元，付现成本第一年为60 000元，以后随着设备磨损，逐年将增加修理费3 000元。假设所得税税率为25%，资本成本为8%。

要求：计算甲、乙两种方案的现金净流量，并确定两种方案的投资可行性。

两种方案现金净流量的计算见表6-2和表6-3。

表6-2　投资项目的现金净流量计算表　单位：元

项目经营期	1	2	3	4	5
甲方案					
销售收入（1）	150 000	150 000	150 000	150 000	150 000
付现成本（2）	50 000	50 000	50 000	50 000	50 000
折旧（3）	60 000	60 000	60 000	60 000	60 000
税前利润（4）	40 000	40 000	40 000	40 000	40 000
所得税（5）	10 000	10 000	10 000	10 000	10 000
税后净利（6）	30 000	30 000	30 000	30 000	30 000
现金净流量（7）	90 000	90 000	90 000	90 000	90 000
乙方案					
销售收入（1）	170 000	170 000	170 000	170 000	170 000
付现成本（2）	60 000	63 000	66 000	69 000	72 000
折旧（3）	60 000	60 000	60 000	60 000	60 000
税前利润（4）	50 000	47 000	44 000	41 000	38 000
所得税（5）	12 500	11 750	11 000	10 250	9 500
税后净利（6）	37 500	35 250	33 000	30 750	28 500
现金净流量（7）	97 500	95 250	93 000	90 750	88 500

提示：（4）=（1）-（2）-（3）；（7）=（1）-（2）-（5）=（3）+（6）。

表6-3　固定资产投资项目现金净流量计算表　单位：元

项目计算期	0	1	2	3	4	5
甲方案						
固定资产投资	-300 000					
营业现金流量		90 000	90 000	90 000	90 000	90 000
现金净流量合计	-30 0000	90 000	90 000	90 000	90 000	90 000
乙方案						
固定资产投资	-360 000					
垫支流动资金	-30 000					
营业现金流量		97 500	95 250	93 000	90 750	88 500
固定资产残值						60 000
流动资金收回						30 000
现金净流量合计	-390 000	97 500	95 250	93 000	90 750	178 500

两种方案的净现值计算如下：

$NPV_{甲}$=90 000×（P/A，8%，5）-300 000

=90 000×3.9927-300 000

=359 343-300 000=59 343（元）

乙方案经营期现金净流量不相等，其净现值的计算见表6-4。

表6-4　乙方案净现值计算表　金额单位：元

年份	NCF (1)	现值系数（8%） (2)	现值 (3)=(1)×(2)
0	-390 000	1	-390 000
1	97 500	0.9259	90 275.25
2	95 250	0.8537	81 314.93
3	93 000	0.7938	73 823.4
4	90 750	0.7350	66 701.25
5	178 500	0.6806	121 487.1
NPV			43 601.93

净现值法的决策过程如下：

采用净现值指标判定一个方案是否具有财务可靠性的标准是：若净现值≥0，则项目可行，此时实际投资报酬率≥投资者期望的最低投资报酬率；若净现值＜0，则项目不可行，此时实际投资报酬率＜投资者期望的最低投资报酬率。对于多个备选方案的决策，净现值适用于计算期相同时互斥项目的决策和投资额相同时独立项目的决策。根据计算结果可以判定甲、乙方案都具有投资可行性。

3.净现值法的优缺点

净现值法简便易行，其主要优点在于：❶适用性强，能基本满足项目年限相同的互斥投资方案的决策；❷能灵活地考虑投资风险。其主要缺点有：❶所采用的贴现率不易确定；❷不适用于独立投资方案的比较决策，如果各方案的原始投资额现值不相等，有时无法做出正确决策；❸净现值有时也不能对寿命期不同的互斥投资方案进行直接决策。

（二）现值指数法

现值指数也称现值比率、获利指数，指未来现金净流量现值与原始投资额现值的比率。其计算公式为：

$$现值指数=\frac{未来现金净流量现值}{原始投资额现值}$$

从现值指数的计算公式可以看出，现值指数的计算结果有三种：大于1，等于1，小于1。如果现值指数大于或等于1，方案可行；如果现值指数小于1，则方案不可行。现值指数越大，方案越好。

【案例6-9】天华公司现有两个独立投资方案，有关资料见表6-5。

表6-5 **净现值计算表** 单位：万元

项目	方案A	方案B
原始投资额现值	30 000	3 000
未来现金流量现值	31 500	4 200
净现值	1 500	1 200

从净现值的绝对数来看，方案A大于方案B，似乎应采用方案A，但从投资额来看，方案A的原始投资额现值大大超过了B方案。所以，在这种情况下，如果仅用净现值来判断方案的优劣，就难以做出正确的比较和评价。

按现值指数法计算如下：

方案A的现值指数=31 500÷30 000=1.05

方案B的现值指数=4 200÷3 000=1.40

计算结果表明，方案B的现值指数大于方案A，应当选择方案B。

现值指数法其实是净现值法的辅助方法，在各方案原始投资额现值相同时，实质上就是净现值法。由于现值指数是未来现金流量现值与原始投资额现值之比，是一个相对数指标，反映了投资效率，所以，用现值指数指标评价独立投资方案，可以克服净现值指标不便于对原始投资额现值不同的独立投资方案进行比较和评价的缺点，从而使得对方案的分析评价更加合理、客观。

（三）内含报酬率法

1.概念

内含报酬率又称内部收益率，是指投资项目在计算期内各年现金净流量现值合计等于零时的折现率，即净现值等于零时的折现率，也可将其表述为能使投资项目的现金流入量现值等于现金流出量现值时的折现率。显然，内含报酬率IRR满足下列等式：

$$\sum_{t=0}^{n} NCF_t \times (P/F, IRR, t) = 0$$

从上式中可知，净现值和内含报酬率的区别在于：计算净现值时折现率是事先给定的，净现值的结果可能大于0，小于0，也可能等于0。而内含报酬率的计算是把折现率设为未知数，列出净现值计算式，令净现值等于零，然后反求能使净现值等于零的折现率。所以，净现值不能揭示方案本身可以达到的实际报酬率，而内含报酬率实际上反映了项目本身的真实报酬率。

2.内含报酬率的计算

（1）经营期内各年现金净流量相等，且建设期为零

根据内含报酬率的定义，可列如下计算式：

经营期每年相等的现金净流量（NCF）×年金现值系数（P/A，IRR，n）-原始投资额=0

内含报酬率具体计算的步骤如下：

$$(P/A, IRR, n) = \frac{\text{原始投资额}}{\text{经营期每年相等的现金净流量}}$$

❶计算年金现值系数。

❷根据计算出来的年金现值系数与已知的期数n，查年金现值系数表。如果表中恰好有与该系数对应的利率，则该利率就是要查找的内含报酬率；如果表中没有与该系数对应的利率，则应用内插法确定内含报酬率。

【案例6-10】续【案例6-8】，天华公司甲方案的内含报酬率计算如下：

$NPV_{甲}$=90 000×（P/A，IRR，5）-300 000=0

（P/A，IRR，5）=3.3333

查年金现值系数表可知：

（P/A，15%，5）=3.3522

（P/A，16%，5）=3.2743

可见IRR介于15%与16%之间，根据内插法，IRR的计算如下（也可以借助Excel财务函数计算确定内含报酬率）：

折现率	差额	年金现值系数	差额
15%	x%（15%至IRR）；-1%（15%至16%）	3.3522	0.0189（3.3522至3.3333）；0.0779（3.3522至3.2743）
IRR		3.3333	
16%		3.2743	

$$\frac{x\%}{-1\%}=\frac{0.0189}{0.0779}$$

x=-0.24

IRR=15%-（-0.24%）=15.24%

方案甲的内含报酬率（$IRR_{甲}$）为15.24%。

（2）经营期内各年现金净流量不相等，或虽相等但存在建设期

这种情况下各年现金净流量的分布不是年金形式，不能通过直接查年金现值系数表的方法计算内含报酬率，而需要采用逐次测试法来确定内含报酬率。

逐次测试法是指以不同的折现率分别代入净现值计算式，逐次计算现金净流量的总现值，直到净现值等于零为止，这时所采用的折现率就是该投资项目的内含报酬率。

其具体操作方法为：先估计一个折现率代入净现值计算式进行试算，如果净现值为正，说明该折现率偏低，应提高折现率再次试算；如果净现值为负，说明该折现率偏大，应降低折现率再次试算。经过多次试算，直到测试出能使净现值由正到负或由负到正的两个折现率，然后根据上述两个邻近的贴现率，采用内插法计算出内含报酬率。

【案例6-11】根据表6-4的资料，计算乙方案的内含报酬率。

根据表6-4中的净现值计算结果可知，乙方案的净现值为正数，说明其内含报酬率大于资本成本率8%，因此，应提高折现率进一步测试。假设以10%为折现率进行测试，其净现值为20 035.65元。第二次测试将折现率继续提高到12%重新计算，结果净现值为-1 859.02元，可见其内含报酬率在10%～12%之间，测试过程见表6-6。

表 6-6　　内含报酬率测试表

期数	NCF	10%		12%	
		现值系数	现值	现值系数	现值
0	−390 000	1	−390 000	1	−390 000
1	97 500	0.9091	88 637.25	0.8929	87 057.75
2	95 250	0.8264	78 714.6	0.7972	75 933.3
3	93 000	0.7513	69 870.9	0.7118	66 197.4
4	90 750	0.6830	61 982.25	0.6355	57 671.63
5	178 500	0.6209	110 830.65	0.5674	101 280.9
NPV			20 035.65		−1 859.02

折现率			净现值		
10%	x%	−2%	20 035.65	20 035.65	21 894.67
IRR			0		
12%			−1 859.02		

$$\frac{x\%}{-2\%}=\frac{20\,035.65}{21\,894.67}$$

x=1.83

IRR=10%+1.83%=11.83%

乙方案的内部报酬率（$IRR_{乙}$）为 11.83%。

当一个投资项目的内含报酬率大于或等于资本成本率或必要报酬率时，项目具有财务可行性；反之，则不具备财务可行性。上述案例中，甲、乙两个方案的内含报酬率均大于其资本成本率 8%，都具有财务可行性。

3. 内含报酬率的优缺点

内含报酬率法的优点：❶考虑了资金时间价值，能从动态的角度直接反映投资项目的实际报酬率，且不受折现率高低的影响，比较客观；❷对于独立投资方案的比较决策，如果各方案原始投资额现值不同，可以通过计算各方案的内含报酬率，反映各独立投资方案的获利水平。

内含报酬率法的缺点：❶计算过程比较复杂，尤其是对于每年现金净流量不相等的项目，一般要经过若干次测试才可以算出。❷在互斥方案决策时，如果各方案的原始投资额现值不相等，有时无法做出正确的决策。比如，某一方案原始投资额小，净现值小，但内含报酬率可能较高；而另一方案原始投资额高，净现值大，但内含报酬率可能较低。

四、贴现现金流法的应用评价

贴现现金流法的主要优点是结合历史情况进行预测，并将未来经营战略融入模型，有助于更全面地反映企业价值。

贴现现金流法的主要缺点是测算过程相对较为复杂，对数据采集和假设的验证要求繁复，资本成本、增长率、未来现金流量的性质等变量很难得到准确的预测、计算，往往会使得实务中的评估精度大大降低。

知识测试

一、不定项选择题

1.下列表述中，不正确的是（　　）。

A.净现值是未来现金流量的总现值与原始投资额现值之差

B.当净现值等于零时，说明此时的贴现率为内含报酬率

C.当净现值大于零时，现值指数小于1

D.当净现值大于零时，说明该投资方案可行

2.某企业按照12%的必要报酬率进行一项固定资产投资决策，所计算的净现值指标为正值，资金时间价值为8%，假设不考虑通货膨胀因素，则下列表述中正确的是（　　）。

A.该项目的获利指数小于1　　B.该项目的内部收益率小于8%

C.该项目的风险报酬率大于4%　　D.该项目不应进行投资

3.贴现率为18%时，净现值为−3.17，贴现率为16%时，净现值为6.12，则该项目的内含报酬率为（　　）。

A.14.68%　　B.16.68%　　C.17.32%　　D.18.32%

4.下列表述中，属于净现值法的优点的有（　　）。

A.考虑了资金时间价值　　B.考虑了投资项目的全部现金流量

C.有利于企业尽快收回投资　　D.能够反映项目的实际投资报酬率

5.影响项目内含报酬率的因素包括（　　）。

A.投资项目的有效年限　　B.投资项目的现金流量

C.企业要求的最低投资报酬率　　D.银行贷款利率

不定项选择题

二、判断题

1.净现值考虑了资金的时间价值，能够反映各种投资方案的净收益，但是不能揭示各方案本身可能达到的投资报酬率。（　　）

2.项目投资方案的内含报酬率只有一个。（　　）

3.计算内含报酬率时不需要事先估计资本成本。（　　）

4.采用获利指数评价投资项目的投资效果，只有获利指数大于1的方案才可以作为可行方案。（　　）

5.对于互斥方案A和B，如果A方案的净现值大于B方案的净现值，则A方案的内部收益率也必然大于B方案的内部收益率。（　　）

判断题

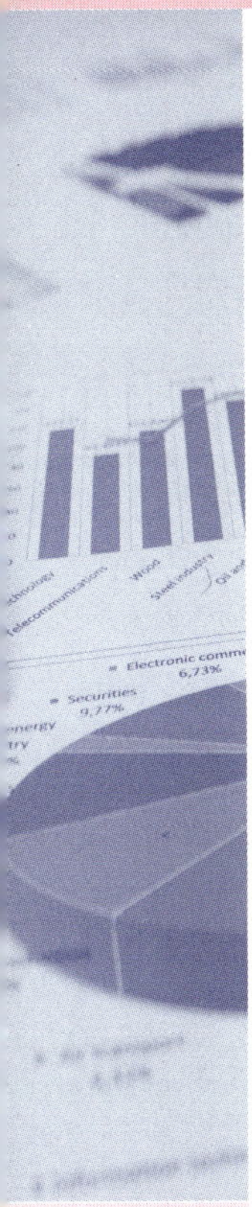

第七章 绩效管理

知识、能力目标

1. 了解绩效管理的基本概念、特点、作用；
2. 掌握当今市场上常用的几种绩效管理手段（关键绩效指标法、经济增加值法、平衡计分卡、棱柱绩效模型）的基本原理，及其应用方法；
3. 能根据不同企业的不同条件和绩效管理要求，合理选择有效的绩效管理手段，并学会对应用效果进行合理评估。

专业素养目标

1. 将公平公正思想、竞争意识植入到课程内容中，引导学生具备客观公正、遵守规章的职业品格和行为习惯，培养学生的竞争意识、责任意识、合作意识和自我激励意识；
2. 通过学习关键绩效指标法，引导学生解决问题一定要识别问题的关键因素，针对关键影响因素寻求解决问题的方法；
3. 通过学习平衡计分卡，树立以人为本的管理理念，进而理解二十大报告中提出的“规范财富积累机制，保护合法收入，调节过高收入，取缔非法收入”这一理念。

知识结构图

- 绩效管理
  - 绩效管理概述
    - 绩效管理及相关概念
    - 绩效管理的方法
  - 关键绩效指标法（KPI）
    - 相关概念
    - 关键绩效指标的设计、分解流程
    - 关键绩效指标的考核说明
    - 关键绩效指标考核结果的运用
    - 关键绩效指标考核的层级
  - 经济增加值法（EVA）
    - 相关概念
    - 经济增加值的核心作用
    - 经济增加值的计算方法
    - 经济增加值在绩效管理中的运用
  - 平衡计分卡（BSC）
    - 平衡计分卡的起源和含义
    - 平衡计分卡的构成要素
    - 平衡计分卡的基本框架和内容
    - 平衡计分卡实施的基本流程及运用实例
  - 绩效棱柱模型
    - 绩效棱柱模型的起源与定义
    - 绩效棱柱模型的三个基本前提
    - 棱柱绩效模型的逻辑思路

名企视野

中国XX[①]公司的绩效管理之路[②]

——制定和实施有效的绩效考评指标体系，助力国企长远发展

中国XX公司是一家老牌国有企业，在计划经济时代积累了丰厚的财富。经济体制改革后，公司面临市场化的挑战，为改变在市场浪潮中日渐式微的地位，公司将大量资金投入到石油、电影等十几个行业中。但是公司对所投资的企业采取参股或控股方式进行资本运营，并未派出相应的管理人员，也没有进行绩效管理，结果投出资金被转移、瓜分的问题非常突出。在资金运营方面，受公司一味追求主营业务的规模，忽视了对应收账款的及时催收和管理，导致实际利润与账面利润不符。金融危机、银根紧缩等外部环境影响，公司资金链断裂，一度出现严重的资金支付危机。为此，新的管理层及时制定、实施有效的绩效考评指标体系，助力企业长远发展。

一、制定合适的绩效考评指标体系，大力推行绩效管理

新的管理层根据企业实际情况确立了绩效管理体系的目标，专门设置了绩效考核评价部门，对所属企业进行绩效考评。为保证财务数据的质量，以及对货币资源的控制，推行财务人员垂直管理，并向所投资企业派出管理人员和财务总监。公司绩效考评指标体系的核心内容是对二级公司的总经理进行绩效考评，考评内容主要涵盖四个主要方面。

第一方面，维持经营规模。主要考评指标有销售收入、税前利润。这部分指标权重占整个绩效评价指标体系的40%，其中，税前利润指标占30%。

第二方面，成长性和竞争性调节效应。成长性指标包括销售收入和利润的增长率；竞争性指标包括市场份额的占有和市场竞争力的培育，譬如资源控制、渠道控制、运营效率的提高等。这部分权重占整个绩效评价指标体系的30%。

第三方面，提升经营质量。主要考评指标包括业务流程的规范化建设和对预期应收账款和不良账款的控制。对预期不良账款比例提出明确的控制目标。

第四方面，其他管理目标的考核。主要考评人力资源管理、物流管理等。

二、成效和问题

经过连续四年的绩效管理，公司发生了显著变化。经营规模稳步上升，经营利润连续翻番。但随之也出现了新的问题。首先，规模和盈利类指标权重过高，各级公司总经理几乎把精力都放在考核当期规模扩张和盈利实现上，无暇顾及效率和质量，也无法关注公司的长远发展；其次，有些考评指标通过建立规范的流程，已成为常规性的工作标准，尤其是公司进入良性循环后，均不宜再作为考评指标，如预期应收账款的控制以及员工队伍的裁撤等，在公司进入良性循环后不宜再作为总经理的工作考评指标；最后，对所投资企业未根据其所在行业设定相应的绩效考评指标。

三、改进之路

针对以上问题，公司对原有的绩效考评指标体系进行了改进，重点包括：

1.实施差异化的绩效管理。根据不同企业、不同具体情况，设定不同的绩效考评指标。

2.强调经营成果的内涵。一是鼓励下属企业把集团公司战略方向范围内产品的盈利增长作为重要绩效考评指标；二是对资源使用效率进行重点考察，包括营运资产收益率、资本收益率等。

3.加大战略推进方面的绩效考评权重。促使企业负责人关注对未来竞争力的投资。

4.对于那些已经成为常规工作标准的项目进行合并或改成扣分指标。

5.事先明确资源配置。在制订绩效计划时，由企业负责人提出资源配置要求，将绩效计划与资源配置挂钩，从根本上解决被考核单位的讨价还价问题。

新的指标体系很好地解决了企业之间的差异化问题，也适应了进入良性循环企业的需求，满足了集

---

① 用中国XX替代真实的国企名字，是基于对该企业商业秘密保护的考虑。
② 资料来源 朴愚，顾卫俊. 绩效管理体系的设计与实施［M］. 北京：电子工业出版社，2006.

团公司对其下属企业战略重点关注的要求，收到了良好的效果。

【大家谈】

任何企业，只有坚持马克思列宁主义、毛泽东思想、邓小平理论、“三个代表”重要思想和科学发展观，只有紧跟国家改革步伐，跟上时代节奏，实时调整管理理念，采取一系列战略性举措，推进一系列变革性实践，才能取得一系列标志性成果，才有机会在市场化竞争中存活、发展。

第一节 绩效管理概述

一、绩效管理及相关概念

❶绩效（performance），又称工作表现，其内涵既包括工作结果（如工作效率），也包括对工作结果产生影响的行为、技能等。所以，绩效既包括静态的结果，也包括动态的过程内容，两者相辅相成。在一个企业内，绩效通常有三个层面，即个人绩效、部门或团队绩效、企业（整体）绩效。个人绩效是根基，部门或团队绩效以及企业绩效是个人绩效的整合和放大。部门或团队绩效是衔接个人绩效和企业（整体）绩效的核心层，无论是个人绩效还是部门或团队绩效最终都是为企业（整体）绩效服务的，所以，企业（整体）绩效的达成是绩效管理的最终目标。

❷绩效管理，是指企业与所属单位（部门）、员工之间就绩效目标及如何实现绩效目标达成共识，并帮助和激励员工取得优异绩效，从而实现企业目标的管理过程。绩效管理需要管理者与员工持续沟通，将企业的战略（或愿景）和目标、管理者的职责、员工的工作绩效目标、管理者与员工的伙伴关系等信息传递给员工，帮助员工消除工作过程中的障碍，提供必要的支持、指导，与员工一起完成绩效目标，从而实现组织的战略目标。绩效管理的核心是绩效评价和激励管理。

❸绩效评价（或绩效考核），是绩效管理的一部分。它是指通过建立综合考核体系，采用一定的考核方法，对照相应的考核标准，对一定经营期间特定经营主体所产生的经营绩效，力图做出客观、公正、准确的综合评价。该考核结果通常会与员工或管理人员的个人利益挂钩，从而促使所有人员均能更加自觉地朝着组织战略目标行动。所以，绩效评价又是绩效管理的基础。

二、绩效管理的方法

本章介绍四种当前流行的绩效管理方法，即关键绩效指标（KPI：Key Performance Indicator）法、经济增加值（EVA：Economic Value Added）法、平衡计分卡（BSC：Balanced Score Card）法和绩效棱柱模型。

知识拓展

1.企业战略的含义：战略是一种全局性、长远性的谋划。企业战略是指关系到企业长远生存和发展的谋划。有时又俗称企业愿景。企业的资源禀赋不同，所处环境不同，其战略侧重点就会有所不同。

2.战略管理会计：为满足战略管理的信息需求的会计信息系统，统称战略管理会计。

3.绩效管理方法与战略管理会计：绩效管理服务于战略管理，是战略管理的重要组成部分；借助绩效管理方法得出的信息是战略管理会计的核心内容。

知识测试

不定项选择题

1.“企业绩效”可理解为（　　），其中（　　）属于动态型绩效。

A.财务净利润　　B.品牌知名度的提升

C.提高生产效率的具体措施　　D.职工合理化建议的增加

2.企业绩效的几个层次中，（　　）是根本，（　　）是最终目标，（　　）是核心。

A.个人绩效　　B.部门绩效　　C.企业整体绩效　　D.近期绩效

3.下列属于企业绩效管理的有（　　）。

A.对总经理进行年度业绩考评　　B.制定企业战略目标

C.向员工解释企业战略目标　　D.对执行产品质量标准不达标的员工罚款

4.绩效管理的核心是（　　）。

A.个人绩效　　B.绩效评价　　C.激励管理　　D.团队绩效

5.以下属于绩效管理方法的有（　　）。

A关键绩效指标法　　B.经济增加值法

C.平衡计分卡法　　D.绩效棱柱模型法

不定项选择题

第二节　关键绩效指标法

一、相关概念

❶关键绩效指标（KPI）法，是指基于企业战略目标，通过建立关键绩效指标体系，将价值创造活动与战略规划目标有效联系，并据此进行绩效管理的方法。

❷关键绩效指标（KPI），是对企业绩效产生关键影响力的指标，是通过对企业战略目标、关键成果领域和绩效特征分析，识别和提炼出的最能有效驱动企业价值创造的指标。所以，关键绩效指标是对企业组织运作过程中成功关键要素的提炼和归纳，通过对组织内部流程的输入端、输出端的关键参数进行设置、取样、计算、分析，衡量流程绩效的一种目标式量化管理指标，是把企业的战略目标分解为可操作的愿景目标的工具。通过KPI可以明确部门的主要责任，并以此为基础，明确部门人员的业绩衡量指标。建立明确的、切实可行的KPI体系，是做好绩效管理的关键。关键绩效指标是用于衡量工作人员工作绩效表现的量化或行为化的指标，是绩效管理的重要组成部分。

二、关键绩效指标的设计、分解流程

【案例 7-1】NBHH公司是一家位于长三角某县域的汽车外饰件制造商。公司拥有上海汽车集团一级供应商资格，产品直接供应上汽集团下属的多家主机厂。公司股东不参与公司运营，聘请职业经理人全权打理日常业务。为在激烈的汽车外饰件供应商的竞争环境中保持优势地位，职业经理人狠抓人力资源管理，对标国内生产同类产品上市公司的业务运营指标，结合本公司的具体情况，制定出NBHH公司的各项营运指标，并将这些指标的具体落实逐级细分到部门、科室、员工。NBHH公司根据细分指标的具体落实情况对各部门、科室和员工进行考核、评价，并将考核结果与员工（包括管理人员）的薪酬挂钩。

下面以NBHH公司对电镀车间的绩效考核关键指标进行设计、分解为例，加以说明。

1.KPI设置

NBHH公司对电镀车间的KPI设置见表7-1。

表7-1　电镀车间KPI设置表

指标类型	序号	指标名称
效益指标	1	电镀生产成本
管理指标	1	短装[①]/混装[②]问题/表面问题
	2	短装/混装/实物不符问题
	3	表面问题[③]
	4	客户端批量质量事故
	5	生产达成率
	6	部门内培训时数
	7	安全事故
	8	安全环保5S[④]问题整改完成率
否决项	1	发生人员伤残、伤亡或责任性安全性事故
	2	造成客户停线或降级
	3	被环保部门处罚金额10 000元以上
	4	被政府部门责令停产整顿

KPI具有可量化或可行为化的典型特点，通过KPI可以落实公司目标和业务重点，传递公司价值导向，有效激励员工为公司战略目标努力奋斗。KPI法符合一个重要的管理原理——“二八原理”。在一个企业的价值创造过程中，存在着“80/20”的规律，即20%的骨干人员创造企业80%的价值，而且在每一位员工身上“二八原理”同样适用，即80%的工作任务是由20%的关键行为完成的。因此，必须抓住这20%的关键行为，对之进行分析和衡量。

2.设计、细分KPI的基本程序

（1）对履行流程的部门进行岗位职责描述。根据组织的战略目标与部门设置，以及部门间的内在业务联系，确定每一部门的基本职责，以及需要设置的岗位及其基本职责。NBHH电镀车间的部门职责描述如下：

❶根据生产管理部的生产指令，按质、按量、按时完成电镀生产任务。

❷根据客户要求，严格按照产品类别、数量进行装箱，履行入库或直接发货等手续。

❸根据环保部门的要求，清洁生产，对电镀污水做到零排放。

❹根据安全监督管理部门的要求，安全生产，力争做到零隐患、零事故。

❺负责对产品质量问题及时进行分析，然后做出正确的补救措施：塑材出了问题要反馈到注塑车间；药水或挂具问题要反馈到采购部；设备问题要反馈到设备部；清洁卫生问题要告知值班组长、车间主任；配方问题要提醒实验室；属于人为线上操作不当的，既要告知操作工也要告知班组长，同时要求岗位人员重新进行岗位培训才能上岗。

❻负责对非正品做出合理处置：属于无法使用的废品，要严格遵守公司流程定期完成实体销毁；对于可作为市场件出售的产品，要及时办理回收入库手续，不得与正品混合存放。

❼车间管理人员负责定期和不定期地组织在岗人员进行必要的安全、清洁生产注意事项的培训。

---

① 短装：短，是少的意思。短装即电镀车间的产品进入包装物的数量比规定装入数量少。

② 混装：混，是混乱的意思。混装指进入包装物的电镀产品明细品种与规定品种不符。

③ 表面问题：指电镀产品的表面质量问题（譬如产品表面有气泡）。出现表面问题即电镀产品表面质量有瑕疵，表面问题会影响产品品级。

④ 安全环保5S：安全环保管理术语，是对材料、设备等生产要素开展相应的整理、整顿、清扫、清洁、修养等活动的简称。这五项活动的第一个罗马文字母均为S，简称安全环保5S。

（2）提取工作要项（指各部门和岗位的工作中所包含的重要职责）。NBHH根据电镀车间的部门以及员工岗位职责，提取并形成如下工作要项：经济生产；合格（保质保量）生产；安全生产；清洁生产；满足当期交付和库存。

（3）建立关键指标。每一个工作要项就是一个关键绩效指标。KPI基本类型有数量、质量、成本和时限四种，对绩效进行考核评价也经常是从这四方面进行。以上NBHH公司对电镀车间的绩效考核指标设置也基本上可以纳入这四种类型。

❶经济生产要项的考核指标就是定额成本指标。

❷合格生产对应管理指标3、4、5三个子项。

❸安全生产对应管理指标6、7，以及否决项指标1、4子项。

❹清洁生产对应管理指标6、8，以及否决项指标3、4子项。

❺满足当期交付和库存对应管理指标1、2子项，以及否决子项2。

（4）对每项指标确定不同的权重，即确定不同方面的绩效指标在总体绩效指标中所占比重。指标权重可根据管理经验或指标逻辑层次的分析得出，见表7-2。

表7-2　**电镀车间KPI权重确定表**

指标类型	序号	指标名称	权重	20××年目标值	指标定义/计算公式	备注
效益指标	1	电镀生产成本	30.00%	98.00%	额定生产成本	额定生产成本：根据开发部门下达的BOM[①]，由财务部最终核定出产品标准成本。包括：原辅料、人工、水电、排污、折旧、合理损耗等各项标准消耗
效益指标权重合计			30.00%			
管理指标	1	短装/混装/表面问题	5.00%	1次/月	问题点/客户投诉次数（限生产直接出库）	监控客户投诉次数
	2	短装/混装/实物不符问题	5.00%	0次/月	问题点/客户投诉次数	监控客户投诉次数
	3	表面问题	5.00%	1次/月	问题点/客户投诉次数	监控客户投诉次数
	4	客户端批量质量事故	10.00%	0次/月	批量质量事故引起主机厂重视0次/月，售后可解决1次/月	监控批量质量事故
	5	生产达成率	20.00%	100%	生产达成数量/生产计划数量×100%	监控生产达成率
	6	部门内培训时数	5.00%	2H/人/月	$\sum$(培训时数×培训人数）/部门人数	监督培训计划的履行情况
	7	安全事故	5.00%	0次	安全事故	环境、安全、职业健康事故（参见国家标准），人员住院医疗的休业工伤
	8	安全环保5S问题整改完成率	5.00%	100%	考核期内安全环保5S隐患整改工作100%按时完成	环保专员检查下达整改通知书或罚款
管理指标权重合计			60.00%			
否决项	序号	否决项目				
	1	发生人员伤残、伤亡或责任性安全性事故				
	2	造成客户停线或降级				
	3	被环保部门处罚金额10 000元以上				
	4	被政府部门责令停产整顿				
否决项指标权重合计			10.00%	否决项		

① BOM：物料清单（Bill of Material）的英文缩写，是使用数据格式描述产品结构的文件。BOM的应用为企业进行数据化管理提供了极大的方便。BOM的制作和实施是企业资金预算、物料采购、财务成本核算等活动的重要基础和前提。

（5）确定绩效标准，标准就是每一项指标完成的程度。这个程度是可计量的或可以清楚表述的。该标准值的确定应遵循如下基本原则：

❶充分考量自身条件，本着跳一跳摘桃子的原则。既要立足于自身的实际情况，不可盲目追求高大全，又要努力向做得更好的同行靠拢。

❷不低于同行业平均水平原则。同行业平均水平数据既可来自权威机构发布的公开数据，也可为根据市场同行往来直接获取的经验数据。

❸个别指标直接对标全国或国际同行先进水平。同行优质上市公司的标准通常就能代表该水平。

NBHH公司电镀车间KPI的标准参见表7-2的“目标值”栏。

三、关键绩效指标的考核说明

要形成考核结果，必定经过计算、计量或描述。如何计算？如何描述？需要一份较为详细的、可操作的说明或规定，也可视作考核指南。该指南在实际工作中通常属于考核制度范畴。NBHH公司对电镀车间实行KPI考核结果的形成进行了说明，具体见表7-3中的“考核计算方式”栏。

表7-3　　电镀车间KPI考核说明表

指标类型	序号	指标名称	权重	20××年目标值	考核计算方式
效益指标	1	电镀生产成本	30.00%	98.00%	1. 当月生产成本≤额定生产成本的98%，得满分30分； 2. 当月生产成本>额定生产成本的98%，每超出一个百分点，扣10分，直到扣完本项分数
效益指标权重合计			30.00%		
管理指标	1	短装/混装/表面问题	5.00%	1次/月	每高于1次扣2分，直到扣完本项分数
	2	短装/混装/实物不符问题	5.00%	0次/月	每高于1次扣2分，直到扣完本项分数
	3	表面问题	5.00%	1次/月	每高于1次扣2分，直到扣完本项分数
	4	客户端批量质量事故	10.00%	0次/月	每高于1次扣5分，直到扣完本项分数
	5	生产达成率	20.00%	100%	每低于1%扣5分
	6	部门内培训时数	5.00%	2H/人/月	员工培训课时，每低于指标0.5小时扣2分，直到扣完本项分数
	7	安全事故	5.00%	0次	发生责任性安全事故，给公司造成直接经济损失：301～2 000元扣1分；2 001～5 000元扣2分；5 001～10 000元扣3分；10 001～15 000元扣4分；15 001元以上扣5分
	8	安全环保5S问题整改完成率	5.00%	100%	每有一项工作延迟或未完成，扣1分
管理指标权重合计			60.00%		
否决项	序号	否决项目			
	1	发生人员伤残、伤亡或责任性安全性事故			凡有发生，考核指标值为0
	2	造成客户停线或降级			凡有发生，考核指标值为0
	3	被环保部门处罚金额10 000元以上			凡有发生，考核指标值为0
	4	被政府部门责令停产整顿			凡有发生，考核指标值为0
否决项指标权重合计			10.00%	否决项	

四、关键绩效指标考核结果的运用

通过KPI得出的考核结果，是一个可量化的值或可精确描述的状态，该结果与员工或管理者的薪酬通常是挂钩的。实际工作中考核结果均要用于计算职工（包括各级管理者）的薪酬。该部分内容属于企业薪酬制度的重要组成部分，系绩效管理落到实处的具体体现。NBHH公司对电镀车间员工绩效工资的计算及发放规定（摘录）见表7-4。

表7-4 电镀车间KPI考核结果运用表

	分值（%）	部门绩效工资计算
1	100	1. 电镀车间员工岗位绩效工资=∑每月/人岗位绩效标准×100% 2. 不计入电镀车间考勤但与绩效考核挂钩的副总、部门负责人该部分绩效工资扣分为0
2	95~100（不含）	1. 电镀车间员工岗位绩效工资=∑每月/人岗位绩效标准×90% 2. 不计入电镀车间考勤但与绩效考核挂钩的副总、部门负责人该部分绩效工资=岗位绩效标准×部门权数（0.3）×考核扣分10%
3	90~95（不含）	1. 电镀车间员工岗位绩效工资=∑每月/人岗位绩效标准×70% 2. 不计入电镀车间考勤但与绩效考核挂钩的副总、部门负责人该部分绩效工资=岗位绩效标准×部门权数（0.3）×考核扣分20%
4	80~90（不含）	1. 电镀车间员工岗位绩效工资=∑每月/人岗位绩效标准×50% 2. 不计入电镀车间考勤但与绩效考核挂钩的副总、部门负责人该部分绩效工资=岗位绩效标准×部门权数（0.3）×考核扣分30%
5	低于80	所有岗位该部分绩效工资为0

❶KPI考核最小周期为1个月，如因节假日等原因少于日历月份1个月日数的，也按照1个月计算。

❷考核结果的适用对象：考核期计入电镀车间考勤的所有员工；未计入电镀车间考勤，但分管电镀车间的副总、部门负责人同样适用。

动脑筋

1. 从以上考核结果看，似乎都是对部门的工作进行考核，而没有对个人进行考核。是这样的吗？

2. 根据表7-4，电镀车间的考核结果对主管副总、部门负责人也有影响，这种设计的合理性在哪？

五、关键绩效指标考核的层级

为达到绩效管理的预期，NBHH公司除对电镀车间实行KPI考核外，根据不同部门的具体情况，将考核细化至每一个部门每一个成员；按照绩效考核制度，对所有部门的考核结果进行汇总，并与公司战略目标进行比对，将对比结果作为调整考核指标和战略目标的重要依据之一。

通过NBHH公司KPI考核案例，可以看出，KPI考核实际上一般有三个层级，从基础到局部到整体的顺序是：个人考核→部门考核→企业总体考核。

知识拓展

1.NBHH公司的职能部门配置情况

1	2	3	4	5	6	7	8	9	10	11
生产计划管理部	注塑车间	电镀车间	装配车间	物流中心	行政综合部	采购部	商务（销售）部	财务中心	人力资源中心	研发部

2.NBHH的战略目标展示

在未来五年时间内，保持年均10%以上的销售增长率，年均销售利润增长率不低于5%；年均新产品不低于10种；争取优质一级供应商荣誉称号。

知识测试

一、不定项选择题

1.下列各项中，（　　）符合关键绩效指标（KPI）的属性。

A.可量化　　B.不可量化、不可描述

C.可精确描述　　D.可以是非财务类指标

2.对企业整体战略进行描述的指标属于（　　）；对企业个人绩效进行考核的指标属于（　　）；对企业部门进行考核的指标属于（　　）。

A.个人KPI　　B.单位KPI

C.部门KPI　　D.混合KPI

3.KPI的设计通常是要考虑影响公司战略方向和结果的主要因素，根据经验，通常要抓住（　　）。

A.80%的个人因素和20%的行为因素

B.20%的个人因素和行为因素

C.80%的行为因素和20%的个人因素

D.80%的个人和行为因素

4.KPI是有层次和标准的，部门KPI的考核标准一定要与企业整体KPI的落实目标一致，制定该标准通常应遵循的原则有（　　）。

A.低于行业平均水平　　B.高于行业平均水平

C.对标优质上市公司水平、国际通用水平　　D.对标竞争对手水平、潜在对手水平

5.企业的关键绩效指标一般可分为结果类和（　　）两类指标。

A.过程类　　B.动因类

C.要素类　　D.前提类

不定项选择题

二、实务题

2021年8月份电镀车间考核工资计算明细表

<table>
<tr><th>甲组</th><th>姓名</th><th>考核
基本工资
（元）</th><th>实际
出勤天数</th><th>按照出勤
时间计算（元）
（满勤25天）</th><th>个人应得
绩效工资</th><th>考核结果</th></tr>
<tr><td>1</td><td>张三</td><td>1 500.00</td><td>25.00</td><td>1 500.00</td><td></td><td rowspan="16">1. 无否决项事情发生

2. 甲组电镀成本符合率（实际完成成本/额定成本标准×100%）99.25%；乙组符合率100.03%

3. 甲组出现混装2次；乙组出现1次

4. 甲组出现表面问题2次；乙组出现3次

5. 甲组混装责任由张三和陈六负责，按规定分别扣除绩效工资60元和36元

6. 甲组表面问题由王五和赵七担责，扣除责任绩效工资40元和32元

7. 乙组表面问题由钱多多和吴发财担责，分别扣除绩效工资120元和72元

8. 未发现其余问题</td></tr>
<tr><td>2</td><td>李四</td><td>1 200.00</td><td>23.00</td><td>1 104.00</td><td></td></tr>
<tr><td>3</td><td>王五</td><td>1 000.00</td><td>25.00</td><td>1 000.00</td><td></td></tr>
<tr><td>4</td><td>陈六</td><td>900.00</td><td>25.00</td><td>900.00</td><td></td></tr>
<tr><td>5</td><td>赵七</td><td>800.00</td><td>20.00</td><td>640.00</td><td></td></tr>
<tr><td>小计</td><td>…</td><td>70 000.00</td><td>假定其余人员均满勤</td><td></td><td></td></tr>
<tr><td></td><td></td><td></td><td></td><td></td><td></td></tr>
<tr><td></td><td></td><td></td><td></td><td></td><td></td></tr>
<tr><td></td><td></td><td></td><td></td><td></td><td></td></tr>
<tr><td>乙组</td><td>姓名</td><td>考核
基本工资
（元）</td><td>实际
出勤天数</td><td>按照出勤
时间计算（元）
（满勤25天）</td><td>个人应得
绩效工资</td></tr>
<tr><td></td><td>钱多多</td><td>1 500.00</td><td>24.00</td><td>1 440.00</td><td></td></tr>
<tr><td></td><td>孙元宝</td><td>1 200.00</td><td>25.00</td><td>1 200.00</td><td></td></tr>
<tr><td></td><td>周美美</td><td>1 000.00</td><td>23.00</td><td>920.00</td><td></td></tr>
<tr><td></td><td>吴发财</td><td>900.00</td><td>25.00</td><td>900.00</td><td></td></tr>
<tr><td></td><td>郑浩用</td><td>800.00</td><td>22.00</td><td>704.00</td><td></td></tr>
<tr><td>小计</td><td>…</td><td>80 000.00</td><td>假定其余人员均满勤</td><td></td><td></td></tr>
</table>

请计算：

（1）电镀车间甲、乙组分别能得到的绩效工资总额，填制下表。

甲组绩效工资计算		备注
1.甲组额定绩效工资总额		
2.通过考勤计算绩效工资总额		
3.考核得分值		
4.甲组应得绩效工资总额		
5.责任个人加扣工资		
其中：张三		
陈六		
王五		
赵七		
6.甲组当月实际应得绩效工资总额		
乙组绩效工资计算		**备注**
1.乙组额定绩效工资总额		
2.通过考勤计算绩效工资总额		
3.考核得分值		
4.乙组应得绩效工资总额		
5.责任个人加扣工资		
其中：钱多多		
吴发财		
6.乙组实际应得绩效工资总额		

（2）根据个人绩效考核工资计算规定（参见表7-4），请计算以上计算表中8月份电镀车间个人应得绩效工资额度。

电镀甲组：

姓名	考勤绩效工资	小组应得绩效工资	个人扣除	个人实得绩效工资
张三				
李四				
王五				
陈六				
赵七				
甲组其余个人绩效合计				

电镀乙组：

姓名	考勤绩效工资	小组应得绩效工资	个人扣除	个人实得绩效工资
钱多多				
孙元宝				
周美美				
吴发财				
郑浩用				
乙组其余个人绩效合计				

（3）孟副总是主管生产的副总，其绩效工资由注塑、电镀、装配三个生产车间考核结果决定。孟副总绩效工资标准为5 000元，当期满勤。根据NBHH公司的绩效工资考核发放规定，计算孟副总8月份应得的考核工资。（电镀车间部权数为30%；注塑车间权数为30%，当期无扣分项；装配车间权数为40%，当期扣分后只能得到90%）

实务题

第三节　经济增加值法

一、相关概念

❶经济增加值法，是指以经济增加值为核心，建立绩效指标体系，引导企业注重价值创造，并据此进行绩效管理的方法。

❷经济增加值（Economic Value Added，EVA），是指税后净营业利润扣除全部投入资本成本后的剩余收益。经济增加值是美国思腾思特咨询公司（Stern Stewart & Co.）于1991年提出并实施的一套以经济增加值理念为基础的财务管理系统、决策机制及激励报酬制度。它是基于税后净营业利润和产生这些利润所需资金投入总成本的一种企业绩效财务评价方法。其算术表达式为：

EVA=税后净营业利润-投入资金成本

=税后净营业利润-投入资金×资金成本率

上述公式中，投入资金成本包括股权资本成本和债务资本成本，从算术角度看，EVA等于税后净经营利润减去债务和股本成本，是所有成本被扣除后的剩余收入，因此，经济增加值也被称为经济附加值。其核心是资金投入是有成本的，企业的盈利只有高于其投入资金成本时才会为股东创造价值。

EVA是对真正“经济”利润的评价，或者说，是表示税后净营业利润与投资者用同样资金投资其他风险相近的有价证券的最低回报相比，超出或低于后者的量值。EVA是一种评价企业经营者有效使用资金和为股东创造价值的能力，体现企业最终经营目标的经营业绩考核工具。

二、经济增加值的核心作用

要理解经济增加值的核心作用，必须先了解传统绩效评价中财务评价指标的局限性。传统财务评价指标体系包含的主要内容有：利润（包括毛利润、税前利润、税后净利润等细分指标）、销售净利率、投资报酬率、净资产收益率以及杜邦财务分析体系等。这些指标有一个共同的特点，即以利润为核心。以上指标有很强的规范性和可比性，固有的优点很多，但局限性也不少。

❶会计利润不一定能准确地体现股东的财富。因为会计利润没有考虑股东投资的机会成本，只考虑了需支付利息的债务资本的成本，所以，会计利润并不能客观地体现股东的真实财富。

❷利润指标被人为操纵的可能性很大。由于会计政策和会计方法的多样性，客观上给了会计核算较大的选择空间。

❸会计利润指标以及以此为基础的评价指标无法反映企业的真实经济状况。譬如遵循

稳健性原则就会出现“宁可多计损失而少计收益”的情况。

④过于偏重利润指标容易导致短期行为。譬如压缩固定资产大修理费用、研发费用等无法在当期产生利润、但对公司未来的经营至关重要的长期费用的开支；过多寻求短期的目标利润，譬如处置一些非必要处置的资产，获取资产处置收益以增加当期利润等。

较于以利润为核心的传统绩效评价体系，经济增加值并没有脱离利润指标，而是在原有基础上做了一系列的调整和优化。其核心作用归纳如下：

EVA提供了一种更好的业绩评估标准，使管理者做出更明智的决策，因为经济增加值要求考虑包括股本和债务在内所有资本的成本。这一资本费用的概念令管理者更为明智地利用资本以迎接挑战，保持或创造竞争力。

三、经济增加值的计算方法

（一）基本公式

经济增加值=税后净营业利润-投入资金成本

（二）投入资金成本的计算

投入资金成本=有息负债成本+股东投入资金成本

=有息负债平均占有额×债务成本率+股东投入资金平均余额×资本成本率

=投入资金总额×单位资金成本

债务成本率通常采用银行同期贷款利率或其他资金提供方给出的利率，必要时还要考虑贷款时发生的附带成本，如票据贴现成本和手续费等。

股东投入资金的资本成本率通常根据资本资产定价模型确定。资本资产定价模型可表达为：

$V_a=R_f+\beta_a\times(R_m-R_f)$

其中，V_a是期望报酬率；R_f是无风险报酬率，通常以国债利率水平为准；R_m是市场平均报酬率；β_a是风险调整系数，是衡量一个具体的投资相对于市场平均投资风险的反应程度（如市场平均风险系数为1，某项投资的β_a为1.5，则表示市场波动10%，该投资波动幅度为15%，所以，β_a数值越大，投资风险越大，当然要求的回报也就越高）；(R_m-R_f)是风险溢价收益。

（三）税后净营业利润的计算

税后净营业利润=会计净利润+利息费用（扣除了利息收入）+各种资产减值准备金余额的增加+一次性计入本期损益的研发费用、广告费用、培训支出等长期费用（按照收益期摊销的额度需要剔除）-公允价值变动收益+汇兑损失+营业外支出-营业外收入±其他必要调整项

（四）投入资金总额的计算

投入资金总额是根据资产总额调整计算确定的，计算公式如下：

调整后的投入资金总额=资产负债表期初、期末平均总资产（或总资产余额）-在建工程、工程物资平均余额（或余额）+各种资产减值准备金计提金额+需资本化的费用金额（如一次性计入期间费用的研发费用、广告费用、培训支出等）-营业外净收益-无息负债平均余额±其他必要调整项

（五）单位资金成本的计算

单位资金成本=有息债务资金占比×债务资金成本+资本金资金占比×资本金资金成本

（六）常用明细调整项目介绍

根据公司需要以及公司实际情况制定明确的经济增加值计算方法，通常只需对5~15个具体科目进行调整，主要调整项目有：

1.研发费用、广告费用和员工培训支出

根据企业会计准则，企业发生的研发费用、广告费用和员工培训支出等作为期间费用从当期利润中予以扣除，但这些支出对企业产生的效用是长期的，因此，在计算EVA时，需制定一个合理的摊销期，将其加计进入至税后净营业利润中，同时作为资产处理将其予以资本化。

2.各种资产准备金

基于稳健性原则，对资产计提减值准备是国际惯例，处理的结果可能会人为压低真实的经营利润额，为管理者提供利润操作空间。所以，在计算EVA时，需要把这些准备金作为利润的调增项，同时，对应增加公司资产的账面价值。

3.财务费用

财务费用主要包括利息支出和汇兑损益。利息支出属于债务资本成本的一部分，应当从税后净营业利润中剔除，然后计入资本成本。汇兑损益的产生属于不可控因素所致，计入税后净营业利润会模糊经营本身的真实业绩，有失公允，所以全额剔除。

4.在建工程和工程物资

在建工程和工程物资属于尚未使用或尚不能产生收益的资产，在计算企业投入资金总额时有必要剔除。如在建工程或工程物资已成为固定资产，则需要将其价值计入投入资金总额，以便计算资金成本。

5.营业外收支项目以及补贴收入

EVA以税后净营业利润为计算起点，营业外收支项目以及补贴收入不属于正常经营产生的损益，所以，在计算税后净营业利润时需全额剔除。

6.公允价值变动损益

公允价值变动损益是会计政策选择的结果，并不是当期真实的经营损益，所以，在计算EVA时该部分内容也应从税后净营业利润中剔除。

四、经济增加值在绩效管理中的运用

【案例7-2】DYPR公司是一家位于南方沿海的从事精密纺织的企业，2019年，公司实收资本金为4 200万元，向银行的融资总额度为3 800万元。公司管理层预计今后企业产品将有一个良好的市场势头，股东决定分两次增资4 000万元，根据资本资产定价模型计算的资本成本率为11%。2020年增资2 000万元，实收资本为6 200万元；2021年再次增资2 000万元，资本金达到8 200万元。增资决议规定，增加的资金分布如下：50%用于扩建在建生产线；10%用于新产品研发；3%用于投入广告；剩余资金用于公司运营方面，譬如增加存货的安全库存等。2019—2021年DYPR公司的财务数据见表7-5（注：表中列示2018年数据是为了计算2019年相关指标的需要）。

表7-5　　DYPR公司四年的财务数据

项目	2018年	2019年	2020年	2021年
一、净利润（万元）	600	900	1 100	1 300
二、实收资本（万元）	4 200	4 200	6 200	8 200
未分配利润（万元）	1 100	2 000	3 100	4 400
所有者权益小计（万元）	5 300	6 200	9 300	12 600
三、投资报酬率（净利润/平均净资产×100%）	—	15.65%	14.19%	11.87%

根据传统财务绩效评价方法，该公司的“投资报酬率”呈下降趋势，并且2021年的投资报酬率为11.87%，低于资本成本率（12%）。由此判断这是一个不成功的增资案例。

从经济增加值角度看，结论是否也是一致呢？依据表7-5续表数据以及EVA计算规则，计算结果见表7-6。

表7-5续表　　DYPR公司四年其他相关信息

项目	2018年	2019年	2020年	2021年	备注
四、有息负债（万元）	2 800	2 800	2 800	2 800	
1.资金成本率	7.56%	7.56%	7.56%	7.56%	
2.利息成本（万元）	211.68	211.68	211.68	211.68	2 800×7.56%
五、无息负债（万元）	1 200	1 250	1 300	1 350	延长付款账期（凭借市场信誉以及较好的业绩）
六、研发投入（万元）	0	100	300	300	在2019年基础上，增加投资的10%用于研发投入，2020年与2021年均为300万元（100+2 000×10%），财务上分五年摊销
七、广告投入（万元）	0	50	110	110	在2019年基础上，增加投资的3%用于广告投入，2020年与2021年均为110万元（50+2 000×3%），财务上分五年摊销
八、在建工程（万元）	800	800	1 800	2 800	增资的50%用于扩大产能，尚未完工

从经济增加值角度看，2020年和2021年EVA均大于2019年数值，该投资应该是一个成功的投资案例。这是因为投入资金主要分布在未来才能产生利润的项目上，如生产线的建设、研发投入、广告投入等，这些项目在传统财务绩效评价指标中无法体现其真实的投资价值。如果管理层单纯依据传统的财务绩效评价指标做出决策，类似的投资就很难出台，企业的长期竞争力也会受到影响。

表 7-6　　DYPR公司三年EVA计算表

项目	2019年	2020年	2021年	备注
调整后的营业净利润（万元）	1 231.68	1 609.68	1 727.68	净利润+债务利息+研发投入+广告投入-研发摊销-广告摊销
债务成本（利息）（万元）	211.68	211.68	211.68	
调整前投入资金总额（万元）	9 775	11 825	15 075	按照平均资产总额计算
调整后投入资金总额（万元）	7 900	9 660	11 860	调整前投入资金总额-无息负债平均余额-在建工程平均余额+研发投入+广告投入
股东投入资金成本（万元）	948	1 159.20	1 423.20	调整后投入资金总额×12%
EVA（万元）	72	238.80	92.80	调整后营业净利润-股东投入资金成本-有息负债成本

不同于传统财务绩效评价方法，经济增加值法给企业管理者的业绩评价提供了一种全新的视角，对绩效管理提供了指引和方向，管理者将不会只着眼于当前的利润等短期业绩，而是会主动考虑未来更长远的业绩走向。实际工作中，管理者也会将EVA指标与员工的年度利益，譬如年度奖金等挂钩，引领员工主动朝着有利于股东真实利益的方向努力。

【案例 7-3】TJCP公司是一家生产钢绞线的公司，在全国同行中位列前3。该公司销售部门人员众多，分布在全国各地，但由于大部分客户是大型国有企业，加上市场竞争日趋激烈，所以对应收账款的催收不力，赊销额一度达到8 000多万元，严重影响了公司资金周转。另外，由于公司采取"以销定产"和"以产定销"相结合的经营模式，即生产调度部门需依据销售部门提供的数据下达下期产品生产指令，从而存在较严重的存货积压问题，同样占用了公司的资金。为此，公司决定对销售部门采用经济增加值法进行考核，并将考核结果与销售部门的员工薪酬，包括年终奖金挂钩。

1. 对内部销售部门的EVA考核公式

$$\text{销售部门EVA}=\text{部门销售收入}-\text{部门销售成本}-\text{部门费用}-\text{应收账款超额占用额}\times\text{资金成本率}-\text{成品存货超额占有额}\times\text{资金成本率}$$

2. 销售部整体业绩考核薪酬兑现方式

❶每月发放底薪，不同岗位、职级标准会有不同。

❷年底根据考核结果兑现部门业绩奖金。

部门绩效奖=（部门目标业绩贡献-部门基准业绩贡献）×30%

部门目标业绩贡献（EVA）=部门销售收入-部门销售成本-部门费用-（应收账款平均占用额-应收账款核定占用额）×资金成本率（10%）-（成品存货平均占用额-成品存货核定占用额）×资金成本率（10%）

该公式合理地借用了"超额应收账款和超额成品存货是对公司资金的超额占用，需要计算资金占用成本”的理念，以此促进销售部门大力提高货款的催收力度以及保持合理的成品存货库存，是经济增加值考核方法在实务中的典型运用。

部门基准业绩贡献=过去3年部门目标业绩贡献（要考虑应收账款和存货的实际资金占用额）÷3

❸部门绩效奖的分配。

A.部门绩效奖的20%于年底分配给部门经理和副经理等负责人。

B.部门绩效奖的其余80%分配给销售员工。

3.推行效果

经过3年的推行试用，TJCP公司的应收账款余额大幅度降低，平均降幅超过50%；成品存货库存降幅超过40%，大大缓解了公司的资金周转压力。

知识拓展

从2010年起，国资委对中央企业全面实施EVA考核。

知识测试

一、不定项选择题

1.在计算经济增加值指标时，下列各项中，需要计算资本成本并予以扣除的有（　　）。

A.银行贷款、高息民间贷款　　B.应付账款、应付职工薪酬

C.增加的资本金　　D.无息贷款

2.根据资本资产定价模型，如某项目投资的风险调整系数为0.8，当市场价格上涨10%时，意味着该项投资预期（　　）。

A.上涨8%　　B.下跌8%　　C.上涨2%　　D.下跌2%

3.某公司2021年税后净营业利润为1 000万元，调整后的税后净营业利润为1 100万元。当年贷款余额为3 000万元，（年）平均利率为8%；当年无息负债平均余额为950万元，投入资本平均余额为10 000万元，根据资本资产定价模型计算出的权益资本成本为9%，则EVA为（　　）。

A.-40万元　　B.-140万元　　C.-116万元　　D.36万元

4.下列各项中，（　　）通常需要在计算税后净营业利润时予以调整。

A.营业外收支项目、一次性计入费用的长期收益投资

B.当期增加的银行贷款利息支付

C.当期增加的在建工程

D.当期计提的资产减值准备、公允价值变动增加的收益

5.经济增加值是指（　　）后的剩余收益。

A.税后净营业利润扣除全部投入资本的成本

B.税后净营业利润扣除股权资本成本

C.税后净营业利润扣除债务资本成本

D.利润总额扣除全部投入资本的成本

不定项选择题

二、实务题

WST有限公司是一家柴油发动机核心零部件的生产商，系国家高新技术企业，享受15%的企业所得税优惠政策。

（1）2020、2021两年的资产负债表以及利润表基础数据见下表。

资产负债表

编制单位：WST有限公司　　　　单位：万元

资产	2020/12/31	2021/12/31	负债和所有者权益	2020/12/31	2021/12/31
货币资金	2 200.00	2 000.00	短期借款	4 000.00	3 000.00
应收账款净额	3 500.00	4 000.00	应付账款	2 315.00	3 070.00
其中：当年计提坏账准备	100.00	120.00	其他流动负债	3 050.00	3 120.95
存货净额	2 800.00	3 000.00	流动负债合计	9 365.00	9 190.95
其中：当年计提跌价损失准备	85.00	110.00	长期借款	800.00	800.00
其他流动资产	1 500.00	1 600.00	非流动负债合计	800.00	800.00
流动资产合计	10 000.00	10 600.00	负债合计	10 165.00	9 990.95
固定资产净值	4 298.00	4 035.00	实收资本	5 000.00	5 500.00
在建工程	1 200.00	1 500.00	未分配利润	3 150.00	3 824.05
工程物资	350.00	180.00	所有者权益合计	8 150.00	9 324.05
固定资产合计	5 848.00	5 715.00			
其他非流动资产	2 467.00	3 000.00			
非流动资产合计	8 315.00	8 715.00			
资产总计	18 315.00	19 315.00	负债和所有者权益总计	18 315.00	19 315.00

利润表

编制单位：WST有限公司　　　　单位：万元

项　目	金　额	
	2020年度	2021年度
营业收入	12 500.00	15 000.00
减：营业成本	10 000.00	12 375.00
管理费用（含资产减值准备）	700.00	837.00
销售费用（2021年广告费用投入100万元，预期受益期为5年）	800.00	1 000.00
财务费用（全部是利息费用）	316.00	288.00
加：补贴收入	32.35	35.00
营业外收入	100.00	50.00
减：营业外支出	50.00	80.00
税前利润	766.35	505.00
减：所得税（25%）	114.95	75.75
税后净利润	651.40	429.25

（2）短期借款年均利率为7%（2013年年均占有额3 600万元、2014年年均占有额3 200万元），长期借款年均利率为8%。

（3）资金市场无风险报酬率为5%、资金市场平均报酬率为10%、风险调整系数（β_a）为1.2。

（4）每年计提的坏账准备与存货跌价准备财务上均已全额计入当期损益（利润表有提示）。

（5）假定每年税前利润就是应纳税所得额。

要求：

1.根据以上信息计算2020年、2021年每年的营业净利润。

2020年营业净利润		
2021年营业净利润		

2.计算2020年、2021年每年的资金总成本（除了借款，其余负债均为无息负债）。

步骤	2020年（万元）	2021年（万元）	备注
投入资金小计			
其中：债务投入			
资本金投入			
资金成本小计			
其中：债务成本			短期借款利率7% 长期借款利率8%
资本金成本			根据资本资产定价模型计算的资本成本率为11%

3.计算2020年、2021年每年的经济增加值。

4.根据计算结果，对WST有限公司2020年、2021年的业绩评价是采用财务净利润指标，还是EVA指标更合适？

实务题

第四节　平衡计分卡

一、平衡计分卡的起源

平衡计分卡（Balanced Score Card，BSC），源于20世纪90年代美国诺顿研究所主持完成的“未来组织绩效衡量方法”的研究计划。经过几十年的应用，平衡计分卡已是国际通行的绩效管理方式之一，被世界500强企业以及国内许多大型国企、上市公司等组织广为采用。

二、平衡计分卡的含义

平衡计分卡，是指基于企业战略，从财务、客户、内部业务流程、学习与成长四个维度，将战略目标逐层分解转化为具体的、相互平衡的绩效指标体系，并据此进行绩效管理的方法。所以，平衡计分卡是一种蕴含财务、客户、内部业务流程、学习与成长四个层面（如图7-1所示），且各层面具有内在逻辑关系的业绩管理和战略执行工具，也是一种将组织的战略落实为可操作的衡量指标和目标值的新型绩效管理体系。该体系的核心是组织的战略，财务层面的指标落实是根本，其余三个层面的指标最终要体现在财务指标上面，是服务于财务指标落实的。

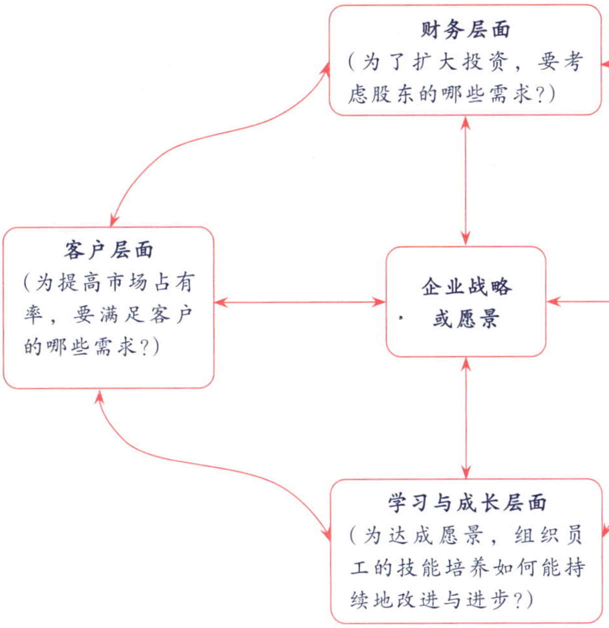

图7-1 四层面关系图

三、平衡计分卡的构成要素

作为一种绩效管理体系，平衡计分卡包括如下基本组成要素：

❶体系层面（或角度）。作为管理体系，涵盖财务层面、客户层面、内部业务流程层面以及学习与成长层面。这是平衡计分卡区别于其他财务绩效评价体系的独特之处。

❷战略目标。平衡计分卡既是一种绩效管理体系，也是战略管理工具。从概念看，战略目标是其核心。围绕战略目标，平衡计分卡法将其分解为一系列关键绩效指标（KPI）。

❸指标值和绩效指标。指标值是衡量战略或愿景落实情况的最终尺度或标准，是组织的愿景期望值。绩效考核（评价）指标则是每一阶段战略落实的结果。

❹行动方案。这是指为落实战略目标而采取的所有行动措施或计划。

四、平衡计分卡的基本框架和内容

（一）BSC的基本框架

BSC基本框架见表7-7。

（二）BSC的基本内容

不同的行业，不同的企业，战略目标或愿景会有所不同，BSC的具体内容也会有差异。以下以制造型企业为例，描述其通常可能出现的主要内容。

1.财务层面内容

处于不同生命周期的企业，财务战略会有所不同。由此而制定的财务绩效评价指标重点以及目标值也会有所不同。譬如，成长期的企业，通常市场份额与收入增加比较快，这个时期的目标主要是占领更多市场份额，获取更多收入。财务评价指标可侧重于“收入增长率”抑或是“细分市场的销售增长率”等，其余财务评价指标可作为辅助参考；成熟期

表 7-7　BSC基本框架

企业战略或愿景	1. 财务战略	要达成的财务目标以及目标值
		评价指标体系
		拟采取的措施或计划
	2. 客户战略	赢得客户的战略目标及目标值
		评价指标体系
		具体措施或计划
	3. 内部业务流程战略	改善、优化内部业务流程的目标及目标值
		评价指标体系
		拟采取的具体措施或计划
	4. 学习与成长愿景	满足业务需要的学习目标及目标值
		评价指标体系
		拟采取的措施或计划

企业的财务目标通常是在已有的市场份额内，降低成本以获取更多的利润。财务评价指标可侧重于投资报酬率、销售利润率等以利润回报为核心的指标体系。

2. 客户层面内容

客户是利润的源头。赢得更多更好的客户，是所有企业的愿景。评价指标通常有如下几类：市场份额（市场占有率）、客户保有率、新客户增加率、客户满意度（包括对产品的质量、价格、交货时间、售后服务等方面的意见）、对客户产生的价值（如客户对产品的依赖程度（采购占比）以及客户的获利情况等）。

3. 内部业务流程（或内部运营）层面内容

从内部业务流程层面着手，主要看公司能否持续地提供合格的产品及售后服务、能否持续改善和优化内部业务流程，为此，评价指标细分如下：产品不落后于时代（有创新：产品更新周期领先于同行）、价格有竞争力（成本控制到位：单位成本不高于同行水平）、能保证按时交货（保持合适的产能以及稳定通畅的销售渠道）、产品售后服务到位（售后体系正常运转）等。

4. 学习与成长层面内容

企业的营运是靠合格的员工来完成的。评价员工的学习和成长，可从如下方面入手：员工保有率（或流动率）、员工满意度、员工的培训时间、学历水平结构、职业技能评估、员工的合理化建议次数及质量（包含组织采纳的次数及其影响的评估）、组织内部各部门协作次数及协作质量评估等。

五、平衡计分卡实施的基本流程

1. 愿景或战略的制定

愿景不是空洞的口号，是建立在公司经过努力可实现的基础上的，通常要按四个层面（财务、客户、内部业务流程、学习与成长）来细分。在实际中，企业可以借助过战略地图（参见本书“第二章　战略管理”）对公司细分的愿景目标进行系统性、逻辑性的描述。

2.绩效指标体系的建立

根据以上流程制定的细分战略目标，设计出关键的、有效的评价指标（KPI），形成适合于各层面战略目标的考核指标体系。四个层面的目标具有内在的逻辑关系，因此指标体系的设计一定要考虑指标之间的因果、驱动、连接关系。

3.考核目标值的确定

考核目标值通常根据如下因素确定：已经获批的公司预算或计划、行业平均水平、业内先进水平、竞争对手的水平等。

4.内部宣传、学习、教育

考核目标以及考核指标等制定出来后，需要公司方方面面，自下而上、自上而下地了解、知悉。必要时要进行集中解释，对于不理解的要沟通说服。

5.激励机制的建立

战略目标或愿景的最终实现，需要每个部门、每个员工的共同努力。为此，有效的激励机制的建立就显得尤其必要。通常考核的结果要与员工的日常薪酬、年度奖金、职位的升迁、评优等直接挂钩。

6.修正和完善

平衡计分卡是一个较为复杂的管理系统，对于战略目标以及围绕细分目标的评价指标体系设计是否合适、科学有效，一定要有怀疑和试错的态度。对于每一期考核结果，都要进行逻辑分析，力图找出不合理、不合适之处，然后及时进行反馈。公司必须设立专门的机构具体负责获取反馈信息，以便对其进行实时的修正和完善。

六、平衡计分卡法的运用实例

【案例7–4】SYJB系东北某城市的一家集研发、生产、销售于一体的大型企业集团，主要从事汽车零部件的设计、加工和销售，主要产品有29类，130个品种。公司产品除了满足本省几款主打整车配套外，还对外省几家整车厂提供配套，而且有部分产品出口国外，公司产品有较强的国内外市场竞争力。

SYJB确立的使命是：

（1）为用户提供满意的产品和服务（为客户服务）；

（2）提高员工满意度，使员工在为企业工作的同时得到物质和精神生活最大限度的满足（为员工服务）；

（3）为股东创造更大的价值（为股东服务）；

（4）做负责任的企业公民，对社会履行企业公民的义务（为社会服务）。

根据上述使命，SYJB提出未来5~10年愿景：

（1）SYJB品牌继续巩固并保持在中国轻型商用车市场的领导地位；

（2）ZH品牌要成为乘用车市场一个重要参与者；

（3）HCJB（SYJB的全资子公司）要成为国际上大汽车品牌在中国的重要合作伙伴。

1.战略目标提出

为实现以上愿景，SYJB从四个方面提出公司的战略目标，见表7–8。

表 7-8　　　　　　　　SYJB战略目标

维度	战略目标
财务	1.股东价值增加
	2.提高财务抗风险能力
客户	1.市场份额的提高
	2.赢得更多国际大客户
	3.客户满意度的提升
内部业务流程	1.及时提供新产品
	2.精益生产能力的提升
学习与成长	员工满意度的提高

2.业绩评价指标体系的建立

公司从四个维度对战略目标进行了细分，结合企业的内外部环境对每一个战略目标设计了相应的考核指标，见表7-9。

表 7-9　　　　　　　　SYJB业绩评价指标体系

评价内容	战略目标	关键绩效指标（KPI）	KPI分解指标
财务	股东价值增加	销售利润率	无
		总资产报酬率	无
	提高财务抗风险能力	营业现金流量	存货周转率
			应收账款周转率
			销售增长率
客户	赢得更多国际大客户	国际大客户销售额占比	国际大客户增加数
			国际大客户销售份额保持率
	市场份额的提高	市场占有率	新增区域市场个数
			原有市场份额保持率
	客户满意度的提升	客户满意度	无
内部业务流程	精益生产能力的提升	生产率指数	产品及时交货率
			产品合格率
	及时提供新产品	新产品数量	新产品推出周期
			研发计划完成率
		新产品销售占比	无
学习与成长	员工满意度的提高	员工满意度	员工保持率
		员工培训	员工培训率

做一做

表7-9从四个维度对企业的战略目标进行细分，设计出一系列绩效评价指标，从而形成了一个互为因果关系的绩效评价体系。阅读时请特别关注指标之间的逻辑关系。请结合相关知识和表7-9，绘制一个具有逻辑关系的指标体系图。

3. 对评价指标进行解释或定义（见表 7-10）

表 7-10　　SYJB 业绩评价指标释义

关键绩效指标（KPI）定义	KPI 分解指标定义	涉及主要责任部门
$\text{销售利润率}=\frac{\text{销售利润}}{\text{销售收入}}\times100\%$	无	财务部
$\text{总资产报酬率}=\frac{\text{利润总额}}{\text{资产总额}}\times100\%$	无	财务部
$\text{营业现金流量}=\text{现金流入量}-\text{现金流出量}$	$\text{存货周转率（次数/年）}=\frac{\text{年销售成本}}{\text{年均存货占有额}}$	财务部/储运部
	$\text{应收账款周转率（次数/年）}=\frac{\text{年收入净额}}{\text{应收账款平均余额}}$	财务部
	$\text{销售增长率}=\frac{\text{本期销售增长额}}{\text{上期销售额}}\times100\%$	财务部
$\text{国际大客户销售额占比}=\frac{\text{国际大客户销售额}}{\text{总销售额}}\times100\%$	国际大客户增加数=当期数量-上期数量	销售部
	$\text{国际大客户销售份额保持率}=\frac{\text{当期销售额（或数量）}}{\text{上年同期销售额（或数量）}}\times100\%$	销售部
$\text{市场占有率}=\frac{\text{本企业被评价产品销量}}{\text{同期同行同类产品总销量}}\times100\%$	$\text{新增区域市场个数}=\text{本期区域市场数量}-\text{上年同期数量}$	销售部
	$\text{原有市场份额保持率}=\frac{\text{本期区域市场销售量}}{\text{上年同期同区域市场销售量}}\times100\%$	销售部
客户满意度（0-1）	1. 通过访谈、函调等定性结论给出一个定量值； 2. 客户投诉或表扬次数定量结论	销售部/制造部
$\text{生产率指数（投入产出率）}=\frac{\text{销售额}}{\text{总成本}}\times100\%$	$\text{产品及时交货率}=\frac{\text{及时交货次数}}{\text{总交货次数}}\times100\%$	制造部/销售部/储运部
	$\text{产品合格率}=\frac{\text{合格产品数}}{\text{产品总数}}\times100\%$	制造部/质检部
$\text{新产品数量}=\text{规模化生产并适销的新产品数量}$	新产品开发周期评估：适销新产品推出周期与同行比是否有竞争力	研发部/销售部
	$\text{研发计划完成率}=\frac{\text{研发项目按时完成数}}{\text{研发总数}}\times100\%$	研发部
$\text{新产品销售占比}=\frac{\text{新产品销售额}}{\text{产品总销售额}}\times100\%$	无	研发部/销售部
员工满意度（0-1）：根据访谈、函调等测评结果得出一个定量指标	$\text{员工保持率}=1-\frac{\text{绩效期离开人数}}{\text{员工平均总人数}}\times100\%$	人力资源部
	$\text{员工培训率}=\frac{\text{培训参加人数}}{\text{计划培训人数}}\times100\%$	人力资源部

4. 具体评价过程

（1）业绩评价标准的设定。

财务评价指标根据预算设定；非财务指标根据企业发展战略要求、企业以往平均水平以及同行先进水平综合考量设定。具体标准值参见表7-13的“目标值”栏。

(2) 指标权数的设定。

采用层次分析法确定不同维度不同层次的不同指标的权数，四个维度第一层次指标的权数见表7-11。

表7-11 SYJB第一层次指标权数

维度（C1）	财务	客户	内部业务流程	学习与成长	合计
指标权数	0.345	0.37	0.185	0.1	1

第二层次指标的权数见表7-12。

表7-12 SYJB第二层次指标权数

第一层次指标（C1）	指标权数（%）	第二层次指标（C2）	指标权数（%）
财务	34.5	销售利润率	20.6
		总资产报酬率	14.5
		营业现金流量	17.5
		存货周转率	16.2
		应收账款周转率	15.4
		销售增长率	15.8
小计			100
客户	37	市场占有率	20.5
		客户满意度	22.5
		新增区域市场个数	8
		原有市场份额保持率	10
		国际大客户增加数	6
		国际大客户销售份额保持率	7.5
		国际大公司销售额占比	25.5
小计			100
内部业务流程	18.5	生产率指数	22.5
		产品时交货率	16.5
		产品合格率	14.4
		新产品数量	10.2
		新产品销售占比	15.6
		新产品开发周期评估	7
		研发计划完成率	13.8
小计			100
学习与成长	10	员工培训率	33
		员工满意度	35.8
		员工保持率	31.2
小计	100		100

（3）运用灰色关联度评价模型进行指标业绩评价（见表7-13）。

表7-13　　SYJB指标业绩评价（灰色关联度评价[1]）

第一层次指标（C1）	指标权数	第二层次指标（C2）	指标权数（%）	目标值	实际值	规范后数值[2]	关联系数[3]	灰色关联度（关联系数×指标权数）	得分（指标权数×灰色关联度）
财务	34.5	销售利润率	20.6	25%	20.10%	0.804	0.559	0.115	
		总资产报酬率	14.5	18%	16.70%	0.928	0.901	0.131	
		营业现金流量	17.5	3 100千元	2 750千元	0.887	0.749	0.131	
		存货周转率	16.2	3.13	2.52	0.805	0.561	0.091	
		应收账款周转率	15.4	3.3	3.13	0.948	1	0.154	
		销售增长率	15.8	23%	17%	0.739	0.465	0.074	
小计			100					0.696	0.240
客户	37	市场占有率	20.5	15%	12.50%	0.833	0.555	0.114	
		客户满意度	22.5	98%	95%	0.969	1	0.225	
		新增区域市场个数	8	2	1	0.500	0.578	0.046	
		原有市场份额保持率	10	100%	100%	1.000	0.991	0.099	
		国际大客户增加数	6	1	1	1.000	1	0.060	
		国际大客户销售份额保持率	7.5	100%	100%	1.000	0.991	0.074	
		国际大公司销售额占比	25.5	40%	28.30%	0.708	0.404	0.103	
小计			100					0.721	0.267
内部业务流程	18.5	生产率指数	22.5	115%	111%	0.965	0.915	0.206	
		产品及时交货率	16.5	99%	98%	0.990	1	0.165	
		产品合格率	14.4	0.9%	0.5%	0.556	0.376	0.054	
		新产品数量	10.2	4	2	0.500	0.348	0.035	
		新产品开发周期评估	7	12个月	18个月	0.667	0.315	0.022	
		新产品销售占比	15.6	20%	14.60%	0.730	0.502	0.078	
		研发计划完成率	13.8	90%	72%	0.800	0.889	0.123	
小计			100					0.684	0.127
学习与成长	10	员工培训率	33	90%	85%	0.944	0.583	0.192	
		员工满意度	35.8	95%	91%	0.958	0.7	0.251	
		员工保持率	31.2	96%	94%	0.979	1	0.312	
小计	100		100					0.755	0.076
合计									0.710

① 灰色关联度评价：是指运用灰色关联度分析法得出的结果对指标业绩予以评价。灰色关联度分析法是一种应用广泛的统计分析方法，是将研究对象及影响因素的因子值视为一条线上的点，与待识别对象及影响因素的因子值所绘制的曲线进行比较，比较它们之间的贴近度，并分别量化，计算出研究对象与待识别对象各影响因素之间的贴近程度的关联度，通过比较各关联度的大小来判断待识别对象对研究对象的影响程度。

② 规范后数值：实际指标值除以目标指标值，即每一明细指标实际达成数值相对于目标值的完成程度。

③ 关联系数：统计学概念。这里的系数取值范围在0与1之间，越接近1，说明该指标与上层指标的关联度越大，反之亦然。该系数值在该表中作为已知条件存在，实际工作中，该数值需要通过一定技术手段计算得出。

（4）指标评价结果分析

从以上结果看，SYJB公司实际综合指标值与目标指标值的关联度只有0.710，说明业绩一般。与设定目标尚有一定距离。从四个角度看，学习与成长的考核结果最好（关联系数为0.755），内部业务流程的结果最差（关联系数为0.684）。看来，要想取得更好的业绩，内部业务流程的加强和改善是重点。由于内部业务流程考核结果不甚理想，从因果驱动关系角度分析，客户以及财务维度的结果也不可能让人满意。

想一想

从具体指标看，销售增长率、国际大客户销售额占比、产品合格率等关联系数均未超过0.5，从指标的因果驱动关系角度考虑，影响如上几个指标得分不高的主要因素有哪些？

知识测试

一、不定项选择题

1.下列表述中，符合BSC定义特征的有（　　）。

A.是一种战略管理工具

B.是一种先进的绩效考核方法

C.是一种绩效管理体系

D.是一种以客户为核心的战略管理理念

2.BSC将组织战略分成（　　）等四个维度。

A.部门　　B.公司整体战略

C.财务、客户　　D.内部业务流程、学习与成长

3.BSC的四个维度中，（　　）是根本，（　　）是核心。

A.客户　　B.财务　　C.学习与成长　　D.内部业务流程

4.如果把BSC看作一个绩效管理体系，其基本内容通常包括（　　）。

A.组织战略或愿景以及实现愿景涉及的四个维度

B.落实愿景的具体措施

C.考核指标以及考核参考的标准

D.战略地图

5.BSC四个维度的指标设计一定要考虑指标之间的互为因果关系，下列各项中，符合指标之间关系的这一属性的有（　　）。

A.订单量与财务利润　　B.交货周期与生产效率

C.员工技能与销售收入　　D.员工协作能力与产品产量

6.设计BSC的考核目标值（或标准值）时，通常依据的手段或途径有（　　）。

A.获得批准的公司预算　　B.财务预算草案

C.同行先进水平、国际先进水平　　D.公司历史平均水平

不定项选择题

二、实务题

SDZG是一家位于华北某省生产室内装饰材料（主打产品是“壁纸”）的民营企业。公司成立4年，实际控制人占股68%，其余股份由十几个小股东分别持有。小股东均是实际控制人的亲戚朋友。公司产品销售业务主要由诸多股东及股东们的亲戚朋友主管，国内市场采用省内门店直销（股东直接控制）、省外加盟销售（加盟商也多为熟人关系）相结合的方式。国际市场采取重点突破、多方试探的方式，已在

中东以及欧洲部分国家有一定客户。产品总体销路还不错，但一直处于微利状态。鉴于公司一直没有明显的成长，实际控制人决定聘用职业经理人，以期改变现状。职业经理人对公司的情况进行了全面了解、分析和判断，决定采用平衡计分卡对公司进行管理。

1.公司的优势、劣势

优势：❶公司处在主要产品的原辅料集中的工业园，有原料成本优势；❷公司所处区域产业上下游配套齐全，物流发达，便于规模化扩张；❸生产设备在同行业处于先进水平，具备生产高端壁纸的硬件设备；❹股东众多，有较好的资本金扩充潜力。

劣势：❶产品自身设计能力严重不足，直接影响了产品档次和产品利润（该行业产品档次不同，价格差非常大）。❷公司销售政策落后，完全不符合市场化的基本要求，看人情发货、看人定价的情形非常普遍；加上销售人员与公司股东有千丝万缕的关系，导致销售浪费、回款不及时的情况也非常普遍。❸原料使用定额把关不严，边角料过多，辅料浪费也非常严重，导致生产成本严重脱离定额。❹由于公司一直没有明显盈利，员工薪资待遇、食宿条件均不能满足职工要求，技术工流失严重，尤其是外地员工成批流失，导致阶段性用工荒。

2.竞争态势、行业前景分析

❶主打产品中的中低档产品在北方市场受到南方几个省份北上产品的价格竞争挑战。❷海外市场的产品档次跟不上潮流变化，在价格上与其他出口商相比也没有明显的优势。但由于国内房地产市场规模巨大，新房新居装修需求旺盛，餐饮酒店等行业的需求量也非常大，中期（五年内）来看，没有理由看淡该行业。

3.战略目标分解

根据以上情况，以职业经理人为核心的管理团队，为SDZG制定出公司未来五年的战略目标：五年内销售净利润达到3 000万元以上；创造出一个省级名优品牌；公司管理团队符合上市公司的素质要求。为实现该战略目标，管理团队根据平衡计分卡的理念，在四个方面进行战略目标分解。

（1）学习与成长层面：A.所有设计人员每年均要参加两次全国性的行业展会（春季上海、秋季北京），高级设计师至少出国学习一次；B.定期集中生产人员学习、培训，做到全员职业化、技能化；C.所有管理人员要求制度化地参与内部学习和培训；D.切实提高员工待遇，尽量满足员工的薪资、食宿要求，对于有特殊技能的员工可以给予特殊优惠政策，留住人才。

（2）内部业务流程层面：A.增加高级设计师3名，要求每季度至少要增加5款适销的新产品，其中高端产品不低于两款；B.省内直营店人员全部撤换，采取内部竞争上岗的方式；C.对加盟网络采取全市场化操作，彻底清理不合理的优惠政策，减少发货浪费，将回款与下次发货直接挂钩，推动资金及时回笼；D.严格定额生产，将定额成本完成度与生产车间所有人员薪资挂钩；E.增加广告投入，为名优品牌打基础；F.继续加大与省内几家高等职业院校的研发合作，注重专利技术的申报，提高企业的核心竞争力。

（3）客户层面：A.要求所有营销人员及时反馈客户对产品质量、售后服务的意见（每月至少一次）；B.增加高端客户销售比例，力争达到40%以上；C.在保持现有客户基础上，以产品质量优势拓展新的市场，争取每年增加至少两个省、市、区的覆盖面；D.及时兑现对优质客户的优惠政策。

（4）财务层面：A.降低制造成本，提高毛利率；B.减少销售浪费，提高销售利润；C.及时清理库存，加快存货周转，减少积压浪费；D.及时回收货款，减少资金周转压力；E.注重研发、设计、广告等方面的投入。

要求：

1.根据以上信息，请为四个层面设计出合适的考核指标。

维度	战略目标	关键绩效考核指标（KPI）	指标分解
财务	提高盈利水平和资金流动性		
客户	扩大市场覆盖面、优化客户结构		
内部业务流程	降低成本、减少坏账；树立品牌意识，增强产品竞争力		
学习与成长	提高员工待遇的同时，让员工的职业技能和职业道德均能提高		

2. 绘制SDZG的指标因果图。

维度	具体措施（因）	达成目标（果）	对应考核指标（KPI）
财务			
客户			
内部业务流程			
学习与成长			

3.根据BSC的实施步骤，SDZG要执行完整的平衡计分卡管理程序，还有哪些具体实施步骤需要完成？

实务题

第五节　绩效棱柱模型

一、绩效棱柱模型的起源与定义

（一）起源

绩效棱柱模型系由克兰菲尔德学院教授Andy Neely与安达信咨询公司于2000年联合开发的三维绩效框架模型，用棱柱的五个构面分别代表组织绩效存在内在因果关系的五个关键要素：

❶利益相关者的满意：只有利益相关者的需求得到满足，才能为组织提供满意的服务。

❷利益相关者的贡献：组织战略的最终实现一定是建立在利益相关者的贡献基础上的。

❸组织战略：组织的愿景和目标。

❹业务流程：组织创造价值、提供服务，满足所有利益相关者，一定要有合适的业务流程去支撑。

❺组织能力：组织需要具备一定的能力才能完成其业务流程，服务于利益相关者的同时，获取组织的自身利益，从而实现组织的愿景和目标。

（二）定义

绩效棱柱模型是指从企业利益相关者角度出发，以利益相关者满意为出发点，以利益相关者贡献为落脚点，以组织战略、业务流程、组织能力为手段，用棱柱的五个构面构建三维绩效评价体系，并据此进行绩效管理的方法，如图7-2所示。绩效棱柱模型以现存的绩效评价框架和方法为基础，通过对其进行创新和整合，形成以五个互为因果的关键因素作为评价维度、更全面并易于理解的一种新型绩效管理框架。

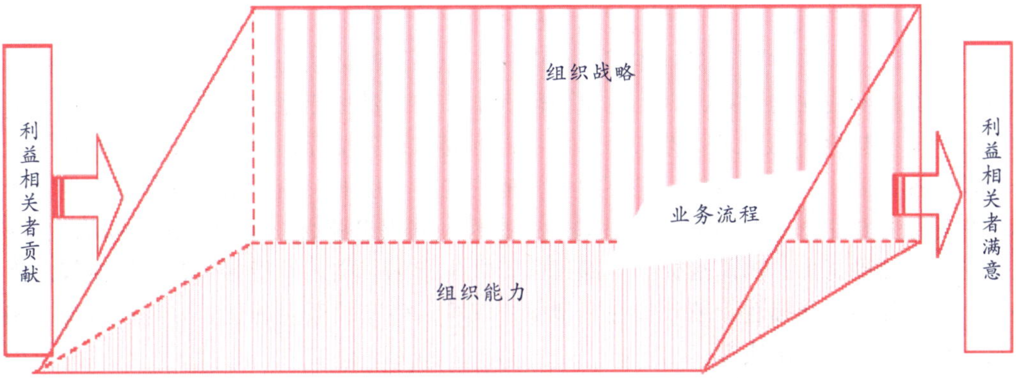

图7-2　绩效棱柱模型图

与平衡计分卡相比，绩效棱柱模型从只关心一两个利益相关者（股东和客户）的观念中转变过来，逐步关心所有重要的利益相关者，在从利益相关者那里得到贡献的同时，还关注利益相关者的满意。该模型的创新之处在于既强调了利益相关者价值的取向，又考核了利益相关者对组织所做的贡献。

二、绩效棱柱模型的三个基本前提

绩效棱柱模型的三个基本前提在绩效棱柱这一绩效管理框架中起着支撑作用。

❶对于组织而言，如果希望长期生存和繁荣，那么把注意力仅仅放在一两个利益相关者（股东和顾客）身上，是不可取的，甚至是不可行的。

❷如果一个组织想将真正的价值传送给股东，其战略、流程及能力就必须进行整合。

❸组织及他们的利益相关者应该认识到他们之间的关系是互惠的，如果利益相关者期望得到一些利益，他们也应该为组织贡献自己的力量。

绩效棱柱展示的是全面的绩效衡量结构，它建立在那些已经存在，并且在一直寻求弥补其不足的结构的基础之上，为我们洞察公司绩效管理的真正难题和面对现实的挑战提供了一个有效的、全面的框架。

三、绩效棱柱模型的逻辑思路

绩效棱柱模型的构建基于如下的逻辑思路：在当今的经营环境下，那些致力于获得长期成功的组织必须非常清楚地了解：谁是他们的主要利益相关者，以及他们的愿望和要求是什么。但是仅有一个清楚的认识是不够的。为满足他们自己的要求，组织还必须从他们的利益相关者那里获得一些东西，通常包括来自投资者的资金和信用、来自顾客的忠诚和利润、来自员工的想法和技术以及来自供应商的原料和服务等。

他们还需要明确所要采取的战略以保证实现分配给利益相关者的价值。为了实施这些战略，还要考虑企业需要什么样的流程，必须做到既有效果又有效率。在其内部，只有拥有适当的能力、适当的人力、良好的实践、领先的技术和物质基础结构，组织流程才能得到执行。从本质上讲，绩效棱柱为以理性的方式通盘考虑这些关键问题的公司提供了一个架构，使执行者能基于可用信息做出决策。

绩效棱柱考核贯穿于绩效模型的五个层面，而且结合公司实际情况，每一个层面又都可以进一步细化和分解为许多具体问题，而每一个问题都必须用计量指标来表示。由于模型五个层面具有内在的联系，因此由模型衍生出来的计量指标之间自然也就具有相互依存的关系。考核指标不局限于财务指标，也不强调以非财务指标作为对财务指标的补充，而是以绩效棱柱五个层面为引导，只要能更好地使这五个层面发挥作用，更好地实现企业目标的指标都可以引入考核体系之中，如财务指标、非财务指标，历史指标、前瞻性指标，核心指标、辅助指标，内部指标、外部指标，数量指标、描述性指标，背景指标等。将这些看似纷乱复杂的指标置于绩效棱柱模型中，就可以使其关系明确化，并相互依存、相互强化，从而更好地做出决策。

例如，在利益相关者的满意层面，可考虑的计量指标有：

❶股东：如投资回报率、股价、经济附加值、市盈率、净资产收益率等。

❷债权人：如资产负债率、流动比率、速动比率、利息保障倍数等。

❸雇员：如雇员忠诚度、满意度、离职率等。

❹客户：如客户满意度、客户投诉率等。

❺合作伙伴或对手：如投诉次数等。

❻监管方：如违规事件的次数及性质等。

其他四个层面的考核指标可借鉴平衡计分卡法。但根据绩效棱柱模型得出众多可供选择的指标时，还须考虑以下四个方面：❶绩效考核信息的可获得性；❷计量指标的相关性与重要性；❸精确性与简洁性的权衡；❹计量指标的可控制性等。最后得出一个精简、高效、能更好地服务于企业的指标体系。

设计好绩效管理体系之后，还要将它传达给员工，并对他们进行辅导，在工作中不断地进行信息沟通与反馈，对企业进行实时评价和前瞻性控制，同时要根据实际工作中反馈的信息，不断地对绩效管理体系进行修正与升级，使工作与管理体系互相促进，不断提升。

知识拓展

我国绩效管理现状及启示

从我国目前的情况看，大多数企业已经意识到绩效管理的重要性，但是，大部分企业的实际运作效果并不好，这主要是因为目前运用的绩效管理体系存在着明显的缺陷。集中表现在绩效测量主要集中于事后，缺乏至关重要的事前规划和事中控制，更没有将绩效测量放在一个理论体系内去考察。另外还存在着员工甚至不知道企业对自己的期望是什么、绩效测量指标不合理、绩效测量客观性不够、反馈延迟等问题。因此对企业的绩效管理改革势在必行。借鉴绩效棱柱模型，重构适合企业的绩效管理体系，要着眼于以下几个方面：应从只关心一两个利益相关者的观念中转变过来，逐步关心企业所有重要的利益相关者，在从利益相关者那里获得贡献的同时，也要注意利益相关者的满意；注意战略、流程、能力的匹配；要设计合理的绩效测量指标体系；注意管理绩效管理框架本身，让其能随着实践不断得到提高。

知识测试

一、不定项选择题

1.下列表述中，符合绩效棱柱模型的定义和内涵的有（　　）。

A.是一种绩效评价方式

B.是一种绩效管理手段

C.是一种比平衡计分卡维度更多的绩效管理体系

D.是一种计算机管理模型

2.棱柱绩效评价指标体系包含了财务与非财务指标，还包括（　　）。

A.历史指标和前瞻性指标

B.内部指标和外部指标

C.数量指标和描述性指标

D.核心指标和辅助指标、先进指标和落后指标

3.客户投诉次数属于（　　）利益方评价指标；债务违约率属于（　　）利益方评价指标；投资报酬率属于（　　）利益方评价指标；环保违规次数属于（　　）利益方评价指标。

A.监管方　　B.投资人

C.债权人　　D.客户

4.绩效棱柱模型以（　）为出发点。

A.利益相关者满意　　B.利益相关者贡献

C.企业战略　　D.业务流程

5.下列选项中，与员工相关的指标是（　　）。

A.融资成本率　　B.员工生产率

C.按时交货率　　D.客户忠诚度

不定项选择题

二、思考题

相比平衡计分卡法，绩效棱柱模型不只是考虑客户和股东、员工等利益相关者，而且拓展到了债权人、政府监管方、竞争对手或合作伙伴等与企业生存和发展相关的一些关键主体。请描述绩效棱柱模型构建的逻辑思路。

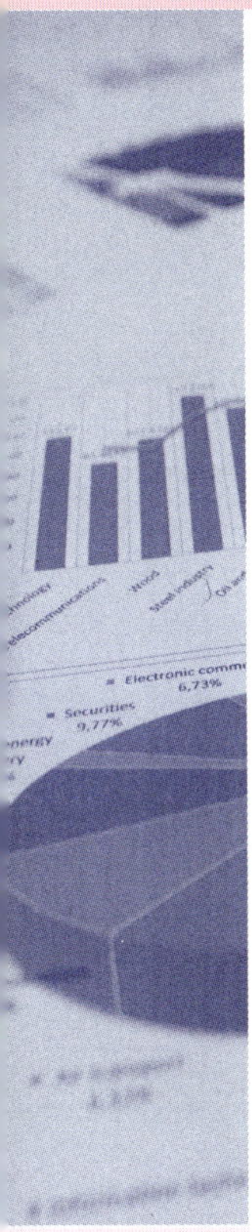

第八章

风险管理

知识、能力目标

1. 理解风险管理的含义及其重要性；
2. 掌握管理会计工具方法在风险管理中的应用；
3. 理解风险矩阵、风险清单的含义及适用性；
4. 能够绘制并理解风险矩阵；
5. 能够根据设定规则编制完成风险清单；
6. 能够应用风险矩阵、风险清单工具进行风险管理。

专业素养目标

1. 通过本章学习，告诫学生战略机遇和风险挑战并存，无论是个人、组织还是国家，必须增强忧患意识，坚持底线思维，做到居安思危、未雨绸缪。
2. 通过风险管理概述的学习，激发学生服务大局、勇担责任的精神，树立社会责任感，拥有遵纪守法观念、团结协作思想；
3. 通过学习风险管理的各种工具方法，引导学生恪守信用，诚信立身、诚信做人，提高思想道德修养；深化学生对依法治国理念的理解，提高学生的法治道德修养；
4. 增强风险意识，守底线，识大局，遵纪守法，做人、做事诚实公正；
5. 树立正确的消费观念，警惕网络诈骗等骗局。

知识结构图

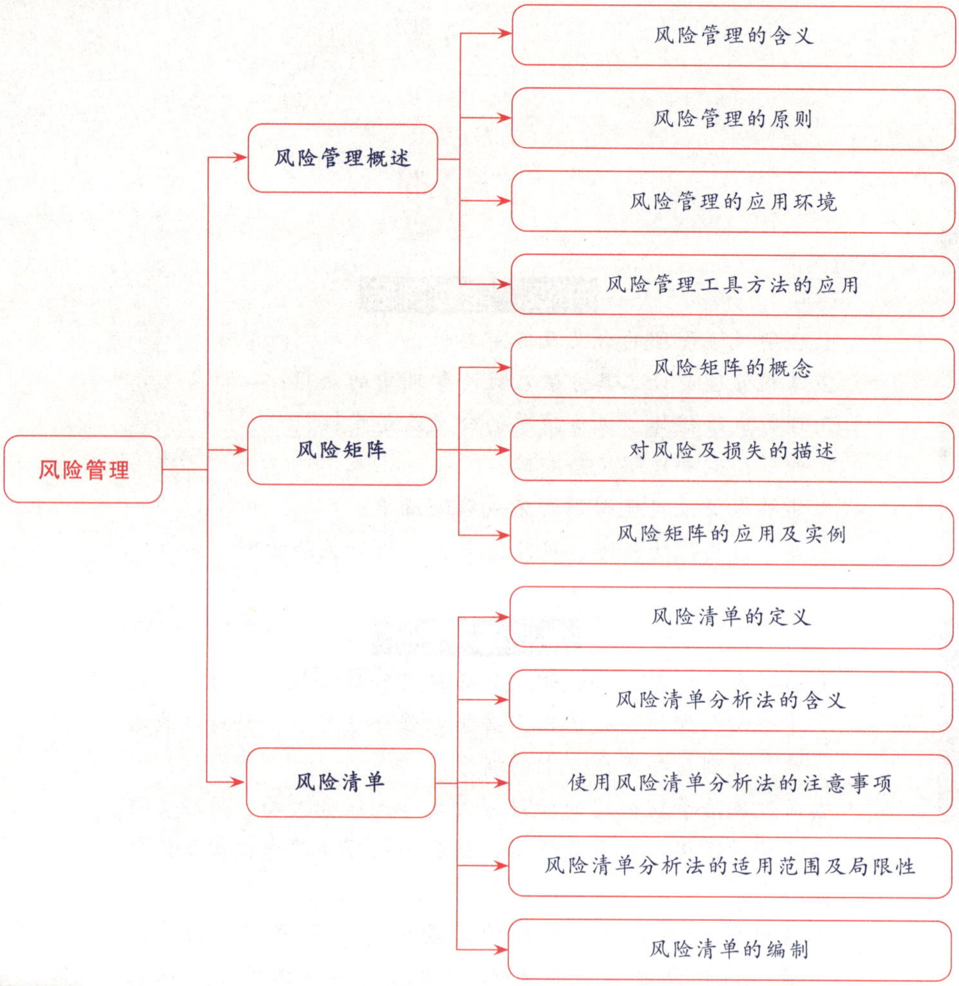

名企视野

美国安然公司破产

——大象也有倒下的时候

安然公司（Enron Corporation）原是世界上最大的综合天然气和电力公司之一，北美地区头号天然气和电力批发销售商，总部设在美国休斯敦。

一、荣耀等身的大象

2000年，安然公司名列世界500强第16位，并连续六年荣获“美国最具创新精神公司”称号；2001年被美国《财富》杂志评为全球最受称赞的公司，2001年9月30日，其资产负债表上显示资产总额达618亿美元，拥有雇员21 000多名，其股价在2000年曾一度超过90美元/股。

二、轰然倒下的大象

2001年11月30日，安然公司股价跌到26美分，同年12月2日，安然公司向纽约破产法院申请破产保护，成为美国历史上最大的破产案。

三、大象得了什么病?

1.通过系统性财务造假，隐瞒经营损失。公司通过系统性的财务造假（为公司出具审计报告的安达信会计师事务所因此走向陨落），仅1997年以来不到四年时间，安然虚报盈利就接近6亿美元。

2.公司高层道德沦丧，为了一己之私，瞒天过海，违反证券法规，抛售手中股票套现。

3.丧失商业信用，最终被各路投资人抛弃。

【大家谈】

企业的经营风险是无处不在的，即使已经位居世界500强之列；公司治理层的道德风险也一直存在，与国别、与制度无关；上市公司一旦出现信用风险，很容易出现股价崩盘，金融风险会放大公司已有的风险。所以，上市公司尤其要注意维护自身的商业信誉。风险机制的建立、正常运行，是所有公司的生存、发展之道。只有恰当地利用风险管理方法，科学地识别风险、防范风险，企业才可能在一些领域进行系统性重塑、整体性重构，才能敢于实进深水区，敢于涉险滩，取得更大的成就。

第一节 风险管理概述

一、风险管理的含义

企业风险是指对企业的战略与经营目标实现产生影响的不确定性。风险管理是指企业为实现风险管理目标，对企业风险进行有效识别、评估、预警和应对等管理活动的过程。需要注意的是，企业风险管理并不能替代内部控制。

二、风险管理的原则

企业进行风险管理，一般应遵循以下原则：

❶融合性原则。企业风险管理应与企业的战略设定、经营管理与业务流程相结合。

❷全面性原则。企业风险管理应覆盖企业所有的风险类型、业务流程、操作环节和管理层级与环节。

❸重要性原则。企业应对风险进行评价，确定需要进行重点管理的风险，并有针对性地实施重点风险监测，及时识别、应对。

❹平衡性原则。企业应权衡风险与回报、成本与收益之间的关系。

三、风险管理的应用环境

（一）风险管理的整体要求

企业应强化风险管理意识，形成与本企业经营状况相适应的风险管理理念，培育和塑造良好的风险管理文化，建立风险管理培训、传达、监督和激励约束机制，将风险管理意识转化为员工的共同认识和自觉行动。

（二）建立健全风险管理结构

企业应根据相关法律法规的要求和风险管理的需要，建立组织架构健全、职责边界清晰的风险管理结构，明确董事会、监事会、管理层、业务部门、风险管理责任部门等在风险管理中的职责分工，建立风险管理决策、执行、监督与评价等职能既相互分离与制约又相互协调的运行机制。

【案例8-1】AT是国内一家经营体育用品并赴港上市的集团公司，现将其风险管理制度内容予以摘录，主要是对董事会、内审部等在风险管理事务中的不同职责予以规定：

1. 董事会职责

（1）制定集团的风险管理和监控政策

（2）定期检讨集团的策略以及相关的风险管理和监控有效性

2. 内审部职责

（1）为董事会设计、运作内部监控系统程序

（2）审核集团各范畴的业务和内部监控工作

（3）报告风险管理措施的成效

（4）与外聘核数师（即审计师）就内部监控系统的运行状况保持联系

（5）接受管理层及员工就集团风险提出的风险警告

（6）认定及评估集团面对的风险

（7）通过推行及监察风险管理程序，促进集团达成业务目标

（三）建立健全风险管理制度体系

企业应建立健全能够涵盖风险管理主要环节的风险管理制度体系，通常包括风险管理决策制度、风险识别与评估制度、风险监测预警制度、应急处理制度、风险管理评价制度、风险管理考核制度等。

（四）加强信息技术的应用

企业应加强信息技术在风险管理中的应用，建立与业务财务相融合的信息系统。具体来讲，企业应将信息技术应用于风险管理的各项工作，建立涵盖风险管理基本流程和内部控制系统各环节的风险管理信息系统，包括信息的采集、存储、加工、分析、测试、传递、报告、披露等。

四、风险管理工具方法的应用

风险管理领域应用的管理会计工具方法一般包括风险矩阵、风险清单等。企业可结合自身的风险管理目标和实际情况，单独或综合应用不同风险管理工具方法。企业应用风险管理工具方法，一般按照设定目标，识别和分析风险，监测、预警和应对风险，沟通风险信息，考核、评价风险管理等程序进行。

（一）设定目标

风险管理目标是在确定企业风险偏好的基础上，将企业的总体风险和主要风险控制在可容忍度范围之内。

风险偏好，是指企业愿意承担的风险及相应的风险水平；风险容忍度，是指企业在风险偏好的基础上，设定的风险管理目标值的可容忍波动范围。

（二）识别和分析风险

企业应根据风险形成机制，识别可能影响风险管理目标实现的内外部风险因素和风险事项。在风险识别的基础上，对风险成因和特征、风险之间的相互关系，以及风险发生的可能性、对目标影响程度和可能持续的时间进行分析。

（三）监测、预警和应对风险

企业应在风险评价的基础上，针对需重点关注的风险，设置风险预警指标体系对风险的状况进行监测，并通过将指标值与监测预警临界值的比较，识别预警信号，并进行预警分级。企业应针对已发生的风险或已超过监测预警临界值的风险，采取风险接受、风险规

避、风险转移、风险分担、风险转换、风险对冲、风险补偿、风险降低等策略，把风险控制在风险容忍度之内。

（四）沟通风险信息

企业应在内部各管理层级、责任单位、业务环节之间，以及企业与外部投资者、债权人、客户、供应商、中介机构和监管部门等有关方面之间，传递和反馈风险管理各环节的相关信息。企业应建立风险管理报告制度，明确报告的内容、对象、频率和路径。

（五）考核、评价风险管理

企业应根据风险管理职责设置风险管理考核指标，并纳入企业绩效管理，建立明确的、权责利相结合的奖惩制度，以保证风险管理活动的持续性和有效性。风险管理部门应定期对各职能部门和业务部门的风险管理实施情况和有效性进行考核，形成考核结论并出具考核报告，及时报送企业管理层和绩效管理部门。企业应定期对风险管理制度、工具方法和风险管理目标的实现情况进行评价，识别是否存在重大风险管理缺陷，形成评价结论并出具评价报告。

【案例 8-2】AT 集团对其运营过程中可能出现的目标风险进行细分，由此体现出来的具体风险管理程序见表 8-1。

表 8-1　AT 集团营运风险管理程序

风险管理目标	风险识别、分析	应对策略	信息沟通	考核、评价
运营风险				
委外信誉风险	本集团自 2001 年开展服装业务以来，一直将生产服装的工序分包给合约制造商，本集团于 2007 年才开始内部生产服装产品，经营服装业资历有限，可能未足以用作判断本集团日后服务业前景 **结论**：风险较大	引入专业服装设计人员，培养高级熟练员工； 规范操作流程； 引进先进管理方法； 采购原辅材料时货比三家，择优采购	集团内审部门系风险管理业务主管部门，司职各级单位运营风险信息的收集、汇总、报告之职责； 集团各层级单位均要指定风险报告责任人，设定风控检视人员，对风险信息做出适当处理	由董事会定期检讨风险管理的有效性和适当性
人力资本风险	本集团未来的成功有赖于管理人员的持续服务，彼等才能、努力、经验及领导能力对本集团的业务及财务业绩关系重大，同时，集团正常营运需要大量的劳动人员维系 **结论**：风险较大	引入长期人力资源计划，培训高级人才； 由董事及高层管理人员监察集团的管理人员发展和继任计划，以及培养潜质优秀雇员的进度，全面运用资产组合的营运范畴为员工提供培训，从中享有高于单一资产所能达到的培训效益； 积极管理技术及专业人员的升迁和发展； 设立知识管理平台，以促进技术和管理知识的交流； 招聘见习生和学徒，为他们提供系统化的培训及发展计划		

续表

风险管理目标	风险识别、分析	应对策略	信息沟通	考核、评价
法律风险	法律及规管因素：自1979年以来，我国实施了许多规管经济事务的法律及法规。我国许多法律和法规是以大原则的形式出现，已逐渐制定实施规则，并已不断微调和修订。在我国法律制度不断发展的背景下，实施新法律或微调和修订现有法律可能影响境外或国外投资者。自1982年以来，每当全国人民代表大会修订宪法批准境外或国外投资时，立法的普遍作用是促进各类资本合法依规经营。然而，日后在法律或法律阐释上的改变会否对本集团有不利影响，乃不能确定 **结论**：风险适中	中国政府不断完善法治建设，本集团相信中国法律将逐步完善	集团内审部门系风险管理业务主管部门，司职各级单位运营风险信息的搜集、汇总、报告之职责；集团各层级单位均要指定风险报告责任人，设定风控检视人员，对风险信息做出适当处理	由董事会定期检讨风险管理的有效性和适当性
供应链风险	集团生产集中在中国内地完成，中国内地有集团生产所需的完整的供货上游产业链条。其数量众多，但良莠不齐 **结论**：风险适中	对于供应商，我们力求建立一个评审机制，从资质、价格、质量方面进行筛选、管控，以使集团获得物美价廉的材料		
生产风险	本集团主要是按订单来生产，以销定产 **结论**：风险很小	坚持订单生产为主的运营模式		

知识测试

不定项选择题

1. 对企业风险不计成本进行控制的做法不符合风险管理的（　　）原则；投入大量人力物力对企业的内部运营风险进行控制的做法属于风险管理的（　　）原则；既控制财务风险也控制营运风险，还要管理竞争风险的做法符合风险管理的（　　）原则。

A. 全面管理原则　　B. 重点管理原则　　C. 平衡管理原则　　D. 融合管理原则

2. 下列说法中，符合风险定义的有（　　）。

A. 风险管理对象是风险

B. 风险管理主体是老板

C. 风险管理手段不包括财务管理

D.风险管理目标是将风险降低到组织可接受或可容忍的范围

3.企业为避免承担风险损失，有意识地将可能产生损失的活动或与损失有关的财务后果转移给其他方的一种风险应对策略指的是（　）。

A.风险分担　　B.风险接受　　C.风险降低　　D.风险转移

4.风险管理的实际操作是一个系统化的工程，需要一定的条件或环境支撑，下列属于该系统必备条件的有（　　）。

A.老板的风险意识强、管理层有必备的风险意识

B.必要的风险预警系统

C.政府的重点保护

D.较完备的风险管理制度、合适的风险管理手段

5.下列各项中，属于按照风险来源和范围进行分类的风险类别有（　　）。

A.危险性风险　　B.控制性风险　　C.外部风险　　D.机会风险

6.企业通过战略调整等手段将企业面临的风险转换成另一种风险，使得总体风险在一定程度上降低。此种风险策略是（　　）。

A.风险转换　　B.风险转移　　C.风险对冲　　D.风险规避

不定项选择题

第二节　风险矩阵

一、风险矩阵的概念

风险矩阵译自Risk Matrix，是一种有效的风险管理工具，可用于分析项目的潜在风险以及风险可能带来的损失。

风险矩阵把风险发生的可能性的高低和风险发生后对目标的影响程度作为两个维度绘制在同一水平面上。矩阵横轴表示风险可能性及其变化的区间，纵轴表示对应的影响及其变化区间，每一种风险都定位描述在这个矩阵或坐标中。所以，风险矩阵有时也称为风险坐标图。

二、对风险及损失的描述

风险发生的可能性高低以及风险对目标的影响程度的评估描述可以用定性和定量等方法。定性就是直接用文字表述风险发生或影响程度，譬如，极低、低、中等、高、极高或一般、严重、很严重等。定量就是用有实际意义的数字描述风险发生的可能性及对目标的影响程度，如风险出现的概率或产生的损失金额等。

风险出现后损失的类型可能是多维度的，有财务损失、业务损失，也可能包括人身伤害、环境破坏、声誉或品牌损失等。

三、风险矩阵的应用

企业应用风险矩阵工具方法一般按照以下程序进行：

❶列出风险目标所有潜在问题。

❷依次估计这些潜在问题发生的可能性，可按低、中、高，也可按概率数字0～1（或百分比）描述。

❸依次估计这些潜在问题发生后对目标的影响，可按低、中、高或具体损失金额描述。

❹根据以上步骤，即可得出风险矩阵图（或坐标图）。

❺根据坐标点，找出适当的风险控制措施。

❻根据风险发生的可能性及影响，必要时建立应急计划。

【案例8-3】AT公司对其未来一定阶段的业务进行风险分析，得出目标风险，同时对目标风险进行了分析评估，得出其发生的概率及财务影响程度。

1.已有内销市场份额减少的风险（发生概率低，财务影响中等）

2.竞争加剧无法完成零售市场拓展的风险（发生概率高，财务影响大）

3.产品国际化的风险（发生概率中等，财务影响小）

4.销售季节性的影响风险（发生概率中等，财务影响中等）

5.业务合规风险（发生概率很低，财务影响很小）

根据以上分析结论，通过风险矩阵图进行描述，如图8-1所示。

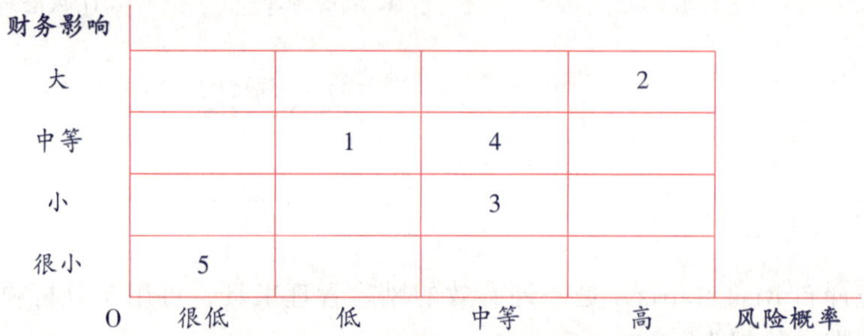

图8-1　AT公司风险矩阵图

根据各风险在以上风险矩阵图中的分布状态，AT制定出如下风险控制措施：

一类：坐标5，处于风险概率低、附带财务影响小的区域，但是不可忽视。执行策略如下：如发现有任何一例业务合规性诉讼案例，合规部一定要及时向内审部风险管理部门解释清楚并拿出应对方案。

二类：坐标1、3、4，处于发生概率低或中等，附带财务影响均处于小或中等状态，制定如下策略应对：

（1）密切关注国内市场销售份额的变化，如连续两个月出现5%～10%的下滑波动，责令商务部门（即销售部门）向内审部风险管理部门说明原因，并提交应对策略。

（2）自2007年起由过去一年参加2次订货会变更为一年参加4次订货会。

（3）将加紧与拥有东南亚及东欧销售渠道的分销商合作，借以扩充海外销售。

（4）加紧针对区域客户的消费水平、消费爱好进行产品设计。

三类：坐标2，发生概率以及附带财务影响均处于高水平。为此，制定如下管理策略：

（1）将于黄金商业地段开设更多旗舰店，以扩展现有的业务。

（2）对年轻消费者进行市场调查，合理确定新产品价格，逐步完善销售网络。

（3）加大产品的研发力度，让尽可能多的适销新产品上市。

【案例8-4】目标风险兑现带来的损失通常是多维度的，除了带来财务损失外，还可能带来营运损失、企业声誉或品牌损失、环境影响、人员安全健康的影响及监管增强等负面影响。通过风险矩阵同样可以将多维度的损失或影响直观地描述出来，见表8-2。

表 8-2 多维度风险损失表

风险影响					目标风险发生概率				
财务损失	营运损失	声誉损害	环境影响	人身伤害	很低（10%以下）	低（11%~30%）	中等（31%~60%）	高（61%~80%）	很高（80%以上）
大（亏损3 000万元左右）	开工率会减少30%~50%	负面消息在全国流传	严重影响到环境安全	多人死亡					
较大（亏损1 000万元左右）	开工率会减少20%~30%	负面消息在行业内公开	需要较长时间和较大成本恢复	一人死亡					
中等（亏损300万元左右）	开工率会有10%左右的减少	外部局部影响	需要外部支援恢复	多人受伤					
小（亏损50万元内）	原料供应受小幅度影响	内部影响	局部恢复	一人受伤					
很小	不受影响	没影响	很小	无人受伤					

目标风险发生的概率分五个等级：很低（10%以下）、低（11%~30%）、中等（31%~60%）、高（61%~80%）、很高（80%以上）。

各种损失的描述既可以是定量的，也可以是定性的。

根据风险出现的概率及其影响，在矩阵图里划分三个大的区域，以便管理者分别制定不同的应对策略。其中，浅蓝色阴影区域属于低风险低损失区域，策略是预防型或改善型的；深蓝色阴影区域是中风险中损失区域，策略是削减控制风险的发生；红色阴影区域是禁止区域，这是目标管理的重点。

知识拓展

《中央企业全面风险管理指引》内容摘录

1.公司对风险发生可能性的定性、定量评估标准及其对应关系（见下表）。

定量方法一	评分	1	2	3	4	5
定量方法二	一定时期发生的概率	10%以下	10%~30%	30%~70%	70%~90%	90%以上
定性方法	文字描述一	极低	低	中等	高	极高
	文字描述二	一般不会发生	极少情况下发生	某些情况下发生	较多情况下发生	常常会发生
	文字描述三	未来10年内发生次数少于1次	未来5~10年可能发生1次	未来2~5年内可能发生1次	未来1年内可能发生1次	未来1年内至少发生1次

2.公司关于风险发生后对目标影响程度的定性、定量评估标准及其相互对应关系（见下表）。

定量方法一	评分		1	2	3	4	5
定量方法二	企业财务损失占税前利润比例		1%以下	1%～5%	6%～10%	11%～20%	20%以上
定性方法	文字描述一		极轻微的影响	轻微的	中等的	重大的	灾难性的
	文字描述二		极低	低	中等	高	极高
	文字描述三	企业日常运营	不受影响	轻度影响（轻微人身伤害，情况即刻得到控制）	中度影响（造成一定人身伤害，需要得到医疗救助，情况需外部支援才能得到控	严重影响（企业失去一些业务能力，造成严重人身伤害，情况失控但无致命影响）	重大影响（重大业务失误造成重大人身伤亡，情况失控给企业带来致命影响）
		财务损失	较低的财务损失	轻微财务损失	中等财务损失	重大的财务损失	极大的财务损失
		企业声誉	负面消费在企业内部流传，声誉不受影响	负面消息在当地局部流传，声誉轻微受损	负面消息在某区域流传，对企业声誉造成中等损害	负面消息在全国流传，对企业声誉造成极大损害	负面消息在世界各地流传，政府监管部门进行调查，引起公众关注，对企业声誉造成无法弥补的损害
		安全	短暂影响职工或公民健康	严重影响一位职工或公民健康	严重影响多位职工或公民健康	导致一位职工或公民死亡	导致多名职工或公民死亡
		营运	对营运影响微弱	营运轻微受影响/受到监管责难/时间、成本超预算1%～5%	减慢营业运作/受到监管责难/在时间、成本方面超出预算6%～10%	无法达到部分营运目标/受监管限制/时间、成本超预算11%～20%	无法达到所有营运目标/违规操作使业务终止/时间、成本超预算20%
		环境	短暂影响/可不采取行动	对环境或社会造成一定影响/应通知政府	对环境造成中等影响/需一定时间才能恢复/出现个别投诉事件/应执行一定程度补救措施	造成主要环境损害/需要相当长时间恢复/大规模公众投诉/应执行重大补救措施	无法弥补的灾难性损害/激起公众愤怒/潜在大规模公众法律诉讼

知识测试

一、不定项选择题

1.下列符合对风险矩阵定义的表述的有（　　）。

A.是一种风险管理手段　　B.是一种风险分析方法

C.可以计算风险出现概率　　D.可以列示风险损失

2.AT公司财务上出现外汇风险的概率低于5%，这属于（　　）描述；下一个年度财务出现大幅度下滑的可能性不大，这属于（　　）描述；如出现海外业务拓展无法达标，则财务损失预计可达到5 000万～8 000万元，这属于（　　）描述。

A.精确地　　B.定量　　C.定性　　D.损失定量

3.以下不属于运用风险矩阵进行风险管理的优势的是（　　）。

A.各种风险概率直观体现

B.各种风险损失直观可见

C.方便管理者根据不同坐标点的风险情况制定应对策略

D.可大大节省风险管理成本

4.企业出现风险带来的损失是多方面的，包括（　　）。

A.企业名声变坏、责任人调离　　B.资金周转不灵

C.监管部门通报　　D.营运规模受限、利润减少

5.下列关于风险矩阵的表述中，错误的有（　　）。

A.风险矩阵按照风险发生的可能性和风险发生量化后果划分

B.为企业确定各项风险重要性等级提供了可视化的工具

C.需要对风险重要性等级标准、风险发生可能性、后果严重程度等做出量化分析，使用较为复杂

D.风险矩阵无法将列示的个别风险重要性等级通过数学运算得到总体风险的重要性等级

不定项选择题

二、实务题

SDXX是一家央企控股（占股51%）、主要从事路桥施工建设的地方企业。根据控股股东的要求，结合公司自身业务特点，公司对所有施工项目均进行风险评估。20××年，SDXX中标本市JH大桥的修复工程。该工程系市属重点民生工程，具备工期紧、施工难度大（地质条件复杂）且有一定的安全风险（场地天气变化无常）等特点，为此，SDXX对项目存在的目标风险进行了分析和罗列：

1.不能按时完工的风险（概率35%）；1.1财务影响中等（金额400万元内）、1.2声誉影响较大（影响资格复审）、1.3营运影响小（影响月度计划）。

2.二次修复的风险（概率70%）；2.1财务影响大（金额500万~1 000万元）、2.2声誉影响中等（影响省内评优）、2.3营运影响中等（影响年度工作计划）。

3.安全事故风险（10%）；3.1财务影响小（小于100万元）、3.2声誉影响大（安全警告）、3.3营运影响中等（影响季度计划）。

根据以上信息，为SDXX绘制风险矩阵。

实务题

第三节　风险清单

一、风险清单的定义

风险清单是指企业根据自身战略、业务特点和风险管理要求，以表单形式进行风险识

别、风险分析、风险应对、风险报告和沟通等管理活动的工具方法。企业内部控制风险识别的方法有很多，常用的有财务报表分析法、头脑风暴法、事件树分析法、风险清单分析法、流程图分析法、现场调查法等。企业管理者可视风险事故可能造成危害的严重程度，确定风险管理的先后顺序，采取不同措施。

二、风险清单分析法的含义

风险清单分析法是根据专业人员设计的较为全面的风险清单，来排查企业可能面临的风险的方法。风险清单列示的一般是此前已经存在的、较为普遍的基本风险。因风险清单试图列示所有可能存在的风险，通常会很长，风险管理单位需制定适用于本单位的风险识别清单，以供风险管理人员使用。

风险清单分析法运用规范的方法，参照风险清单逐一检查，预见风险管理企业可能面临的各种风险，使用者只需对照清单上列示的项目分析风险，并视风险事故可能造成危害的严重程度，确定风险管理的先后顺序，采取不同措施。

三、风险清单分析法的注意事项

企业根据自身状况设计风险清单，然后按照风险的轻重程度确定风险管理次序。在使用风险清单分析法时，需要注意以下事项：

❶风险清单要根据企业自身情况进行设计，设计得越详细、完善，越能更完整地涵盖企业的资产，越能全面识别可能面临的风险，越有利于减少风险的发生。

❷风险管理单位应按照企业的需要设计清单，按照对企业有利的方式排列风险。同时根据环境的变化，及时调整清单。

❸风险清单不能识别企业的所有风险，即风险清单可以帮助企业识别纯粹风险（指只会给企业或组织带来损失而无获利可能的风险类别），但没有考虑特殊风险，如投机风险（指既可能带来损失也可能带来收益的风险类别，与纯粹风险相对应）等，企业不能单纯地依靠风险清单来控制企业风险，要全面把握风险。

四、风险清单的适用范围及局限性

❶适用范围。风险清单设计的标准表格的优点是经济方便，适合新公司、初次构建风险管理制度的公司或缺乏专业风险管理人员的公司使用。标准表格可以帮助这些公司系统地识别出最基本的风险，并降低忽略重要风险源的可能性。

❷局限性。风险清单是一种传统风险管理工具，只考虑纯粹风险，不涉及投机性风险，所以，有一定的局限性。

五、风险清单的编制

分析公司内控可能出现的问题，并对可能对公司资产造成的损失进行分类罗列，同时提出控制措施的风险管理方法即风险清单管理法。为了便于阅读和使用，该清单通常在每个具体企业里都有较为固定的格式。

【案例 8-5】NBHH 是一家为某大型汽车集团主机厂提供汽车外饰件的一级零部件供应商。公司的存货资产是公司最重要的资产，具有品种多、物流环节多、实物存放分散等特点，故该公司内审部门对公司的存货可能存在的多种内控风险进行了分析罗列，并提出了相应的控制措施，见表8-3。

表8-3　　NBHH存货风险控制清单

风险类别	风险分析	风险概率及后果	控制措施	责任部门
(1) 原辅料断供风险	主机厂指定的原辅料供应商非常强势，在资金结算上有严苛的要求，可能出现结算纠纷而断货	风险中等，一旦发生，生产节奏会打乱	1.采购支出首先保证满足指定供应商结算需求； 2.提高合同谈判技巧，争取有利条款拟定	财务部、采购部
(2) 原料价格风险	ABS[①]材料价格具有随石油价格波动而波动的典型特点； 采购主管与供应商利益一致风险	风险较高，一旦发生，会有较大经济损失	1.实时关注石油价格走向，责成采购部与信息部每月分别提交原料价格走向预测报告，在此基础上建立必要的经济库存； 2.建立指定供应商之外的供应商体系，该体系成员身份一定要经过关联方排除调查确认； 3.实施采购主管不定期轮岗制度	内审部、采购部、信息部、人力资源部
(3) 原辅料外发风险	采购主管与委外方利益一致风险	风险较大，一旦发生，会有一定经济损失	1.所有外发品种、单位数量必须与BOM一致、总量与委外交货数量和库存数量一致； 2.外发审批必须由生管部和内审部负责人共同签字	采购部、生管部、内审部
(4) 产能不足风险	主机厂临时增加需求量超过公司自身产能	风险中等，一旦发生，会出现紧急生产而导致价格谈判不利局面	建立合理的外协供应体系，对外协厂的产能利用要留有余量	采购部、生管部
(5) 产品库存过量风险	断点产品[②]库存量超过主机厂需求量	风险中等，一旦发生，可能会造成资金的积压浪费	商务部门（销售部门）与主机厂采购部门维持常态化的对接关系，争取第一时间获取对方产品需求量的变化信息； 建立并维护好备件市场，为正常和非正常的多余产品准备好出路	采购部、生管部、商务部（销售部）
(6) 产品交货风险	物流出现问题而导致交货不及时会遭受罚款以及一级供应商资格复评风险； 产品质量出现批量问题补货不及时	风险较小，一旦发生，会出现经济处罚和声誉损失双重影响	选择市场信誉好的物流方； 保证物流结算的及时性； 选择质量控制合格的对外协作方； 严格遵守协作合同条款，实时警示、惩罚	生管部、采购部、财务部

① ABS：一种化工产品的英文缩写，有时简称ABS塑料。ABS是石油炼化企业的延伸产品，系NBHH公司生产所需主要原材料。

② 断点产品：行业术语。这里特指用于主机厂不再继续生产的某型号车辆上的零部件。主机厂会不断更新一些车型，但是会要求零部件供应商为这些不再生产的车型准备一些库存零部件，该库存量如超过主机厂最终需求量，零部件供应商就会面临库存过多、降价出售零部件的风险。

知识测试

不定项选择题

1.风险清单是一种适用于（　　）识别的方法，且通常在初创企业、开始建立风险管理制度的企业运用。

A.所有风险类别　　B.纯粹风险　　C.投机性风险　　D.特殊风险

2.风险清单的格式内容通常包括（　　）。

A.风险控制措施　　B.风险后果　　C.风险种类　　D.风险原因分析

3.下列说法中，符合风险清单内容特点的有（　　）。

A.常见的风险　　B.没有出现过的风险

C.或许能带来收益的风险　　D.只能带来损失的风险

4.下列说法中，符合风险清单编制规则的有（　　）。

A.考虑成本节约原则，风险清单越简单越好

B.风险清单格式内容有必要提前规划好，便于管理者阅读、理解并执行

C.风险清单主要针对内控可能出现问题的点，进而对可能造成资产损失的事项罗列明细

D.风险清单的格式内容一旦确定下来就不能变动

5.风险清单是指企业根据自身战略、业务特点和风险管理要求，以表单形式进行（　　）等管理活动的工具方法。

A.风险识别　　B.风险分析

C.风险应对措施　　D.风险报告和沟通

不定项选择题

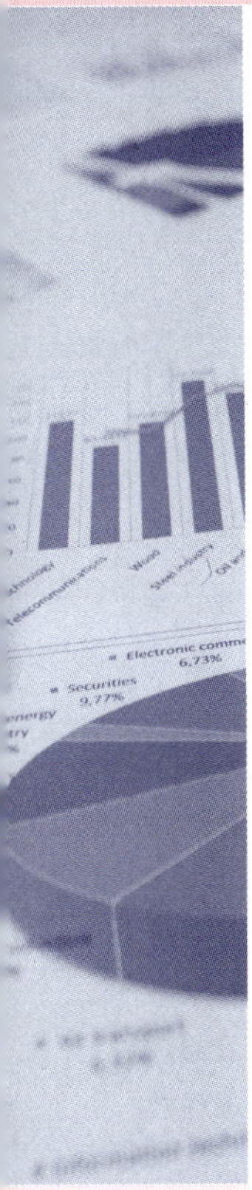

第九章 管理会计信息与报告

知识、能力目标

1. 能根据管理会计活动及管理会计报告所反映的信息，收集与整理不同性质的管理会计信息；
2. 能用比较的方法正确理解财务信息与非财务信息；
3. 辨识管理会计报告与财务会计报告的主要区别；
4. 能按企业内部管理需求及时编制不同的管理会计报告。

专业素养目标

1. 通过编制管理会计报告，感悟精益求精的工匠精神和严肃认真的科学精神，提升细心、公正的职业素养；
2. 强化学生保守秘密、廉洁自律的职业道德观；
3. 引导与激励学生诚实做人、踏实做事，不忘初心、牢记使命，自立自强，报效祖国；
4. 培养学生将管理会计报告信息赋能于业务场景、助于企业高质量发展的服务意识和社会责任感。

知识结构图

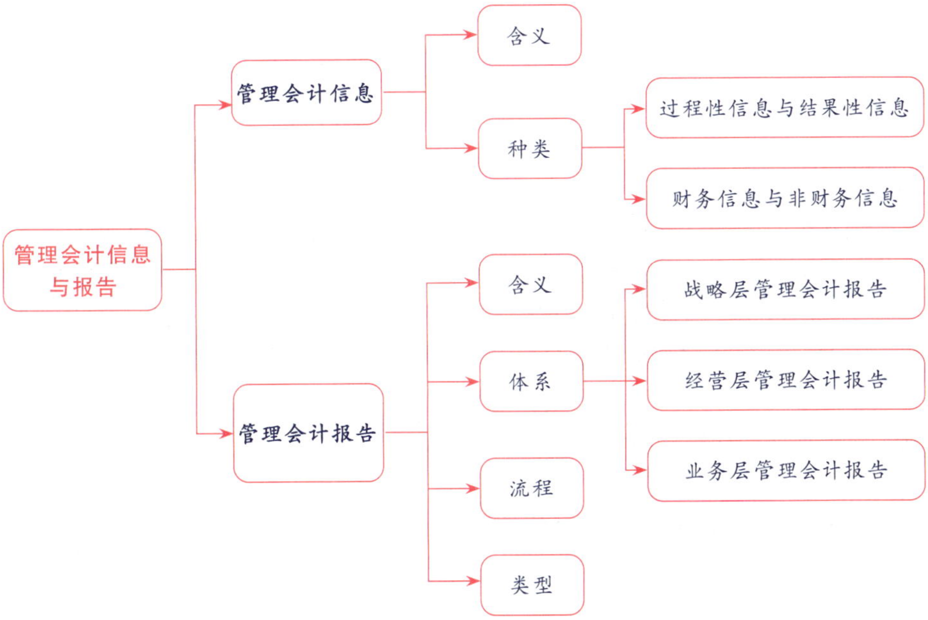

名企视野

从中石化某石油公司构建管理会计报告体系看企业精神

2017年，中石化某石油公司基于完善的信息管理系统，力推财务转型，构建了包括企业现状报告、指标趋势报告和决策支持报告等在内的分层次内部管理会计报告新体系。

一、企业现状报告

公司现状报告主要包括财务状况、资产状况、用工情况、纳税情况以及经营状况等五个子报告。其中，财务状况报告主要反映公司当期综合盈利能力、营运能力和偿债能力及其同比、环比变化情况；资产状况报告反映公司本期资产总额及结构变化情况；用工情况报告反映公司本期劳动生产率、用工结构、用工规模及其变化趋势；纳税情况报告反映本期各税种的纳税及其结构；经营状况报告则由收入指标报告、成本指标报告、产量指标报告和利润指标报告等构成。

二、指标趋势报告

指标趋势报告用于揭示公司盈亏的持续性问题，报告主要由投资与资产、ROCE与EVA、国际油价、RMB油价、汇率、生产规模、产值、成本与结构、盈利能力、现金流等十类指标构成。

三、决策支持报告

决策支持报告是对现有数据进行深度加工，通过模型构建，为公司提供决策服务信息的报告。它由年度盈亏平衡点测算报告、生产经营要素对年度利润的敏感性分析报告、年度效益配产配成本报告、单井效益评价报告、增量成本投入边际贡献评价报告等构成。

【大家谈】

表面上该公司依托于自身完善的管理信息系统，形成了新的管理会计报告体系，但从实质上看，公司能在财务转型方面取得一定的成绩，与长久形成的企业精神有关，正如公司领导对这项工作进行总结时所说的那样：在创建新报告体系的过程中，全体工作人员本着对公司负责的态度，凝心聚力，攻克了一个又一个的难关，这是石油人对主人翁、责任感、有担当的铁人精神的传承。参与此项工作的每一位员工用创新、求实、奉献的精神感染着他人，在平凡的工作岗位上做出不平凡的业绩。大家面对经常性的加班加点，从不抱怨，不计个人得失的这种忘我的工作精神深深地触动了公司的每一位员工。石油人用自身的行动践行着“攻坚克难、无私奉献”的精神禀赋，这也是公司充满活力、不断创新和创造辉煌的源泉和动力。

第一节 管理会计信息

一、管理会计信息的含义

（一）概念界定依据

刘运国编著的《高级管理会计理论与实务》中提出，目前管理会计信息已大为扩展，除了包括财务信息外，还包括越来越多的非财务信息。这些非财务信息既有客观的信息，又有主观的信息。客观信息包括运营信息和实物信息，比如产品质量方面的信息和生产信息；主观信息包括消费者满意度评价、员工的能力、员工的满意度评价和新产品的表现等。2016年财政部制定印发的《管理会计基本指引》（财会〔2016〕10号）第二十二条明确定义了管理会计信息的含义。

（二）管理会计信息的定义

管理会计信息包括管理会计应用过程中所使用和生成的财务信息和非财务信息。

二、管理会计信息的种类

（一）种类

根据上述定义，管理会计信息既可以按管理会计活动环节划分，也可以按管理会计信息内容进行划分。具体分类结果见表9–1。

表9–1　管理会计信息分类表

分类依据	结果	解释
管理会计活动环节	过程性信息	决策与价值管理过程所需要的信息
	结果性信息	因管理会计活动生成的，与各层级管理决策和价值管理相关的信息
管理会计信息内容	财务信息	以货币形式的数据资料为主，结合其他资料来表明企业资金运动的状况及其特征的经济信息
	非财务信息	以非财务资料形式表现，与企业的生产经营活动有着直接或间接联系的各种信息资料

表9–1中，与财务信息相比，非财务信息不完全满足可定义性、可靠性的信息特征，但它具有较强的相关性，部分非财务信息可以满足可计量性信息质量要求。其中，相关性可能与过去事项有关，也可能与现在甚至将来事项有关，且大多是一种定性描述、真实性程度更高的信息。

（二）管理会计信息的识别

管理会计信息系统的模块包括成本管理、预算管理、绩效管理、投资管理、营运管理、管理会计报告以及其他功能模块。因各信息系统模块的功能不同，所以进行相应活动时所需要的管理会计信息以及由此而生成的管理会计报告中呈现的信息存在一定的差异。

1.成本管理

成本管理包括成本核算、成本控制、成本分析、成本预测等具体活动。为实现这些活动，系统一般包括成本费用要素、成本项目、成本对象、成本责任中心等参数设置，成本核算方法的配置，业务事项处理和成本核算；生成分产品、分批别、分订单、分类别、分地区等多维度的成本核算信息，以及基于成本核算信息而进行的成本分析、成本控制、成本预测等成本管理活动所需要的信息。成本管理各环节所需要的管理会计信息具体见表9–2。

表9–2中，成本控制工具与方法不同时，进行成本控制管理活动时所需要的信息也有一定差异。

2.预算管理

预算管理是指企业以战略目标为导向，通过对未来一定期间内的经营活动和相应的财务结果进行全面预测和筹划，科学、合理配置企业各项财务和非财务资源，并对执行过程进行监督和分析，对执行结果进行评价和反馈，指导经营活动的改善和调整，进而推动实现企业战略目标的管理活动。预算管理是包括预算编制、预算执行控制、预算调

表 9-2　成本管理各环节管理会计信息一览表

环节	管理会计信息
成本核算	1. 成本业务或事项 2. 产量及计量单位 3. 劳动量及计量单位 4. 货币计量 5. 费用分配标准与方法 6. 成本计算方法 7. 财产物资计价制度等
成本控制	1. 成本控制目标 2. 消耗定额 3. 费用标准 4. 授权审批流程 5. 成本费用预警机制 6. 实际成本费用 7. 实际消耗量及货币计量等
成本分析	1. 成本标准 2. 实际产量 3. 实际成本 4. 分析评价指标等
成本预测	1. 业务计划数据 2. 成本评价结果 3. 成本预测假设条件以及历史数据等
成本核算报告	1. 月（年）实际单位成本 2. 月（年）实际产量 3. 月（年）实际成本 4. 月末（年末）在产品数量与成本等
成本控制报告	1. 成本费用清单 2. 实际执行情况及控制效果等
成本分析报告	1. 成本分析方法描述 2. 成本指标实际值 3. 实际值与标准值之间的差异 4. 差异原因以及具体建议等
成本预测报告	1. 成本预测模型 2. 对模型的调整及预测结果等

整、预算分析和评价等全过程的信息化管理。为完成这些活动，信息系统一般包括企业远景与战略规划、内外部环境信息、投资者和管理者期望、往年绩效数据、经营状况预测以及公司战略举措、各业务板块主要业绩指标等信息。预算管理各环节所需要的管理会计信息具体见表9-3。

表9-3　　　　预算管理各环节管理会计信息一览表

环节	管理会计信息
预算编制	1.历史绩效数据 2.预算标准 3.预计业务量 4.预计价格 5.收付款政策 6.成本费用历史数据 7.预计生产规模变动情况 8.费用支出水平 9.期末期初存货水平 10.融资政策 11.资产变动情况 12.财产物资计价方式等
预算执行	1.各业务板块及部门的主要绩效指标 2.业务计划 3.预算执行控制标准 4.预算执行情况等
预算调整	1.各业务板块及部门的主要绩效指标历史数据 2.预算执行差异分析报告历史数据 3.经营活动变化情况 4.调整项目及数据 5.调整后的评价指标等
预算分析和评价	1.预算指标 2.预算执行情况 3.评价标准 4.考核办法 5.比较期间、层次等
预算编制报告	各个责任中心的预算方案等
预算执行分析报告	1.预算执行差异 2.差异标准 3.预警等级及对应措施 4.经营调整措施等

预算的编制基础不同，其所需要的信息也就不同。如以作业为基础的预算编制环节，所需要的管理会计信息主要有：预测期销售量和销售收入，作业与产出量，每类设施能力投入量；该类设施作业消耗率，各类作业需求量，资源消耗率，资源费用供给量，各类资源需求量，资源费用预算价格，资源费用成本价、行业标杆价、预期市场价等。

3.绩效管理

绩效管理包括业绩计划和激励计划的制订、业绩计划和激励计划的执行控制、业绩评价与激励实施管理等，为企业的绩效管理提供支持，系统一般包括企业各项关键绩效指标，各业务单元或责任中心相应的实际绩效数据，以及形成的绩效执行情况报告及差异分析等信息。绩效管理各环节所需要的管理会计信息具体见表9-4。

表9-4　　绩效管理各环节管理会计信息一览表

环节	管理会计信息
业绩计划和激励计划的制订	1.企业及各级责任中心的战略关键绩效指标
业绩计划和激励计划的制订	2.年度经营关键绩效指标
业绩计划和激励计划的制订	3.企业绩效评价考核标准
业绩计划和激励计划的制订	4.绩效激励形式、条件等基础数据
业绩计划和激励计划的制订	5.指标体系
业绩计划和激励计划的制订	6.指标权重
业绩计划和激励计划的制订	7.业绩计划、绩效激励计划等
业绩计划和激励计划的执行控制	1.绩效实际数据
业绩计划和激励计划的执行控制	2.业绩计划和激励计划中的目标值
业绩计划和激励计划的执行控制	3.指标实际值
业绩计划和激励计划的执行控制	4.实际值与目标值的偏差
业绩计划和激励计划的执行控制	5.业绩计划和激励计划执行差异报告等
业绩评价和激励实施管理	1.被评价对象的业绩指标实际值和目标值
业绩评价和激励实施管理	2.评价分值
业绩评价和激励实施管理	3.被评价对象的综合评价结果
业绩评价和激励实施管理	4.业绩评价结果报告和改进建议等

4.投资管理

投资管理包括投资计划的制订和对每个投资项目进行的及时管控等。为完成这些活动，系统一般包括项目设立、项目计划与预算、项目执行、项目结算与关闭、项目报告、项目后审计等信息。投资管理各环节所需要的管理会计信息具体见表9-5。

5.营运管理

营运管理包括计划（Plan）、实施（Do）、检查（Check）、处理（Act）等四个阶段。为完成这些活动，系统一般包括战略决策、营运目标、内外部环境、经营能力、业务计划、管理指标等信息。营运管理各环节所需要的管理会计信息具体见表9-6。

表 9-5 **投资管理各环节管理会计信息一览表**

环节	管理会计信息
项目设立	1.项目名称 2.项目期间 3.成本控制范围 4.利润中心 5.作业和项目等
项目计划与预算	1.项目进度计划 2.项目实施计划 3.项目概算 4.项目利润 5.投资测算 6.项目详细预算 7.实现投资预算的审核和下达文件
项目执行	1.拨款申请 2.投资计量 3.项目实际发生值 4.与目标预算间的差距 5.对投资进行检查和成本管控方案等
项目结算与关闭	1.项目结算办法 2.项目期末会计信息处理
项目报告	1.项目计划执行报告 2.项目投资差异分析报告
项目后审计	1.项目计划和工作底稿 2.对项目投资实施过程、成本、绩效等进行审计的资料 3.项目可行性分析 4.项目后评价报告等
投资报告	1.投资对象 2.投资额度 3.投资结构 4.投资风险 5.投资进度 6.投资效益 7.其他重大事项 8.投资管理建议等

表9-6 营运管理各环节管理会计信息一览表

环节	管理会计信息
营运计划的制订	1.战略目标 2.年度营运目标 3.宏观经济形势、行业发展规律以及竞争对手情况 4.企业自身研发、生产、供应、销售等环节的营运能力 5.历史信息和实时信息
营运计划的实施执行	1.营运计划的执行文件 2.营运计划执行进度 3.营运计划监督控制 4.营运计划执行情况 5.差异分析与纠偏措施及结果
营运计划的调整	1.内外环境变化情况 2.重大偏差报告 3.营运计划调整决策 4.调整流程及文件
营运监控分析与报告	1.本期财务和管理指标 2.差异及所反映的营运缺陷 3.改进措施 4.发展能力、盈利能力、偿债能力等财务指标 5.生产能力、管理能力等非财务信息

（三）管理会计信息的运用

【案例9-1】2021年10月5日上午9时，HW公司召开会议，决定委派业务员李红利和法务人员张天生于近期到珠海与当地一家企业进行谈判，并完成签约工作。按HW公司差旅费报销制度有关规定，两位人员可乘坐高铁，也可乘坐飞机，但仅限于二等票和经济舱。乘高铁需要9小时，二等票780元/人；乘飞机需要2小时，经济舱单程1 035元/人。按公司关于出差业务的流程制度的有关规定，出差前李、张二人填写了出差申请表，由各自部门负责人审查签字后，交公司主管财务的经理审核，最后由公司总经理进行了审批。部门负责人查看了会议通知、部门费用预算及使用费用分析报告等有关信息后，在申请表上签了字；主管财务的经理查看了关于各级各类人员出差费用标准、费用控制预警机制以及公司差旅费报销制度中关于乘坐交通工具及标准的调整政策，在审核栏内签署了李、张二人可乘坐飞机（机票价格最高不得超过现报价的20%）、拟请总经理审批的建议；总经理查看了前三个季度公司该项费用的预算执行情况分析报告，结合本次工作的实际情况，在出差申请表上签署了同意李、张二人乘坐飞机的审批意见。最后，财务部门据此出具了费用支付申请审批表。

从HW公司关于差旅费控制活动的过程看，为节约开支、降低成本，公司为实现将成本控制在预算目标范围之内的控制目标，在进行事前控制活动中，有关部门管理者了解了不同的信息。概括起来主要有费用控制目标、费用标准、部门费用预算、人员情况、费用报销制度、申请流程、费用控制预警等过程性信息，以及部门差旅费预算执行情况分析报告和公司前三季度费用预算执行情况分析报告等结果性信息。这些信息中既有如人员情况、费用报销制度、政策、成本预警等级及预警指标等非财务信息，又有如票价、费用标准、费用发生数、预算数等财务信息。

【案例9-2】HW公司2010—2019年经历了十年的“黄金发展期”后，从2020年开始，由于受新冠肺炎疫情影响，产品所需原材料价格上涨，加之产品市场需求饱和，销量、售价持续低迷，公司经营面临亏损。管理会计人员根据市场部门、生产部门等有关建议，对产品成本进行预测分析，目的是能开拓新市场。为此，在进行预测活动前，市场部门和生产部门有关人员收集了产品品种、规格型号、市场占有率、客户满意度、订单维护、生产技术、员工能力与水平、历史成本、产量、销售利润率、预计价格、目标利润、预计销售量等与产品成本有关的信息。管理会计人员按产品成本预测分析要求将以上信息分为财务信息和非财务信息两类，并在此基础上采用一定的分析方法进行了预测分析，寻找到了影响产品市场的具体原因，并提出了走出销量、销价持续低迷的建议和措施。

知识拓展

（一）融资计划包括的管理会计信息

❶年度融资计划：编制依据、融资规模、融资方式、资本成本等；

❷季度和月度融资计划：年度经营计划、企业经营情况和项目进展水平、资金周转水平、融资方式、资本成本等。

（二）管理会计信息系统

1.什么是REA模型

REA模型是密歇根州立大学教授William E McCarthy在1982年提出的一种新的会计模型。他认为，REA模型是一种对企业的经济业务的原始描述方法，其主要思想是对企业的重要资源（Resources）、事件（Events）、参与者（Agents）及其相互关系建模，把企业一切经营事件，按照其初始形态（而不是像传统财务信息系统那样）将信息处理为财务人员所需的形式输入数据库中存储。

2.基于REA模型的管理会计信息系统

基于REA模型的管理会计信息系统如下图所示。

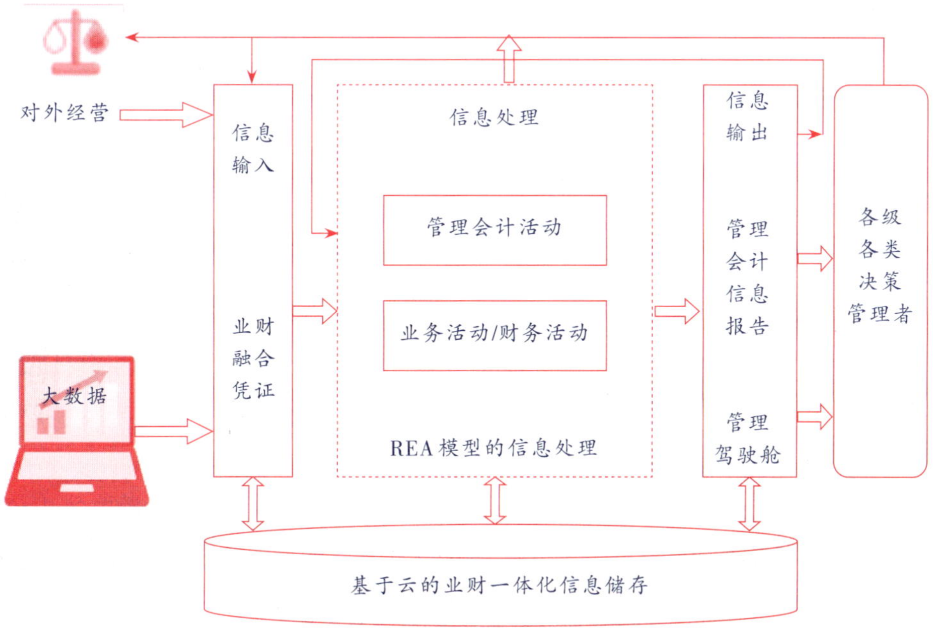

企业管理会计信息系统

3.管理驾驶舱。管理驾驶舱（Management Cockpit，MC）是一款为企业内部领导及相关高管提供的指标分析系统，具体指企业做决策时，所需要的数据以及预警的措施，就像汽车/飞机的仪表盘，随时显示关键业务的数据指标以及执行情况。

知识测试

一、不定项选择题

1.下列各项中，属于财务信息的有（　　）。

A.产品生产过程中消耗的料、工、费

B.产品功能、生产工艺流程设计

C.材料的主要供应商、供求状况、市场价格及其变动趋势

D.产品的主要消费者群体、分销方式和渠道

2.下列各项中，用于新产品开发决策的管理会计信息有（　　）。

A.边际贡献　　B.专属成本　　C.资源　　D.实际成本

3.下列各项中，属于绩效管理的有（　　）。

A.业绩计划和激励计划的制订　　B.业绩计划和激励计划的执行控制

C.业绩评价　　D.激励实施管理

4.下列各项中，不属于预算管理的有（　　）。

A.预算编制　　B.预算执行控制　　C.预算调整　　D.预算风险

5.下列各项中，属于预算执行报告应包括的内容有（　　）。

A.预算执行差异　　B.差异标准

C.预警等级及对应措施　　D.调整措施

不定项选择题

二、判断题

1.管理会计信息是指各管理会计应用过程中所使用的财务信息和非财务信息。（　　）

2.非财务信息的相关性可能与过去事项有关，也可能与现在甚至将来有关，且大多是一种定性描述、真实性程度更高的信息。（　　）

3.预算管理是包括预算编制、预算执行控制、预算调整、预算分析和评价等环节的全过程的信息化管理。（　　）

4.预算管理信息系统中仅包括往年绩效数据、经营状况预测以及公司战略举措、各业务板块主要业绩指标等信息。（　　）

5.差旅费控制活动中，有关人员只需要了解票价、费用标准、费用发生数、预算数等财务信息。（　　）

判断题

三、思考题

1.管理会计信息与财务会计信息的关系如何？

2.从哪些角度识别财务信息与非财务信息？

思考题

四、实务题

1.从下列指标中找出反映企业引进技术与新设备这一项目管理会计活动的管理会计信息：

❶产品产量/月；❷产品销售量；❸产品销售收入；❹设备折旧；❺无形资产摊销；❻资源有效使用率；❼投资报酬率。

2.列出营运监控分析与报告中应呈现的管理会计信息。

3.以下为某公司进行产品成本预测分析活动时，有关人员收集的信息，根据所学知识，识别哪些属于财务信息，哪些为非财务信息：

实务题

产品品种、规格型号、市场占有率、客户满意度、订单维护、生产技术、员工能力与水平、历史成本、产量、销售利润率、预计价格、目标利润、预计销售量等。

第二节 管理会计报告

一、管理会计报告的含义

（一）管理会计报告的定义

根据《管理会计基本指引》和《管理会计应用指引第801号——企业管理会计报告》的相关规定，企业管理会计报告，是指企业运用管理会计方法，根据财务和业务的基础信息加工整理形成的内部报告，是管理会计活动成果的重要表现形式，旨在为报告使用者提供满足管理需要的信息。这种管理需要主要表现为企业价值管理和决策支持的需要等方面。

（二）管理会计报告编制及应用的几个问题

❶编制主体：企业专门设置的管理会计报告相关岗位的人员。

❷编制依据：各层级管理者进行管理会计活动对信息的需求，以及各部门提供的财务和业务信息。

❸报告形式要件：报告名称、时间（期间）、报告对象、报告内容及报告人等。其中，编制时间一般以日历期间（月度、季度、年度）为管理会计报告期间，也可根据特定需要设定。报告内容根据管理需要和报告目标而定，但应易于理解并具有一定的灵活性。

❹管理会计报告的目标：为企业各层级实施规划、决策、控制和评价等管理活动提供有用信息。

❺管理会计报告的使用者：对管理会计信息有需求的各层级、各个环节的管理者。

二、管理会计报告体系

企业管理会计报告体系可按照多种标准进行分类，包括但不限于表9-7所示的分类结果。

表9-7 管理会计报告分类表

分类依据	分类结果	具体报告事例
使用者所处的管理层级	战略层报告	战略管理报告、综合业绩报告、价值创造报告、经营分析报告、风险分析报告、重大事项报告、例外事项报告
	经营层报告	全面预算管理报告、投资分析报告、项目可行性报告、融资分析报告、盈利分析报告、资金管理报告、成本管理报告、业绩评价报告
	业务层报告	研究开发报告、采购业务报告、生产业务报告、配送业务报告、销售业务报告、售后服务业务报告、人力资源报告

知识拓展

（一）管理会计信息变化与技术支撑

在信息爆炸的时代，快速反映实时信息和科学预测未来是管理会计的核心功能，管理会计信息的质量依赖于其表达方式。作为管理会计信息主要载体的管理会计报告将出现五方面的变化趋势，如下图所示。

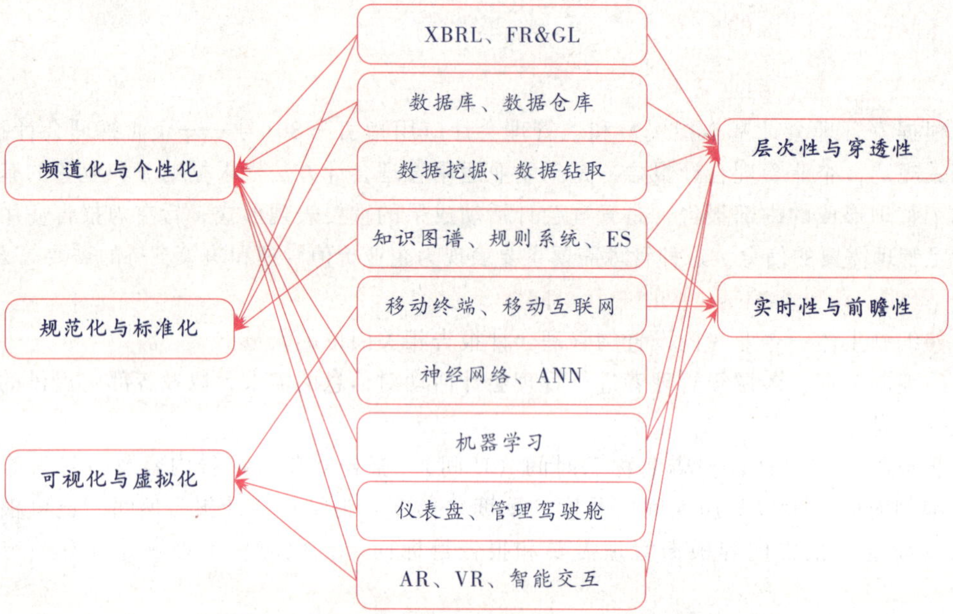

信息化时代管理会计报告的信息特征与技术支撑图

（二）构建管理会计报告体系及呈现形式时应考虑的问题

1.数据层面

管理会计报告所需的数据既要考虑如收入、成本、费用、利润等价值量数据，还需要考虑大量的如产量、作业量、动因量、人工及工时量等实物量数据。

2.业财融合

与对外报告相比，管理会计报告的价值在于为各层级管理者进行决策提供可量化的财务与非财务信息的支持，因此，企业在构建管理会计报告体系，以及每一具体管理会计报告时，应将企业业务模块化、模型化，以此模拟企业的经营模式和经营过程，进而形成基于模块与模型的管理会计信息。

3.呈现形式

从管理会计报告的作用看，其价值在于为各层级管理者决策提供可量化的财务信息（如收入、成本、费用等）与非财务信息（如产量、工作量、市场占有率、客户满意度等）。而信息技术的进步，极大地丰富了呈现这些信息形式的可能性，但在实际中，因管理者的认知、经历、经验在一定程度上既影响其对技术的依赖程度，也左右其对信息形式的偏好，因而，管理会计报告信息的呈现形式应具有多维度、定制化、可视化的特点。

三、管理会计报告的流程

根据《管理会计应用指引第801号——企业管理会计报告》第四十三条的规定，管理会计报告流程包括报告的编制、审批、报送、使用、评价等环节。具体工作如下：

❶编制。管理会计相关岗位，在其职责范围内归集、处理管理会计信息，并完成报告的编制工作。

❷审批、报送。管理会计报告报送前，应根据审批制度，按报告内容、重要性和报告对象等，完成审核审批工作；审核批准后，及时、有效地送达报告使用者。报送路径需要根据报告性质、管理需要逐级报送或直接报送。

❸使用、评价。报告使用者应根据授权制度，在设定权限范围内合理利用报告信息，并从报告质量、及时性和保密情况等方面做出评价。

四、几种主要的管理会计报告

（一）战略管理报告

战略管理报告属于企业高层领导所需要的一种报告，其内容主要包括内外部环境分析、战略选择与目标设定、战略执行及其结果，以及战略评价等。战略管理报告的基本框架与主要内容如下：

标题：××××公司战略管理报告

第一部分：概况描述

用精炼、简洁的语言说明企业的经营宗旨、目标和战略。

第二部分：环境分析

借助SWOT等工具，说明企业所面临的经济、政治法律、技术和社会等宏观环境给企业带来的机遇与威胁，以及企业内部资源的相对优势和劣势。

第三部分：战略选择与目标设定

根据企业面临的机遇与威胁，以及自身的优势与劣势，说明原有经营宗旨和目标是否需要改变。如需改变，是否需要从头开始；如不需要，则说明制定的战略。

第四部分：战略实施与结果

公司组织结构与战略之间的配合；高层管理者的领导能力，以及其他层级管理者执行能力和他们的主动性要求；其他员工的能力和激励机制等。

第五部分：战略评价

该部分除说明战略实施的效果和影响效果好坏的因素外，还要说明纠正偏差的方法和技术等建议性质的信息等内容。

【案例9-3】

山西达丰农业有限公司战略管理报告

山西达丰农业有限公司于1993年3月设立，位于山西太原经济技术开发区，是一家集科研、生产、加工、销售于一体的高科技现代民营农业企业，是山西省农业科技重点孵化企业和特色农业龙头企业。公司注册资本为3 863万元人民币。公司设总经理办公室、营销总部和种子、园艺、农化三个事业部。三个事业部均设有相应的研究所，其中，优质种子玉米所在全国有16个育种试验站。公司员工以多年从事种子生产、经营和科研开发的人员为主，汇聚了一批有知识、有理想、有抱负的年轻人，同山西农科院、山东农科院玉米所、河南玉米科技公司等科研院所（包括科技公司）进行合作，选育出优质蛋白玉米、青饲青贮玉米、高油玉米、优质食用玉米、高淀粉玉米、普通高抗玉米6个序列30多个玉米新组合；培育“爱耶”“爱丽”“爱莎”系列12个早、中、晚熟和小型甜瓜新品种以及7个RBF果树保护膜系列和生物农药产品。1996年通过ISO9001、ISO2000国际质量体系认证和ISO14001国际环境体系认证。公司在新疆、甘肃、内蒙古等地拥有12 000亩制种基地，在山西晋中、新疆昌吉、内蒙古建有加工中心；在沈阳、怀化和包头设销售办事处，形成了覆盖黑、吉、辽、内蒙古、冀、鲁、晋、陕、川、黔、鄂、湘的销售网络。公司的这种持续的研发能力、诚信共赢的经营理念、务实高效的管理，使公司在竞争激烈的种子行业稳步发展。截至2020年12月31日，公司拥有员工533人，资产总额为23 000万元。当年实现主营业务收入67 713万元、净利润7 648万元，多项经济指标位于全省同行业前列。

公司自成立以来，秉持“科技创新服务农业”的经营宗旨，致力于满足农民朋友生产需求，与种业同仁携手并进，为合作伙伴创造价值，为农业增效、农民增收，为种业的产业化做出了积极的贡献。

国家“三农”政策的引导与扶持，以及三产融合的不断深化，给公司发展带来了机遇，公司在总结经验的基础上，以“创造价值和服务农业”为经营方针，继续采取集中战略，稳定和拓展农产品优质品种和农化产品系列，加长仓储物流配送产业链，打造生态观光农业产业链，适度发展供应链金融、信贷服务业。该战略成为公司快速发展的新起点。

受经济、政治、市场等外部环境因素的影响，给公司的发展带来了机遇的同时，也给公司发展带来了新的威胁。一方面，从公司所在地理位置看，地处腹地，交通发达、便利，形成了以太原为中心，辐射黑、吉、辽、内蒙古、冀、鲁、晋、陕、川、黔、鄂、湘的营销网络体系。另一方面，在国家一系列支农惠农政策的指引下，农业综合生产能力大幅提高，农作物机耕、机播、机种面积逐步扩大，良种覆盖率稳步提高。政策的支持强化了公司的使命感。然而，受观念影响，农业与科技之间的结合还不十分紧密，产业链整合受到一定制约。另外，受供求关系的影响，产品品类、质量和价格等风险依然存在。

从内部资源看，同一技术领域的优质种子间的协调发展有效促进了公司营运良性循环，玉米和甜瓜两项业务使公司中期业绩稳定增长，市场相对集中、相互联动。尤其是优质且品类齐全的玉米种子产品成了行业的领头雁，深受客户的青睐。但过分强调种业一体化，忽略产业间的联动作用，总体战略目标失衡问题突显。另外，从治理结构看，公司缺乏足够的控制力，具体表现在组织结构与人事任免未能完全纳入公司整体战略之中。

从环境分析结果看，公司战略选择需要做出调整。按目前形势，公司应继续将重点放在营销网络体系上。一方面通过进一步打造绿色产业，为大众树立健康服务价值观，塑造形象，提高客户对品牌的认知度，向市场推出符合现代农业生产方式的优质品种；用现代营销观念扩大市场份额，形成完善的销售渠道，吸引客户前来参观育、繁、种过程，获取客户的信赖，巩固老顾客，吸引新顾客。因此，公司的战略目标调整为净利润增长率保持在8%左右。在这一总体战略安排下，种子、农化市场采取收缩战略，市场占有率保持在60%左右。抓住人们对绿色健康的需求，进行区域扩张，为产品线延展创造条件。同时，加大投入，注重人力资源建设，建立动态机制，以适应环境变化。其具体策略为：

❶重新分配资金。根据现代农业要求，适当研发新品种，将资金投入在仓储物流、观光旅游及信贷服务方面，形成与种业配套的价值链，实现“1+1 > 2”的协同发展目标。

❷提高核心竞争力。玉米种、甜瓜种、地膜等产品属于风险低、收益适中的业务单

元，且有长久的吸引力，因此继续在这些业务单元保留适当的投资。

❸再造组织结构。目前，公司按种业下设各研发部门，这种结构不利于实现加长产业链方式的发展战略目标，因此，在采取内培、业务学习等方式外，还应加强与外部有关单位间的配合与交流，提高各级管理人员的领导力、执行力和主动性。在组织结构与战略的匹配方面，采取无边界的组织结构、与省内外科研院所按项目进行合作的战略模式，实现互利共赢。

❹改变竞争策略。以"建设生态农业观光园"为社会责任目标，采取"侧翼进攻"的竞争战略，为社会责任目标提供保障。包括：研发香甜瓜果，开发女性客户群，扩大产品需求；建立绿色品牌，基于食品安全这个敏感要素推出绿色玉米，最终建立绿色专卖；以育种、繁种、种植间的依存关系，打造生态农业观光园。生态观光，以采摘活动为手段，按随行就市和差别方法定价。种子的销售渠道除传统批发、专卖外，也应结合电商，或者通过生态观光园中餐厅、商店和休息区完成销售；绿色产品主要通过建立销售专柜，由公司直接供货。为打造品牌形象，可借助公交车身、高铁移动电视、移动客户端、公众号等，提升客户的购买欲望。

（二）经营分析报告

经营分析报告属于企业高层领导所需要的一种报告，其内容主要包括经营决策执行情况回顾、本期经营目标执行的差异及其原因、影响未来经营状况的内外部环境与主要风险分析、下一期的经营目标及管理措施等。经营分析报告的基本框架与主要内容如下：

标题：××××公司××××年度经营分析报告

第一部分：经营情况概述

业务完成情况概述（与上年同期相比，重点业务完成情况和成本费用情况）

第二部分：经营分析

报告期所取得的主要成绩

第三部分：经营中存在的问题和形势分析

报告期存在的主要问题

内外部环境分析

存在的风险

主要任务与措施

第四部分：工作思路

总体目标

工作打算

【案例9-4】

维迩乳制品有限公司2021年第一季度经营分析报告

（一）经营情况

2021年，公司上下齐心协力，坚决贯彻党中央及各级政府统筹部署疫情防控的各项举措，以中央经济工作会议八大重点工作、继续扩大内需为战略基点，引导和促进消费，借助国家减税降费等一系列纾困政策，终端消费市场得到充分恢复，实现了第一季度营收增长的经营目标。

报告期内，消费者健康意识不断提升。受新冠肺炎疫情影响，乳制品以其特有的属性——健康、营养，受到更多消费者的欢迎，随着市场渗透率的不断提高，整体消费规模呈持续增长趋势。数据显示，有机乳品、常温牛奶、低温牛奶细分市场零售额比上年同期分别增长21.9%、11.5%、21.7%。另一方面，由于消费需求上升，奶源供应紧张，致使原料奶收购价格上涨，给企业的生产成本带来较大压力。

（二）主要经营情况分析

2021年年初，公司在国务院办公厅发布的《关于促进畜牧业高质量发展的意见》的政策引导下，以地方政府提出的“加快构建现代养殖体系和现代加工流通体系”为目标，积极推进供给侧结构性改革，助力产业加快发展。具体而言，公司按疫情防控和稳定生产两手抓的要求，努力克服物流运输不畅、终端铺货受阻等困难，确保了产、销等环节有序运行，全力以赴满足城乡居民的乳品消费需求。在保证质量的前提下，将业务恢复到了疫情前的水平；此外，充分利用大数据分析技术，监测需求动态，并运用新技术和营销手段，快速识别和主动把握新的市场机会，适时调整经营策略，推动业务稳步发展。第一季度，公司实现营业收入968.86亿元，较上年同期增长7.38%；净利润为70.99亿元，较上年同期增长2.13%。其中，液体乳系列产品营业收入比上年增长3.20%，奶粉及奶制品系列产品营业收入比上年增长28.15%，冷饮系列产品营业收入比上年增长9.35%。就该季度的实际情况看，主要表现为以下几个特点：

1.秉承“维迩即品质”信条，夯实品质领先的管理体系

报告期内，公司持续强化品质领先管理体系。在构建食品安全风险防控体系的基础上，借助大数据技术，进一步改进和完善产品品质评价体系，获得了国内食品领域“质量源于设计QbD-符合性认证”证书；同时，公司通过一系列措施，持续改进品质自主管理机制，构建了全链条品质领先管理体系。

2.以消费者为中心，创新模式，开拓业务，公司业务健康发展

报告期内，公司推动全产业链创新合作的模式，在研发、技术和创新方面不断加大投入；依托覆盖亚、欧、美的全球创新网络平台，充分借助大数据技术分析消费者深层次需求，不断创新产品品类，加快布局大健康领域的步伐。其中，“阿姆溪”波波球常温酸奶、“京晶”低温牛奶、“畅亲”酪乳低温酸奶、儿童聪聪星“成长型”配方奶粉、“维迩”活络低糖膳食成人营养品、“维迩”儿童奶酪、成人奶酪棒等系列新品，深受消费者青睐，带动了公司业务健康发展。

3.海外市场进一步扩大，推动海外业务稳步发展

报告期内，公司构建国内及海外业务“双循环”发展格局，以全球观为导向，创建了“全球资源体系、全球创新体系、全球市场体系”；依托国内及亚、欧、美等基地市场，稳步推进海外业务。其中，公司设在印度尼西亚的工厂已完成主体建设工程，投产后将显著提升在相关市场的需求响应和服务保障能力。进一步加快泰国市场的渠道及终端基础建设，提高了业务运营效率，年度销售额同比增长了68%；同时，利用“阿姆溪”产品的差异化占据东南亚高端酸奶市场，进一步加快了国内及海外业务的融合，在产品布局、销售网络、供应链优化等方面取得了突破。

4.精准洞察消费趋势，抓住市场机遇，大力促进业务发展

一季度，公司利用大数据平台，快速并精准洞察消费者需求偏好、消费方式等，在创

新产品品类基础上，不断从口味、包装及技术升级等方面改进，向消费者提供高品质的产品和服务，并获得了更多消费者的认可。《2021年亚洲品牌足迹报告》显示，公司凭借91.6%的品牌渗透率、近13亿的消费者触及数和近8次的购买频次，连续五年位列中国市场消费者选择最多的品牌榜首。

另外，公司还在全渠道运营体系建设上不断下功夫，整合线上、线下营销。一季度，公司在推动电商平台业务的基础上，积极发展新零售渠道，探索社群营销、跨界营销、与热门IP联名定制产品等新营销模式，丰富了营销场景的同时，也增加了与消费者的互动与沟通，助力业务快速增长。具体而言，一季度，电商业务收入较上年增长55%，同期，常温液体乳在电商平台的零售市场所占份额为28.1%，位居电商平台常温液体乳细分市场之首。

在数字化会员建设方面，公司通过构建CDP数据中心，实现线上、线下数据一体化管理。同时，建立"数据采集—数据整合分析—数据运营"机制，实施精准营销。

5.携手合作伙伴，共建健康产业生态圈，实现产业链共赢

近年来，公司以"携手乳业上下游合作伙伴共同发展"为初心、使命，创办合作伙伴发展学院，借助产业链普惠金融等平台，为乳业上下游合作伙伴提供能力建设、融资等服务，构建了多方共赢的"健康产业生态圈"，全面推动行业发展。第一季度，公司为4 948家上下游合作伙伴提供了融资服务，共计发放约212亿元的融资款。2015年至2021年第一季度末，累计发放约676亿元融资款，累计服务客户7 633户。2021年年初，公司采取下调融资利率、延长还款期等扶持措施，加大对上下游合作伙伴支持力度，实现了产业链共赢。

6.深入践行维迩文化，夯实公司基业长青的文化根基

由于疫情时期全球经济环境复杂多变，公司经营、发展面临诸多困难和挑战，公司坚持"成为全球最值得信赖的健康食品提供者"的愿景，用优质的产品和服务守护全国人民，持续开展捐赠和帮扶活动，竭尽全力帮助合作伙伴共渡难关，发挥行业龙头的责任和担当；坚守"维迩即品质"的经营信条，以消费者为中心，始终坚持创新，加速国际化进程，推动业务实现稳健发展。

第一季度，公司逆势涨薪，不断升级员工关爱举措，陆续出台系列激励方案，启动公司级荣誉认可活动，全方位、大力度、多维度关爱员工、认可员工、激励员工。系列举措使公司上下备受鼓舞，主动担当，不畏艰险，迎难而上，推动业务快速增长；始终坚持创新，努力探索业务发展的新机会、新模式、新方法，持续增强公司核心竞争力。在这一过程中，公司涌现出一批批积极践行公司文化的优秀个人、团队，积淀成了一个个感人肺腑、催人奋进的文化故事、先进人物和先进事迹，让全体维迩人对自己文化的理解更加深入，对公司的认同感、归属感和荣誉感进一步增强，对公司未来的发展充满信心，团队的向心力、凝聚力和战斗力进一步提高。

（三）经营中存在的问题与形势分析

1.存在的问题

总体看，公司第一季度经营形势良好，为本年度经营目标完成开了一个好头，但由于受内外环境的影响，也存在以下几方面的问题：

（1）生产成本上升。

2020年年末和2021年年初，在国家政策和地方政府有关政策的扶持下，消费市场持续回暖，确实对公司生产经营恢复和持续增长产生了积极的影响。但上游企业供给不足以及原料不同程度的涨价，致使生产成本上升的压力依然存在。

（2）营业费用增加。

与同期相比，第一季度开了一个好头，但受供给的影响，行业内的部分企业竞相涨价逐利。对此，公司被动采取一系列营销举措来应对涨价产生的负面影响，致使营业费用增加，营收增长后劲有一定的困难，企业盈利空间存在缩小的可能性。

2.形势分析

（1）伴随消费者需求的增长，人们越来越关注和注重健康养生，乳品类健康食品产业发展前景良好。

（2）居民消费意识诱发其消费行为的改变，方便快捷成为购买决策的关键因素，线上购物、直播带货、社群营销、O2O到家等新兴渠道及模式的创新发展，将带动乳品消费目标群体和市场规模不断扩大。

（3）居民消费升级趋势日益明显，奶酪、低温牛奶等高价值新兴品类快速增长。

（4）婴幼儿乳制品可继续通过品类多元化、场景及营养服务创新等方式拉动增长；成人营养品类创新速度加快，市场渗透率保持增长趋势。

（5）“数字化”时代为产业链升级带来了更多可能。

（6）在国内外生鲜乳供需、进口原材料价格、市场需求增速及海外市场拓展等方面，未来仍面临诸多不确定性，公司将随时关注市场环境变化，从战略上把控风险，积极应对。

（7）随着公司国际化战略的持续推进，海外业务受汇率、贸易政策及关税波动的影响加大，后期公司将继续加强相关风险防范，进一步完善经营内控体系。

（8）食品安全是食品企业最为关注的，对此，公司本着追求产品品质永无止境的信念，以国际标准和切实行动，持续改善、优化、升级企业的全球品质管理体系，确保产品质量与安全。

3.主要任务及举措

未来，公司继续以“成为全球最值得信赖的健康食品提供者”愿景为指引，坚守“维迩即品质”信条，以创新和国际化为驱动，积极布局大健康领域，成为健康食品行业发展的引领者。接下来，公司的主要任务及举措是：

（1）以消费者需求为导向，依托技术创新和产品研发平台，聚焦健康食品领域，加快产品创新。

（2）持续跟进与开发海外市场，提升全球品牌卓越运营能力。

（3）积极拓展新兴渠道，借助互联网技术打造全新业务模式。

（4）发挥供应链协同优势，提升公司整体运营效率。

（5）继续以“精益求精、追求卓越、不断超越自我”为要求，夯实公司基业长青的文化根基。

（四）工作思路

根据行业发展情况，2021年，努力实现全年3 870亿元营业收入和350亿元利润总额的经营目标。为此，公司将重点做好以下几方面的工作：

（1）坚守品质第一的经营信条，继续以高品质的产品和服务引领业务健康持续发展。

（2）加快产品创新，继续积极发展健康食品领域新业务。

（3）继续开拓海外市场，推动国际化业务稳步发展。

（4）加快数字化转型，提升全渠道运营能力。

（5）加快奶源发展步伐，提高供应链服务保障能力。

（6）持续打造“全球健康生态圈”，实现与合作伙伴的协同发展、合作共赢。

（7）进一步凝练企业的核心价值，发挥其在经营管理中的导向和凝聚作用。

（8）根据公司2021年度经营方针和投资计划，第二季度拟通过自筹、银行贷款及其他融资方式落实本年度主导产业项目及其支持性项目90亿元的所需资金。

（三）全面预算管理报告

全面预算管理报告是为企业经营层开展与预算管理相关的管理活动提供预算编制与预算执行情况等信息的对内报告。其内容包括预算目标制定与分解、预算执行差异分析以及预算考评等。报告的基本框架与主要内容如下：

标题：××××公司××××年度全面预算执行情况分析报告

第一部分：预算执行情况的基本概况

第二部分：经营预算、财务预算等主要项目预算执行情况分析

第三部分：预算差异的原因分析及建议

全面预算执行情况的好坏，与预算编制的科学性和合理性有关，也与预算执行工作以及预算纠偏能力及修正措施有关。因此，本部分首先需要说明出现偏差的具体情形，然后再提出相应的建议。

【案例9-5】

星原材料公司2020年度全面预算执行情况分析报告

2020年度，在领导班子的正确领导下，通过各部门通力合作和全体员工的共同努力，公司稳健地开展各项经营活动，全年累计营业收入1.76亿元，完成预算的97.78%。全年累计发生营业成本1.06亿元，比预算多22.79%。受新冠肺炎疫情影响，本年度管理费用和销售费用有较大幅度增加，超出预算近3.3倍。整体来看，公司全年经营状况良好，但因成本费用有所上升，致使利润预算目标未能实现，全年预算执行情况出现了一定的偏差。预算项目中主要经济指标执行情况如下：

（一）主要经济指标的预算执行情况

1.业务量预算执行情况

2020年，突如其来的新冠肺炎疫情给公司的产销造成了较大的影响。在国家复工复产的各种政策的大力扶持下，公司及时调整生产经营进程，经过业务部门全体人员的努力，销售渠道有了一定的拓展，全年累计实际销售1 760万件，完成全年预算的97.78%，预算实际执行与预算目标相差不大，预算执行情况良好。具体见表9-8。

表9-8　业务量预算执行情况表

项目	计量单位	本年预算	本年实际	预算完成率（%）
A产品	万件	1 800	1 760	97.78

2.营业收入、营业成本预算执行情况

2020年行业内产品的价格保持较为稳定的态势，公司全年累计营业收入为17 600万

元，比预算18 000万元少2.22个百分点，对利润的影响较小。但营业成本为10 560万元，比预算86 00万元超出1 960万元，是利润增长的不利因素。具体见表9-9。

表9-9　营业收入、营业成本执行情况　金额单位：万元

序号	指标名称	本年预算	本年实际	差异	预算完成率（%）	备注
1	营业收入	18 000	17 600	-400	97.78	
2	营业成本	8 600	10 560	+1 960	122.79	
3	收入毛利率	52.22%	40%	-12.22%	76.60	

3.期间费用预算执行情况

为促进销售，公司采取各种措施不断开拓市场，在保证销售业务量的同时，也增加了销售成本和管理成本。全年共发生销售费用2 620万元，比预算多350万元，超出预算15.42%；全年共发生管理费用3 264万元，超出预算1 800万元，是预算的2.23倍。因本年度审慎的投资策略，发生的借款数额较小，财务费用未超出预算。期间费用失控对公司利润产生了不利的影响。具体见表9-10。

表9-10　期间费用预算执行情况　金额单位：万元

项目	本年预算	本年实际	差异	预算完成率（%）
销售费用	2 270	2 620	+350	115.42
管理费用	1 464	3 264	+1 800	222.95
财务费用	90	5	-85	5.56
期间费用占收入的比重	21.24%	33.46%	+12.22%	

4.利润预算执行情况

从净利润指标看，全年净利润为672万元，只完成预算的15.34%，其主要原因是成本费用失控，极大地影响了公司的利润目标的实现。具体见表9-11。

表9-11　净利润预算执行情况　金额单位：万元

项目	本年预算	本年实际	差异	预算完成率（%）
净利润	4 380	672	-3 708	15.34
成本费用	12 424	16 444	+4 020	132.35
成本费用利润率	35.25%	4.09%	—	11.6

5.现金预算执行情况

本年第一季度、第二季度受疫情影响较大，经营活动产生的现金收入不足以抵补现金支出。为解决资金短缺问题，公司从银行借款600万元，占全年预算借款800万元的75%，未超出预算。

6.资产负债预算执行情况

公司资产总额的预算完成104.3%，与预算大体一致。虽因应付项目增加致使本年度负债超出预算15.2%，但未影响公司的资金需求（有银行借款）。另外，公司所有者权益

完成预算目标的91.04%，执行情况较好。具体见表9-12。

表9-12　资产负债预算执行情况　金额单位：万元

项目	本年预算	本年实际	预算完成率（%）	备注
资产总额	41 582	43 364	104.29	
负债总额	22 820	26 284	115.18	应付项目增加
所有者权益总额	18 762	17 080	91.04	

（二）预算差异原因及建议

报告期内，公司尽管受新冠肺炎疫情的持续性影响，但因国家复工复产政策向好，惠及本公司经营领域，公司凭借营销渠道和品牌优势获得了政策红利带来的市场机会，保证了营收不掉队。公司利用技术和人员优势，主动转向于防控物资的生产建设上，不断拓展产品品类，驱动生产经营活动，因此，报告期内公司的营业收入基本实现预算目标。另一方面因疫情影响，物流、采购、生产、销售等环节成本上升，最终影响利润预算目标的实现。因此，公司未来一段时期，需要进一步加强技术研究，降低消耗，加大营业成本和管理费用的控制力度；同时，进一步开拓市场，增加市场份额，增收节支双管齐下。

（四）盈利分析报告

盈利分析报告的内容一般包括盈利目标及其实现程度、利润的构成及其变动趋势、影响利润的主要因素及其变化情况，以及提高盈利能力的具体措施等。企业还应对收入和成本进行深入分析。报告的基本框架与主要内容如下：

标题：××××公司××××年度盈利分析报告

第一部分：利润总体情况及实现程度

第二部分：利润的构成及其变动趋势

第三部分：影响利润的主要因素

第四部分：提高盈利能力的具体建议和措施

【案例9-6】

爱呗悠公司2021年上半年盈利分析报告

2021年，在国家一系列减税降费的利好政策扶持下，公司经营复苏进程已明显加快，经营增长区间逐步回归合理，经济效益显著改善。截至2021年6月30日，实现净利润1 200.01万元，实现全年目标的48.8%。从2021年1—6月各月的净利润的实际情况看，前三个月增长幅度不大，基本保持在778万元左右；到4月底，累计净利润为986.82万元，比上月的778.65万元增加208.17万元。年内技术、资金、市场等内外环境仍有较大的不确定性，虽然公司有一定的抗风险和管理能力，但实现全年利润目标仍有一定困难。

鉴于恢复生产的需要，2021年1—6月，公司将经营重点放在两类产品上，一类为原有产品，另一类为防疫产品。上半年净利润主要源于上述两类产品的贡献。净利润及变化趋势具体如图9-1所示。

就前半年的财务数据看，2021年1—6月份，两类产品的利润贡献中70%主要靠原有

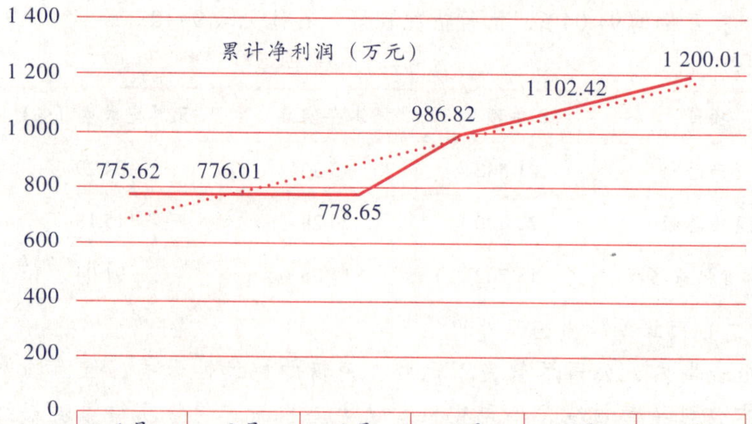

	1月	2月	3月	4月	5月	6月
——累计净利润（万元）	775.62	776.01	778.65	986.82	1 102.42	1 200.01

图9-1　爱呗悠公司上半年净利润及变化趋势

产品，尤其从第二季度起，因原有产品市场逐步恢复，度过了利润增长的平缓期，进入一个快速增长的阶段；而新开发的防疫产品，虽然迎合了市场需求，但因技术、规模、市场所限，产品的盈利水平还未充分释放。

与上年同期相比，第一季度、第二季度主要产品市场有所回暖，尤其4、5月份原有产品产量同比分别增长13.5%和9.6%，但与预算目标20%的增长率相比仍有一定差距。进入6月份以来，产品价格延续了去年下半年以来的低迷状况，因疫情影响，预计产品价格尚无改善迹象。另一方面，上游企业供应商为应对疫情影响，提升了原料价格。可见产销量停滞不前、价格下跌、成本上升将会持续影响利润的增长。

就行业情况看，仍然表现为产能不足。国内最近一轮的同类产品产量快速扩张期从2016年开始，到2019年年底全国同行业累计产量只能满足7成左右的国内市场。我们认为，目前经济增长放缓的迹象一旦出现好转，尤其与居民生活密切相关的行业，受国家近期激励政策的引导，投资增长率必然上升。因此，为进一步满足国内市场需求，一方面公司将进一步挖掘潜力，开拓新市场；另一方面，进行技术革新，努力降低消耗。与此同时，在防疫产品的开发与生产方面，应根据市场情况，不断推出延伸产品。预计全年产销可达预算目标，企业盈利能力也将得到改善。

（五）成本管理报告

成本管理报告的内容一般包括成本预算、实际成本及其差异分析，成本差异形成的原因以及改进措施等。成本管理报告的基本框架与主要内容如下：

标题：××××公司××××年度成本分析报告

第一部分：年度成本费用基本情况。该部分主要说明分析的目的、对象、范围、经过、收获、基本经验等方面的内容。形成报告时，应各有侧重，切忌面面俱到。

第二部分：实际成本与预算之间的差异分析。分析报告中，应针对具体内容分别进行分析。如产品成本分析报告，应按产品成本项目进行分析；期间费用分析报告，则应在总体分析的基础上，就各费用的具体要素进行分析。

第三部分：差异原因分析及建议。

【案例 9-7】

拉姆尔有限公司2021年度成本分析报告

（一）基本情况

为了提高企业盈利能力，进一步加强对管理费用的控制力度，现对公司2021年度各主要产品成本进行分析，其基本情况如下：

1. 产品产量及其变化

与2020年度相比，本年度公司各主要产品产量均有不同程度的变化。其中，铸件为400万吨，较上年增加10%；割板为250万吨，较上年减少15%；模板为100万吨，较上年增加20%。

2. 各产品成本及变化

2021年，主要产品总成本为145 500万元，铸件的生产成本为88 000万元，割板的生产成本为45 000万元，模板的生产成本为12 500万元。按当年产量计算，除铸件的生产成本比上年提高10%之外，其余两种产品成本及产品成本结构均未发生变化。总体来看，企业成本控制较好。

（二）产品生产成本分析

就产品的预算情况而言，铸件的全年预算产量为400吨，直接材料预算单价为129元/吨，直接人工预算单价为64.5元/吨，制造费用预算单价为21.5元/吨。铸件产品生产成本预算表见表9-13。从产品成本的构成情况看，各产品的成本构成包括直接材料、直接人工和制造费用。铸件产品成本结构分析表见表9-14。

表9-13　**铸件产品生产成本预算表**　金额单位：万元

成本项目	单价	单耗	单位成本	总成本
直接材料	100元/千克	1.29千克/吨	129元/吨	51 600
直接人工	12.9元/小时	5小时/吨	64.5元/吨	25 800
制造费用	4.3元/小时	5小时/吨	21.5元/吨	8 600
合计	—	—	215元/吨	86 000

表9-14　**铸件产品成本结构分析表**　金额单位：万元

成本项目	金额		结构（%）		结构变动率（%）
	2021年	2020年	2021年	2020年	
直接材料	52 800	49 600	60	62	2
直接人工	26 400	24 000	30	30	—
制造费用	8 800	6 400	10	8	-2
合计	88 000	80 000	100	100	—

从表9-13和表9-14可以看出，2021年，铸件产品的实际成本比预算超出2 000万元。从产品实际成本结构的变化情况看，直接材料占比上升2%，制造费用占比相应下降了2%。除当年铸件的产量比上年增加近36.5万吨外，因受新冠肺炎疫情影响，该产品生产

所耗材料的价格上涨是造成铸件生产成本上升的主要原因。另外，制造费用下降2个百分点是因为生产设备的维修费、车间一般性消耗以及车间办公性费用节约所致。因此，2021年产品生产成本的控制水平还是合理的。

（三）具体建议

根据目前经济环境的变化情况，以及公司现有生产技术状况，需要进一步与供应单位建立良好的供求关系，不断根据原材料市场情况，合理确定存货库存水平和全年的采购周期与采购批量，从采购环节降低成本。鉴于目前本行业生产技术实际情况，下年度应将重点放在生产工艺流程再造上，不断提高生产人员的技术水平，降低生产过程的消耗。

（六）业绩评价报告

业绩评价报告的内容一般包括绩效目标、关键绩效指标、实际执行结果、差异分析、考评结果以及相关建议等。报告的基本框架与主要内容如下：

标题：××××公司××××年度业绩评价报告

第一部分：企业获得成功的基本情况。

第二部分：从财务、客户、内部业务流程、学习与成长等四个层面说明企业确定的业绩目标及关键指标。

第三部分：各关键指标与目标值之间的差异及形成差异的原因。

第四部分：评价结果及对企业未来愿景和战略的影响。

【案例9-8】

拉姆尔有限公司2021年度业绩评价报告

（一）业绩基本情况

2021年，在公司领导的带领下，全公司上下以“向客户不断提供新产品和满意服务”为经营理念，以“增加新产品收入、促进总收入增长”为战略目标不断奋进。与上年相比，客户保持率和客户份额均实现预定目标，新产品提早40天进入市场。另外，公司借助多年来积累的企业文化，制定并实施留住关键人才的政策，使关键人员保留率接近95%的目标；借助技能竞赛、“个人比武”等多种活动，激发了员工在产品创新与设计能力方面的潜能，从而有效降低了产品生产耗费。2021年，公司设立专项经费，为员工提供多种多样的学习知识与技术的支持，全年员工获取技术技能证书率较上年增长7%。总体来看，本年较好地实现了年初预定的业绩目标。

（二）业绩目标与关键指标

为实现总体战略目标，公司管理者通过对客户的深入分析，向目标客户发布的新产品中融入目前最先进的技术，从新技术、产品质量、服务和安全等方面，赢得新老客户的信赖，最终通过新产品收入的增加来促进公司总收入增长。在客户维度，将增加客户个人价值设定为目标，通过APP、微售公众号等多种手段，不断与客户交流，并对产品及服务进行改进，提高客户的满意度；在内部业务流程维度，将创新产品开发流程作为目标，通过技术创新，不断优化开发流程，并借助各种平台限时展示和发布新产品；在学习与成长维度，将稳定高素质员工设定为目标，认真分析公司生产经营中所需员工的能力模型，以培育公司文化为切入点，采取培训、提高员工福利，辅之以招聘新员工为行动方案。财务、客户、内部业务流程和学习与成长四个维度的业绩目标以及与之对应的关键指标具体见表9-15。

表9-15　　业绩目标与关键指标表

维度	战略目标	KPI	目标值
财务	增加新产品收入	年收入增长年	25%
		新产品占收入比例	30%
客户	增加客户个人价值	客户保留率	80%
		客户满意度	85%
内部业务流程	保持良好品质，及时供货	优质产品率	80%
		新产品被接受率	95%
		产品上市周期	270天
学习与成长	稳定高素质员工	专业能力达标率	93%
		关键员工保留率	95%

（三）业绩目标实现情况分析

2021年，按年初确定的战略目标，公司根据组织架构，层层分解，压实责任。全年举办各类技术技能大赛4次，参与大赛员工的覆盖率达100%；合理安排职工教育经费，全年培训员工6次，一线员工全员获得技能证书。这一系列举措，不仅稳定了员工队伍，更重要的是有效激励了高素质员工。正是因为员工专业能力的提升和关键员工在新产品开发中作用的发挥，产品开发周期大大缩短，并能提前上市。调查显示，随着时间推移，新产品被客户接受度率接近88%，实现了公司既定的优质产品维持度的目标。与2020年交易额相比，本年度的交易额增长近79.98%，与80%的目标值相差无几；按优先理论，从产品质量、功能、价格等方面收集整理的数据测评的客户满意度为86%，超出目标值1个百分点。从新产品上市周期看，提前30天进入市场，全部产品的优质产品率的维持统一度较好，按加权方法计算的实际值为78.96%；近93%的目标客户对开发的新产品有高度的评价。全年各维度目标实际情况及衡量指标见表9-16。

表9-16　　关键指标值实际情况分析表

战略目标	KPI	目标值	实际值	差异	主要原因
增加新产品收入	年收入增长率	25%	25.6%	0.6%	
	新产品占收入比例	30%	28%	-2%	
增加客户个人价值	客户保留率	80%	79.98%	-0.02%	少数客户对新产品购买迟疑
	客户满意度	85%	86%	1%	提供优质服务
保持良好品质，及时供货	优质产品率	80%	78.96%	-1.04%	与行业标准相比，新产品尚未建立起自己的品牌，对新产品有一定的认知时限
	新产品被接受率	90%	88%	-2%	
	产品上市周期	270天	240天	30天	借鉴行业成熟的技术，发挥了本公司高素质员工开发产品的能力，尤其在渠道上与经销商达成双赢目标，大大缩短了进入市场的时间
稳定高素质员工	专业能力达标率	93%	100%	7%	
	关键员工保留率	95%	95%	—	

（四）业绩评价及结果应用情况

按平衡计分卡方法，依照公司战略要求和目标设定的现实情况，将上述4类指标设定为A、B、C、D，基于经验判断，各项目权重及评分结果见表9-17。按其考评的重要性进行排序，结果为A、C、B、D。

表9-17 业绩评价结果表

指标	A	B	C	D	合计
权重	0.4	0.2	0.3	0.1	1
分值	44	16.7	27	10.1	97.8

结合表9-16和表9-17，我们可以看出，公司本年度已实现原定的业绩目标。其中，结果类指标中的年收入增长率和动因类指标中的产品上市周期和专业能力达标率均已超过目标值，但在追求通过增加新产品占比促进整体收入增长目标的过程中，忽略了客户的感受，致使客户保留率、优质产品率和新产品被接受率等指标与目标间存在不同程度的差距。从综合分值看，下一年度起，在整体战略目标不变的情况下，应继续从产品创新、服务、文化、品牌等方面挖掘客户的需求，使客户利用产品使用价值的同时，对照行业关于产品、服务的质量标准，充分借助公司建立的广泛的营销渠道，树立产品品牌形象，让客户获得更多美好的心理体验，进而实现新的财务目标。

（七）销售业务报告

销售业务报告的内容一般包括销售业务预算、销售业务执行结果、差异分析及改善建议等。销售业务报告要重点反映销售的数量结构和质量结构等方面的内容。报告的基本框架与主要内容如下：

标题：××××公司××××年度销售业务报告

第一部分：基本概况

第二部分：销售情况分析

第三部分：具体建议

【案例9-9】

拉姆尔有限公司2021年第一季度销售业务报告

（一）基本概况

在公司领导的带领下，全体业务人员团结协作，奋发进取，努力工作，2021年第一季度取得开门红。但与销售预算1 260万元相比，实际完成销售870万元，预算完成度为69.05%；与上年同期相比下降22%。另外，在销售任务增加的压力下，第一季度的销售费用有所增长，回款情况呈现出下降趋势，整体形势不容乐观，具体如图9-2所示。

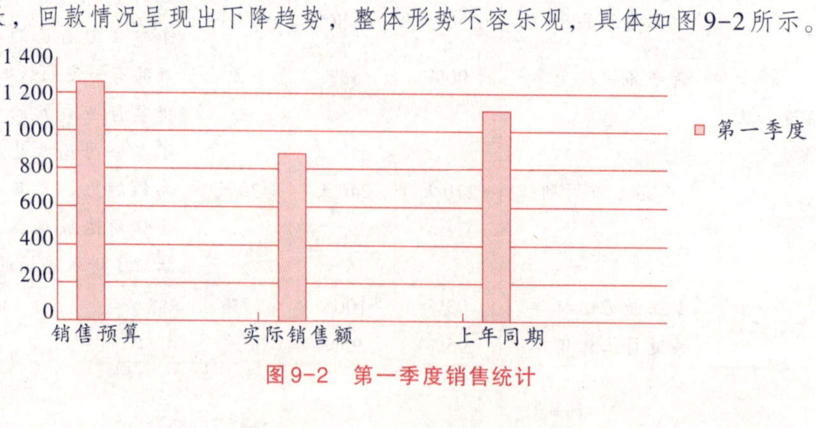

图9-2 第一季度销售统计

（二）销售情况分析

1. 任务分解及完成情况（具体如图9-3所示）。

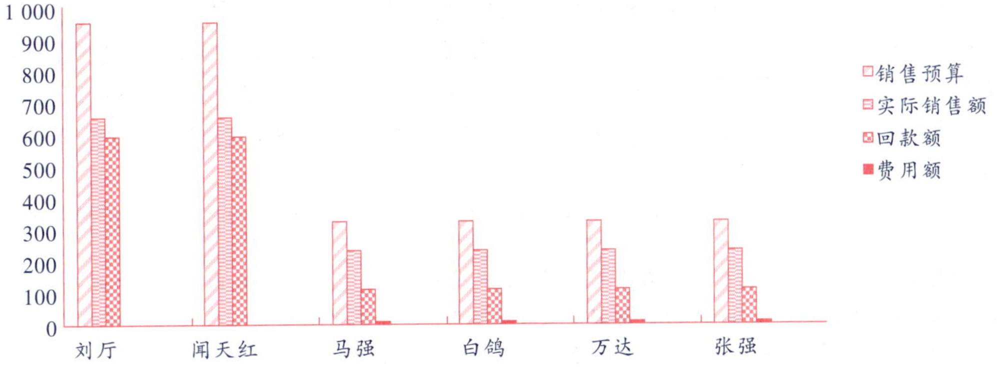

图9-3　销售任务分解及完成情况统计分析图

图9-3中，刘厅、闻天红两位员工承担了57%的销售预算任务，实际完成销售648.15万元，占实际销售额的74.5%；其余三人承担了预算任务的43%，实际销售221.85万元，占实际销售额的25.5%。从回款情况看，一季度共回款690万元，其中，刘厅、闻天红两位共收回588万元，占全部回款额的85.2%，其余4人共收回102万元。另外，本季度产生了4.98万元的销售费用，系4位新成员开拓市场所耗。这主要是因为刘厅、闻天红是公司销售业务部的核心成员，而马强等为新晋成员。核心成员与新晋成员之间的业务能力和销售业绩等均存在明显的差距。

2. 上年同期销售情况分析（具体如图9-4所示）。

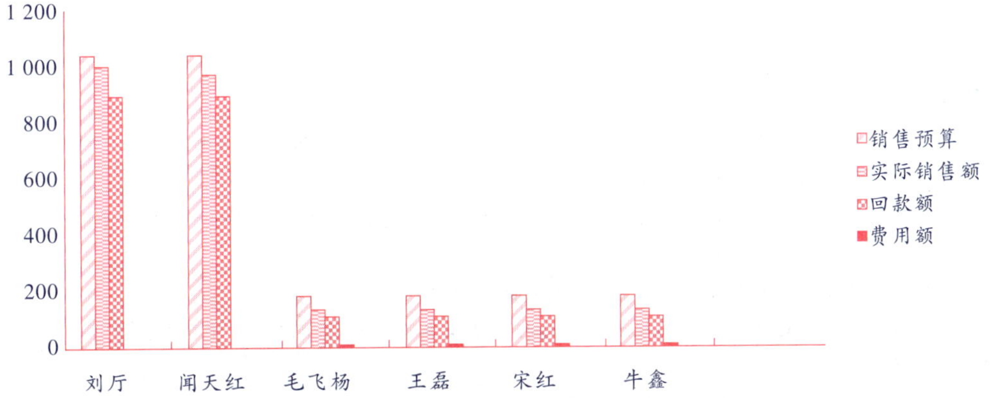

图9-4　上年同期销售任务分解及完成情况统计图

去年同期销售预算为1 200万元，实际完成1 116万元，回款978万元，销售费用为3.69万元。刘厅、闻天红、毛飞杨和王磊为销售团队的老成员，承担预算任务的85%；实际销售984万元，占全部销售额的88.2%；实际回款870万元，占全部回款额的89%。宋红、牛鑫两位新成员仅承担预算任务的15%，实际完成销售132万元，为实际销售额的11.8%；实际回款108万元，占全部回款数的11%，与此同时，两位新人因开拓市场共花费1.26万元，占销售费用的34.15%。从完成情况看，宋红、牛鑫的实际与预算基本一致，其余4位因从事业务多年，经验丰富，预算完成情况较好。

（三）具体建议

从第一季度销售实际情况看，离预算目标有较大差距。除受新冠肺炎疫情影响，市场需求有所下降外，公司内部存在销售团队不稳定的现象。2021年，原业务人员6人中仅有2位老业务员继续从事该岗位工作，其余4位为新入职人员。业务人员的流失给公司销售任务完成带来了很大的挑战。为此，建议公司管理者与人力资源部门深入业务部门进行调研，做好人力资源规划。在此基础上，进一步完善绩效考核制度，制定合理的薪酬激励制度，着重抓好业务人员团队建设工作。

德技并修

【背景信息一】鱼骨分析法又名因果分析法，是一种发现问题“根本原因”的分析方法，现代工商管理教育中将其划分为问题型、原因型及对策型鱼骨三种分析技术。

【背景信息二】以下为某企业绘制的原因型鱼骨图。该图说明影响产品质量的主要因素有产品用材料、生产人员、机器设备、生产流程和管理活动，其目的在于通过收集、分析相关信息，最终实现良性控制，保证产品质量。

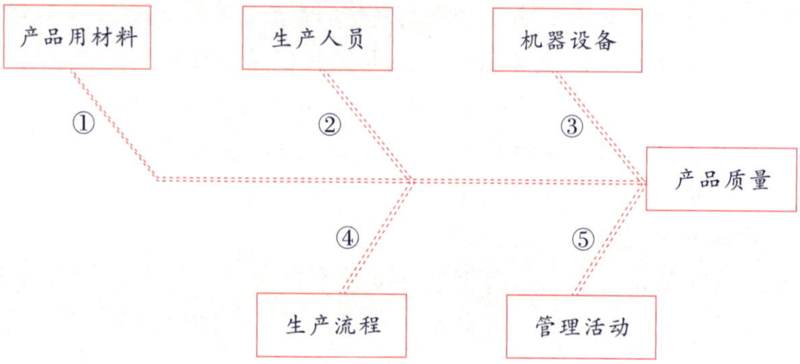

原因型鱼骨图

课堂活动：

1. 根据背景信息一和背景信息二，请以小组形式讨论图中产品用材料、生产人员、机器设备、生产流程和管理活动等影响产品质量的具体因素有哪些。

2. 小组成员需要按管理会计信息分类要求整理获得的信息，并尝试拟定一个管理会计报告。

活动设计要求：

1. 课前，教师根据班级人数和课堂讨论情况进行分组；

2. 教师预先提供鱼骨图相关知识的学习途径，要求各小组合作学习，并将学习结果于规定时间内反馈给教师；

3. 教师根据学生的学习情况，发布上述任务；

4. 小组在规定时间内完成上述任务；

5. 教师要把握各小组的讨论动态，及时纠正远离讨论话题的各种做法。

活动评价：

1. 评价方法：教师+小组，最终按课程标准，采取一定方法计入个人成绩。

2. 评价指标：专业+思政，其中专业主要看各小组获得的信息多少与准确度，以及对信息的分类；思政主要看各小组在团队合作、勇于担当和创新精神等方面的意识与突出表现。

3. 评价分值：专业、思政各占50%。

知识测试

一、不定项选择题

1.管理会计报告的内容取决于（　　）。

A.管理需要　　B.报告目的　　C.信息相关者　　D.时间与周期

2.管理会计报告的编制依据是（　　）。

A.财务信息与业务信息　　B.经济信息与管理信息

C.预算信息与绩效信息　　D.资金信息与社会责任信息

3.下列属于经营层管理会计报告的有（　　）。

A.全面预算管理报告　　B.投资分析报告

C.项目可行性报告　　D.融资分析报告

4.管理会计报告的审批应根据（　　）。

A.报告的内容　　B.报告的重要性　　C.报告的对象　　D.报告的质量

5.管理会计报告的报送路径根据（　　）决定。

A.报告的性质　　B.管理需要　　C.直接报送　　D.逐级上报

不定项选择题

二、判断题

1.企业管理会计报告是企业运用管理会计方法，根据财务和业务的基础信息加工整理形成的、满足企业价值管理和决策支持需要的内部报告。（　　）

2.管理会计报告的使用者为企业高层管理人员。（　　）

3.管理者对技术的依赖程度和对信息形式的偏好有极大的差异，因而管理会计报告信息的呈现形式应多维度、定制化、可视化。（　　）

4.按管理层次划分，经营分析报告属于经营层管理会计报告。（　　）

5.管理会计报告的使用者应根据授权制度，在设定权限范围内合理利用报告信息。（　　）

判断题

三、思考题

1.“全面预算执行情况的好坏，与预算编制的科学性和合理性有关，也与预算执行工作以及预算纠偏能力及修正措施有关。”如何正确认识这句话所传递的知识点？

2.结合所学知识，想一想采购业务报告应包括哪些内容。

思考题

四、实务题

（一）材料

1.T公司创建于1999年8月，注册资金8 000万元，注册地为××工业园区，是国家农业产业化重点企业、乳制品行业龙头企业。

2.公司是中国最大的牛奶生产企业，位居全球第20位。在全国建有146多家生产基地，拥有员工2万余人，总资产达35亿元人民币。自成立以来，以“强乳兴农”为初心，秉持“人民健康、高质量发展”的经营理念，按稳定扩大消费和推进与此相关联的农牧业、制造业和服务业协同发展的经营目标，完成了从集中化战略向多元化战略的转变。

3.公司拥有世界一流的自动化生产线，有先进的研发检测仪器和生产工艺，主要从事仪器、奶制品的开发、生产与销售业务，明星品牌超过10个。

4.预计在未来5年内，除继续保持产销量全国第一，收入、利税等指标位居国内同行之首外，要将公司打造成中国最大、效益最好的奶制品行业的领头羊。

5.“十四五”期间，国家提出推动形成以国内大循环为主体、国内国际双循环相互促进的新发展格局，中国乳业必须主动融入“十四五”规划和时代赋予的使命中，加强创新研发和数字化、智能化转型，为消费者提供更加便捷、舒心的服务和产品。

6.在宏观政策的指引下，公司上下共同研究，提出了未来一段时期的构想：通过产业协同提振区域经济发展，以多维度全产业链发展共同巩固和拓展脱贫攻坚成果，全面推进乡村振兴，加快乳业及上下游相关产业现代化。要用5年时间，让公司向着消费者至爱、数智化、国际化、拥有强大文化基因、更具责任感的企业转型升级，构建中国乳品企业创新发展新格局，为全国和区域经济社会高质量发展做出更多贡献。

要求：

（1）根据上述材料，撰写关于T公司战略管理会计报告中的概述部分。

（2）说明该公司如何进行战略选择。

（二）材料

融资可行性分析报告

董事会：

为满足公司日常经营发展对资金的需求，拓展流动资金来源渠道，公司将从中国农业银行×××支行以黄金租赁融资业务方式获取并补充流动资金。

根据中国农业银行关于金融租赁业务试行办法，公司与×××支行协商达成协议，主要内容如下：

在约定的租赁综合成本不超过4.5%的情况下，公司以任意时点余额不超过等值3亿元人民币的额度为限向该支行租入黄金，并委托银行在上海黄金交易所卖出全部租赁的黄金，销售租赁的全部黄金所获得的资金用于补充公司日常经营周转流动资金所需。远期交易合约中规定（每笔业务不超过12个月，且有效期自公司与银行签订黄金租赁业务的起始日为准），租赁期满后以约定价格锁定到期公司应偿还的黄金数量、品种和金额。租赁到期后，公司如约购买同等数量、同等品种的黄金归还银行，且无须承担因黄金价格波动带来的风险。

1.融资前的管理。按内部控制要求，公司成立了专门的租赁融资小组，并由资金管理部门牵头，认真分析和研究目前公司资本结构和资金需求，充分了解中国农业银行关于租赁黄金业务的相关制度、手续与操作程序，撰写了可行性分析报告，并履行了必要的审批程序。该事项经公司第××届董事会第×××次会议审议通过，独立董事发表了明确的同意意见，保荐机构对公司采用黄金租赁方式进行流动资金融资无异议。

2.融资中的管理。按协议，公司与××支行办理了黄金租赁的相关手续，并根据相关法律法规要求制定了《×××××股份有限公司衍生品融资管理制度》《×××××股份有限公司金融衍生品交易业务管理制度》等，对开展衍生品业务风险控制、审批程序、后续管理等做出了明确规定。融资工作小组负责具体黄金租赁业务及远期合约的执行，指导黄金租赁业务及远期购金合约的人员充分理解其特点及风险，监督其认真执行衍生品业务的操作规定和风险管理制度。

3.融资后的管理。根据《企业会计准则第22号——金融工具确认和计量》的要求，开展黄金租赁融资业务以公允价值对该业务进行会计核算，并按《企业会计准则第37号——金融工具列报》的相关规定及其指南，对该项业务做了相应披露。

公司以租赁方式进行融资可以有效拓宽流动资金补充渠道，在满足日常经营发展对资金需求的情况下，能有效降低融资成本。建议公司严格按《×××××股份有限公司衍生品融资管理制度》《×××××股份有限公司金融衍生品交易业务管理制度》等，进一步完善内部控制中各项控制措施，及时根据公司经营发展各阶段对资金的需求，有计划地采取有针对性的风险控制措施，确保资金融通和有效利用目标的实现。

租赁融资工作组

××××年××月××日

要求：

（1）根据上述材料，分析说明该报告属于哪一层级的管理会计报告。

（2）总结提炼该报告的格式与主要内容。

实务题

主要参考文献

[1] 刘运国.高级管理会计理论与实务 [M]. 北京：中国人民大学出版社，2013.
[2] 高翠莲.管理会计基础 [M]. 2版.北京：高等教育出版社，2021.
[3] 潘飞，吕长江.管理会计概论 [M]. 上海：上海财经大学出版社，2017.
[4] 丁增稳，牛秀粉.管理会计实务 [M]. 北京：高等教育出版社，2020.